中国文库
史 学 类

国故论衡疏证

（下）

章太炎 撰 庞 俊 郭诚永 疏证

中国出版集团
中華書局

國故論衡疏證中之二

原經

古之爲政者必本於天,殽以降命。命降於社之謂殽地,降於祖廟之謂仁義,降於山川之謂興作,降於五祀之謂制度,故諸教令符號謂之經。古人於天文度數常以經紀言之,而古之爲政必本於天,故其政令度數亦謂之經也。《禮記·禮運篇》曰:"是故夫政必本於天,殽以教命,命降於社之謂殽地,降於祖廟之謂仁義,降於山川之謂興作,降於五祀之謂制度,此聖人所以藏身之固也。"鄭《注》:"降,下也。"《正義》:"殽,效也。五祀,謂中霤門户竈行也。"今按:降於祖廟,即正德之事;降於山川,即利用之事;降於五祀,即厚生之事。所謂三事,皆法天以行之。《管子·版法》曰:"凡將立事,正彼天植,風雨無違,遠近高下,各得其嗣,三經既飭,君乃有國。"《版法解》曰:"版法者,法天地之位,象四時之行,以治天下。四時之行,有寒有暑,聖人法之,有文有武。天地之位,故有前有後,有左有右,聖人法之,以建經紀。春生於左,秋殺於右,夏長於前,冬藏於後。生長之事,文也;收藏之事,武也。是故文事在左,武事在右,聖人法之,以行法令。"此亦言爲政效法天地,與《禮運》足相明矣。昭二十五年《左傳》曰:"夫禮,天之經也。"又曰:"禮,上下之紀,天地之經緯也。"《孝經》曰:"夫孝,天之經也。"《逸周書·謚法解》曰:"經緯天地曰文。"《禮記·月令》曰"毋失經紀",鄭《注》:"經紀,謂天文進退度數。"是古人於天文常以經紀言之也。宣十二年《左傳》曰:"政有經矣。"《周禮·天官》曰:"體國經野。"《古文尚書·周官》曰:"論道經邦。"是諸政令之行皆謂之經也。蓋經本編絲,引申有紀理組織之義。天文運行若有紀理組織者然,故謂之經;爲政者必本於天,故諸教令亦得此名也。**輓世有章學誠,以經皆官書,不宜以庶士僭擬,故深非揚雄、王通。**章學誠《校讎通義·原道篇》曰:"六藝非孔氏之書,乃周官之舊典也。《易》掌太卜,《書》掌外史,《禮》在宗伯,《樂》隸司樂,《詩》領於太師,《春秋》存乎國史。"《文史通義·易教篇》曰:"六經皆先王之政典也。"又曰:"《六經》皆先王得位行道,經緯世宙之迹,而非託於空言。故以夫子之聖,猶且述而不作。如其不知妄作,不特有擬聖之嫌,抑且蹈於僭竊王章之罪也。"《經解篇》曰:"異學稱經以抗六藝,愚也;儒者僭經以擬六藝,妄也。揚雄《法言》,蓋云時人有問,用法應之,抑亦可矣;乃云象《論語》者,抑何謬邪!雖然,此猶一家之言,其病小也。其大可異者,作《太玄》以準《易》,人僅知謂僭經爾,不知《易》乃先王政典,而非空言,雄蓋蹈於僭竊王章之罪,弗思甚也。河汾六籍,或謂好事者之緣飾,王通未必遽如是妄也。誠使果有其事,則《六經》奴婢之誚,猶未得其情矣。奴婢未嘗不服勞於主人,王氏六經服勞於孔氏者,又安在乎?"○《漢書·揚雄傳》:"以爲經莫大於

《易》,作《太玄》;傳莫大於《論語》,作《法言》。"王通《中説·禮樂篇》曰:"吾續《書》以存漢晉之實,續《詩》以辯六代之俗,修《元經》以斷南北之疑,贊《易》道以申先師之旨,正禮樂以旌後王之失。"又阮逸《文中子·中説序》曰:"《中説》者,子之門人對問之書也。薛收、姚義集而名之。"**案《吴語》稱"挾經秉枹",兵書爲經;**《吴語》云"建旌提鼓,挾經秉枹",韋昭《注》曰:"挾經,兵書也。"**《論衡·謝短》曰"《五經》題篇,皆以事義别之,至禮與律獨經也",法律爲經;《管子》書有"經言"、"區言",教令爲經。**《管子》書自《牧民》至《幼官圖》並題云"經言",凡九篇;自《任法》至《内業》並題云"區言",凡五篇。**説爲官書誠當,然《律曆志》序《庖犧》以來帝王代禪,號曰"世經";**世經,猶言世紀,蓋紀年之書也。**辨疆域者有圖經,摯虞以作《畿服經》也。**原注:見《隋書·經籍志》。○按:桓二年《左傳正義》曰:"周公斥大九州,廣土萬里,制爲九服。邦畿方千里,其外每五百里謂之一服。侯、甸、男、采、衛、要六服爲中國,夷、鎮、蕃三服爲夷狄。《大司馬》謂之九畿,言其有期限也。《大行人》謂之九服,言其服事王也。"**經之名廣矣,仲尼作《孝經》,漢《七略》始傅六藝,其始則師友讎對之辭,不在邦典;**《漢書·藝文志》云:"《孝經》者,孔子爲曾子陳孝道也。"王應麟《考證》曰:"晁氏云:何休稱子曰'吾志在《春秋》,行在《孝經》'。(《孝經鉤命决》云)信斯言也,則《孝經》乃孔子自著。今首章云'仲尼居,曾子侍',則非孔子所著明矣。

詳其文義，當是仲尼弟子所爲書。"《墨子》有《經上》、《下》；賈誼《書》有《容經》；韓非爲《内儲》、《外儲》，先次凡目，亦楬署經名；《周禮·職幣》云："以書楬之。"按：楬一作揭，《江賦注》曰："揭標皆表也。"老子書至漢世鄰氏復次爲經傳；《漢志》云：《老子鄰氏經傳》四篇。《老子傅氏經説》三十七篇。《老子徐氏經説》六篇。孫卿引《道經》曰"人心之危，道心之微"，《道經》亦不在六籍中。見《荀子·解蔽篇》引。此則名實固有施易，《荀子·儒效篇》云"若夫充虚之相施易也"，楊倞《注》："施讀曰移。"世異變而人殊化，非徒方書稱經云爾。《漢志》有醫經七家，經方十一家。又"天文家"有《海中五星經雜事》二十二卷。數術方技之書皆得名經也。《文史通義·經解篇》曰："至戰國而羲、農、黄帝之書一時雜出，其書皆稱古聖，如天文之《甘石星經》，方技之《靈素》、《難經》，其類實繁。則猶匠祭魯般，兵祭蚩尤，不必著書者之果爲聖人，而習是術者，奉爲依歸，則亦不得不尊以爲經言者也。"學誠以爲《六經》皆史，史者固不可私作。《文史通義·易教篇》云："《六經》皆史也。"餘説見上文。然陳壽、習鑿齒、臧榮緒、范曄諸家，名不在史官，《隋書·經籍志》：《三國志》六十五卷，晉太子中庶子陳壽撰。《漢晉春秋》四十七卷，晉滎陽太守習鑿齒撰。《晉書》一百一十卷，齊徐州主簿臧榮緒撰。《後漢書》九十七卷，《讚論》四卷，宋太子詹事范曄撰。或已去職，皆爲

前修作年歷紀傳。原注：陳壽在晉爲著作郎，著作郎本史官，然成書在去官後，故壽卒後乃就家寫其書。又壽於《高貴鄉公陳留王傳》中三書司馬炎：一書撫軍大將軍新昌鄉侯炎，一書晉太子炎。武帝現在，而斥其名，豈官書之體也？其書閒爲晉諱，稱韋昭曰韋曜，而蜀之昭烈、吴之張昭及與韋昭同述《吴書》之周昭又不爲諱，是又非官書之式也。壽又嘗作《古國志》五十篇，《三國》蓋亦其類耳。**太史公雖廢爲埽除隸，《史記》未就，不以去官輟其述作。**《漢書・司馬遷傳》："今已虧形爲埽除之隸，在闒茸之中。"又曰："僕竊不遜，近自託於無能之辭，網羅天下放失舊聞，考之行事，稽其成敗興壞之理，凡百三十篇。草創未就，適會此禍，惜其不成，是以就極刑而無愠色。"**班固初草創《漢書》，未爲蘭臺令史也。人告固私改作國史，有詔收固，弟超馳詣闕上書，乃召詣校書部，終成前所著書。**《後漢書・班固傳》。**令固無纍紲之禍，成書家巷，可得議邪？且固本循父彪所述，彪爲徐令病免，既纂後篇，不就而卒。**《後漢書・班彪傳》。**假令彪書竟成，敷文華以緯國典，**《班彪傳論》曰："班彪以通儒上才，傾側危亂之間，行不踰方，言不失正，仕不急進，貞不違人，敷文華以緯國典，守賤薄而無悶容，彼將以世運未弘，非所謂賤焉恥乎？何其守道恬淡之篤也。"**雖私作何所訾也？陸賈爲《楚漢春秋》，名擬素王。**《隋志》云："《楚漢春秋》九卷，陸賈撰。"**新汲令王隆爲《小學漢官篇》，依擬《周禮》，以知舊制儀**

品。《後漢書·文苑傳》:"王隆,字文山。建武中,爲新汲令。"《續漢書·百官志》"新汲令王隆作《小學漢官篇》",劉昭注曰:"案胡廣注隆此篇,其論之注曰:前安帝時,越騎校尉劉千秋校書東觀,好事者樊長孫與書曰:'漢家禮儀,叔孫通等所草創,皆隨律令在理官,藏於几閣,無紀録者,久令二代之業闇而不彰,誠宜撰次,依擬《周禮》,定位分職,各有條序,令人無愚智,入朝不惑。君以公族元老,正丁其任,焉可以已!'劉君甚然其言,與邑子通人郎中張平子參議未定,而劉君遷爲宗正、衛尉,平子爲尚書郎、太史令,各務其職,未暇恤也。至順帝時,平子爲侍中,典校書,方作《周官解説》,乃欲以漢次述漢事,會復遷河間相,遂莫能立也。述作之功,獨不易矣。既感斯言,顧見故新汲令王文山爲《小學漢官篇》,略道公卿内外之職,旁及四夷,博物條暢,多所發明,足以知舊制儀品。"又《論衡·謝短篇》:"高祖詔叔孫通制作《儀品》十六篇。"**孔衍又次《漢》、《魏尚書》**。《晉書·儒林傳》:"孔衍,字舒元,孔子二十二世孫。中興初,補中書郎,出爲廣陵郡,凡所撰述百餘萬言。"按:《隋志》但有孔衍《魏尚書》八卷。《唐·藝文志》云:孔衍《漢尚書》十卷,《後漢尚書》六卷,《魏尚書》十四卷。**世儒《書儀》、《家禮》諸篇**,宋陳振孫《書録解題》曰:《温公書儀》一卷,司馬光撰,前一卷爲表章書啓式,餘則冠昏喪祭之禮詳焉。《居家雜禮》一卷,司馬光撰。《古今家祭禮》二十卷,朱熹集,《通典》會要所載,以及唐、本朝諸家祭禮皆存焉。《朱氏家禮》一卷,朱熹撰。《四庫簡明目録》曰:《書儀》十卷,《朱子語録》稱二程横渠,多是古禮,温公則大抵本《儀禮》，而參以今之可行者。《家禮》五卷，附録一卷，舊本題朱子撰，據王懋竑《白田雜著》所考，蓋依託也。**亦悉規摹士禮。此皆不在官守，而著書與六藝同流，不爲僭擬。諸妄稱者，若《東觀漢記》署"太史官"，雖奉詔猶當絶矣。**原注：《文選·西征賦注》引《東觀漢記》太史官曰："票駭蓬轉，因遇際會。"又太史曰："忠臣畢力。"《三國名臣序贊注》引《東觀漢記》太史官曰："耿况、彭寵，俱遭際會，順時承風，列爲蕃輔，忠孝之策，千載一遇也。"是其論贊亦稱太史。然後漢太史已不主記載，《漢記》實非太史所爲，署之爲妄。○按：《後漢書·文苑傳》："李尤安帝時爲諫議大夫，受詔與謁者僕射劉珍等俱撰《漢記》。"《史通·正史篇》曰："謁者僕射劉珍及諫議大夫李尤雜作《紀》、《表》、《名臣》、《節士》、《儒林》、《外戚》諸傳，起自建武，訖乎永初。事業垂竟，而珍、尤繼卒。復命侍中伏無忌與諫議大夫黄景作《諸王》、《王子》、《功臣》、《恩澤侯表》、《南單于》、《西羌傳》、《地理志》。至元嘉元年，復令太中大夫邊韶、大軍營司馬崔實、議郎朱穆、曹壽雜作《孝穆》、《崇》二皇（當作"《獻穆》、《孝崇》二皇后"）及《順烈皇后傳》，又增《外戚傳》，入安思等后，《儒林傳》入崔篆諸人。實、壽又與議郎延篤雜作《百官表》，順帝功臣孫程、郭願及鄭衆、蔡倫等傳。凡百十有四篇，號曰《漢記》。熹平中，光禄大夫馬日磾、議郎蔡邕、楊彪、盧植著作東觀，接續紀傳之可成者。"據此，明《漢記》實非太史所作。又據《續漢·百官志》，太史令掌天時星曆，實不主記載也。**且**

夫治曆明時,羲和之官也;《易》曰:"澤中有火,《革》,君子以治曆明時。"《堯典》曰:"乃命羲和,欽若昊天,曆象日月星辰,敬授民時。"《釋文》引馬融曰:"羲氏掌天官,和氏掌地官。"**關石和鈞,大師之所秉也**。《周語》云:"《夏書》有之曰:關石和鈞。"僞《五子之歌·某氏傳》曰:"金鐵曰石,供民器用,通之使和平。"《正義》曰:"關者,通也。"《律曆志》:"三十斤爲鈞,四鈞爲石。"又《周語》謂:"先王之制鍾也,大不出鈞,重不過石,律度量衡於是乎生,小大器用於是乎出。"《周禮》謂大師"掌六律六同以合陰陽之聲"。故鈞石爲太師之秉也。**故周公作《周髀算經》**,《周髀算經》二卷,宋鮑澣之跋曰:"其書出於商周之閒。自周公受之於商高,周人志之,謂之《周髀》,其所從來遠矣。"**張蒼以計相定章程,而次《九章算術》**。《史記·張丞相傳》:"蒼封北平侯,遷爲計相。"《太史公自序》曰"張蒼爲章程",《集解》如淳曰:"章,歷數之章數也。程者,權衡丈尺斛斗之平法也。"瓚曰:"《茂陵書》'丞相爲工用程數',其中言百工用材多少之量及制度之程品者是也。"《四庫目録》云:《九章算術》九卷,蓋《周禮》保氏之遺法,漢張蒼删補校正,而後人又有所附益也。**然後人亦自爲律曆籌算之書,以譏王官失紀**。《漢書·律曆志》曰:"三代既没,五伯之末,史官喪紀,疇人子弟分散。"**《明堂》、《月令》授時之典**,《漢志》、《明堂陰陽》三十三篇。《小戴記·月令疏》曰:"此於《别録》屬《明堂陰陽記》。"又蔡邕有《明堂月令論》曰:"古者諸侯朝正於天子,受月令以歸,而藏諸廟中，天子藏之於明堂，每月告朔朝廟，出而行之。”民無得奸焉，而崔實亦爲《四民月令》。《隋志》：《四人月令》一卷，後漢大尚書崔實撰。古之書名掌之行人保氏，《周禮·地官·保氏》：“養國子以道，乃教之六藝。五曰六書。”《秋官·大行人》：“九歲屬瞽史，諭書名，聽聲音。”故史籀在官則爲之，李斯、胡毋敬在官則爲之。《漢志》：《史籀》十五篇，周宣王太史，作大篆十五篇，建武時亡六篇矣。《蒼頡》一篇，上七章秦丞相李斯作。《爰歷》六章，車府令趙高作。《博學》七章，太史令胡毋敬作。許慎《説文·序》同。及漢有《凡將》、《訓纂》，《漢志》：《凡將》一篇，司馬相如作。《訓纂》一篇，揚雄作。即非王官之職。許叔重論譔《説文解字》，自爾有吕忱、顧野王諸家，《後漢·儒林傳》：許慎字叔重，汝南召陵人也，爲郡功曹，舉孝廉，再遷除洨長。《隋志》云：《説文》十五卷，許慎撰。《字林》七卷，晉弦令吕忱撰。《玉篇》三十一卷，陳左將軍顧野王撰。詩續不絶，《儀禮·特牲》、《少牢》二禮並云“詩懷之”，鄭《注》：“詩，猶承也。”《禮記·内則》云“詩負之”，鄭《注》：“詩之言承也。”世無咎其僭擬者。吴景帝、唐天后位在考文，《禮記·中庸》云：“非天子不議禮，不制度，不考文。”而造作異形，不合六書，《吴志注》引《吴録》載孫休詔曰：“今爲四男作名字。太子名𩅦，𩅦音爲湖水灣澳之灣；字𠅨，𠅨音如迄今之迄。次子名𩇨，𩇨音如兕觥之觥；字𤳮，𤳮音如元礥首之礥。次子名𠁅，𠁅音如草莽之莽；字昷，昷音如舉物之舉。次子名寇,寇音如褒衣下寬大之褒;字犮,犮音如有所擁持之擁。此都不與世所用者同,故鈔舊文,會合作之。"《通鑑·唐紀》天授元年:"鳳閣侍郎河東宗楚客改造天地等十二字以獻。"《注》云:"十二字:照爲曌,天爲兲,地爲埊,日爲囸,月爲囝,星爲〇,君爲𠁈,臣爲𢘑,人爲𤯔,載爲𡕀,年爲𠡦,正爲𠙺,又證爲鏊,𥳏爲𩃭,二字。"《通志·六書略》略同。**適爲世所鄙笑,今《康熙字典》依是也。古之姓氏掌之司商**,《國語·周語》"司商協民姓",韋昭《注》云:"司商,掌賜族受姓之官。商金聲清,謂人姓,合定其姓名也。"**其後有《世本》**,《漢志》"春秋家"有《世本》十五篇,古史官記黄帝以來訖春秋時諸侯大夫。王應麟《考證》曰:"《周官》瞽矇世奠繫,小史定繫世,辨昭穆。《司馬遷傳贊》:'《世本》録黄帝以來至春秋時帝王公侯卿大夫祖世所出。'司馬遷采《世本》。劉向曰:'《世本》,古史官明於古事者所記録黄帝以來帝王諸侯及卿大夫系謚名號,凡十五篇。'《隋志》:'《世本王侯大夫譜》二卷;又《世本》二卷,劉向撰;又四卷,宋衷撰。'又云:'漢初得《世本》,敍黄帝以來祖世所出。'《春秋正義》云:'今之《世本》與司馬遷言不同,《世本》多誤,不足依憑。'顔之推曰:'《世本》左丘明所書(此説出皇甫謐《帝王世紀》),而有燕王喜、漢高祖,非本文也。"**然今人亦自爲譜録,林寶承詔作《元和姓纂》**,《書録解題》云:"唐太常博士三元林寶撰。元和中,朔方别帥天水閻某者,封邑太原,以爲言,上謂宰相李吉甫曰:'有司之誤,不可再也,宜使儒生條其源系,考其郡望,子孫職任，並總緝之，每加爵邑，則令閲視。'吉甫以命竇，二十旬而成。"**言不雅馴**，《史記·五帝本紀贊》曰："百家言黄帝，其文不雅馴。"《正義》："馴，訓也，謂百家之言皆非典雅之訓。"**見駁於鄧名世**。《書録解題》云："《古今姓氏書辨證》四十卷，校書郎史館校勘臨川鄧名世元亞撰，其子椿年緒成之。"**以是比況，古之作者創制而已，後生依其式法條例則是，畔其式法條例則非，不在公私也。王通作《元經》，匡其簡陋與逢迎索虜**，《元經》十卷，《唐·藝文志》不著録，題云唐薛收傳，宋阮逸註。晁公武《郡齊讀書志》疑即阮逸僞作也。其書始晉惠帝，終陳亡，凡三百年事，而納之短書，故曰"簡陋"。其卷九書後魏孝文帝四年春正月，文中子曰："或問孝文，子曰：可與興化矣。"又曰："中國之道不替，孝文之力也。"又曰："太和之政近雅矣。"又曰："修《元經》以斷南北之疑。董常問《元經》之帝魏，何也？子曰：亂離瘼矣，吾誰適歸？天地有奉，生民有庇，且居先王之國，受先王之道，予先王之民矣，謂之何哉？"其言如此，故曰"逢迎索虜"。索虜者，南人詆北人之名，《宋書》有《索虜傳》也。**斯侻已**。《法言·君子篇》："或曰：孫卿非數家之書侻也，至於子思、孟軻，詭哉！"《新方言·釋詞篇》云："《廣雅》：'侻，可也。'《文選·神女賦》'侻薄裝'，《注》：'侻，好也，可也。'此謂薄裝正相堪可，然則古言侻者，猶今言對耳。今人言愿可曰對，不愿可曰不對。曹憲雖音侻爲他括反，而李善云侻與娧同，他外切，則爲去聲。又侻從兑聲，自可讀兑，《易》言商兑，正謂商量可否也。四川、湖南皆讀對聲如兑矣。《法言》云云,以今語通之,倪即是對,詭即是拐。揚子書好用古訓殊語,而證之今人,音訓詞氣眇合如此,誰謂古語不在今之方言乎?”**謂不在史官不得作,陸賈爲《楚漢春秋》,**陸賈見上。《漢書》云賈爲太中大夫。**孫盛爲《晉陽秋》,**《隋志》:《晉陽秋》三十二卷,迄哀帝,孫盛撰。《晉書》云盛爲長沙太守。**習鑿齒爲《漢晉春秋》,**習鑿齒見上。**何因不在誅絶之科? 學誠駁汪琬説云:布衣得爲人作傳。**《文史通義·傳記篇》曰:“明自嘉靖而後,論文各分門户,其有好爲高論者,輒言傳乃史職,身非史官,豈可爲人作傳! 世之無定識而强解事者,羣焉和之。夫後世文字於古無有,而相率而爲之者紛紛皆是。若傳則本非史家所創,馬班以前早有其文,今必以爲不居史職,不宜爲傳。試問傳、記有何分别,不爲經師,又豈宜更爲記耶? 記無所嫌而傳爲厲禁,則是重史而輕經也。”又曰:“必拘拘於正史列傳而始可爲傳,則雖身居史職,苟非專撰一史,又豈可别自爲私傳耶? 若但爲應人之請,便與撰傳,無以異於世人所撰,惟他人不居是官,例不得爲,己居其官,即可爲之,一似官府文書之須印信者然。是將以史官爲胥吏,而以應人之傳爲倚官府而舞文之具也,説尤不可通矣。”**既自倍其官守之文,又甚裁抑王通。準其條法,仲尼則國老耳,**哀十一年《左傳》:“季孫欲以田賦,使冉有訪諸仲尼。仲尼曰:‘丘不識也。’三發,卒曰:‘子爲國老,待子而行,若之何子之不言也?’”**已去司寇,出奔被**

徵，孔子以定公十四年去魯，哀公十一年魯人以幣召之乃歸。詳《左傳》及《世家》。**非有一命之位，儋石之禄**，《周禮·大宗伯》云："壹命受職。"《典命》云："公之大夫再命，其士一命。"《史記·淮陰侯列傳》："守儋石之禄者，闕卿相之位。"《集解》晉灼曰："揚雄《方言》：海岱之間名罌爲儋石。石，斗也。"**其作《春秋》亦僭也。揚雄作《太玄》，儒者比於吴楚僭王**，晁公武《郡齋讀書志》云："揚雄準《易》作《太玄經》，其自序稱玄盛矣，而諸儒或以爲猶吴楚僭王，當誅絶之罪，或以爲度越老子之書。"**謂其非聖人，不謂私作有誅也。雄復作《樂》四篇**，原注：見《藝文志》。○按：見"《儒家》"揚雄所序三十八篇下注。**是時陽成子長亦爲《樂經》**，原注：見《論衡·超奇篇》。**儒者不譏，獨譏《太玄》，已過矣。《易》之爲書，廣大悉備**，《繫辭上》云："夫《易》廣矣大矣，以言乎遠，則不禦；以言乎邇，則静而正；以言乎天地之間，則備矣。"《繫辭下》曰："《易》之爲書也，廣大悉備；有天道焉，有人道焉，有地道焉。"**然常用止於别蓍布卦。**《漢書·東方朔傳》："朔自贊曰：臣嘗受《易》。請射之，迺别蓍布卦而對。"師古曰："别，分也。"**《春官》："太卜掌三兆之法：一曰玉兆，二曰瓦兆，三曰原兆。"**鄭《注》："兆者，灼龜發於火，其形可占者，其象似玉瓦原之亹罅，是用名之焉。上古以來作其法，可用者有三。原，原田也。杜子春云：玉兆，帝顓頊之兆；瓦兆，帝堯之兆；原兆，有周之兆。"**其經**

兆之體皆百有二十，其頌皆千有二百。鄭《注》："頌猶繇也。三法體繇之數同，其名占異耳。百二十每體十繇。體有五色，又重之以墨坼也。五色者，《洪範》所謂曰雨，曰濟，曰圛，曰蟊，曰尅。"**掌三易之法：一曰《連山》，二曰《歸藏》，三曰《周易》。**鄭《注》："《易》者，揲蓍變易可占者也。名曰《連山》，似山出内氣變也。《歸藏》者，萬物莫不歸而藏於其中。杜子春云：《連山》，宓戲；《歸藏》，黄帝。"**其經卦皆八，其别皆六十有四。**鄭《注》："三易卦别之數亦同，其名占異也。每卦八别者，重之數。"**掌三夢之法：一曰《致夢》，二曰《觭夢》，三曰《咸陟》。**鄭《注》："夢者，人精神所寤可占者。致夢，言夢之所至，夏后氏作焉。咸，皆也。陟之言得也，讀如王德翟人之德，言夢之皆得，周人作焉。杜子春云：觭讀爲奇偉之奇，其字當直爲奇；玄謂猗讀爲諸戎掎之掎。掎亦得也，亦言夢之所得，殷人作焉。"**其經運十，其别九十。**鄭《注》："運或爲'緷'，當爲煇。是視祲所掌十煇也。王者於天日也，夜有夢則晝視日旁之氣，以占其吉凶，凡所占者十煇，每煇九變，此術今亡。"**仲尼贊《易》而《易》獨貴。其在舊法世傳之史，**《莊子・天下篇》："其明而在數度者，舊法世傳之史，尚多有之。"**則筮書與卜夢等夷。**《史記・留侯世家》："今諸將與陛下故等夷。"**《數術略》，"蓍龜家"有《龜書》、《夏龜》、《南龜書》、《巨龜》、《雜龜》，"雜占家"有《黄帝長柳占夢》、《甘德長柳占夢》，書皆别出，**

雖《易》亦然。是故《六藝略》有《易經》十二篇,《數術略》"蓍龜家"復有《周易》三十八卷,此爲周世既有兩《易》,猶《逸周書》七十一篇别在《尚書》外也。原注:《左氏》説秦伯伐晉,筮卦遇《蠱》曰:"千乘三去,三去之餘,獲其雄狐。"成季將生,筮遇《大有》之《乾》曰:"同復於父,敬如君所。"説者或云是《連山》、《歸藏》,或云筮者之辭。尋《連山》、《歸藏》,卦名或異;筮者占卦,其語當指切情事,知皆非也。宜在三十八卷中。〇按:全祖望《經史問答》曰:"陳潛室謂《易》卜筮所常用,然掌在太易,屬之太史。列國蓋無此書,故《左傳》所載列國卜筮繇辭各不與《周易》同,而别爲一種占書;獨周、魯所筮,則皆《周易》。以此見《周易》惟周、魯有之。陳説大略得之,然尚未盡。《漢志》有《大次雜易》三十卷,即所謂自成一種占書者也。杜預明言當時有雜占筮辭,但春秋列國非竟無《周易》筮法也,文獻不足而失之。故《左傳》載筮辭,其用《周易》者,則必曰以《周易》筮,不使與他筮相混。莊二十年:"周史有以《周易》見陳侯者,陳侯使筮敬仲,遇《觀》之《否》。《昭》五年:叔孫穆子之生,莊叔以《周易》筮之,遇《明夷》之《謙》。哀九年:陽虎爲趙鞅以《周易》筮救鄭,遇《泰》之《需》。若襄九年穆姜居西宫,筮得《艮》之《隨》。昭十二年:南蒯之叛,筮得《坤》之《比》。則雖不言以《周易》筮,而其占皆引《周易》之文,是潛室所謂《周易》用於周、魯可證者也。乃昭七年孔成子立衛靈,再筮皆以《周易》。僖二十五年:晉文公筮納王,襄二十五年崔杼筮納室,雖不以《周易》筮,而皆引《周易》之文,則不得謂列國皆不用也,特用之者少耳。閔元年：畢萬筮仕於晉，遇《屯》之《比》。僖十五年：秦穆公筮伐晉，遇《蠱》；晉伯姬筮適秦，遇《歸妹》之《睽》。成十二年：晉厲公筮伐楚，遇《復》。皆用雜占。是潛室謂列國别爲一種占書可證者也。乃閔二年成季之生，筮《大有》之《乾》，亦引雜占，則魯亦未嘗不兼用他書也，特用《周易》者多耳。疑諸繇辭不與《周易》同者，爲在《大次雜易》中。"按：全説亦自可通。要之，《易》在周世，已有數種，斯可決也。**《易》者，務以占事知來，惟變所適，不爲典要，**《繫辭上》曰："極數知來之謂占。"《繫辭下》曰："象事知器，占事知來。"又曰："《易》之爲書也不可遠，爲道也屢遷，變動不居，周流六虚，上下无常，剛柔相易，不可爲典要，唯變所適。"**故周世既有二家駁文。韓宣子觀書於太史氏，見《易象》與《魯春秋》，曰："周禮盡在魯矣。"**見昭二年《左氏傳》。《經史問答》曰："蓋當周之初，典禮流行，《易象》一經必無不頒之列國者。至是而或殘失，不能不參以雜占。惟魯以周公之舊、太史之藏如故，此宣子所以美之也。"**尚考九流之學，**《尚書大傳》"尚考大室之義"，鄭《注》："尚考，猶言古考。"**其根極悉在有司，**極者，本原之名。《莊子·繕性篇》："不當時命而大窮乎天下，則深根寧極而待。"極亦根也。**而《易》亦掌之太卜。同爲周禮，然非禮器制度符節璽印幡信之屬不可刊者，故周時《易》有二種，與《連山》、《歸藏》而四。及漢，揚雄猶得摹略爲之，**《墨子·小取篇》："摹略萬物之然，論求羣言之比。"**是亦依則古初，不愆於素。**宣十一年《左氏傳》:“事三旬而成,不愆於素。”學誠必以公私相格,是九流悉當燔燒,何獨《太玄》也。《晉書·束晳傳》言汲郡人盗發魏襄王墓,得《易經》二篇,與《周易上》、《下經》同;《易繇陰陽卦》二篇,與《周易》略同,繇辭則異;《卦下經》一篇,似《説卦》而異;《易繇陰陽卦》者,亦三十八卷之倫。以是知姬姓未亡,玉步未改,定五年《左傳》“改步改玉”,《疏》云:“步謂行也。”《玉藻》“君與尸行接武,大夫繼武士中武”,鄭玄云:“尊者尚徐。接武,蹈半迹;繼武,迹相及也;中武,迹間容迹。”是君臣步不同也。《玉藻》又云:“公侯佩山玄玉,大夫佩水蒼玉。”是君臣玉不同也。昭公之出,季氏行君事,爲君行,佩君玉。及定公立,季氏復臣位,故步玉皆改矣。而《周易》已分析爲數種。姚際恒不曉《周易》有異,乃云魏文侯最好古,魏冢無《十翼》,明《十翼》非仲尼作。姚際恒《古今僞書考》首列《易傳》,又作《易傳通論》六卷,未見傳本。然則《易繇陰陽卦》者,顧仲尼所爲三絶韋編,以求寡過者耶?《史記·孔子世家》:孔子晚而喜《易》,讀《易》韋編三絶,曰:“假我數年,若是,我於《易》則彬彬矣。”《論語·述而篇》:“子曰:‘加我數年,五十以學《易》,可以無大過矣。’”凡説古藝文者,不觀會通,《繫辭上》曰:“聖人有以見天下之動,而觀其會通。”不參始末,專以私意揣量,隨情取舍,上者爲章學誠,下者爲姚際恒,疑誤後生多矣。自《太玄》推

而極之，至於他書，其類例悉準是。外有經方、相人、形法之屬。並見《漢志》。**至於釋道，其題號皆曰經，學誠所不譏。**術數稱經，章氏不譏，説見上文。其於釋道，則云："東漢秦景之使天竺，四十二章，皆不名經。其後華言譯受，附會稱經，則亦文飾之辭。老子初不稱經，《隋志》乃依《阮録》稱《老子經》。意者《阮録》出於梁世，梁武崇尚異教，則佛老皆列經科，其所倣也。而加以《道德真經》，與《莊子》之加以《南華真經》，《列子》之加以《冲虚真經》，則開元之玄教設科，附飾文致，又其後而益甚者也。韓退之曰：'道其所道，非吾所謂道。'則名教既殊，又何妨於經其所經，非吾所謂經乎？"又曰："佛老之書，本爲一家之言，非有綱紀政事，其徒欲專其教，自以一家之言尊之過於《六經》，無不可也。"**誠格以官書之律，釋者有修多羅，傳自異域，與諸夏異統，不足論。道士者，亦中國之民，何遽自恣；而《老子》又非道士所從出，不能以想爾之注，姦令之條文致也。**原注：《經典釋文》：《老子想爾注》二卷，不詳何人，一云張魯，或云劉表。《典略》曰：妖賊張修，使人爲姦令祭酒，祭酒主以《老子》五千文使都習，號爲《姦令》，爲鬼吏主爲病者請禱。此道士託名最先者也。觀《論衡·道虚篇》言"或以爲老子之道，可以度世"，則俗論已有是言。仲長統云："安神閨房，思老氏之玄虚；呼吸精和，求至人之仿佛。"似漢末儒者亦以老子附會房中神仙之術。然《七略》道家與神仙、房中絶非一類，《韓非·解老》、《喻老》更可證明。至《論衡·道虚》三篇稱道家，皆指服食不死者言，則名號已混亂矣。○按：《老子書》言長主久視，言玄牝，言守雌，其名弔詭，故神仙房中諸家隨而附之，實則君人南面治國用兵之術，與方技絶殊，不可以道士僞託，文致其辭，而目以異教也。云"文致"者，《後漢書·陳寵傳》曰"解妖惡之禁，除文致之請"，章懷《注》云："文致，謂前人無罪，文飾致於法中也。"**本出史官，與儒者非異教，故其徒莊周猶儒服。**原注：見《莊子·説劍篇》。**儒家稱經即詩，而道家稱經即我詩，**原注：《墨子》、《韓子》準此。**何其自相伐也？章炳麟曰：**《史記》爲文，於更端處則署"太史公曰"，此效其體也。**老聃、仲尼而上，學皆在官。老聃、仲尼而下，學皆在家人。**古代學術擅之貴族，編户齊民固無得而奸焉。自仲尼受業於老聃，徵藏之策得以下布。退而設教，遂有三千之化，則學術自此興。故曰"老聃、仲尼而下，學皆在家人"也。《文獻通考·經籍考》引金華應氏曰："樂正崇四術以訓士，則先王之《詩》《書》《禮》《樂》其設教固已久。《易》雖用於卜筮，而精微之理非初學所可語。《春秋》雖公其記載，而策書亦非民庶所得盡窺。故《易象》《春秋》，韓宣子適魯始得見之，則諸國之教未必盡備六者。蓋自夫子删定讚繫筆削之餘，而後傳習滋廣，經術流行。"按：應氏之説蓋猶明而未融。章氏《檢論·訂孔篇》曰："自老聃寫書徵藏，以貽孔氏，然後竹帛下庶人。六籍既定，諸書復稍出金匱石室間。民以昭蘇，不爲徒役。九流自此作，世卿自此墮。"又《文録》有《駁建立孔教議》，謂孔子所以爲中國斗杓者，在制歷史，布文籍，振學術，平階級四事。其説布文籍云：“《周官》所定鄉學事盡六藝，然大禮猶不下庶人。當時政典掌在天府，其事蹟略具於《詩》《書》，師氏以教國子，而齊民不與焉。是故編户小氓欲觀舊事，則固閉而無所從受，故傳稱宧學事師，宧于大夫，明不爲貴臣僕隸，則無由識其緒餘。自孔子觀書柱下，述而不作，删定六書，布之民間，然後人知典常，家識圖史，其功二也。”説振學術云：“九流之學，靡不出於王官，守其一術而不徧覽文籍，則學術無以大就。自孔子布文籍，又自贊《周易》，吐《論語》，以寄深湛之思，於是大師接踵，宏儒鬱興，雖所見殊塗，而提振之功在一，其功三也。”此論老孔以下學術遍布，則既信而有徵矣。其説布歷史者，詳見下文。**正今之世，**正猶當也。**封建已絶矣，周秦之法已朽蠹矣，猶欲拘牽格令，以吏爲師，以宧於大夫爲學，**《文史通義・原道中篇》曰：“秦人禁偶語《詩》《書》，而云欲學法令，以吏爲師，則亦道器合一，而官師治教未嘗分歧爲二之至理也。”（《校讎通義・原道篇》略同）又《史釋篇》曰：“以吏爲師，三代之舊法也。秦人之悖於古者，禁《詩》《書》而僅以法爲師爾。三代盛時，天下之學無不以吏爲師，周官三百六十，天人之學備矣，其守官舉職而不墜天工者，皆天下之師資也。東周以還，君師政教不合於一，於是人之學術不盡出於官司之典守。秦人以吏爲師，始復古制，而人乃狃於所習，轉以秦人爲非耳。秦之悖於古者多矣，猶有合於古者，以吏爲師也。”**一日欲修方志以接衣食，**

則言家傳可作，說見上文。**援其律於東方管輅諸傳，**《文史通義·傳記篇》曰："陳壽《三國志》裴《注》引東京、魏晉諸家私傳相證明者，凡數十家，即見於《隋》、《唐·經籍》、《藝文志》者，如《東方朔傳》、《陸先生傳》之類，亦不一而足，事固不待辨也。彼挾《兔園》之册，但見《昭明文選》、唐宋八家鮮入此體，遂謂天下之書不復可旁證爾。"**其書乃遠在揚雄後；舊目《七略》，今目《四部》，自爲《校讎通義》，**《校讎通義》三卷，凡十八篇。**又與四庫官書齟齬；既薄宋儒，**《文史通義·原道下篇》曰："夫子教人博學於文，而宋儒則曰玩物而喪志；曾子教人辭遠鄙倍，而宋儒則曰工文則害道。夫宋儒之言，豈非末流良藥石哉？然藥石所以攻臟腑之疾耳，宋儒之意似見疾在臟腑，遂欲並臟腑而去之；將求性天，乃薄記誦而厭辭章，何以異乎？"又《文理篇》曰："伊川先生謂工文則害道，明道先生謂記誦爲玩物喪志。雖爲忘本而逐末者言之，然推二先生之立意，則持其志者不必無暴其氣，而出辭氣之遠於鄙倍。辭則欲求其達，孔、曾皆爲不聞道矣。"又《辨似篇》曰："程子見謝上蔡多識經傳，便謂玩物喪志，畢竟與孔門一貫不似。"**又言誦六藝爲遵王制，**《文史通義·經解中篇》曰：制度之經，時王之法，一道同風，不必皆以經名，而禮時爲大，既爲當代臣民，固當率由而不越，即服膺六藝，亦出遵王制之一端也。**時制《五經》在學官者，《易》《詩》《書》皆取宋儒傳注，**清制《易》用朱熹《本義》及程《傳》；《詩》用朱熹《集傳》；《書》用蔡沈《集傳》；其《春秋》初用胡安國《傳》，乾隆中，改用《左傳》杜《注》；《禮記》用陳澔《集説》。**則宋儒亦不可非。諸此條例，所謂作法自斃者也。**《史記·商君列傳》："商君亡至關下，欲舍客舍，客人不知其是商君也，曰：'商君之法，舍人無驗者坐之。'商君喟然歎曰：'嗟乎，爲法之敝，一至此哉！'"

問者曰：經不悉官書，今世説今文者，以《六經》爲孔子作，豈不然哉？説今文者，依於《公羊》家素王改制之説，謂《六經》皆孔子制作，如廖平、康有爲、皮錫瑞諸人皆是也。廖氏《知聖篇》曰："素王一義爲《六經》之根株綱領。此義一立，則羣經皆有統宗，互相啓發。自失此義，以《六經》分以屬帝王、周公、史臣，則孔子遂流爲傳述家，不過如許鄭之比，何以宰我、子貢以爲賢於堯舜？"又曰："作者謂聖，述者謂賢。使皆舊文，則孔子之修《六經》不過如今評文選詩，何以天下萬世獨宗孔子？今欲推求孔子禮樂政德之實迹，不得不以空言爲實事。孔子統集羣聖之成，以定六藝之制，則六藝自爲一人之制，而與帝王相殊，故弟子據此以爲賢於堯舜。實見六藝美備，非古所有，以《六經》爲一王之大典，則不能不有素王之説。"又曰："《六經》孔子一人之書，劉歆以前，皆主此説，故《移書》以《六經》皆出於孔子。後來欲攻博士，故牽涉周公以敵孔子，遂以《禮》《樂》歸之周公，《詩》《書》歸之帝王，《春秋》因於史文，《易傳》僅注前聖。以一人之作，分隸帝王、周公，如是則六藝不過如選文選詩，孔子碌碌無所建樹矣。學者以己律人，亦欲將孔子説成一教授老儒，不過選本多,門徒衆,語其事業功效,全無實迹。豈知素王事業,與帝王相同,位號與天子相埒,欲爲之事全見六藝也。”又《古學考》曰:“使孔子但作《春秋》,則《詩》《書》《易》《禮》當爲舊制,必有異同。今一貫同原,知無新舊之異。《六經》垂教,不能參差四代同文,必由一人手定可知。劉歆《移書》,猶以徑歸孔子;以後報怨,乃以歸之文王、周公、史官。東漢以後,雖曰治經,實則全祖歆説。”康氏作《孔子改制考》,有《六經皆孔子改制所作考》一卷,專明孔子之作而非述,大氐祖述廖氏。其序略曰:“孔子爲教主,爲神明聖王,配天地,育萬物,無人無事無義不範圍於孔子大道中,乃所以爲生民未有之大成至聖也。若《詩》《書》《禮》《樂》《易》皆伏羲、夏、商、文王、周公之舊典,於孔子無與,則孔子僅爲後世之賢士大夫,比之康成、朱子尚未及也,豈足爲生民未有,範圍萬世之至聖哉?章實齋謂集大成者周公也,非孔子也,可謂極背謬矣。然如舊説,孔子僅在明者述之之列,則是説豈非實録哉?漢以來皆祀孔子爲先聖,唐貞觀乃以周公爲先聖,而黜孔子爲先師,可謂極背謬矣。然如舊説,孔子之僅爲先師,豈不宜哉?然以《詩》《書》《禮》《樂》《易》爲先王周公舊典,《春秋》爲赴告策書,乃劉歆創僞古文之説也。歆欲奪孔子之聖,而改其聖法,故以周公易孔子也。漢以前無是説也。”又曰:“孔子之爲教主,爲神明聖王何在?曰:在《六經》。《六經》皆孔子所作也。孔子所作謂之經;弟子所述謂之傳,又謂之記;弟子後學展轉所口傳謂之説。凡漢前傳經者無異論。故惟《詩》《書》《禮》《樂》《易》《春秋》六藝爲孔子所手作,故得謂之經,如釋家佛所説爲經，禪師所説爲論也。"皮氏《經學歷史》曰："孔子以前不得有經，漢初舊説分明不誤。東漢以後，聖學榛蕪，孔子所作之《易》，以爲止有《十翼》，則孔子於《易》，不過爲經作傳，如後世箋注家。陳摶又雜以道家之圖書，乃有伏羲之《易》，文王之《易》，加於孔子之上，而《易》義大亂矣。孔子所定之《詩》《書》，以爲並無義例，則孔子於《詩》《書》，不過如昭明之《文選》、姚鉉之《唐文粹》，編輯一過，稍有去取。王柏又作《詩疑》、《書疑》，恣意删改，而《詩》《書》大亂矣。孔子所作之《春秋》，以爲本周公之凡例，則孔子於《春秋》，不過如《漢書》之本《史記》，《後漢書》之本《三國志》，鈔録一過，稍有增損。杜《注》孔《疏》又不信一字褒貶，概以爲闕文疑義。王安石乃以《春秋》爲斷爛朝報，而《春秋》幾廢矣。凡此皆由不知孔子作《六經》教萬世之旨，不信漢人之説，或尊周公以壓孔子，（如杜預之《春秋》是），或尊伏羲、文王以壓孔子（如宋人之説《易》是）。孔子手定之經，非特不以教世，且不以經爲孔子手定而屬之他人，經學不明，孔教不尊，非一朝一夕之故，其所由來者漸矣。故必以經爲孔子作，始可以言經學；必知孔子作經以教萬世之旨，始可以言經學。"皮氏所説與廖、康大同。其他類此之言尚衆，不復具引。又皮氏論《易》，謂卦爻下辭爲孔子作；其説《王制》，以爲孔子改制之書；説《禮》，以爲《士喪禮》亦自孔子制定。皆與康、廖之言如出一轍。章氏並有駁議，詳見《文録》卷一中。**應之曰：經不悉官書，官書亦不悉稱經。**原注：《史籀篇》、《世本》之屬。**《易》、《詩》、《禮》、《樂》、《春秋》者，本官書，又得經名。孔子曰：**

“述而不作，信而好古。”明其亡變改。廖氏《知聖篇》曰：“《春秋》據舊史言，則曰修；從取義言之，則曰作。修即所謂述，當日繙定六藝，是爲聖作，人亦稱孔子爲作，其云述而不作，言不作即作也，言述即非述也。”尋正言若反，固道家之微文；而修辭立誠，亦聖人之極致。端居而爲詭語，不亦異乎？廖説非也。**其次《春秋》以魯史記爲本，猶馮依左丘明。左丘明者魯太史，**原注：見《藝文志》。**然則聖不空作，因當官之文，《春秋》、《孝經》，名實固殊焉。**原注：《春秋》稱經從本名，《孝經》稱經從施易之名。**孟子曰：“王者之迹息而《詩》亡，《詩》亡然後《春秋》作。”迹息者，謂《小雅》廢；《詩》亡者，謂正雅正風不作。**原注：見《説大疋小疋》。〇按：《文録》有《小疋大疋説》。其略曰：“《説文》：‘疋，足也。古文以爲《詩·大疋》字。或曰胥字。一曰：疋，記也。’按：黄帝之史倉頡見鳥獸蹏迒之迹，知分理之可相别異也，初造書契，是故記録稱疋，取義於足迹。今字作疏，疏寫古音同，故亦爲寫。《大》、《小疋》者，《詩序》曰：言天下之事，形四方之風，謂之雅。頌者，美盛德之形容，以其成功，告於神明。頌本頌皃字。褒美則曰形頌，紀事則曰足迹，是故雅頌相待爲名。孟子曰：‘王者之迹息而《詩》亡，《詩》亡然後《春秋》作。’范甯述之曰：‘孔子就大師而正《雅》《頌》，因魯史而脩《春秋》，列《黍離》於《國風》，齊王德於邦君，所以明其不能復雅，政化不足以被羣后也。’此則王者之迹，謂之大疋小疋，故訓敫如也。世人欲改迹爲迒，復謂變風終於陳靈，雅雖亡，不爲《詩》絶。案其年世，《春秋》之作後陳靈百二十年，不相比次，管子言爲《春秋》者賜一金之衣，此復在陳靈前。《論語》"式負版者"，則孔子時圖籍猶上王朝，辺人之守未息。'余謂范甯以迹爲《雅》則是，然《雅》亡在孔子《春秋》前四十八年，復不相值。以爲《春秋》編年國史之録，蓋始造于宣王之世，《詩序》所謂《小雅》盡廢時也，故太史録年序始於共和，明前此無編年書。迹息者，謂正雅之治不用。《詩》亡者，謂自是正風正雅不復用，故夫辵之爲迹明矣。"《詩序》曰："文武以《天保》以上治内，《采薇》以下治外。""《六月》者，宣王北伐。"《小雅》之變，自此始也。其《序》通言正雅二十二篇廢而王道缺，終之曰："《小雅》盡廢，則四夷交侵，中國微矣。"《小雅·魚麗篇序》曰："文武以《天保》以上治内，《采薇》以下治外。"《六月篇序》曰："《六月》，宣王北伐也。《鹿鳴》廢，則和樂缺矣；《四牡》廢，則君臣缺矣；《皇皇者華》廢，則忠信缺矣；《常棣》廢，則兄弟缺矣；《伐木》廢，則朋友缺矣；《天保》廢，則福禄缺矣；《采薇》廢，則征伐缺矣；《出車》廢，則功力缺矣；《杕杜》廢，則師衆缺矣；《魚麗》廢，則法度缺矣；《南陔》廢，則孝友缺矣；《白華》廢，則廉耻缺矣；《華黍》廢，則蓄積缺矣；《由庚》廢，則陰陽失其道理矣；《南有嘉魚》廢，則賢者不安，下不得其所矣；《崇邱》廢，則萬物不遂矣；《南山有臺》廢，則爲國之基墜矣；《由儀》廢，則萬物失其道理矣；《蓼蕭》廢，則恩澤乖矣；《湛露》廢，則萬國離矣；《彤弓》廢，則諸夏衰矣；《菁菁者莪》廢，則無禮儀矣。《小雅》盡廢，則四夷交侵，中國微矣。”**國史之有編年，宜自此始。故太史公録《十二諸侯年表》始於共和，明前此無編年書。**《檢論·春秋故言篇》自注：《汲冢紀年》著三代事，事皆有年，則魏史臆推之也。六家《歷譜》起於周末，妄以歷數差第年月，非有成證。《三代世表》云：“余讀諜記，黄帝以來皆有年數。古文咸不同，乖異。”《汲冢紀年》即其類。**《墨子·明鬼篇》引周、燕、齊、宋四國春秋，三事皆在隱桓以下，《周春秋》乃記杜伯射宣王事，**《墨子》引《燕春秋》記燕簡公殺莊子儀事，引《齊春秋》記齊莊君時王里國中里徼爭訟事，引《宋春秋》記宋文君時神殺祏觀辜事，詳見彼文。燕簡公當魯昭公時。齊莊君即莊公，宋文君即文公；一當魯襄公世，一當魯宣公世。俱在隱桓下也。**宣王以上，欲明鬼，其徵獨有《詩》《書》，明始作《春秋》者爲宣王大史。蓋大篆布而《春秋》作，**周之太史以主典藉者，書名及記載皆領焉。**五十凡例，尹吉甫、史籀之成式，非周公著也。**杜預《春秋序》謂發凡言例，皆周公之垂法。此不用其説。尹吉甫、史籀並爲宣王史官。今推《春秋》之作宜在宣世，則其凡例必此時史官爲之也。云尹吉甫者，王應麟《漢志考證》曰：“《左傳》稱史佚。”《晉語》胥臣曰：“文王訪於辛尹。”《注》：“辛甲、尹佚，皆周大史。”《説苑·政理》引成王問政於尹佚。梁玉繩《古今人表考》曰：“史佚亦曰尹逸。”《通志·氏族略》：“少昊之子封於尹城，因以爲氏，子孫世爲周卿士，食采於尹。”《檢論·春秋故言》曰:"周史官自尹佚始,其後世世踐之,故宣王命程伯休父,襄王命重耳,皆屬尹氏,是其徵。"按:《詩·常武篇》曰"王謂尹氏",《箋》云:"尹氏,天子世大夫也。"《六月篇》曰"文武吉甫",《崧高篇》曰"吉甫作誦",蓋吉甫即尹佚之後,或以尹爲官名者,非也。(《潛夫論·氏姓篇》)云史籀者,《漢志》及許慎《説文序》並謂《大篆》十五篇,周宣王太史籀作也。**晉羊舌肸習於春秋,則爲《乘》;楚士亹教太子春秋,則爲《檮杌》。孟子曰:"晉之《乘》,楚之《檮杌》,魯之《春秋》,一也。"**此言《春秋》爲史記之名,宣王以後,各國具有之也。孟子語見《離婁下篇》。趙岐《注》曰:"此三大國史記之名異。《乘》者,興於田賦乘馬之事,因以爲名。《檮杌》者,嚚凶之類,興於記惡之戒,因以爲名。《春秋》以二始舉四時,記萬事之名。"杜預《春秋序》曰:"《春秋》者,魯史記之名也。"孔氏《正義》曰:"昭二年韓起聘魯,稱見《魯春秋》。《外傳·晉語》司馬侯對晉悼公云:'羊舌肸習於《春秋》。'《楚語》申叔時論傅太子之法云:'教之以《春秋》',《禮坊記》曰:'《魯春秋》記晉喪曰:殺其君之子奚齊。'又《經解》曰:'屬辭比事,《春秋》教也。'凡此諸文所説,皆在孔子之前,則知未修之時,舊有《春秋》之目。"**惑者不睹論籑之科,不銓主客。文辭義理,此也;典章行事,彼也。一得造,一不得造。**此言論籑之科有主有客:文辭義理可以爲主觀之發攄,所謂主也;典章行事但能爲客觀之記載,所謂客也。此主也,彼客也;屬於此者,可以探懷而道,屬於彼者固不得凴臆爲説也。

今以仲尼受天命爲素王，變易舊常，虛設事狀，以爲後世制法；哀十四年《公羊傳》云："制《春秋》之義，以俟後聖。"漢人因有爲漢制法之説，云孔子爲素王，亦漢人相傳之舊義，讖記諸家並有其語。近世言今文者，尤樂道之也。孔穎達《左傳正義》曰："董仲舒《對策》云：孔子作《春秋》，先正王而繫以萬事，見素王之文焉。賈逵《春秋序》云：孔子覽史記，就是非之説，立素王之法。鄭玄《六藝論》云：孔子既西狩獲麟，自號素王，爲後世受命之君制明王之法。盧欽《公羊序》曰：孔子自因魯史而修《春秋》，制素王之道。是先儒皆言孔子立素王也。《孔子家語》稱齊大史子餘歎美孔子言曰：'天其素王之乎？'素，空也，言無位而空王之也。彼子餘美孔子之深，原上天之意，故爲此言耳，非是孔子自號爲素王。先儒蓋因此而謬，遂言《春秋》立素王之法。"按：《家語》僞書，不足據也。然其説素王之義實較諸家爲長，《正義》取之是矣。至讖記言素王者，如《春秋緯》云：麟出周亡，故立《春秋》，制素王，授當興也。《論語緯》云：子夏曰，仲尼爲素王，顏淵爲司徒。又云：子夏六十四人共撰仲尼微言以事素王。《孝經緯》云：吾作《孝經》，以素王無爵禄之賞，斧鉞之誅，故稱明王之道。據此，知《論語》、《孝經》諸家並有其語也。**且言左氏與遷固皆史傳，而《春秋》爲經，經與史異。**原注：劉逢禄、王闓運、皮錫瑞皆同此説。○按：劉逢禄《左氏春秋考證》曰："《春秋》非史文，言《左氏》者以史文視《春秋》，宜其失義也。"王闓運《公羊箋》曰："《春秋》不記事，雖開國王不見謚，君夫人略不書，盟會征伐隨所筆削，略者一見，詳者百出，既不可自釋其例，唯以屬比見之。故其文無之而非義，其詞無在而非事，至哀十三年所以發明者，乃備於此。若必終其一年，仍是史而非經也。則止於春者，示《春秋》之非史也。"皮錫瑞《春秋通論》曰："説《春秋》者，須知《春秋》是孔子作，作是做成一書，不是鈔録一過。又須知孔子所作者，是爲萬世作經，不是爲一代作史。經史體例所以異者：史是據事直書，不立褒貶，是非自見；經是必借褒貶是非以定制立法，爲百王不易之常經。《春秋》是經，《左氏》是史。後人不知經史之分，以《左氏》之説爲《春秋》，而《春秋》之旨晦；又以杜預之説誣《左氏》，而《春秋》之旨愈晦。據孟子説，孔子作《春秋》是一件絶大事業，若如杜預經承舊史，史承赴告之説，止是鈔録一過，並無褒貶義例，則略識文字之鈔胥皆能爲之，何必孔子？即曰據事直書，不虚美，不隱惡，則古來良史如司馬遷、班固等，亦優爲之，何必孔子乎？"以上三家之説云爾。餘如廖平《古學考》亦云："董子謂《春秋》有詭名、詭實之例。當時所無之制，欲興之，則不能不詭其人；義所當諱之事，欲掩之，則不能不詭其實。意不欲言則削之，制所特起則筆之，《春秋》有筆削，凡涉筆削，皆不可以史説之。"又康有爲《孔子改制考》、《新學僞經考》，其説亦並與諸家大同而益之以悍言。要之，《春秋》是經非史，近世説今文者之所同也。**蓋素王者，其名見於《莊子》，**原注：《天下篇》。○按：當作"《天道篇》。"**責實有三：伊尹陳九主素王之法，守府者爲素王；**此云素王，謂有其位而無其權者。素讀如素餐之素也。

《史記·殷本紀》，伊尹從湯，"言素王及九主之事"，《集解》云："駰案劉向《别録》曰：九主者，有法君、專君、授君、勞君、等君、寄君、破君、國君、三歲社君，凡九品，圖畫其形。"《索隱》云："素王者，太素上皇，其道質素，故稱素王。九主者，三皇五帝及夏禹也。或曰：九主謂九皇也。然按注劉向所稱九主，載之《七録》，名稱甚奇，不知所憑據耳。"尋素王九主，明載《别録》，且畫其形，其必有所憑據。《索隱》不從，而隨臆爲説，非也。彼云素王與寄君、破君等連言，則《索隱》以爲太素上皇，未必然也。素者，空也，謂空據王者之名而已。《國語·周語》曰："今天降禍災於周室，余一人僅亦守府。"又曰："守府之謂多，胡可興也?"謂但可守司府藏，更無權藉，此則伊尹所謂素王者矣。**莊子道玄聖素王，無其位而德可比於王者**；此云素王，謂有其德而無其位者。《莊子·天道篇》曰："夫虚静恬淡、寂寞無爲者，萬物之本也。以此處上，帝王天子之德也；以此處下，玄聖素王之道也。"郭《注》曰："此皆無爲之至也。有其道爲天下所歸；而無其爵者，所謂素王自貴也。"**太史公爲《素王眇論》，多道貨殖，其《貨殖列傳》已著素封，無其位，有其富厚崇高，小者比封君，大者擬天子。**此云素王，謂有其財而無其位者。《御覽》四百七十二引太史公《素王妙論》曰："諸稱富者，非貴其身得志也，乃貴恩覆子孫而澤及鄉里也。"又曰："黄帝設五法，布之天下，用之無窮，蓋世有能知者，莫不尊親，如范子可謂曉之矣，子貢、吕不韋之徒頗預焉。自是之後，無其人，曠絶二百有餘年。管子設輕重九府，行伊尹之術，則桓公以霸，九合諸侯，一匡天下。范蠡爲越相，三江五湖之閒，民富國强，卒以擒吴，功成而弗居，變名易姓，自謂朱公，十術之計，二十一年，三致千金，再散與貧。（《越世家集解》，《北堂書鈔》四十五又《御覽》四百四，並引《素王妙論》。《隋志·子部》"五行家"："梁有太史公《素王妙論》二卷，亡。"）據此，是其書多道貨殖也。《史記·貨殖列傳》曰："今有無秩禄之奉，爵邑之入，而樂與之比者，命曰素封。"《索隱》云："謂無爵邑之入，禄秩之奉，則曰素封。素，空也。"《正義》云："言不仕之人自有園田收養之給，其利抵於封君，故曰素封也。"詳覽《妙論》之説，證以《史記》之文，則此素王謂有財無位者明矣。**此三素王之辨也。**素王本爲通名，其義有三，非孔子之所專，則受命制法之説躓矣。**仲尼稱素王者，自後生號之。王充以桓譚爲素丞相，**《論衡·定賢篇》曰："孔子不王，素王之業在於《春秋》。然則桓君山素丞相之跡，存於《新論》者也。"**非譚生時以此題署。顧言端門受命，爲漢制法，**哀十四年《公羊傳解詁》曰："得麟之後，天下血書魯端門曰：'趨作法，孔聖設，周姬亡，彗東出。秦政起，胡破術，書記散，孔不絶。'子夏明日往視之，血書飛爲赤烏，化爲白書，署曰《演孔圖》，中有作圖制法之狀。孔子仰推天命，俯察時變，却觀未來，預解無窮，知漢當繼大亂之後，故爲撥亂之法以授之。"《公羊傳》卷一《疏》引閔因《敍》云："昔孔子受端門之命，制《春秋》之義，使子夏等十四人求周史記，得百二十國寶書。

九月,經立。《感精符》、《考異郵》、《説題辭》具有其文。"《後漢書·東平王蒼傳》:"孔子曰:行夏之時,乘殷之輅,服周之冕,爲漢制法也。"《論衡·程材篇》曰:"董仲舒表《春秋》之義,稽合于律,無乖異者,然則《春秋》漢之經,孔子制作,垂遺於漢。"《須頌篇》曰:"是故《春秋》爲漢制法,《論衡》爲漢平説。"《佚文篇》曰:"文王之文,傳在孔子;孔子爲漢制文,傳在漢也。"許冲《上説文表》曰:"猶復深惟《五經》之妙,皆爲漢制。"《韓勑碑》曰:"孔子近聖,爲漢定道。"《孔龢碑》曰:"孔子大聖,則象乾坤,爲漢制作。"以上衆説,並是本之讖緯,不可據爲典要。**循是以言,桓譚之爲《新論》,則爲魏制法乎?**世儒執孔子爲素王,爲漢制法,然則桓譚爲素丞相,將爲魏制法乎?此佛法所謂同彼破也。**春秋二百四十二年之事,不足盡人事蕃變,典章亦非具舉之。即欲爲漢制法,當自作一通書,若賈生之草具儀法者。**原注:後世王冕、黄宗羲之徒亦嘗爲此。○按:賈生草具儀法,見《漢書》本傳。《明史·文苑傳》:王冕,字元章,嘗倣《周官》著書一卷,曰:"持此遇明主,伊吕事業不足多也。"黄宗羲爲《明夷待訪録》,備陳經國之法,其序引王冕事云:"冕之書未得見。"**今以不盡之事,寄不明之典,言事則害典,言典則害事,令人若射覆探鈎,卒不得其翔實。故有《公羊》、《穀梁》、《騶》、《夾》之《傳》,爲説各異,是則爲漢制惑,非制法也。**世儒執《春秋》制法,然世事之變無窮,而《春秋》之年有限,即言典章,如朝聘會盟之屬,亦非能一一舉之也。且制法者，故當剴切昭彰、明效其説，今紀有限之事，而寄以不明之法，事不爲事，法不爲法，則如射覆探鉤，終不得實。故有數家之傳，人人異端，隱語廋詞，徒資疑眩，又失制法之本矣，此佛法所謂違宗破也。云"射覆探鉤"者，《漢書·東方朔傳》"上嘗使數家射覆"，師古曰："於覆器之下而置諸物，令闇射之，故云射覆。"《荀子·君道篇》曰："探籌投鉤者，所以爲公也。"《慎子》曰："投鉤以分財。"鉤並與鬮同。古人言投鉤，今人言拈鬮，亦即《荆楚歲時記》所謂藏彄也。云《公羊》、《穀梁》、《鄒》、《夾》之《傳》者，《漢志》云："及末世口説流行，故有《公羊》、《穀梁》、《鄒》、《夾》之《傳》。"言《春秋》者，載其行事，憲章文武，下遵時王，懲惡而勸善，有之矣；制法何與焉？《史記·太史公自序》："子曰：'我欲載之空言，不如見之於行事之深切著明也。'"《中庸》曰："仲尼祖述堯舜，憲章文武。"成十四年《左傳》曰："春秋之稱，微而顯，志而晦，婉而成章，盡而不汙，懲惡而勸善，非聖人孰能修之？"經與史自爲部，始晉荀勗爲《中經簿》，以甲乙丙丁差次，非舊法。《七略·太史公書》在"春秋家"，其後東觀、仁壽閣諸校書者，若班固、傅毅之倫未有變革，訖漢世依以第録。見《隋志》。雖今文諸大師，未有經史異部之録也。今以《春秋經》不爲史，自俗儒言之即可。俗儒見《公羊序》徐彦《疏》曰："辭理失所，名之爲俗；教授於世，謂之儒。"劉逢禄、王闓運、皮錫瑞之徒，方將規摹皇漢，高世比德於十四博士，《史記·封禪書》曰："高世比德於九皇。"《後漢書·儒林傳》曰："立《五經》博士，各以家法教授。《易》有施孟、梁丘、京氏，《尚書》歐陽、大、小夏侯，《詩》齊、魯、韓，《禮》大、小戴，《春秋》嚴、顔，凡十四博士。"**而局促於荀勖之見。**《史記·魏其武安列傳》"局趣效轅下駒"，《正義》："局趣，纖小之貌。"古詩曰："蟋蟀傷局促。"促與趣同。**荀勖分四部，本已陵雜，丙部録《史記》，又以《皇覽》與之同次，**説見前。《皇覽》一百二十卷，《隋志》在《子部》"雜家"也。**無友紀，**《詩·大雅·雲漢篇》"散無友紀"。**不足以法，後生如王儉猶規其過。**原注：據《隋書·經籍志》，王儉撰《七志》：一曰《經典志》，紀六藝、小學、史記雜傳；二曰《諸子志》，紀今古諸子；三曰《文翰志》，紀詩賦；四曰《軍書志》，紀兵書；五曰《陰陽志》，紀陰陽圖緯；六曰《術藝志》，紀方技；七曰《圖譜志》，紀地域及圖書。其道佛附見，合九條。然則《七志》本同《七略》，但增《圖譜》、道佛耳。其以六藝小學史記雜傳同名爲《經典志》，而出圖緯使入陰陽，卓哉！二劉以後一人而已。**今陳荀勖之法於石渠、白虎諸老之前，**《漢書·宣帝紀》："甘露三年，詔諸儒講《五經》同異，太子太傅蕭望之等平奏其議。上親稱制臨決焉。"錢大昭《漢書辨疑》曰："時與議石渠者，《易》家博士沛施讎、黄門郎東萊梁丘臨，《書》家博士千乘歐陽地餘，博士濟南林尊、譯官令齊周堪、博士扶風張山拊謁者陳留假倉，《詩》家淮陽中尉魯韋玄成、博士山陽張長安、沛薛廣德，《禮》家梁戴聖、太子舍人沛聞人通漢，《公羊》家博士嚴彭祖、侍郎申輓、伊推宋顯、許廣，《穀梁》家議郎汝南尹更始、待詔劉向、梁周慶、丁姓、中郎王亥。其可考者，凡二十三人；議奏之見於《藝文志》者，《書》四十二篇，《禮》三十八篇，《春秋》三十九篇，《論語》十八篇，《五經》雜議十八篇，凡一百六十五篇。《易》、《詩》二經獨無議奏，蓋班氏失載之耳。"《後漢書·章帝紀》："建初四年，下太常將大夫博士議郎郎官及諸生諸儒，會白虎觀，講《五經》同異，使五官中郎將魏應承制問，侍中淳于恭奏，帝親稱制臨決，如孝宣甘露、石渠故事，作《白虎議奏》。"《班固傳》云："遷玄武司馬，天子會諸儒講論《五經》，作《白虎通德論》，令固撰集其事。"《儒林傳》云："建初中，大會諸儒於白虎觀，考詳同異，連月迺罷，肅宗親臨稱制，如石渠故事，顧命史臣，著爲《通義》。"**非直古文師誚之，唯今文師亦安得聞是語乎？**唯，通作雖，見《釋詞》。**今文家所貴者家法也，**《後漢書·質帝紀》曰："令郡國舉明經年五十以上，七十以下，詣太學，自大將軍至六百石，皆遣子受業，四姓小侯先能通經者，各令隨家法。"《徐防傳》曰："伏見太學試博士弟子，皆以意説，不修家法，以遵師爲非義，意説爲得理，誠非詔書實選本意。"《左雄傳》曰："雄上言郡國所舉孝廉，請皆詣公府，諸生試家法。"《儒林傳》曰："立《五經》博士，各以家法教授。"《宦者傳》曰："帝以經傳之文多不正定，乃選通儒謁者劉珍及博士良史詣東觀，各校讎家法。"以上並是漢世貴守家法之證。家法者，《左雄傳》章懷《注》曰："儒有一家之學，故稱家法也。"**博士固不知有經史之分，則分經史者與家法**

不相應。夫《春秋》之爲志也，董仲舒説之，以爲上明三王之道，下辨人事之紀，萬物之散聚，皆在《春秋》。《史記·太史公自序》引董生語。然太史公自叙其書，亦曰："厥協《六經》異傳，整齊百家異語，《正義》曰："異傳，謂如丘明《春秋外傳》《國語》、子夏《易傳》、毛公《詩傳》、《韓詩外傳》、伏生《尚書大傳》之流也。"俟後世聖人君子。"《索隱》曰："此語出《公羊傳》，言夫子制《春秋》之義，以俟後聖君子。以君子之爲，亦有樂乎此也。"班固亦云："凡《漢書》，窮人理，該萬方，緯《六經》，綴道綱，總百氏，贊篇章。"張晏曰："人理，《古今人表》。萬方，謂《郊祀志》有日月星辰天下山川人鬼之神。《六經》，《藝文志》也。"其自美何以異《春秋》。《春秋》有義例，其文微婉，遷固亦非無義例也。遷、陳壽微婉志晦之辭尤多。言遷固義例者，自《史》《漢·自序》及本傳外，如劉勰《文心雕龍》、劉知幾《史通》、鄭樵《通志》，下至近世趙翼《陔餘叢考》、《二十二史劄記》、章學誠《文史通義》等，文煩不可録。其婉微之意，今姑舉一例。顧炎武《日知録》曰："古人作史，有不待論斷而於序事之中即見其指者，惟太史公能之，《平準書》末載卜式語，《王翦傳》末載客語，《荆軻傳》末載魯勾踐語，《晁錯傳》末載鄧公與景帝語，《武安侯田蚡傳》末載武帝語，皆史家於序事中寓論斷法也。後人知此法者鮮矣，惟班孟堅閒一有之，如《霍光傳》載任宣與霍禹語，見光多作威福；《黄霸傳》載張敞奏，見祥瑞多不以實，通傳皆褒，獨此寓貶，可謂得太史公之法者矣。”又章氏《葑漢微言》論《刺客列傳》，所以救《春秋》之窮而榦其蠱；論《屈賈列傳》，足以觀世質文，即孔子删《詩》之意，非有深心遠識者不能爲。其説精卓幼眇，亦以文長不録。其言《三國志》書法，如趙翼《二十二史劄記》等，今亦略之，姑舉一事，晁公武《郡齋讀書志》云：“王通數稱壽書，今細觀之，實高簡有法，如不言曹操本生，而載夏侯惇及淵於諸曹傳中，則見嵩本夏侯氏之子也。高貴鄉公書卒，而載司馬昭之奏，則見公之不得其死也，他皆類是。”**太山、梁父，崇卑雖異哉，其類一矣。**《史記·封禪書》“古者封泰山禪梁父者七十二家”，《正義》：“《括地志》云：梁父山在兖州泗水縣北八十里也。”**然《春秋》所以獨貴者，自仲尼以上，《尚書》則闊略無年次，**《檢論·春秋故言》曰：“《尚書》傳序相隔，年月闊略，諸稱王稱文侯者，非序則不知其時與國也（《吕刑》之王，非序不知爲穆王；粜誓、《秦誓》之公，非序不知爲伯禽穆公；《文侯之命》，非序不知爲晉文侯）。《甘誓》首書大戰於甘，乃召六卿，而不説主客云何。金縢直書克商二年，隨文泛説，不以一王踐祚爲統，若相如《難蜀父老》所題漢興七十有八載者，史法草苴。鹽哉！羲和遲任所爲也。”**百國春秋之志，復散亂不循凡例；**《史通·六家篇》、《隋書·李德林傳》並引墨子云：“吾見百國春秋。”（今《墨子》無此文）閔因《公羊叙》，亦言求百二十國寶書，知諸侯皆有春秋。觀《墨子》所引周、燕、齊、宋、春秋，雜記神怪，知其散亂也。**又亦藏之故府，不下庶人，國亡則人與事偕絶，太史公云**

“史記獨藏周室，以故滅”，見《史記·六國表序》。此其效也；是故本之吉甫、史籀，紀歲時月日，以更《尚書》，傳之其人，令與《詩》、《書》、《禮》、《樂》等治，以異百國春秋，然後東周之事粲然著明。《尚書》之體年月闊略，今紀歲時月日，則其事詳。《春秋》之策昔藏故府，今以布之徒衆，則其傳廣。然後東周二百四十二年之事，人人與知焉。《荀子·非相篇》曰：“欲觀聖王之跡，則於其粲然者矣，後王是也。”楊倞曰：“粲然，明白之貌。”令仲尼不次《春秋》，今雖欲觀定哀之世，求五伯之迹，尚荒忽如草昧。《易·屯彖》曰：“天造草昧。”夫發金匱之藏，被之萌庶，令人人不忘前王，《史記·太史公自序》“紬石室金匱之書”，《索隱》云：“石室金匱，皆國家藏書之處。”萌借爲氓，一作甿，《漢書·燕刺王傳注》師古曰：“甿，庶人。”《周頌·列文篇》曰：“於乎前王不忘。”自仲尼、左丘明始。《春秋經》《傳》相爲表裏，其用始彰，故孔、左並言之也。且《經》《傳》爲孔、左同著。《檢論·春秋故言篇》嘗説其義曰：“太史公號丘明曰魯君子。案：桓二年《傳》：君子以督爲有無君子心，而後動於惡，故先書弒其君，是丘明主書此也。《史記》稱秦穆公薨，葬殉以人，從死者百七十人，君子譏之，故不書卒。依《傳》文有君子譏三良爲殉之辭，是《春秋》不書秦伯任好卒者，史遷以爲丘明主之，《經》有丘明所作者矣。傳文時舉諸事不見經者，而稱聖論定其是非，明諸所録事狀，獲麟以上，皆造郗受意焉，故傳亦兼仲尼作也。此其爲書，猶談遷之

《記》，彪固之《書》，父子戮力，丸揉不分，故桓譚曰：《左氏傳》於經，猶衣之表裏，相持而成。經而無傳，使聖人閉門思之，十年不能知也。且經與傳猶最目與委曲細書。《韓非·内儲上》《下》皆自爲經；又自爲説，敍其旨意。司馬光《通鑑》又先爲目録，囊括大法。經何嫌有丘明，傳何嫌有仲尼邪？令傳非仲尼、丘明同著者，即《春秋》爲直據魯史無所考正之書，内多忌諱，外承赴告，以蔽實録，《史通·惑經》之難，雖百大儒無以解也。令經非仲尼、丘明同著者，晉世家稱孔子讀史記，至文公曰：諸侯無召王，王狩河陽者，《春秋》諱之也。是爲春秋故書已然，而傳文復以新出聖意，是隱古良史名，爲仲尼攘善也。以故書從已先定，而仲尼依用之，已既自處仲尼圈屬，故歸功於尊長，不爲比周。後代所題經稱仲尼，傳稱丘明，徒以著於竹帛字蹤筆迹之所發者，則據爲主名耳。"**且蒼頡徒造字耳，百官以治，萬民以察，**《易·繫辭下》曰："百官以治，萬民以察，蓋取諸《夬》。"韓康伯《注》曰："夬，決也，書契所以決斷萬事也。"**後嗣猶蒙其澤。況於年歷晻昧，行事不彰，獨有一人，抽而示之，以詒後嗣，令遷固得持續其迹，訖於今兹。**《孟子·滕文公下篇》"今兹未能"，閻若璩《四書釋地三續》曰："兹，年也。"《左·僖傳》十六年"今兹魯多大喪，明年齊有亂"，杜《注》曰："今兹，此歲。"《吕氏春秋》："今兹美禾，來兹美麥。"《史記·蘇秦傳》："今兹效之，明年又復求割地。"《後漢·明帝紀》："昔歲五穀登衍，今兹蠶麥善收。"**則耳孫小子，耿耿不能忘先代，**《漢書·惠帝紀》

曰:"上造以上,及内外公孫耳孫。"晉灼曰:"耳孫,玄孫之曾孫也。"師古曰:"耳孫,即仍孫。"**然後民無攜志,**《國語·周語》"民乃攜貳",韋《注》:"攜,離也。"僖七年《左傳》杜《注》同。**國有與立,**昭元年《左傳》曰"國於天地,有與立焉",杜《注》:"言欲輔助之者多。"**實仲尼、左丘明之賜。故《春秋》者,可以封岱宗,配無極。**古之王者功至德洽,則用事於泰山,謂之封禪。此言《春秋》之作功德至大,亦可以封於泰山,配天無窮也。**今異《春秋》於史,是猶異蒼頡於史籀、李斯,衹見惑也。蓋生放勳、重華之世者,不知帝力所以厚生;**皇甫謐《帝王世紀》:堯時老人擊壤於道曰:"吾日出而作,日入而息,鑿井而飲,耕田而食,帝何力於我哉?"**而策肥馬,乘堅車者,亦不識先人作苦。**《漢書·楊惲傳》曰:"田家作苦。"**今中國史傳連蕝,**蕝,與綴通。《漢書·叔孫通傳》之"緜蕝",即《禮記·樂記》之"綴兆",蓋皆取連綴之義。**百姓與知,以爲記事不足重輕,爲是没丘明之勞,謂仲尼不專記録。藉令生印度、波斯之原,自知建國長久,文教浸淫,**《説文》:"淫,浸淫隨理也。"段《注》曰:"以漸而入也。司馬相如《難蜀父老》曰:'六合之内,八方之外,浸淫衍溢。'《史記》作'浸潯'。"**而故記不傳,無以褒大前哲,然後發憤於寶書,哀思於國命矣。**原注:余數見印度人言其舊無國史,今欲搜集爲書,求雜史短書以爲之質,亦不可得。語輒扼腕,彼今文家特未見此爾。

漢世五經家既不逆睹，欲以經術干禄，《漢書·儒林傳贊》曰："自武帝立五經博士，開弟子員，設科射策，勸以官禄，訖於元始，百有餘年，傳業者寖盛，支葉蕃滋，一經説至百餘萬言，大師衆至千餘人，蓋利禄之路然也。"**故言爲漢制法。卒其官號郡縣刑辟之制本之秦氏，爲漢制法者李斯也，非孔子甚明。近世綴學之士，**《大戴禮記·小辨篇》："若丘也，綴學之徒，安知忠信？"孔廣森《補注》曰："綴學，捃拾聞見以爲學也。"**又推孔子制法訖於百世。法度者，與民變革，古今異宜，雖聖人安得豫制之？**原注：《易》稱開物成務，彰往察來，孔子亦言百世可知，皆明其大體耳。蓋險阻日通，階級日夷，工巧日繁，禮節日殺，鬼神日遠，刑法日寬，法契日明，此在周世可以豫知後世者也；若夫官號爵秩、税則軍制之繁，地域廣輪、郡縣增減之數，孔子安得豫知之？譬如觀象，日月星辰之行雖在數百歲上，可以豫知；風雨旱潦之變非臨時測候，不能知也。蓋變遷有常者可知，變遷無常者不可知，是故緯候之言不能傅會孔氏也。**《春秋》言治亂雖繁，識治之原，上不如老聃、韓非，下猶不逮仲長統。故曰《春秋》經世先王之志，聖人議而不辯，**原注：《莊子·齊物論》語。經猶紀也，三十年爲一世，經世猶紀年耳。志即史志之志，世多誤解。○按：《齊物論釋》曰："經世亦見《外物篇》。《律曆志》有《世經》，則曆譜世紀之書，其短促者乃是紀年。《春秋》以十二公名篇，亦曆譜世紀也。志即史志，《慎子》云：'《詩》，往志也；《書》，往誥也；《春秋》，往事也。'往事即先王之志,明非爲後世制法也。《春秋》有所臧否,秖隨成俗。《左氏》多稱君子,是其事類。若夫加之王心,爲漢制法,斯則曲辯之言,非素王之志矣。"又曰:"《春秋》者,先王之陳迹,詳其行事,使民不忘故常;述其典禮,後生依以觀變。聖人之意盡乎斯矣。《天下篇》曰:'《春秋》以道名分。'名定故無君帝寧王之殊號,分得故無漂杵馘磨之盈辭,斯其所以爲美。其他懲惡勸善,率由舊章。若欲私徇齒牙,豫規王度,斯未知無方之傳,應物不窮,豈以姬周末世,而能妄臆嬴劉之變哉?《老子》曰:'前識者,道之華而愚之首也。'明孔父本無是言,《公羊》曲學成此大愚也。"以上説《春秋》經世之義豁然確斯。蓋孔父之書,本以紀世,若言制法,則老聃明道,實爲君守之資;韓非言法,極陳禁姦之術;下至仲長統之《昌言》,適時矯弊,義皆剴切,猶賢於《春秋》之晻昧闊略也。仲長氏書已佚,《後漢書》本傳載其《理亂》、《損益》、《法誡》三篇,嚴可均捜輯諸書,定著爲二卷,約餘萬言。**明其藏往,**《易·繫辭上》曰:"神以知來,知以藏往。"**不亟爲後王儀法。《左氏》有議,**議謂平訂是非,傳中雜引"君子"之言,所謂議也。**至於《公羊》而辯。**原注:范武子云:"《公羊》辯而裁。"〇按:范甯《穀梁序》云:"《左氏》豔而富,其失也巫;《穀梁》清而婉,其失也短;《公羊》辯而裁,其失也俗。"**持《繁露》之法以謁韓非、仲長統,必爲二子笑矣。**《繁露》之法,謂託古改制諸説也。《繁露·楚莊王篇》曰:"王者必改制。"《玉杯篇》曰:"孔子立新王之道。"《符瑞篇》曰:"託乎《春秋》正不正之閒，而明改制之文。"《俞序篇》曰："吾因行事加吾王心焉。"《三代改制篇》曰："《春秋》應天作新王之事，變周之制。"《漢書·董仲舒傳》曰："孔子作《春秋》，先正王而繫以萬事，見素王之文焉。"諸此説義並是言《公羊》者所倚以爲根株者也。夫制法以爲漢則隘，以爲百世則夸。世欲奇偉尊嚴孔子，顧不知所以奇偉尊嚴之者。章炳麟曰：國之有史久遠，則亡滅之難。自秦氏以訖今兹，四夷交侵，王道中絶者數矣；然搰者不敢毁棄舊章，《説文》："搰，掘也。"案：字亦作"猾"，《書·舜典》"蠻夷猾夏"，鄭《注》："猾夏，侵亂中國也。"反正又易，哀十四年《公羊傳》："撥亂世反諸正，莫近諸《春秋》。"藉不獲濟，而憤心時時見於行事，足以待後，故令國性不墮，民自知貴於戎狄，非《春秋》孰維綱是。《莊子·天運篇》曰："孰主張是？孰維綱是？"《春秋》之績，其什伯於禹邪。禹不治洚水，《孟子·滕文公下篇》："《書》曰：'洚水警余'，洚水者，洪水也。"趙岐《注》曰："水逆行洚洞無涯，故曰洚水。"民則溺，民盡溺即無苗裔，亦無與俱溺者；孔子不布《春秋》，前人往，不能語後人，後人亦無以識前，乍被侵掠，則相安於輿臺之分。昭七年《左傳》："皂臣輿，僕臣臺。"詩云："宛其死矣，他人是偷。"《詩·唐風·蟋蟀篇》"宛其死矣，他人是愉"，《釋文》云："鄭作'偷'，取也。"此可爲流涕長潸者也。《史記·扁鵲倉公傳》"魂精泄横，流涕長潛”,《索隱》曰:“長潛者,謂長垂淚也。”**然則繼魏而後,民且世世左袵**,《論語·憲問篇》:“微管仲,吾其被髮左衽矣。”劉寶楠《正義》曰:“《説文》:‘衽,衣衿也。’‘衿,交衽也。’《蒼頡解詁》:‘衽,衣襟也。’衿、襟一字。《聲類》:‘襟,交領也。’交領即交衽。蓋衣領下屬於衣前右幅,通稱爲衽,爲衿,爲襟。必言交者,謂領兩頭相交,周人頸也。領右則衣前幅掩向右,領左則衣前幅掩向左。中夏禮服皆右衽。深衣則用對襟,對襟用直領,故《鹽鐵論·散不足篇》及《釋名·釋衣服》所云直領,即指深衣而言。戎狄無禮服,亦無深衣,止隨俗所好服之,而多是左衽,故夫子舉以爲言也。”**而爲羯胡鞭撻,其憯甚於一朝之溺。《春秋》之況烝民**,《爾雅·釋詁篇》:“貺,賜也。”《釋文》云:“貺,本作‘況’。”**比之天地亡不幬持**,《禮記·中庸篇》:“仲尼祖述堯舜,憲章文武,上律天時,下襲水土,辟如天地之無不持載,無不覆幬。”鄭《注》:“幬亦覆也。”**豈虚譽哉?何取神怪之説,不徵之辭,云爲百世制法乎?**《檢論春秋故言》曰:“嘗試論之,國無史則人離本。前世《尚書》,剥爛斷絶,誠無所任也。宣王史官之爲《春秋》,曁於董狐、南史,拘係一國,不能曠觀,猶不足知當世大略,人所厭窺。朝姓改易,故府傾圮,其書狗牽鼠齧,而莫之顧。史亡則國性滅,人無宗主,淪爲裔夷。仲尼所以爲《春秋》,徒爲其足以留遠耳。故郊並百王於上天(見《荀子》禮論),禘總羣廟於太祖,惟其審世系,盡端末,知前代興廢所由,則曰明乎郊社之禮,禘嘗之義,治國其如示諸掌乎?然猶偪於神道，不邇人事。《春秋》作，史道興，則禘之説可以不知，振引豪末，而膏澤天下者，其惟《春秋》。綜觀《春秋》樂道五伯，多其攘夷狄，扞族姓，雖仲尼所以自任，亦曰百世之伯主也。故曰：'竊比於我老彭。'老彭者，始自籛鏗，至於大彭，身更數代，功正夏略，爲王官之伯，而亦領録史藏。今以立言不朽，爲中國存種姓，遠殊類，自謂有伯主功，非曰素王也。漢世中國未有劇禍，經師守文，不與知《春秋》本旨，固無怪。繼晉之後，逮於宋明之亡，戎貉孔熾，京邑爲虚，人思夷吾而不可覿，身離其痛，而猶不喻《春秋》所爲作者，恣以小文苛法，黜絶桓文，其局促乃甚於漢儒，何哉？齊學之徒盜憎主人，惡言孔、左同時作述，曷足怪焉？"**又其誣者，或言孔子以上，世澒澒無文教，故《六經》皆孔子臆作，不竟有其事也**。此廖平之説也。澒與鴻通，澒澒猶澒濛，未分之貌。廖氏《古學考》曰："今所傳者，均非史。若周時真事，皆怪力亂神，不可以示後人，如同姓爲婚，父納子妻，弑逐其君，桓公滅三十國，姑姊妹不嫁七人等，背禮傷教之言，乃爲真事，當時亦均視爲常事，並無非禮失禮之説。孔子全行掩之，而雅言以《詩》《書》執禮。不得於孔子後，仍守史文之説也。《春秋》、《國語》皆經也，惟譜牒乃史耳。"《知聖篇》曰："洪荒初開，禮制實爲簡陋，若於文備之世，傳以爲法，不惟宜俗不合，且啓人輕薄古昔之心，是帝典不能實録其事，亦一定之勢也。"又曰：孔子繙經，增減制度，變易事實，掩其不善而著其善。又曰："自夫子一出，而帝王之德皆變爲一人之事，而佚聞實寡，後世所傳習皆孔子之説，而舊典全無也。"**即如是，**

墨翟與孔子異流，時有姍刺，《漢書·諸侯王表序》"姍笑三代"，師古曰："姍，古訕字。"今亦上道堯舜，稱誦《詩》《書》，《韓非子·顯學篇》曰："孔子、墨子俱道堯舜，而取舍不同。"汪中《墨子後序》曰："其則古昔，稱先王，言堯、舜、禹、湯、文、武者六，言禹、湯、文、武者四，言文王者三。"孫詒讓《墨子後語》曰："墨子之學，蓋長於《詩》、《書》、《春秋》。故本書引《詩三百篇》，與孔子所删同；引《尚書》如《甘誓》、《仲虺之誥》、《説命》、《大誓》、《洪範》、《吕刑》亦與百篇之《書》同。又曰：'吾嘗見百國春秋。'"何哉？三代以往，人事未極，民不知變詐之端，故帝王或以權數罔下，説見本書《原道篇》。若其節族著於官府，《荀子·非相篇》："文久而息，節族久而絶。"郝懿行曰："節族即節奏。"禮俗通於烝民者，則吏職固有常矣，書契固有行矣，四民固有列矣，宫室固有等矣，械器固有度矣，歷數固有法矣，刑罰固有服矣，《書·舜典》云"五刑有服"，《僞孔傳》云："服，從也。"約劑固有文矣，《周禮·大史》曰："凡邦國都鄙及萬民之有約劑者藏焉。"鄭《注》云："約劑，要盟之載辭及券書也。"學校固有師矣，歌舞固有節矣。彼以遠西質文之世相擬，遠西自希臘始有文教，其萌芽在幽平閒，因推成周以上，中國亦樸陋如麋鹿。原注：此類繆見自江慎修已然。自有天地以至今日，年歷長短，本無可校，而慎修獨信彼教紀年，謂去今財五六千歲，因謂唐虞之視開闢，亦如今日之視秦漢。假令彼中記載録自史官，自相傳授，猶或可信。今則録在神教之書，而或上稽他國，他國之數，豈無彼教所未聞？安知不有遠在其前者？神教之言本多誣妄，然則管仲所謂七十二君，雖非經典所載，不視神教猶可信乎？○按：江慎修之説見《翼梅》卷一。**夫文教之先後，國異世，州殊歲，不得一劑。若夫印度文教之端始自吠陀，**印度典籍之最古者，曰《四吠陀典》，爲婆羅門所奉神典，印度上世之宗教哲學皆源於此。《吠陀》音義各有異譯多稱，翻明論者較通行。一《黎俱吠陀》，舊云阿由，或荷力，或億力等，或翻方命，或曰壽論，或云養生繕性之書，或言其明解脱法，或謂爲讀誦吠陀。二《耶柔吠陀》，舊云夜殊，或冶受等，或曰祠論，或云祭祠祈禱之書，或言其明善道法，或謂爲祭祝吠陀。三《傞馬吠陀》，舊云娑摩，或三摩等，或曰平論，或云禮儀占卜兵法軍陣之書，或言其明欲塵法，或謂爲歌詠吠陀。四《阿他婆吠陀》，舊云阿闥婆，或阿闥婆拏，或阿他等，或曰術論，或云異能技數梵呪醫方之書，或言其明呪術算數等法，或謂爲禳災吠陀。以上梁漱溟《印度哲學概論》所説，蓋參取西譯，並《中土翻譯名義》、《三藏法數》、《西域記》、《百論疏》、《摩蹬伽經》等而列次者。**距今亦四千年，不與希臘同流化。**原注：巴比倫、埃及補多之屬，瑣瑣天愛，不足齒録。○按：埃及之興，當此土神農之世。巴比倫當夏之中世，以其小國蒙昧，故不及之也。云天愛者，《成唯識論》云："語不異能詮，人天共了，執能詮異語，天愛非餘。"《學記》曰：言天愛者，弄彼名也，唯天所愛，方得存也。又云：癡人弄言天也，如説奴爲郎君等也，調言咄天，汝甚可於，故言天愛，天即愛也。**必欲使一劑者，大食自隋世始有文教，**大食見《唐書·西域傳》，即今之《阿剌伯》也。**推此以方中國，復可云八代行事自王劭、牛弘臆爲之也。**《隋書·王劭傳》：劭字君懋，授著作郎，遷祕書少監，專典國史，撰《隋書》八十卷。《牛弘傳》：弘字里仁，開皇初，授祕書監，拜禮部尚書，敕修撰五禮，勒成百卷，有文集十卷。又《經籍志》：牛弘《周史》十八卷。《唐·藝文志》：王劭《北齊志》十七卷。**問者曰：孔子誠不制法，《王制》諸篇何故與《周禮》異？**詳見廖平《今古學考》。**應之曰：《周禮》者，成周之典。周世最長，事異則法度變，重以厲王板蕩，綱紀大亂，疇人子弟分散，**原注：見《歷書》。疇人者，世其父業，漢世謂之疇官，非專謂治歷者。○按：《檢論·禮隆殺論》自注云：疇人，謂世世相傳者也。《史記·曆書》"疇人子弟分散"，《漢書·律曆志》亦用其語，《集解》引如淳曰："家業世世相傳爲疇，律年二十三，傳之疇官，各從其父學。"義訓甚明。《龜策列傳》云："雖父子疇官，世世相傳，其精微深妙多所遺失。"是卜筮之官世居其職者，亦稱疇官。余弟子朱希祖復舉《文選注》引《補亡詩序》曰："晳與司業疇人，肄修鄉飲之禮，然所詠之詩或有義無辭，音樂取節闕而不備。"《藝文類聚》引王粲《七釋》曰："邯鄲才女，三齊巧士，名唱祕舞，承閑並理，七盤陳于廣庭，疇人儼其齊俟，揄皓袖以振策，竦並足而軒跱。"此二所說疇人皆謂樂師，是樂師世其職者亦稱疇人也。余案《漢書·宣帝紀》云：

"博陸侯功德茂盛,復其後世,疇其爵邑,世世毋有所與。"《張敞傳》云:"季友、趙衰、田完有功,皆疇其庸,延及子孫。"浙本作"疇其軍邑",邵本作"疇其官爵"。是爵邑世世相傳,亦稱疇也。而阮伯元誤解《曆書》之文,遂以明算治歷者爲《疇人傳》。疇人既非算家專稱,且今世明算治曆者亦豈世傳其業邪?若如程大昌以疇人爲籌人,益荒誣矣。**《周禮》雖有凡要,其孅悉在疇人,疇人亡則不能舉其事,雖欲不變無由。**《禮隆殺論》曰:"《周官》三百七十有餘品,約其文辭,其凡目在疇人世官,所謂官人守要,令贊大行之流具在傳記,獨不可勝數。《周書》有言,明堂所以明道,明道惟法;法人惟重老,重老惟寶(《大匡解》)。幽厲亂而疇人亡,大典雖在,其委曲事條不具,是以周制不得不變。"餘義見《明解故下篇》。**故《左氏》言春秋時制,既不悉應《周官》。其後天下爭於戰國,**《史記·儒林列傳》:"天下並爭於戰國,儒術既絀焉。"**周道益衰,禮家横見當時之法,以爲本制。若《王度記》言天子駕六,則見當時六驥之制也;**原注:按孫卿言"六驥",又言"六馬仰秣",是當時固有駕六之法。然此事蓋起春秋之末,故《説苑·正諫篇》云:"景公正晝被髮,乘六馬,御婦人,以出正閨。"○按:《王度記》言天子駕六,見《公羊·隱元年疏》及《續漢書·輿服志注》。孫卿言六驥,見《荀子·修身篇》,言六馬仰秣,見《勸學篇》。**《祭法》言七祀五祀,則見楚有國殤司命之祭也。**原注:别有説。○按:《祭法》云:"王爲羣姓立七祀:曰司命,曰中霤,曰國門,曰國行，曰泰萬，曰户，曰竈。王自爲立七祀。諸侯爲國立五祀：曰司命，曰中霤，曰國門，曰國行，曰公厲。諸侯自爲立五祀。大夫立三祀：曰族厲，曰門，曰行。"《文録》有《大夫五祀三祀辯》，其略曰："司命泰厲之人七祀，斯乃近起楚俗，非周制也。《漢書·郊祀志》言荆巫有司命，《楚詞·九歌》之《大司命》，即《祭法》所謂王所祀者也，其《少司命》即《祭法》所謂諸侯所祀者也，《九歌》之《國殤》即《祭法》所謂泰厲公厲也，《九歌》之《山鬼》，《祭法注》曰："今時民家祠山神，山即厲也。"是山鬼即《祭法》所謂族厲也。然則司命泰厲公厲族厲，皆於《九歌》著之，明其所言王立七祀，諸侯立五祀，大夫立三祀，適士立二祀，庶士庶人立一祀者，皆由楚國儒先因俗，而爲之節文矣。魯併於楚，《祭法》所述祀典，泰半本《魯語》展禽之説，其爲楚人删集，又易知也。其在《周禮》，司命爲天神，厲爲人鬼，與户竈中霤門行爲地祇者介然有别，《大宗伯》槱燎之祭，司命與司中風師雨師同之，皆在天神之部。今獨取司命，以與地祇五祀比肩，此何義也？泰厲公厲之祭，《晉語》有云："鮌化爲黄熊，以入於羽淵，實爲夏郊，三代舉之，今周室少卑，晉實繼之。"然則厲鬼之祀視因國多寡爲制，其數不定，晉本大夏，故祀夏厲，不然亦不祀也。若夫王祭四類，則三皇五帝九皇六十四民咸祀之（見《小宗伯》鄭司農《注》），無爲别祀泰厲矣。故曰祭法所言則楚制也。**又以儒書所説夏殷故事轉相傅儷。訖秦用騶子五勝，命官立度，皆往往取符應。**《史記·封禪書》曰："齊威、宣之時，騶子之徒論終始五德之運。及秦帝，齊人奏之。"《曆書》曰："秦滅六國，未暇遑也，而亦頗推五勝，自以爲獲水德之瑞，而正以十月，色上黑。”又《秦始皇本紀》曰：“始皇推終始五德之傳，以爲周得火德，秦代周，德從所不勝。方今水德之始，改年始朝賀，皆自十月朔，衣服旄旌節旗皆上黑，數以六爲紀，符法冠皆六寸，而輿六尺，六尺爲步，乘六馬，更名河曰德水。”《文選・魏都賦注》引《七略》曰：“鄒子有終始五德，從所不勝，土德後木德繼之，金德次之，火德次之，水德次之。”**漢初古文家如張蒼猶不能脱**，《史記・張丞相傳》：“蒼以高祖十月始至霸上，因故秦時本以十月爲歲首，弗革。推五德之運，以爲漢當水德之時，尚黑如故。”《封禪書》：“蒼以爲漢乃水德之始，故河決金隄，其符也。”《漢志》“陰陽家”有《張蒼》十六篇（《漢書》本傳云十八篇）。是蒼亦習於五勝之説。又《儒林傳》謂張蒼修《春秋左氏傳》，《説文序》謂蒼獻《左氏春秋傳》，故曰古文家也。**況濡於口説者**。原注：古文家惟《周禮》杜鄭、《詩》毛公契合法制，又無神怪之説。鄭君《箋注》則已凌雜緯候。《春秋左氏》、《易費氏》本無奇衺，而北平侯已譣五德，賈侍中亦傅會《公羊》，並宜去短取長者也。荀鄭之《易》則與引《十翼》以解經者大異，猶賴王弼匡正其違。《書》孔氏説已不傳，《太史公》、《班孟堅書》時見大略，説皆平易。《五行志》中不見古文《尚書》家災異之説，然其他無以明焉。《洪範》、《左氏》時兼天道，然就之疏通，以見當時巫史之説可也，不得以爲全經大義所在。劉子駿推《左氏》日食變怪之事，傅之《五行》，則後生所不當道也。大氐古文家借今文以成説者，並宜簡汰去之，以復其真。其在今文，《易》京氏，《書》大小夏侯、《詩》轅固、《春秋》公羊氏妖妄之説最多。《魯詩》、《韓詩》雖無其迹，然《異義》言《詩》齊魯韓，皆謂聖人感天而生，則亦有瑕疵者也。《詩》古文説毛公最爲清静，其於"履帝武敏"，不取釋訓敏拇之解；於"上帝是依"則云依其子孫，斯其所以獨異。《爾雅》本有叔孫通、梁文所增，或毛公所見，尚無此説，亦未可知。而鄭君乃云："天命玄鳥，降而生商。"是感天而生之明文，不悟《詩》非敍事之書，辭氣本多增飾，即如鄭言，"惟嶽降神，生甫及申"，亦爲感嶽而生耶？《周語》亦云：房后有爽德，丹朱馮身以儀之，生穆王。此即醫家所云夢與鬼交者，適生穆王，當時遂有異語，豈真謂穆王是丹朱子耶？又《墨子·明鬼下篇》云：《大雅》曰"文王陟降，在帝左右"，若鬼神無有，則文王既死，彼豈能在帝之左右哉？毛《傳》乃易"陟降"之訓曰："言文王升接天，下接人也。"此則在帝左右，但謂以道事天，如不離側耳。毛公之善，非獨事應《春秋》，禮應周典，其刊落神怪之言，信非三家所能企及矣。《春秋》穀梁氏最雅馴，獨惜於禮未善。《王制》之倫，亦其次也。惟《士禮》則古今文無大差異，今世言今文者，獨不敢説《士禮》，蓋條例精密，文皆質言，不容以夸言傅會，亦無通經致用之事，故相與置之矣。**故《王制》不應《周禮》，《繁露》、《白虎通義》之倫，復以五行相次。**《繁露》有《五行對》、《五行之義》、《五行相勝》、《五行相生》、《五行逆順》、《治水五行》、《治亂五行》、《五行變救》、《五行五事》等九篇。《白虎通義》亦有《五行篇》。**其始由聞見僻陋，其終染於陰陽家言而不能滌。**夏曾佑云：漢儒之與方士，糅合不分，其所以然之故，因儒家尊君，君者，王者之所喜也；方士長生，生者，亦王者之所喜也；二者既同爲王者之所喜，則其勢必相妬，於是各盜敵之長技以謀獨擅，而二家之糅合成焉。詳夏氏《中國歷史》第二篇。**假令《王制》爲孔子作者，何緣復有周尺東田之文？**《王制》云："古者以周尺八尺爲步，今以周尺六尺四寸爲步。古者百畝，當今東田百四十六畝三十步。"按：《王制》之文，孔《疏》以爲出於秦漢之際，即據周尺之言，知在周亡之後也。鄭玄答臨碩云：孟子當赧王之際，《王制》之作復在其後。盧植云：漢文皇帝令博士諸生作之。據其文云"有正聽之"，鄭云：漢有正平，則盧説近是。至皮錫瑞作《王制箋》，則本之俞樾，謂《王制》爲素王之制，其古者周尺云云，當爲漢人之言禮者附入記中，如《大戴·公冠篇》有孝昭冠辭之比，斯遁辭矣。**若爲漢制法邪，爵當有王侯，何故列五等？地當南盡九真，北極朔方，何故局促於三千里？西域已賓，而不爲置都護；匈奴可臣，而不爲建朝儀；以此知其妄矣。**《文録》有《皮錫瑞王制駁議》，文長不録。**《繁露》諸書，以天道極人事，又下《王制》數等，卒之令人拘牽數術，不盡物宜，營於機祥，恐將泥夫大道。**《史記·孟荀列傳》："不遂大道，而營於巫祝，信機祥。"《漢書·趙王彭祖傳》"不好治宫室機祥"，《注》師古曰："機祥，總謂鬼神之事也。"《藝文志》曰"泥於小數"，師古曰："泥，滯也。"

言《六經》皆史者，賢於《春秋》制作之論，巧歷所

不能計也。《莊子·齊物論》曰："自此以往，巧歷不能得。"**雖然，史之所記，大者爲《春秋》，細者爲小説，故《青史子》五十七篇，本古史官記事。**見《漢·藝文志》。王應麟《考證》曰："《風俗通義》有《青史子》書。《大戴禮·保傅篇》：《青史子》之記曰：古者胎教。《隋志》：梁有《青史子》一卷。"《文心雕龍》云"青史由綴於街談"，周壽昌《校補》曰："賈執《姓氏英賢録》：晉太史董狐之子，受封青史之田，因氏焉。"**賈生引其胎教之道："王后有身，則太師持銅而御户左，太宰持斗而御户右，**《大戴禮記·保傅篇》盧辯《注》曰："太師，瞽者宗伯之屬。下大夫，太宰膳夫也。冢宰之屬，上士二人，言太宰因諸侯之稱也。樂爲陽，故在左，食爲陰，故在右。"孔廣森《補注》曰："銅，律管以銅爲之。《漢書》曰：凡律度量衡用銅者，所以同天下，齊風俗也。銅爲物之至精，不爲燥溼寒暑變其節，不爲風雨暴露改其形，是以用銅也。"**太卜持蓍龜而御堂下，諸官各以其職御於門内。太子生而泣，則曰聲中某律，**盧辯曰："貴中月管。"孔廣森曰："《官人篇》云：心氣鄙戾者，其聲嘶醜，心氣寬柔者，其聲温好。故泣聲剛柔清濁，以律辨之，知其性術焉。古者樂官吹樂聲以詔吉凶，鼓琴瑟以奠世繫，至漢猶傳吹律定姓之法，聲音之理，微乎微矣。"**滋味上某，**盧辯曰："上某時味。"孔廣森曰："春上酸，夏上苦，秋上辛，冬上鹹。"**命云某，然後縣弧，**《禮記·内則篇》："子生，男子設弧於門左。"鄭《注》："弧者，示有事於武也。"**然後卜王太子名。"**以上賈子《新書·

胎教篇》引。**是禮之别記也，而録在小説家。《周考》、《周紀》、《周説》亦次焉。《周説》者，武帝時方士虞初以侍郎爲黄車使者，采閭里得之。**《漢志》云：《周考》七十六篇，考周事也。《臣壽周紀》七篇，項國圉人，宣帝時。《虞初周説》九百四十三篇，河南人，武帝時，以方士侍郎號黄車使者。應劭曰："其説以《周書》爲本。"師古曰："《史記》云：虞初，洛陽人，即張衡《西京賦》'小説九百，本自虞初'者也。"王應麟《考證》曰："《郊祀志》：'雒陽虞初等以方祠詛匈奴、大宛。'"**今之方志其族也。《周官》："誦訓，**《地官·序官》鄭《注》云："能訓説四方所誦習及人所作爲久時事。"**掌道方志以詔觀事，**鄭《注》云："説四方所識久遠之事，以告王觀，博古所識，若魯有大庭氏之庫，殽之二陵。"**道方慝以詔辟忌，以知地俗。"**鄭《注》云："方慝，四方言語所惡也。不辟其忌，則其方以爲苟於言語也。知地俗，博事也。鄭司農云：以詔辟忌，不違其俗也。《曲禮》曰："君子行禮，不求變俗。**"訓方氏，**《夏官·序官》鄭《注》云："訓，道也，主教道四方之民。"**掌道四方之政事，與其上下之志，**鄭《注》云："道猶言也，爲王説之。四方，諸侯也；上下，君臣也。"**誦四方之傳道而觀新物。"**鄭《注》云："四時於新物出，則觀之，以知民志所好惡，志淫行辟，則當以政教化正之。"**唐世次《隋·經籍志》者，以是爲小説根本。**《隋志》云："小説者，街談巷語之説也。《傳》載輿人之誦，《詩》美詢於芻蕘。古者聖人在上，史爲書，瞽爲詩，工誦箴，諫大夫規誨，士傳言，而庶人謗。孟春，徇木鐸以求歌謡，巡省觀人詩以知風俗。過則正之，失則改之，道聽塗説，靡不畢紀。《周官・誦訓》云云是也。”區以爲事，《南州異物》、《南方草木》則辨其産，《荆楚歲時》、《洛陽伽藍》則道其俗，《陳留耆舊》、《汝南先賢》則表其人。《南州異物志》一卷，吴丹陽太守萬震撰；《洛陽伽藍記》五卷，後魏楊衒之撰；《陳留耆舊傳》二卷，漢議郎圈稱撰，又《陳留耆舊傳》一卷，魏散騎侍郎蘇林撰；《汝南先賢傳》五卷，魏周斐撰。並見《隋志》《史部》。《南方草木狀》三卷，晉嵇含撰；《荆楚歲時記》一卷，梁宗懔撰。二書《隋志》並不載。合以爲志，《周紀》之屬以方名，故諸雜傳地理之記宜在小説；《儀注》者，又《青史氏》之流。今世所録史部，宜出駙小説者衆矣。清世集《四庫目録》，《史部》總括爲十五類：曰正史，曰編年，曰紀事本末，曰别史，曰雜史，曰詔令，奏議，曰傳記，曰史鈔，曰載記，曰時令，曰地理，曰職官，曰政書，曰目録，曰史評。其雜傳地理之屬宜在小説，具如上文。即載記、職官、政書中瑣瑣故實《儀注》之類，皆可以駙之小説者也。《周紀》諸書，據偏國行事，不與《國語》同録於“春秋家”者，《漢志》：《國語》二十一篇，《新國語》五十四篇，在“春秋家”。其事叢碎，非朝廷之務也。且古者封建，王道衰，故方伯自制其區宇，《國語》録周以下齊、晉、楚、吴、越，皆秉方嶽之威，齊、晉、楚、吴、越皆爲大國，故言“秉方嶽之威”也。云“方嶽”者，

《堯典》言"咨四岳",《某氏傳》曰:"分掌四岳之諸侯,故稱焉。"孔《疏》曰:"岳者,四方之大山。今王朝大臣,皆號稱四岳,謂之岳者,以其分掌四岳之諸侯。《舜典》稱巡守至於岱宗,肆覲東后,《周官》説巡守之禮云:諸侯各朝於方岳之下,是四方諸侯分屬四岳也。"**制儗共主,**《史記·楚世家》曰:"夫弑共主,臣世君,大國不親。"《索隱》云:"共主,言周爲天下共所宗主。"**鄭故寰内諸侯,**隱元年《穀梁傳》曰:"寰内諸侯非有天子之命,不得出會諸侯。"范甯云:"天子畿内大夫有采地,謂之寰内諸侯。"《釋文》云:"寰,音縣,古縣字。一音環。"**魯亦舊爲州牧,而僭禮踰等之事多矣。故國别以爲史,異於猥蕞小侯。**《續漢書·百官志》曰:"其餘以胏附及公主子孫奉墳墓於京都者,亦隨時見會,位在博士、議郎下。"劉昭《注》云:"胡廣《制度》曰:是爲猥諸侯。"《魏都賦注》引《廣雅》:"猥,衆也。"昭七年《左氏傳》曰"抑諺曰蕞爾國,杜《注》:"蕞,小貌。"**自秦以降,以郡縣治民,守令之職,不與王者分重,獨如《華陽國志》録公孫述、劉備、李勢之流,自治一方者,宜在春秋。**原注:今所謂史部。**其他方志小説之倫,不得以《國語》比。宋世范成大志吴郡,猶知流别。**《四庫目録》云:"《吴郡志》五十卷,凡分三十九門,典贍而不蕪雜,爲地志之善本。"按:《吴郡志》分篇三十九:曰沿革,曰分封,曰户口税租,曰土貢,曰風俗,曰城郭,曰學校,曰營寨,曰官宇,曰倉庫,曰坊市,曰古蹟,曰封爵,曰牧守,曰題名,曰官吏,曰祠廟,曰園亭,曰山,曰虎邱,曰橋梁，曰川，曰水利，曰人物，曰進士題名，曰土物，曰宫觀，曰府郭寺，曰郊外寺，曰縣記，曰冢墓，曰仙事，曰浮屠，曰方技，曰奇事，曰異聞，曰考證，曰雜詠，曰雜志。章學誠《書吴郡志後》，亦稱其文筆清簡，編次雅潔，惟譏其不應以平江府路冒吴郡之舊稱，體例亦參差不一，稱名亦信筆亂填，以爲翦裁筆削不合史法。蓋章氏猶未知方志之源於小説也。**輓世章學誠、洪亮吉之徒，欲以遷、固之書相擬，**章學誠記《與戴東原論修志》云："方志如古國史，本非地理專門。"《與甄秀才論修志》云："皇恩慶典，當録爲外紀；官師銓除，當畫爲年譜；典籍法制，則爲考以著之；人物名宦，則爲傳以列之。志乃史體，宜得史法，以外紀年譜考傳四體爲主，所以避僭史之嫌，而求紀載之實，虚名宜避國史，而實意當法古人也。"《與石首王明府論志例》云："志乃史裁，全書自有體例，志中文字俱關史法。"《大名縣志序》云："郡縣志乘，即封建時列國史官之遺。"《報黄大尹論志書》云："方志有文人之書，學人之書，辭人之書，説家之書，史家之書，惟史家爲得其正宗。"餘如《荆州府志序》、《石首縣志序》諸篇，或云志師國語，或云志存史法，其文辭甚廣，大氐並譏後世作志專放圖經，或體近説部，皆非正裁也。説詳《文史通義・外篇》。洪亮吉作《太平寰宇記序》，亦譏樂史多載雜家小説之言，有乖史例，故作《乾隆府廳州縣志》，於古蹟雜事一皆略之，説見《更生齋文集》。《乾隆府廳州縣志序》有云："同知通判，分住必詳，則班生記都尉治所之意；郵亭鎮堡，隨方亦録，則馬彪載郡國鄉聚之遺。"又有《與章學誠論乾隆府廳州縣志書》，亦悉據正史體例爲説，蓋亦主志爲史體也。説見《卷施閣文集》。**既爲表志列傳，又且作紀，以録王者詔書，**章學誠作《湖北通志》，有《皇言紀》、《皇朝編年紀》二篇，見《章氏遺書》。其作和州、永清諸志，皆有《皇言紀》，見《通義·外篇》。**蓋不知類。且劉緜爲《聖賢本紀》，而子産在其録。**《隋志》"雜史"有《先聖本紀》十卷，劉緜撰，無《聖賢本紀》。《南史·劉昭傳》："子緜，字言明，通《三禮》，位尚書祠部郎，著《先聖本記》十卷行於世。"蓋此書即《聖賢本紀》也。任彦昇《王文憲集序注》引劉緜《聖賢本紀》："子産治鄭，二十年卒，國人哭於巷，婦人哭於機。"又《馬汧督誄》、《竟陵王行狀》兩引此事，俱作《聖賢本紀》也。**本紀非帝者上儀，**子産以列國大夫而劉緜載之本紀，是本紀之名非王者所獨擅也。《典引》曰："洋洋乎若德，帝者之上儀。"**即府縣志宜以長官列紀，**以子産例之也。**何故又推次制詔，一前一卻，斯所謂失據者哉。世人又曰：志者，在官之書，府縣皆宜用今名。**陳繼儒《見聞録》記王鏊修《姑蘇志》，以楊循吉喜謡諑，不欲與之同局。《志》成，遣使送之循吉。循吉方櫛沐，不暇抽看，但顧簽票云不通不通。使者還，述其語。鏊以問之，循吉曰："府志修於我朝，當以蘇州名志。姑蘇，吴王臺名也，以此名志，可乎？"章學誠亦譏范成大《吴郡志》稱名不當。蓋志名當用今名，諸家皆以爲定律，不可易矣。**然今府縣之志不上户部，非官書；雖爲官書，虞初奉使以采周俗，何故稱《周説》，不稱《河南説》邪？蓋方志與傳狀異事。傳**

狀者，記今人，其里居官位宜從今；顧炎武《日知録》十九云："以今日之地爲不古，而借古地名；以今日之官爲不古，而借古官名，皆文人所以自蓋其俚淺也。"又引何孟春《餘冬序録》曰："今人稱人官，必用前代職名，稱府州縣必用前代郡邑名，欲以爲異，不知文字間若此，何益於工拙，此不惟於理無取，且於事復有礙矣。"**方志者，始自商周建國，及秦漢分郡縣，以逮近世，二三千年之事，皆在其中，即不可以今名限齊。《傳》曰："疆易之事，一彼一此，何常之有。"**語見昭元年《左氏傳》。章氏《文例雜論》中有一事云：今人方志，地從時王之名，斯已爲成律矣。或云府縣志非官書，烏用是拘牽法律爲？要取易瞭，故從今名，非循法也。然事有不可一成者，《華陽國志》，古今之名皆非所取，未聞有訾議也。余以推舉地望，古今分區，多有殊異，古者多因山水條列以分州郡，後世破碎，犬牙相錯，然土宜民俗以川原督亢爲經界，終莫能變古也。故揚子雲作《方言》，不以漢家郡縣爲準，有云東楚、南楚、西楚、北楚、燕、東齊、秦、晉者，由其區域廣汎，不容以王制宰割。必從時名，則偏頗不備矣。言地者當從事爲變，斯豈一端而已。**今之府縣因古舊制，而疆域迫狹者多矣。然其士女一端可稱，雖分在他府縣猶入録**，作方志者，人各私其鄉里，牽引夸飾，往往有焉。故或一事而錯見兩州，一人而互出二縣，聚訟如議禮，戲論如爭墩。李吉甫云："飾州邦而敍人物。"（語見《元和郡縣志》）此作志之通弊也。杜佑亦謂辛氏《三秦記》、常璩《華陽國志》、羅含《湘中記》、盛宏之《荆州記》，自述鄉國人賢物盛，參以他書，則多紕繆。(語見《通典》)然則高識之士猶或不免者乎？洪亮吉亦譏地志濫收，則或采傳聞，不搜載籍，借人材於異地，侈景物於一方，以致訛以傳訛，誤中復誤，如明以後迄今所修府州縣志皆是。(語見《涇縣志序》)非過論也。**若范成大志吴郡，闔閭、夫差之臣及孫氏時爲吴郡人者皆比次入其籍。闔閭、夫差所部遠及江淮，其地不專宋之平江，其臣佐出何鄉邑不可校，以繫吴故志之；孫氏之臣，韋昭本雲陽人，雲陽於宋不屬平江，**吴時雲陽即漢之曲阿，在吴爲侯國，屬毗陵典農校尉，見洪氏《補三國疆域志》。在宋則爲鎮江府屬，不屬平江也。**以繫吴郡故志之。**見《吴志》。**若署爲《平江志》者，宜簡韋昭之徒使不得與，爲是斟酌古今，以吴郡爲之號，**原注：宋世府州皆虚系郡名，如平江府亦兼稱吴郡，此本專爲封號而設，實非地制。《吴郡志》者，據古吴郡，非宋吴郡也，故其人物多出平江以外。**然後其無旁溢也。今爲府縣志者，不旁溢則宜予今名，旁溢則宜予舊名，**後世府縣疆域狹於古之郡邑，作志者爲之斷限，不令旁溢，則署今名可矣。若范氏之書，本不限於平江，其題舊名，固不可以冒吴郡之稱議之；施宿之志會稽，亦不用紹興之名，蓋斷限既難，則題之舊名亦非必不可通。且如王鏊之志姑蘇，其名偏畸，見譏於循吉，世以爲不可易者矣。而錢大昕嘗辨之，以爲楊氏知其一未知其二；昔梁克家撰《三山志》矣，不云《福州志》也；陳耆卿撰《赤城志》矣，不云《台州志》也。文格亦行古之道耳，志蘇州而名以姑蘇，豈遂大失哉？（見《十駕齊養新録》）則雖王《志》猶不爲失，况范氏乎。多愛不忍；《法言·君子篇》云："文麗用寡，長卿也；多愛不忍，子長也。"士女之籍，從古郡縣所部，而題名專繫於今，甚無謂也。《史記·秦始皇本紀》："甚無謂，朕弗取焉。"獨舊郡過寬者，名不可用。漢世豫章包今江西之域，而會稽籠有浙江、福建，延及江南，今爲《南昌》、《紹興志》者，宜有省耳。格以官書，謂之《周語》、《國志》之倫，其言無狀。《秋官·小行人》，自萬民之利害而下，物爲一書，每國辨異之，以五物反命於王，以周知天下之故。《秋官·小行人》云："及其萬民之利害爲一書，其禮俗政事教治刑禁之逆順爲一書，其悖逆暴亂作慝猶犯令者爲一書，其札喪凶荒厄貧爲一書，其康樂和親安平爲一書。凡此五物者，每國辨異之，以反命於王，以周知天下之故。"《管子》曰："春秋者，所以記成敗也，行者道，民之利害也。"原注：《山權數篇》。以其掌之行人，故謂之行，原注：猶《太史公書》稱太史公。明與春秋異流。《檢論·尊史篇》曰："百二十國寶書皆述國政，下不通於地齊萌俗。下通者，此謂之行，《管子》曰：'春秋者，所以記成敗也；行者道，民之利害也。'《小行人》以'萬民之利害爲一書。'名從其官，然則《世本·居篇》自此作。"世人不知其爲小説，而以紀傳之法相牽，斯已過矣。莊周曰:“飾小説以干縣令。”《莊子·外物篇》曰:“飾小説以干縣令,其於大達亦遠矣。”成玄英《疏》曰:“干,求也。夫修飾小行,矜持言説,以求高名令問者,必不能大通於至道。”古懸字多不著心。今之爲方志者,名爲繼誦訓,其實干縣令也,而多自擬以太史天官,何其忘廉恥之分邪? 儀注之書,《禮記》引《贊大行》,原注:《雜記》。○按:《禮記·雜記下篇》:“《贊大行》曰:圭,公九寸,侯伯七寸,子男五寸;博三寸,厚半寸,剡上左右各寸半玉也,藻三采六等。”鄭《注》云:“《贊大行》者,書説大行人之禮者名也。”行人所書爲小説,即《贊大行》亦在小説可知。且諸跪拜禁忌之節,閱歲而或殊尚,又不盡制度挈定。若《漢舊儀》、《官儀》所録:《隋志》:《漢舊儀》四卷,衛敬仲撰。《漢官儀》十卷,應劭撰。按:二書今佚,孔星衍有輯本。八坐丞郎有交禮解交之節;《通典·職官典》云:“八座,後漢以六曹尚書並令僕二人,謂之八座。”《漢舊儀》云:“漢制,八座丞郎初拜,竝集都座交禮,遷又解交。”(《御覽·職官部》引)《漢官儀》亦記此儀。(《唐六典》一、《初學記·職官部》引)郎又含雞舌香,而女侍二人執香鑪從之。《漢官儀》云:“尚書奏事明光殿省中,皆胡粉塗壁,其邊以丹漆地,故曰丹墀。尚書郎含雞舌香伏其下奏事,黄門侍郎對揖跪受。”(《御覽·職官部》引)又曰:“尚書郎給青縑白綾,被以錦被,帷、帳、氈、褥、通中枕;太官供食,湯官供餅餌,五熟果實,下天子一等;給尚書史二人,女侍史二人,皆選端正。從直，女侍執香鑪燒從入臺護衣。"(《北堂書鈔·設官部》、《初學記·職官部》、《御覽·職官部》引)**斯皆繁登降之節，效佞幸之儀，習爲恒俗，**《史記·佞幸列傳》云："高祖至暴抗也，然籍孺以佞幸；孝惠有閎孺。此兩人非有材能，徒以婉佞貴幸。故孝惠時郎侍中皆冠鵕鸃，貝帶，傅脂粉，化閎、籍之風也。"按：《漢儀》所記侍中諸郎衣飾及含雞舌，執虎子之屬，是皆效佞幸之儀也。《漢官儀》又記桓帝時侍中刁存，年老口臭，上出雞舌香與含之。存自嫌有過，得賜毒藥，歸舍，辭決家人。寮友聞其僁失，求視其藥，出在口香，咸嗤笑之。(《北堂書鈔·設官部》、《藝文類聚·人部》引)是當時含香奏事、習爲恒俗，而存不知，故被嗤笑也。**非禮律所制，然猶以爲儀注。斯固不隸禮經，而青史小說之流也。**《漢儀》所記，自朝廷典憲外，其事猥雜，或爲宫府之餘聞，或爲習俗之小節，既不爲史官所取，亦故非禮律所制，故斷以爲小說之流矣。

國故論衡疏證中之三

明解故上

《漢書·藝文志》"尚書家"有《大小夏侯解故》二十九篇，師古曰："故者，通其指義也。"黄以周《讀漢藝文志》曰："漢儒注經，各守義例。故訓傳説，體裁不同。故訓者，疏通其文義也；傳説者，徵引其事實也。故訓之體取法《爾雅》，傳説之體取法《春秋傳》。孔子《十翼》本不名傳，《彖》《象》依經立訓，與故訓近，《繫辭》、《説卦》專論大義，與傳説近。《詩》家毛公合故訓傳爲一，仍以故訓爲主；魯齊韓諸家故與傳畫分兩書。"又曰："漢初講經之士重故不重傳，傳多雜説，非經本指。"按：黄説分别故、傳甚明，然必謂漢人重故不重傳，則亦未有確據。古義閎廣，故、傳之名亦得相通。徵事者亦謂之故，《泰誓故》之屬是也；疏文者亦謂之傳，《彖傳》、《象傳》、《詩故訓傳》之屬是也。章氏此篇即以專明故訓傳説之事，故曰"明解故"。

校莫審於《商頌》，故莫先於《太誓》，傳莫備於《周易》，解莫辯於《管》、《老》。校者，平訂書籍也。校有二科：一爲辨章學術，考鏡源流；一爲比對文字，是正奪誤，所謂校讎之學也。故者亦有二義:一爲故事,一爲故訓,總謂之故也。傳者,轉釋經義也,是有多義:有故事之傳,有通論之傳,有駙經之傳,有序録之傳,有略例之傳,五者皆傳之體也。解者,凡順説前人書者,皆解之類也。此四語提挈綱領,下文自解。**“正考父校商之名《頌》十二篇於周太師,以《那》爲首。”**原注:《魯語》。**考父爲人,三命茲益恭,**昭七年《左氏傳》:“及正考父佐戴武宣,三命茲益恭,故其鼎銘曰:‘一命而僂,再命而傴,三命而俯,循牆而走,亦莫余敢侮。饘於是,粥於是,以餬於口。’其恭也如是。”**故託始於《那》。“其輯之亂**《魯語》韋昭《解》曰:“輯,成也。凡作篇章,篇義既成,撮其大要爲亂辭。”**曰:‘自古在昔,先民有作。温恭朝夕,執事有恪。’先聖王之傳恭,猶不敢專,稱曰‘自古’,古曰‘在昔’,昔曰‘先民’。”**以上《魯語》文。**恭人以是教國子,**《詩·小宛》:“温温恭人。”《春官·大司樂》鄭《注》:“公卿大夫之子弟當學者,謂之國子。”**見删定之意。孔子録《詩》有四始,**見《詩序》。鄭《箋》:“始者,王道興衰之所由。”鄭志《答張逸》曰:“《風》也,《小雅》也,《大雅》也,《頌》也,此四者,人君行之則爲興,廢之則爲衰。”**《雅》《頌》各得其所;**《論語·子罕篇》文。**删《尚書》爲百篇,而首《堯典》,**《漢·藝文志》:“《書》之所起遠矣,至孔子纂焉,上斷於堯,下訖於秦,凡百篇。”**亦善校者已。**此謂辨章學術,考鏡源流,校之上也。**其次比核文字者興,子夏讀**

“三家渡河”，以爲“己亥”。《吕氏春秋·察傳篇》：“子夏之晉過衛，有讀史記者曰：‘晉師三家涉河(《意林》作“渡河”)。’子夏曰：‘非也，是“己亥”也。夫己與三相近，豕與亥相似，至於晉而問之，則曰晉師己亥涉河也。’”又見《家語·七十二弟子解》。此謂比核文字，是正奪誤，校之次也。**劉向父子總治《七略》，入者出之，出者入之，窮其原始，極其短長，此即與正考父、孔子何異？**章學誠《校讎通義》曰：“校讎之義，蓋自劉向父子。部次條別，將以辨章學術，考鏡源流。非深明於道術精微，羣言得失之故者，不足與此。後世部次甲乙，紀録經史者，代有其人，而求能推闡大義，條別學術異同，使人由委溯源，以想見墳籍之初者，千百之中，不十一焉。”近人孫德謙著《劉向校讎學纂微》，張爾田序之曰：“自來爲校讎者夥矣，莫高於劉向氏。大哉校讎之爲學也！非其人博通古今學術，而又審辨乎源流得失，則於一書指意，不能索其奥而詔方來。當漢成世，既命謁者陳農求遺書，向獨爲之檢校，區分類例。今觀所傳《敍録》，提要鉤玄，往往一二語即洞明流變，有不待詳説而釐然者。故孟堅撰史，至以辨章舊聞，推爲司籍之功。所謂辨章舊聞，蓋不徒鰓鰓於寫官之異同，與夫官私著録之考訂而已。若但取古今藏本，諟正文字，斯乃始事之所爲，向不如是也。”**辨次衆本，定異書，理譌亂，至於殺青可寫，**劉向所校諸書，其《敍録》並有“殺青書可繕寫”之語。《御覽》六百六引《風俗通》云：“劉向《别録》，殺青者，直治竹作簡書之耳。新竹有汗，善朽蠹，凡作簡者，皆於火上炙乾之，陳楚之間謂之汗。汗者，去其汁也；吴越曰殺，殺亦治也。向爲孝成皇帝典校書籍二十餘年，皆先書竹，改易刊定可繕寫者以上素也。”**復與子夏同流，故校讎之業廣矣。**劉向《别録》：“讎校者，“一人讀書，校其上下得謬誤，爲校；一人持本，一人讀書，若怨家相對，爲讎。”見《文選·魏都賦注》引。**其後官府皆有圖書，亦時編次，獨王儉近劉氏。**《原經篇》自注云：“《七志》本同《七略》，但增圖譜、道佛耳，其以六蓺、小學、史記、雜傳同名爲《經典志》，而出圖緯使入陰陽。卓哉！二劉以來，一人而已。”〇按：王儉《七志》見《隋·經籍志》。**在野有阮孝緒，**梁處士阮孝緒撰《七録》，見《隋志》。**頗復出入。自隋以降，書府失其守，校讎之事，職諸世儒。其間若顔師古定《五經》，**《新唐書·儒學傳》：太宗嘗歎《五經》去聖遠，傳習寖訛，詔師古于秘書考定，多所釐正。帝因頒所定書於天下，學者賴之。**宋祁、曾鞏理書籍，**宋祁見《宋史》二百八十四，曾鞏見《宋史》三百十九。祁官翰林學士承旨，所校《漢書》引見殿本。鞏嘗編校史館書籍，其文集中有所校諸書敍録。姚宏《題戰國策》云：“他書時見一二舊本，有未經曾南豐校定者，舛誤尤不可讀。南豐所校，乃今所行。都下建陽刻本皆祖南豐。”**足以審定疑文，令民不惑，斯所謂上選者。然於目録徒能部次甲乙，略記梗概，其去二劉之風遠矣。近世集《四庫》，**乾隆三十八年，安徽學政朱筠奏言：翰林院貯有《永樂大典》，内多古書，世未見者，請開局使校閲。時大學士劉統勳、于敏中在軍機。統勳沮其議，謂非爲政之要；敏中獨善筠奏，卒上之。得旨允行，遂開四庫全書館，除宗室郡王及大學士爲總裁，六部尚書及侍郎爲副總裁。其實任校纂者，爲總纂官紀昀、陸錫熊、總校官陸費墀，而昀之力尤多。時參與館事者無慮三百餘人，如校勘《永樂大典》纂修官有戴震、邵晉涵，校辦各省遺書纂修官有姚鼐、朱筠，篆隸分校官有王念孫，總目協勘官有任大椿，皆海内績學之士也。昀典書局凡十餘年，每進一書，輒爲提要，冠諸卷首。乾隆四十七年，全書告成，總計存書三千四百五十七部，七萬九千七十卷，存目六千七百六十六部，九萬三千五百五十六卷。特建文淵閣於文華殿後，以爲貯藏之所。並續建文源閣於圓明園，建文津閣於熱河，建文溯閣於奉天陪都，各藏一分，是爲内廷四閣。又命於揚州大觀堂之文匯閣、鎮江金山寺之文宗閣、杭州聖因寺之文瀾閣亦各藏一分，任學者鈔覽焉，是爲江浙三閣。此清世纂修《四庫全書》之大略也。**雖對治文字猶弗能**。李岳瑞《悔逸齋筆乘》云："曩讀武英殿本《廿四史》，惟《史》、《漢》、《國志》校勘精審，《晉書》以次則誤字不可枚舉。當時校勘諸臣何以疏忽如此？其後乃知別有原因，蓋校勘雖屬館臣，而督工監印，皆内務府司員爲之，此輩交通内監，照例一卷刊成，先以樣本進呈御覽。幾餘展閲，偶見一二誤字，必以丹毫記出，並降旨申斥館臣，而上心則頗詹詹自喜。蓋當時館臣皆海内名流，一時博雅之彦，然猶學識有所不及，必待御筆爲之改正，是則聖學淵深，誠非臣工所能仰企。故每經校出書中訛字，則是日宸衷悦豫，於是近侍授意内府諸員，故意多刊訛字，以待御筆舉正。然上雖喜校書，久而益厭，每樣本進呈，並不開視，輒朱筆大書校過無訛，照本發印，司事者雖明知其訛誤，亦不敢擅行改刊矣。君主專制時代，左右督御之側媚，乃至如此，是真不可思議者已。”按：此稗官所傳，未必可信，然館臣疏忽，固有以遺人口實，亦莫能爲之諱也。**定文之材遏而在野。一以故書正新書，依準宋槧，不敢軼其上；其一時據舊籍，以正唐宋木石之書。**近代校勘諸家略可分此二派：黄丕烈、鮑廷博之屬，則屬於前派者也；戴震、王念孫之屬，則屬於後派者也。顧廣圻《百宋一廛賦》曰：“夫宋也者，濬摹印之重源，延轉録之一脈；孳長興以萌芽，拓顯德而增益。貽後留真，晞先襲迹。及靈光之猶存，舍司南其安適。”黄丕烈注曰：“書之言宋槧，猶導河言積石也。上言之，則東漢一字羣經，魏三字羣經並《典論》鐫勒於石，此一源也。下言之，則唐元和壁經，析堅木負墉而比之，製如版櫝，此又一源也。自是至於後唐長興，《九經》刻版，周顯德《經典釋文》雕印，既省傳寫之勞，兼視豐碑爲便，人事所趨，勢固宜爾。於是終始宋代，官私所造，徧於四部，《玉海》及馬氏《經籍考》等詳其事焉。就中即有利病，究之，上承轉録，此其嫡派，故曰貽於後而留其真，以晞於先而襲其迹也。及今遠者千年，近者猶數百年，所存乃當日千百之一二耳，幸而得之，以校後本，其有未經改竄者鮮矣。夫君子不空作，必有依據，宋槧者，亦讀書之依據也，故比之以司南。”此前派之説也。段玉裁《戴東原年譜》：“先生言宋本不皆善，有由宋本而誤者。”又李兆洛雅不喜宋刊，見蔣彤《丹稜文鈔》。嚴可均亦云："書非骨董，黄氏丕烈之聚書多宋本，余不敢效之。"見《鐵橋漫稿》。此後派之説也。**相提而論，據舊籍者宜爲甲。及其末流淫濫，喜依《治要》、《書鈔》、《御覽》諸書以定異字。**《羣書治要》五十卷，唐魏徵撰。《北堂書鈔》一百六十卷，唐虞世南撰。《太平御覽》一千卷，宋李昉等撰。**《治要》以下，其書亦在木，非無譌亂，據以爲質。此一蔽也。**朱一新曰："王文肅（念孫）、王文簡（引之）之治經，其精審視盧紹弓輩固遠勝之，顧往往據類書以改本書，則通人之蔽。若《北堂書鈔》、《太平御覽》之類，世無善本；又其初非爲經訓而作，事出衆手，其來歷已不可恃，而以改數千年諸儒斷斷考定之本，不亦傎乎？"自注："如胡朏明據《初學記》引鄭《注》，以定《禹貢》之三江，乾嘉諸儒以其説出於鄭君也翕然從之，不知《初學記》乃誤引，與孔《疏》所引鄭《注》迥不相侔。鄭孔本無異，而轉借此以攻孔《傳》，則惑矣。"（《無邪堂答問》卷二）**前世引書，或以傳注異讀改正文。**《太史公書》引用《尚書》，多以訓詁字代之，即其顯著之例。段玉裁有《某讀爲某誤易説》，俞樾《古書疑義舉例》有《以注文改正文例》。**經典古今文既異，今文有齊魯之學，古文有南北之師，**今文《春秋》有《公羊》爲齊學、《穀梁》爲魯學；《詩》有申培爲魯學，轅固爲齊學；《尚書》有歐陽則近於齊，大、小夏侯則近於魯；易有施、孟則近於齊，梁邱則近於魯；禮有后蒼爲魯學。皆宣帝時立在博士者也。《北史·儒林傳序》曰："江左《周易》則王輔嗣,《尚書》則孔安國,《左傳》則杜元凱。河洛《左傳》則服子慎,《尚書》、《周易》則鄭康成。《詩》則並主於毛公,《禮》則同遵於鄭氏。"古文南北之學,《北史》數言盡之矣。**不得悉依一讀,凌雜用之。此二蔽也。**清代經學,嘉道以前古今之别猶未分明,故多凌雜也。**段玉裁、臧庸恨之,時出匈臆,謂世所見者悉流俗本,獨已所正爲是。其是者誠諸師所不能駁,而亦頗有錯啎。**段有所定《毛詩故訓傳》三十卷。嚴杰云:後有爲《毛詩》作疏者,宜以此爲定本。臧所著《拜經日記》王念孫亟稱之,用筆圈識其精確不磨者,十之六七。(《揅經室二集》卷六)然段所爲《説文解字注》,間以私意改定,而失之武斷者,蓋亦不少。鈕樹玉有《訂》八卷,頗多舉正;徐承慶有《匡謬》八卷,亦其次也。又如《人部》解韈僂爲足背高,《車部》改輜輧衣車也,見駁于孫詒讓(《籀廎述林》),即其錯啎之著者也。臧氏據《爾雅釋文》、《説文》,欲改《采薇》"我行不來"爲"我不稌"(《拜經日記》八),陳壽祺駁之曰:"《爾雅》釋《詩》之字多與毛異,與三家合,未可專執毛以繩之。《采薇》之'我行不來'者,《毛詩》用本字也,《傳》云:'來,至也。'《箋》云:'來猶反也。據家曰來。'毛鄭原本作'來'甚明。'我行不稌'者,三家《詩》用借字也。《爾雅》據三家《詩》,以"不來"釋"不稌",聲近爲訓。《説文·來部》稱《詩》曰'不稌不來',即《爾雅》之文。重文'倈'云'稌或从彳',今隸省作倈。倈訓大,義與至反之訓違。故謂《爾雅》作倈之失舊是也,謂毛《詩》由後人改稌爲來,蓋不然矣。"(《左海經辨》二)即其錯牾之一例。又臧琳(庸之祖)《經義雜記》據《唐石經》,謂《詩》"蕭蕭馬鳴"當爲"肅肅馬鳴"(《經義雜記》八),不知杜詩已用蕭蕭(俊按:《顔氏家訓·文章篇》亦作"蕭蕭"),又據趙岐《孟子章句》,謂"夫子之設科也"本爲"夫予之設科也",不知趙岐實不如《集注》之得其義理。並見駁於方東樹(《漢學商兑》卷中之下)。琳書或云多庸所增益,此亦錯牾之例。**然此諸家,比於在官之守、文人之録,可謂精博矣。若乃總略羣書之用,猶不能企。章學誠感槩欲法劉歆,弗能卒業。後生利其疏通,以多識目録爲賢,**《别録·與人論國學書》:"竊謂漁仲《通志》、實齋《通義》,其誤學者不少。昔嘗勸人瀏覽,推明真僞,識條理者可爾。若讀書博雜,素無統紀,則二書實爲增病之階。學者喜鄭、章二家言,至杜佑、劉知幾則鮮留意,亦見學人苟簡事務剽竊矣。故其鋪陳流别,洋洋盈耳,實未明其條系,甄其得失也。往見鄉先生譚仲修,有子已冠,未通文義,遽以《文史》、《校讎》二種教之,其後抵掌説《莊子·天下篇》、劉歆《諸子略》,然不知其義云何。又見友某教於杭州,以博觀瀏覽導人,其徒有高第者,類能雜引短書而倜然無所歸宿。以此二事,則知學無繩尺,鮮不眯亂,徒知派别,又不足與於深造自得者,世徒以是爲國粹,其與帖括房行,相去幾何?"**故有略識品目,粗記次第,聞作者姓氏,知鏤彫年月,不窺其篇,而自以爲周覽者,則瓠落之害也。**以上論校。瓠落者,《莊子·逍遥游》:"剖之以爲瓢,則瓠落無所容。"簡文云:

"瓠落,猶廓落也。"《説文》:"㧓,横大也。"瓠與㧓通。

單襄公論孫周曰:"吾聞之《太誓故》曰:朕夢協朕卜,襲於休祥,戎商必克。"原注:《周語》。〇按:見《周語下》。韋昭《解》曰:"朕,武王自謂也。協,合也。休,美也。祥,福之先者也。戎,兵也。言武王夢與卜合,又合美善之祥,以兵伐殷必克之也。"**説曰:"故,故事也。"**原注:韋《解》。**往者,宋之役薛,**定元年《左氏傳》:"孟懿子會城成周,庚寅,栽。宋仲幾不受功,曰:'滕、薛、郳,吾役也。'薛宰曰:'宋爲無道,絶我小國於周,以我適楚,故我常從宋。晉文公爲踐土之盟,曰:"凡我同盟,各復舊職。"若從踐土,若從宋,亦唯命。'仲幾曰:'踐土固然。'薛宰曰:'薛之皇祖奚仲居薛,以爲夏車正,奚仲遷於邳,仲虺居薛,以爲湯左相。若復舊職,將承王官,何故以役諸侯?'仲幾曰:'三代各異物,薛焉得有舊? 爲宋役,亦其職也。'士彌牟曰:'晉之從政者新,子姑受功,歸,吾視諸故府。'"**陳之受賜,**《魯語下》:"仲尼在陳,有隼集於陳侯之庭而死,楛矢貫之,石砮,其長尺有咫。陳惠公使人以隼如仲尼之館問之,仲尼曰:'隼之來也遠矣,此肅慎氏之矢也。昔武王克商,通道於九夷百蠻,使各以其方賄來貢,使無忘職業。於是肅慎氏貢楛矢,石砮,其長尺有咫。先王欲昭其令德之致遠也,以示後人,使永監焉,故銘其栝曰"肅慎氏之貢矢",以分大姬,配虞胡公,而封諸陳。古者分同姓以珍玉,展親也;分異姓以遠方之職貢,使無忘服也。故分陳以肅慎氏之貢,君若使有司求諸故府,其可得也。'使求，得之金櫝，如之。”其書皆在故府。楚申公得隨兕之占於故記，故記者，藏在平府。《吕氏春秋·至忠篇》：“荆莊哀王獵於雲夢，射隨兕，中之，申公子培劫王而奪之，王曰：‘何爲暴而不敬也？’命吏誅之。左右大夫皆進諫曰：‘子培，賢者也，又爲百倍之臣，此必有故，願察之也。’不出三月，子培疾而死。荆興師戰於兩棠，大勝晉，歸而賞有功者，申公子培之弟進，請賞於吏曰：‘人之有功也於軍旅，臣兄之有功也於車下。’王曰：‘何謂也？’對曰：‘臣之兄犯暴不敬之名，觸死亡之罪於王之側，其愚心將以忠於君王之身，而持千歲之壽也。臣之兄嘗讀故記曰：“殺隨兕者，不出三月。”是以臣之兄驚懼而爭之，故伏其罪而死。’王令人發平府而視之，於故記果有，乃厚賞之。”高誘曰：“故記，古書也。平府，府名也。”漢亦有掌故官，見《鼂錯傳》《儒林傳》。其以説《詩》有故訓。《漢志》：《毛詩故訓傳》三十卷。然則先民言故，總舉之矣，有故事者，有故訓者。《毛詩》以外，三家亦有《魯故》、《韓故》、《齊后氏故》、《齊孫氏故》，《漢志》：《魯故》二十五卷。《齊后氏故》二十卷。《齊孫氏故》二十七卷。《韓故》三十六卷。斯故訓之流也。《書》、《春秋》者，記事之籍，是以有故事。《太誓》有故，猶《春秋》有傳。馬季長以書傳引《太誓》者，今悉無有，《泰誓疏》：“馬融《書序》曰：《泰誓》後得，案其文似若淺露。又云：八百諸侯，不召自來，不期同時，不謀同辭，及火復於上，至於王屋，流爲鵰，五至，以穀俱來，舉火神怪，得無在子所不語中乎？又《春秋》引《泰誓》曰：‘民之所欲，天必從之。’《國語》引《泰誓》曰：‘朕夢襲朕卜，襲於休祥，戎商必克。’《孟子》引《泰誓》曰：‘我武惟揚，侵于之疆，取彼凶殘，我伐用張，於湯有光。’孫卿引《泰誓》曰：‘獨夫受。’《禮記》引《泰誓》曰：‘予克受，非予武，惟朕文考無罪，受克予，非朕文考有罪，惟予小子無良。’今文《泰誓》皆無此語。吾見書傳多矣，所引《泰誓》而不在《泰誓》者甚多，弗復悉記，略舉五事以明之，亦可知矣。又王肅《書注序》，亦云《泰誓》近得，非其本經。”（以上《疏》語）按：馬、王並未悟《泰誓》有故，因以致疑。夫其後得而淺露，與書傳所引，而不在經文者，安知非故之類邪（馬所舉《國語》明有“故”字）？自此義不明，遂有斥向、歆後得之説爲傳聞之譌，而謂伏生二十九篇本有《泰誓》者（王引之《伏生尚書二十九篇説》）；有謂伏生决無《泰誓》，而以向、歆之説爲可信者（陳壽祺《今文尚書後得説》）；此爭今文之有無《泰誓》也。有謂今古文均有《泰誓》二本相同者（錢大昕《潛研堂文集》一）。有謂神怪之言爲史臣所增飾，要非僞本者（王鳴盛《尚書後案》三十）。衆説紛紜，徒滋迷亂。由今言之，今古二家皆有《泰誓》，而故與經相亂，清儒掇拾叢殘，猶可見其梗槩，其有神怪淺露者，以其本非經也；其有書傳引用而不在《泰誓》者，以其本爲故也。明此，亦可以無疑矣。自馬融致疑，其後僞孔臆譔《太誓》以易之，而真者遂亡，斯可惜耳。**誠知所引在故，則可與理惑也。**以上論故。**諸故事亦通言傳，太史公曰：“孔子序《書傳》。”又曰：“《書傳》、《禮記》自孔氏。”**原注：《孔子世家》。**明孔子序《尚書》**

兼録其傳，故稷下生得通其文。《堯典疏》鄭玄《書贊》云："我先師棘下生安國亦好此學，衛、賈、馬二三君子之業，則雅才好博，既宣之矣。"又《水經注》二十六，張逸《問贊》云："我先師棘下生何人？答曰：齊田氏時善學者所會處也。齊人號之棘下生，無常人也。"按：棘下與稷下同。**墨翟説："武王將事泰山隧。"**孫詒讓云：《廣雅·釋詁》云："將，行也。"《周禮·小宗伯》云："將事于四望。"閻若璩云："玩其文義，乃是武王既定天下後，望祀山川，或初巡守岱宗禱神之辭，非伐紂時事也。"**此蓋《書》之經也。次引《傳》曰："泰山，有道曾孫周王有事，**孫云：僞古文《書·武成》襲此文云："告於皇天后土，所過名山大川，曰：惟有道曾孫周王發。"孔《疏》云："自稱有道者，聖人至公，爲民除害，以紂無道，言已有道，所以告神求助，不得飾以謙辭也。稱曾孫者，《曲禮》説諸侯自稱之辭，云'臨祭祀外事，曰曾孫某侯某'。哀二年《左傳》，蒯聵禱祖，亦自稱'曾孫'，皆是已承藉上祖奠享之意。"**大事既獲，**孫云：《小爾雅》云："獲，得也。"**仁人尚作，**孫云：《説文》："作，起也。"**以祇商夏，蠻夷醜貉，**孫云：僞《武成》云："予小子既獲仁人，敢祇承上帝，以遏亂略，華夏蠻貉，罔不率俾。"僞《孔傳》云："仁人，謂太公、周、召之徒。言誅紂敬承天意，以絶亂路。"按：祇當讀爲振，《内則》"祇見孺子"，鄭《注》云："祇或作振。"《國語·周語》云"以振救民"，韋《注》云："振，拯也。"此謂得仁人，以振救中國及四夷之民。僞《書》改爲"祇承上帝"，失其恉矣。醜貉者，九貉類衆多，

《爾雅·釋詁》云:"醜,衆也。"**雖有周親,不若仁人,萬方有罪,維予一人。"**孫云:"《僞孔傳》云:'周,至也。'言紂至親雖多,不如周家之少仁人。人民之有過,在我教不至。"又《論語·堯曰篇》云:"雖有周親,不如仁人,百姓有過,在予一人。"《集解》孔安國云:"親而不賢不忠則誅之,管、蔡是也。仁人,謂箕子、微子,來則用之。"又《説苑·貴德》云:"武王克殷,問周公曰:'將奈其士衆何?'周公曰:'使各宅其宅,田其田,無變舊新,惟仁是親,百姓有過,在予一人。'"《尚書大傳》、《韓詩外傳》、《淮南子·主術訓》文略同。《羣書治要》引《尸子·綽子篇》云:"文王曰:'苟有仁人,何必周親。'"則以爲文王語,與《墨子》、《韓詩》、《説苑》並異。**此則《書》之傳也。**原注:所引見《兼愛中篇》。**又説以尚賢爲政之本者,"此先王之書、距年之言也。**畢沅云:"距年,《下篇》作竪年,猶云遠年。"**《傳》曰:'求聖君哲人,以裨輔而身。'"**孫云:《國語·晉語》云"裨輔先君",韋《注》云:"裨,補也。"此下篇云"晞夫聖武知人,以屏輔爾身"。文義較詳備,此約述之,裨輔不當有聖君,"君"蓋亦"武"之譌。**次引《湯誓》曰:"聿求元聖,與之戮力同心,**孫云:《湯誥》僞孔《傳》云:"聿,遂也。大聖陳力,謂伊尹。"孔《疏》云:"戮力,猶勉力也。"按:《説文·力部》云:"勠,並力也。"戮,勠之借字。**以治天下。"此距年者,則《湯誓》之傳也。**原注:所引見《尚賢中篇》。**其引《甘誓》爲《禹誓》,文亦增多,**原注:見《明鬼下篇》。○按:《明鬼下篇》云:"《夏書·禹誓》曰:

‘大戰于甘，王乃命左右六人，下聽誓於中軍，曰：“有扈氏威侮五行，怠棄三正，天用剿絶其命。”有曰：“日中。今予與有扈氏爭一日之命。且爾卿大夫庶人，予非爾田野葆土之欲也，予共行天之罰也。左不共於左，右不共於右，若不共命，御非爾馬之政，若不共命。”是以賞于祖僇于社。’”明某在傳中。孟子對湯放桀、武王伐紂之問，即曰：“於《傳》有之。”見《梁惠王下篇》。《傳》者，《書傳》。及諸“完廩”、“浚井”見《萬章上篇》。“仇餉”見《滕文公下篇》。之事，皆能明徵其狀，非《書傳》何所據依焉？婁敬引《太誓》，《太誓疏》云：“《漢書》婁敬説高祖云：‘武王伐紂，不期而會孟津之上者八百諸侯。’僞《泰誓》有此文，不知其本出何書也。”按：孔《疏》信僞古文，不知此爲《書傳》，非也。猶有伏生所不著者，敬猶習《書傳》，得徵其故。要之，《書傳》素多族類，自孔子時已有數種，章氏《尚書故言》：“上世史官草略，循堯上推，則文指愈微。三皇《書》亦不載，而五帝獨紀堯舜，其孔子時《書》缺有間也。外史掌之，左史讀之，文或隱没，而其故事遺教尚在，故孔子論五帝德，黄帝、顓頊、帝嚳之事略備，文獻所徵，所謂《書傳》也。太史公曰：孔子序《書傳》，《書傳》、《禮記》自孔氏。然則外史舊有書傳，尼父次之審矣。下及三王，《書》悉有傳，先於孔氏，唯墨翟亦得覽焉。孟子所述，非有傳則不能臆言，墨、孟猶在孔子後耳。單襄公引《太誓故》乃在孔子前，墨子引《禹誓》，與《書》序異狀，明自古《書傳》已有數家，孔子序而定之，則平其異同也。及漢世得諸壁中，與《逸禮》、《禮記》同傳，安國受之，而太史公見其文。伏生《尚書大傳》亦引《書傳》、《書訓》數事，蓋少時所講肄，比老耄猶記識之。故百篇可以觀政，其文不憂蹇産不調。晚世百篇既缺，《逸》二十四篇亦廢不傳，衛、杜、馬、鄭獨以二十九篇古文，循文爲説，然已不見孔壁舊傳，故其敍述故事，馬、鄭已不能同。外有三家，徒聞伏生講授之辭，無由睹事狀本末，人用其私，而説益譎奇不類。今有江、王、段、孫四家，稱引兩京師儒之義，上下數千年間，斯亦勤矣。不見《書傳》而説其經，猶空得《春秋經》，不窺《左氏》，終無以明其故實。外記如《逸周書》之流，足以考迹舊聞，猶愈馬、鄭傳注之言，而《周書》尚亦緼奥難知。是故二十九篇雖在，亦猶廢絶而已矣。”**孔安國所以無記録者，以其故傳具在，**原注：余弟子黄侃曰：《夏本紀》用《咎》《繇》《謨》語，乃變“予乘四載”爲“陸行乘車，水行乘舟，泥行乘橇，山行乘檋”，此必非孔安國所能臆説。而《河渠書》直引《夏書》曰：“禹抑鴻水，十三年，過家不入門，陸行載車，水行載舟，泥行蹈毳，山行即橋，以别九州，隨山浚川，任土作貢，通九道，陂九澤，度九山。”若是孔安國傳，不得直稱《夏書》，明是孔壁舊傳，舊傳稱《夏書》，猶《太誓故》稱《太誓》也。**遭巫蠱未施行，非獨《逸書》二十四篇亡佚，**《史記・儒林傳》：“《逸書》得十餘篇。”《漢書・藝文志》曰：“以考二十九篇，得多十六篇。”《堯典疏》曰：“所增益二十四篇者，則鄭注《書》序《舜典》一、《汩作》二、《九共》九篇十一、《大禹謨》十二、《益稷》十

三、《五子之歌》十四、《胤征》十五、《湯誥》十六、《咸有一德》十七、《典寶》十八、《伊訓》十九、《肆命》二十、《原命》二十一、《武成》二十二、《旅獒》二十三、《冏命》二十四,《以此》二十四爲十六卷,以《九共》九篇共卷,除八篇故爲十六,按:“《益稷》”當作“《棄稷》”,“《冏命》”當作“《畢命》”。**雖《書傳》亦蠹敝。伏生既略記不周,馬鄭亦不見禮堂舊傳。**原注:余弟子朱希祖曰:《尚書大傳》:《書》曰“三歲考績,三考,黜陟幽明”,其訓曰:“三歲而小考者,正職而行事也;九歲而大考者,黜無職而賞有功也”云云。此所引訓,則周時舊訓也。又云:“正月上日,受終于文祖,在旋機玉衡,以齊七政,旋機者何也?《傳》曰:旋者還也,機者幾也,微也,其變幾微,而所動者大,謂之旋機,是故旋機謂之北極。”此所引《傳》,則周時《書傳》也。又云:“《書》曰:高宗梁闇,三年不言,何謂梁闇也?《傳》曰:高宗居倚廬,三年不言,百官總已以聽於冢宰而莫之違,此之謂梁闇。”次引子張孔子問答解釋《傳》義,則《傳》在孔子前,蓋伏生略識之,孔壁乃得其全文。西京喪亂以後,傳已不存,故馬鄭説《書》不同太史公也。**孔、庸、司馬遺學,**《漢書·儒林傳》:孔安國爲諫大夫,授都尉朝,司馬遷亦從安國問故,都尉朝授膠東庸生,庸生授清河胡常少子。《劉歆傳》:傳問民間,則有膠東庸生之遺學。**歆而不傳,無以愈伏生。古文字雖佚存也,言故事乃人人異端。世人徒守學官條教,作傳者必欲廢故事,**原注:如以《左氏》爲不傳《春秋》者,不知傳固有載故事者也。**此一蔽**

也。或以事説故事，不煩起例，此二蔽也。原注：如直書其事，善惡自見之説。○按：以上論故與傳通。《易》之《十翼》爲傳，尚矣。《易緯乾坤鑿度》云："孔子五十究《易》作《十翼》。"《史記·孔子世家》："孔子晚而喜《易》，序《彖》、《繫》、《象》、《説卦》、《文言》。"《漢書·儒林傳》："蓋晚而好《易》，讀之韋編三絶而爲之傳。"《史記·自序》引《易大傳》，即《繫辭》文。是《十翼》通謂之傳也。《史記·五帝本紀》"學者多稱五帝，尚矣"，《索隱》："尚言久遠也。"《文言》、《彖》、《象》、《繫辭》、《説卦》、《序卦》、《雜卦》之倫，體各有異。是故有通論，有駙經，有序録，有略例，《周易》則然。序録與列傳又往往相出入。淮南爲《離騷傳》，其實序也；大史依之，以傳屈原。洪興祖《楚辭補注》："漢武帝命淮南王安爲《離騷傳》，其書今亡。"按《屈原傳》云："《國風》好色而不淫，《小雅》怨誹而不亂，若《離騷》者，可謂兼之矣。"又曰："蟬蜕於濁穢，以浮游塵埃之外，不獲世之滋垢，皭然泥而不滓，推此志雖與日月爭光可也。"班孟堅、劉勰皆以爲淮南王語，豈太史公取其語以作傳乎？劉向爲《别録》，世或稱以《别傳》；《太平御覽》引《别録》，或云《劉向别傳》，或云《七略别傳》。其班次羣籍，作者或見《太史公書》，則云"有列傳"，明已不煩爲録也。通論之書，《禮記》則備；《禮記·檀弓》、《禮運》、《玉藻》、《大傳》、《學記》、《經解》、《哀公問》、《仲尼燕居》、《孔子閒居》、《坊記》、《中庸》、《表記》、《緇衣》、《儒行》、《大學》，共十五篇，

《正義》引鄭目録，並云此於《别録》屬通論。**《略例》之書，《左氏》則備**；杜預《春秋序》曰："經之條貫必出於傳，傳之義例總歸諸凡。"《春秋釋例》終篇曰："稱凡者五十，其别四十有九。"《春秋序正義》云："蓋以母弟二凡，其義不異故也。"**駙經之書，則當句爲釋者。古之爲傳，異於章句。章句不離經而空發，傳則有異**：沈欽韓《漢書疏證》曰：章句者，經師指括其文，敷暢其義，以相教授。《左・宣二年傳疏》，服虔載賈逵、鄭衆或人三説，解叔牂曰子之馬然也，此章句之體。解故者，《管子刑法解》、《墨子・經説》、《尚書大傳》、《毛詩傳》之類。解故不必盡人能爲，章句各師具有，煩簡不同耳。秦恭增師法至百萬言，桓榮受朱普學章句四十萬言，榮減爲二十萬言，其子郁復删省成十二萬言，是也。按：沈説頗分明。漢人章句今在者，有趙岐《孟子》、王逸《楚辭》，既有訓釋，又從而指括敷暢之，要皆不離本文，所以異於傳也。**《左氏》事多離經，《公羊》、《穀梁》二傳亦空記孔子生。夫章句始西京，以傳比厠經下，萌芽於鄭、王二師**，《魏志・高貴鄉公紀》：帝問淳于俊曰："孔子作《彖》、《象》，鄭玄作《注》，雖聖賢不同，其所釋經義一也。今《彖》、《象》不與經文相連，而《注》連之，何也？"俊對曰："鄭玄合《彖》、《象》於《經》者，欲使學者尋省易了也。"吴仁傑《古周易》曰："王弼《易》用康成本，謂孔子贊《易》之辭本以釋經，宜相附近，乃各附當爻，每爻加象曰以别之，謂之小象，又移《文言》附於《乾坤》二卦，加'文言曰'三字於首。"**自是爲法，便**

於習讀，《毛詩正義》卷第一："《漢志·毛詩經》二十九卷，《毛詩故訓傳》三十卷，是毛爲詁訓，亦與經别，及馬融爲《周禮》之《注》，乃云欲省學者兩讀，故具載本文，然則後漢以來，始就經爲註。"據此，則厠傳於經始於馬氏，更在鄭、王之前矣。非古之成則。世人以是疑周人舊傳，此一蔽也。以上論傳。《管子》諸解，蓋晚周人爲之，稍有記録。《管子》書有解五篇：《牧民解》一，亡，《形勢解》二，《立政九敗解》三，《版法解》四，《明法解》五。《通考》引水心葉氏曰："《管子》非一人之筆，亦非一時書，莫知誰所爲，以其言毛嫱、西施，吴王好劍推之，當是春秋末年；又持滿定傾，不爲人客等，亦種、蠡所遵用也。"周氏《涉筆》曰："《管子》一書，雜説所叢。"韓非爲《解老》，其義閎遠。説見《原道篇》。凡順説前人書者，皆解之類。以上論解。

漢世説經，務以典禮斷事，視空談誠有間。拘文者或曰："卒哭捨故而諱新，父不名子。孔子曰：'鯉也死，有棺而無槨。'其實未死也。"《禮記·檀弓下篇》："卒哭而諱，既卒哭，宰夫執木鐸以命於宫曰：舍故而諱新。自寢門至于庫門。"《曲禮下篇正義》引《五經異義》："《公羊説》：臣子先死，君父猶名之。孔子云'鯉也死'，是已死而稱名。《左氏》説：既没稱字而不名，桓二年，宋督弑其君與夷及其大夫孔父，先君死，故稱其字。《穀梁》同《左氏》説。"《許慎》謹按同《左氏》、《穀梁》説，以爲《論》稱鯉也死時實未死，假言死耳。鄭康成亦同《左氏》、《穀梁》之説，以《論語》云"鯉也死，有棺而無槨”，是實死，未葬以前也。故鄭駁許慎云：“設言死，凡人於恩猶不然，況賢聖乎。”按：鄭駁愈于許按矣，而必説爲未葬以前，蓋猶拘於卒哭諱名之義。循是以推，門人既厚葬顔回，孔子猶言：“回也視予猶父。”《論語·先進篇》文。則是顔回死復蘇也。魯定公名宋，孔子對哀公言：“長居宋。”見《禮記·儒行篇》。則是定公不薨也。《史記·魯世家》：定公名宋。其蔽一矣。或以經記散言謂之典常，徵天子駕六者，傳之時乘六龍。《易·乾彖》曰：“時乘六龍以馭天。”《公羊傳·隱元年疏》引《五經異義》曰：“古《毛詩》説云：天子至大夫同駕四，皆有四方之事；士駕二也。《詩》云‘四驪彭彭’，武王所乘；‘龍旂承祀，六轡耳耳’，魯僖所乘；‘四牡騑騑，周道倭遲’，大夫所乘。《公羊》説：《易經》云‘時乘六龍以馭天下也’，知天子駕六。”謹按亦從《公羊説》，即引《王度記》云“天子駕六龍（“龍”字衍），諸侯與卿駕四，大夫駕三”以合之。鄭駁云：“《易經》‘時乘六龍’者，謂陰陽六爻上下耳。豈故爲禮制？”《王度記》云“今天子駕六”，自是漢法與古異。大夫駕三者，於經典無以言之”。循是以推，“載鬼一車”，《易·睽》爻辭。則可以傅既葬反虞之禮；《士虞禮疏》：“鄭《目録》云：虞，安也。士既葬父母，迎精而反，日中祭之於殯宫以安之。”《檀弓下篇》：“日中而虞。”軍行載社及遷廟主，《禮記·王制篇》：“天子將出，類乎上帝，宜乎社，造乎禰；諸侯將出，宜乎社，造乎禰。”《疏》云：“類乎上帝者，謂祭告天也。宜乎社者，此巡行方事誅殺封割，應載社主也。宜者，令誅伐得宜，亦隨其宜而告也。造乎禰者；造，至也，謂至父祖之廟也。然此出歷至七廟，知者，前歸假既云祖禰，明出亦告祖禰也。今惟云禰者，《白虎通》云：'獨見禰何？辭從卑，不敢留尊者之命，至禰，不嫌不至祖也。'皇氏申之曰：行必有主，無則主命，載于齊車，《書》云'用命賞於祖'是也。今出辭别，先從卑起，最後至祖，乃取遷主則行也。若先至祖，後至禰，是留尊者之命，爲不敬也。故《曲禮》曰'已受命，君言不宿於家'，亦其類也。若還，則先祖後禰，如前所言也。所以然者，先應反主祖廟故也。"《曾子問篇》："曾子問曰：古者師行，必以遷廟主行乎？孔子曰：天子巡守，以遷廟主行，載於齊車，言必有尊也。"《孔叢子·問軍禮篇》："天子使有司以特牲告社，以齋車載遷廟之主及社主行。"諸文並説軍行載主之事，知古有此禮。亦自《易》著之也。其蔽二矣。或以古今名號不同而疑《爾雅》，太史公曰："張騫窮河源，惡睹所謂昆侖乎？"《爾雅·釋地》云："西北之美者，有崐崘虚之璆琳琅玕焉。"《釋水》曰："河出崐崘虚，色白。"太史公語見《史記·大宛傳》，《漢書·張騫傳贊》全用史公語。循是以推，異國人聞有漢，亦將曰："惡睹所謂虞夏商周也？"其蔽三矣。

察漢世所謂爲蔽者，今或無有。所起新例，式古訓，合句度，多騰掉漢師上，亦往往有不周。《大雅·烝民篇》："古訓是式。"皇甫湜《與李生書》："讀書未知句度，下視服、鄭。"句度即句讀也，或作句逗，或作句豆，或作句投，其義一也。清世漢學諸家發明古義,近人論之綦詳,可參閲梁啓超《清代學術概論》、章氏《檢論·清儒篇》(卷四)、劉師培《近儒學術統系論》《國粹學報》所載諸文,其餘猥多,不復一一舉也。**發詞例者,謂儷語同則詞性同,**王引之曰:經文數句平列,義多相類。如其類以解之,則較若畫一,否則上下參差而失其本指矣。如《洪範》"聽作謀"與"恭作肅,從作乂,明作哲,睿作聖"並列,則"謀"當爲"敏";解者以爲下進其謀,則文義不倫矣。《天官·宰夫》掌百官府之徵令,辨其八職,"一曰正,二曰師",與"三曰司,四曰旅"並列,則當爲羣吏之待徵令者;解者以"正"爲六官之長,"師"爲六官之貳,則文義不倫矣。《地官·鄉大夫》,鄉射之禮五物,"一曰和,二曰容,四曰和容,五曰興舞",與"三曰主皮"並列,則當以射言之;解者以爲和載六德,容包六行,和容興舞,爲六藝之禮樂,則文義不倫矣。《禮器》"設于地財"與"合於天時,順於鬼神,合於人心,理於萬物"並列,則"設"當訓爲"合";解者以爲所設用物爲禮,各是其土地之物,則文義不倫矣。桓十八年《左傳》"兩政"與"並后,匹嫡,耦國"並列,則兩政當爲並於正卿;解者以爲臣擅命,則文義不倫矣。昭七年《傳》"官職不則"與"六物不同,民心不一,事序不類"並列,則"則"當訓爲均;解者訓則爲法,以爲治官居職,不一法則,則文義不倫矣。《晉語》"嚚瘖不可使言,聾聵不可使聽",與"籧篨不可使俯,戚施不可使仰,僬僥不可使舉,侏儒不可使援,矇瞍不可使視,童昏不可使謀"並列,則"嚚瘖"當爲不能言之人,"聾聵"當爲不能聽之人;解者以爲口不道忠信之言爲嚚,耳不別五聲之和爲聾，則文義不倫矣。《論語·顔淵篇》"非禮勿動"與"非禮勿視，非禮勿聽，非禮勿言"並列，則"動"當爲動容貌；解者訓"動"爲行事，以爲身無擇行，則文義不倫矣。(《經義述聞》卷三十二)其可以去詰詘不調者矣；《廣雅·釋詁》："結詘，曲也。"《釋訓》："蹇産，詰詘也。"汏甚則以高文典册，《西京雜記》卷三：揚子雲曰："軍旅之際，戎馬之間，飛書馳檄用枚臯；廊廟之下，朝廷之中，高文典册用相如。"《説文》："典，五帝之書也。从册在丌上，尊閣之也。莊都説：典，大册也。"下擬唐宋文牒之流。原注：《説文繫傳·袪妄篇》云："屬對允愜，文字相避，近自陳隋爾。"故言詞例者不可不知古今文勢。案《書·吕刑》曰："何擇非人，何敬非刑，何度非及。"墨子説之曰："能擇人而敬刑，堯、舜、禹、湯、文、武之道可及也。"原注：《尚賢下篇》三"非"字皆作"不"；"何擇非人"又作"何擇否人"，以否爲不，今誤爲"言"字。○按：江聲《尚書集注音疏》即用《墨》義。俞樾《古書疑義舉例》有《兩語似平而實側例》，此亦其類。《老子》曰："朝甚除，田甚蕪，倉甚虚，服文采，帶利劍，厭飲食，財貨有餘。"《老子》五十三章。七語若臚舉比類，《爾雅·釋言》："臚，敍也。"《玉篇》："臚，陳也。"然韓非解之曰："飾巧詐則知采文，知采文之謂服文采，獄訟繁，倉廩虚，而又以淫侈爲俗，則國之傷也，若以利劍刺之，故曰帶利劍。"《韓非子·解老篇》。是謂五事皆實，而服文采、帶利劍爲喻言，此豈詞例之常耶？嘗試議乎其將，《莊子·田子方篇》"嘗爲女議乎其將"，章氏曰：《釋言》"將，齊也"，郭璞曰"謂分齊也"。嘗爲女議乎其將，言爲女説其大劑。(《莊子解故》)《曲禮》曰："坐如尸，立如齊。"一言實，指尸言也。一言業，指齊言也。性不得均。實，體也；業，用也。尸言其體，齊言其用，故不得均。《素問》曰："生而神靈，弱而能言，幼而徇齊，長而敦敏，成而登天。"原注：《上古天真篇》。三語皆一往如律，神靈徇齊敦敏，皆以兩字平列也。獨能言、登天，均調有異，斯固言之變也。言雖同，事有不得比者。《鶡冠子》曰："天道先貴覆者，地道先貴載者，人道先貴事者，酒保先貴食者。"原注：《天則篇》。〇按：《史記·欒布傳》"賃傭於齊爲酒人保"，《集解》引《漢書音義》云："可保信故謂之保。"是言酒保寧與三才之道等夷乎？《易·説卦》云："兼三才而兩之。"《史記·留侯世家》："今諸將皆陛下故等夷。"《莊子》曰："聖人不謀，惡用知？不斲，惡用膠？無喪，惡用德？不貨，惡用商？"《莊子·德充符篇》。三語皆質，"斲"云"膠"云則取譬以相成，是皆詞例所不能均。及夫《楚辭·離騷》之言："湯、禹儼而求合，摯、咎繇而能調。"繩之詞例，《漢書·元帝紀注》："繩謂彈治之耳。"則華離而躓蹇也。《夏官·形方氏》"無有華離之地"，《注》："杜子春云：離當爲雜，書亦或作雜。玄謂華讀爲低哨之傂，正之使不傂邪離絶。"《説文》："躓，跲也。"《一切經音義》二引《通俗文》云："事不利曰躓。"《漢書·淮南厲王長傳注》："蹇謂不順也。"**滯於言者，睹《小雅》言"旐維旟矣"，必耦之曰"螽維魚矣"。**《小雅·無羊篇》"衆維魚矣"，盧文弨《鍾山札記》："余友丁希曾謂：'衆'乃'螽'字之省，《説文》作'蠡'，與螽同。螽實蝗類，凡池湖陂澤中魚嘯子，皆近岸旁淺水處。若歲旱，水不能復其故處，土爲風日所燥，魚子蝡蝡而動，即變爲蝗以害苗，自大河以北土人皆知之。今螽不爲蝗而爲魚，故以爲豐年之徵。余按：此説確不可易。如'旐雜旟矣'，旐旟相爲類而小異耳，一則人少，一則人多，故占爲室家溱溱，義順而詞顯。若衆爲魚矣，其占爲豐年，雖曲爲之解，終不似旐旟之占，人人皆可領會。今釋爲螽，則事皆目驗，義並貫通。"王引之曰："此説似是而非。魚子化蝗，固爲凶年之徵，不化蝗而仍爲魚，則不過魚子生育之常，未足爲豐年之兆。魚子逢潦歲亦不爲蝗而爲魚，則安知其不爲水災乎。且螽者蝗也，魚子已化爲蝗，而後謂之螽，未化則仍然魚子耳，不得便以螽名。而丁云魚子爲風日所燥，即變爲蝗以害苗，今螽不爲蝗而爲魚，故爲豐年之徵，是以螽爲魚子也，其誤不已甚乎！況經言'維魚'，不言爲魚，本無變化之義，至下文'旐維旟矣'，説爲旐化爲旟，一則統人少，一則統人多者，《集傳》所存或説也。按之《周禮》，其説本不可通。（中略）又安得有衆化爲魚之説乎。'衆維魚矣，旐維旟矣'者，上維字訓乃，下維字訓與，上句單舉一物，故毛《傳》曰：'陰陽和則魚衆多矣。'下句並舉二物，故《傳》曰：'旐旟，所以聚衆也。'後人不知'旐維旟矣'之'維'與與同義,乃猥以爲旐化爲旟,因之'衆維魚矣'亦欲以變化解之,於是異説横生,而本義湮没矣。"(《經義述聞》六)**滯於事者,睹《秦風》言"有條有梅",必耦之曰"有杞有棠"。**《秦風·終南篇》"終南何有?有紀有堂",毛《傳》曰:"紀,基也。堂,畢道平如堂也。"鄭《箋》曰:"基也,堂也,亦高大之山所宜有也。畢,終南山之道名,邊如堂之牆然。"王引之曰:"以全《詩》之例考之,如'山有榛'、'山有扶蘇'之類,皆指山中之草木而言。又如'邱中有麻''邱中有麥'之類,凡首章言草木者,二章三章四章五章亦皆言草木,此不易之例。今首章言草木,而二章乃言山,則既與首章不合,又與全《詩》之例不符矣。今案:'紀''堂'讀爲'杞''棠',條梅、杞棠,皆木名也。考《白帖》引《詩》正作'有杞有棠',蓋《韓詩》也。"(《經義述聞》五)黄以周駁之曰:"鄭君初習《韓詩》,後習《毛詩》,破'紀'爲'基',不從木名,是《韓詩》未必作'杞''棠'也。即《韓詩》自作'杞''棠',鄭知之而不用,則毛義之不可易亦可見矣。毛意上句舉終南山之大名,下句釋以基堂之細名,此與《國風》'江有汜''江有渚''江有沱'及《小雅》'謂山蓋卑,爲岡爲陵'同一義例。上章'有條有梅',下章'有紀有堂',彼此互文,以見條梅則生基堂之處。此與《召南·羔羊》之'緎''總'、《王風·君子陽陽》之'房''敖'同一義例。《陳風》'中唐有甓',與此言'紀''堂'之例亦同,'邛有旨鷊',與上章言'條''梅'之例亦同。《陳風》兩句連文,取義且别,如王氏見,必破'紀''堂'爲'杞''棠',以對'條''梅',則'甓'字豈亦可對'旨鷊'

作草木解邪?"(《儆季雜著·羣經説》二)**是則楊彪之對曹公**,《後漢書·楊彪傳》:子修爲曹操所殺,操見彪問曰:"公何瘦之甚?"對曰:"愧無日磾先見之明,猶懷老牛舐犢之愛。"**陸機之序《豪士》**,陸機《豪士賦序》:"落葉俟微風以隕,而風之力蓋寡;孟嘗遭雍門而泣,而琴之感以末。"**以日磾儷老牛,以孟嘗雝門儷落葉微風者,必淩亂其人物名號,改而訓之然後快,不然則類例不充。此一蔽也。**以上論古書詞例亦有奇觚不恒者。**明虚數者,若"九天"、"九死"之輩,知其文飾無實事**,原注:此汪中《釋三九》之説,汪氏亦本於《論衡》。《論衡·儒增篇》云:"孔子至不能十國,言七十國,增之也。孟嘗、信陵、平原、春申好士不過各千餘人,言其三千,增之也。"**亦信善矣;汏甚則以"百姓"、"萬國"亦虚數。**沈彤《尚書小疏》云:"百姓,謂諸錫姓之家,畿内民庶,亦包其中,是以百姓爲虚數也。"江聲用《論衡·藝增篇》文意,説"叶和萬國"云:"言堯德之大,所化者衆,中夏蠻貉,莫不雝穌,故曰萬國。"(《尚書集注音疏》)是以萬國爲虚數也。**《楚語》曰:"百姓、千品,萬官、億醜。"**此觀射父對昭王語,其下文曰:"民之徹官百。王公之子弟之質能言能聽徹其官者,而物賜之姓,以監其官,是爲百姓。姓有徹品,十於王,謂之千品。五物之官陪屬萬,爲萬官。官有十醜,爲億醜。"**《内傳》曰:"執玉帛者萬國,今存者無數十。"**見哀七年《左氏傳》。**皆指尺名數,**尺與斥同。**以**

相推校，宜何説焉？蓋成數者，與虚數異方。較略之名，倜説大齊，《續漢書·百官志》："故新汲令王隆作《小學漢官篇》，諸文倜説，較略不究。"大齊，猶大略也。詳見《文學總略篇》。**是成數也；假設之言，不可參驗，是虚數也。漢世先師不知有成數，謂不可增減一介。**原注：如説萬國者必分畫萬區；説冠者童子之數以五六相乘，六七相乘，爲七十二人；是其類。〇按：説萬國者分畫萬區，《咎繇謨》鄭注之説也。以冠者相乘，童子相乘爲七十二人，衛宏《漢舊儀》之説也。（《御覽》五百二十六）一介，即一個也。説詳《經義述聞》三十一。**今揉其枉，謂成數亦馮虚命之。此二蔽也。**以上論古書言數有虚數成數之别。**不增字解經者，以舊文皆自口出，增之則本語失其律度，**《堯典》："同律度量衡。"王引之曰："經之文自有本訓，得其本訓則文義適相符合，不煩言而已解；失其本訓而强爲之説，則阢陧不安。乃於文句之間增字以足之，多方遷就，而後得申其説，此强經以就我，非經之本義也。治經者苟三復文義而心有未安，雖舍舊説以求之可也。"（説詳《經義述聞》三十二）**其法不可壞矣。獨《詩》以四字成文，辭或割意，不可直以文曲相明。**文曲猶言文句，詳見《文學總略》。**"抑若揚兮"，傳者必曰"美色廣揚"，**《齊風·猗嗟篇》"抑若揚兮"傳："抑，美色；揚，廣揚。"**"式微式微"，訓者必曰"微乎微"，**《邶風·式微篇》"式微式微"《箋》云："式微式微者，微乎微者也。”非無增字，意則因以條達，過省則以文害辭。此三蔽也。以上論不增字解經。用直訓者曰：“昔吾有先正，其言明且清。”語見《禮記·緇衣篇》。其術亦至察矣。直以自解則善，汏甚則欲改易秦漢舊傳。舊傳存者，莫美於《毛詩》，毛公爲訓，有曲而中，有肆而隱，《繫辭下》：“其旨遠，其辭文，其言曲而中，其事肆而隱。”不專以徑易爲故。《荀子·性惡篇》“少言則徑而省”，楊《注》：“徑，易也。”《吕氏春秋·本生篇》“以全天爲故”，高《注》：“故，事也。”古者實句、德句、業句，原注：實句即今所謂名詞，德句即今所謂形容詞，業句即今所謂動詞。或展轉貤易，動變無方。古詩辭氣亦有少異于今言者。失此三事，不足明毛公微意。《小雅》“錫爾純嘏”，《傳》曰：“嘏，大也。”《小雅·賓之初筵箋》云：“嘏謂尸與主人以福也。”《大雅·卷阿篇》“純嘏爾常矣”《傳》同。嘏爲尸授主人以福，世所悉知。《大雅》“來嫁於周，曰嬪於京”，《傳》曰：“京，大也。”《大雅·大明篇》、《文王篇》《傳》亦曰：“京，大也。”《公羊·桓九年傳》：“京者何？大也。師者何？衆也。天子之居，必以衆大之詞言之。”京爲京師，亦世所悉知。今以大爲訓者，推其得名之本。毛義並與《爾雅》相應。《商頌》“受小球大球，受小共大共”，《傳》曰：“球，玉；共，法也。”《商頌·長發篇》。今人以《廣雅》“拱、捄”訓“法”改《傳》，見《經義述聞》七。問拱

捄何故爲法？則不能悉。夫球者，玉磬；《説文》及《尚書·益稷篇》鄭《注》、《顧命篇》馬《注》並云："球，玉磬也。"**共者，句股之通借字。**原注：共與句股東侯對轉。○按：章氏曰：毛《傳》與《廣雅》之説文質有殊，其實不異。見《小學答問》。**磬折、句股，皆工匠制器法式，**《考工記》"磬氏爲磬，倨句一矩有半"，鄭《注》："必先度一矩爲句，一矩爲股，而求其弦，既而以一矩有半觸其弦，則磬之倨句也。"《記》又曰："車人之事，半矩謂之宣，一宣有半謂之欘，一欘有半謂之柯，一柯有半謂之磬折。"**律度量衡，秉之人君，受之者合瑞而觀其同也。**《白虎通·瑞贄篇》："王者始立，諸侯皆見何？當受法稟正教也。《尚書》'揖五瑞，覲四岳'，謂舜始即位見四方諸侯，合符信。《詩》云'元王桓撥，受小國是達，受大國是達'，言湯王天下，大小國皆來見，湯能通達以禮義也。"陳立《疏證》曰："小國大國並指來朝諸侯，則下文'小球大球小共大共'亦即爲大小國所贄之瑞贄矣。"**毛公以"球"直訓"法"，令學者暗昧，推其本於玉磬，然後爲法明矣。《魯頌》"三壽作朋"，《傳》曰："壽，考也。"《箋》以"三壽"爲"三卿"。**《魯頌·閟宫篇》。**壽不訓卿，而古以三卿爲三壽，**《困學紀聞》：《晉姜鼎銘》"保其孫子，三壽是利"。又《東京賦》："降至尊以訓恭，送迎拜乎三壽。"薛綜《注》："三壽，三老也。"**故推其本於考，壽考老，一實也，以音相變。**壽、考、老三字以疊韻相迻。**天子三公曰老，**

《禮記・王制篇》鄭《注》："老謂上公。"諸侯三卿曰老，《儀禮・聘禮記》鄭《注》："大夫曰老。"俞樾曰："昭三年《左傳》'公聚朽蠹，而三老凍餒'，此諸侯之國亦有三老之證。"(《羣經平議》)大夫家臣曰室老。《儀禮・喪服傳》"公卿大夫室老士"，《注》："室老，家相也。"老者，家臣之號，以"壽"爲"考"，然後爲卿，明矣。此所謂曲而中，肆而隱。以上《毛傳》之善一事。《小雅》"其祁孔有"，《傳》曰"祁，大也"，《箋》以"祁"爲"麎"；《小雅・吉日篇》。馬瑞辰曰："按《詩疏》引《爾雅某氏注》，亦作'其麎孔有'，三家《詩》或有作'麎'字者，故《箋》及《某氏注》本之。漢時蓋讀麎如祁，《字林》麎讀上尸反，徐音司，沈市尸反，是也。據《大司馬》鄭司農《注》，獸五歲爲慎，後鄭慎讀爲麎，此《詩》祁讀如麎，亦當讀爲五歲慎之'慎'，謂獸之大者也。麎爲牝麋，亦爲大獸之通稱，猶豕爲豵，而獸之一歲者亦名豵也。"(《毛詩傳箋通釋》十八)"有壬有林"，《傳》曰："壬，大；林，君。"《箋》以"壬"爲"任"，指卿大夫，《賓之初筵》篇。顧廣譽曰："詳《經》兩"有"字《箋》爲得之。(《學詩詳說》二十一)世多右《箋》。説"其祁孔有"，馬氏右《箋》；説"有壬有林"，顧氏右《箋》。按：大與大者無異，諸言"小大稽首"，《小雅・楚茨篇》。"無小無大，從公于邁"，《魯頌・泮水篇》。皆謂小者、大者，然則"其大孔有"者，謂其大者孔有也。君亦訓大，大者亦爲君，然則"有壬有林"即絫言有君,無所致惑。《商頌》"幅隕既長",《傳》曰:"幅,廣也;隕,均也。"《商頌·長發篇》。今人或改爲"福云既長",自以爲調達。王引之曰:"依《傳》則廣也均也長也三義並列,《經》當言'幅隕且長'文義方明,何得云'幅隕既長'乎?毛義未爲得也。且偏考《書傳》,無謂地廣爲幅者。今以全《詩》例之,如'我稼既同','決拾既佽','福禄既同','降福既多'之類,句首皆指其物與事,'幅隕既長'文義與之相類,句首亦當實指其所謂既長之事,不應空訓爲廣爲均。幅讀爲福,隕讀爲云。此承上文'長發其詳'言之,福亦祥也,言當禹敷土之時,商之福祥既已長矣,下文'帝立子生商',則福長之始也。云,語助也。凡《詩》第二字用云者,如'卜云其吉','曷云能來','如云不克'之類,皆爲語助。字或作員,'景員維河'是也;又作隕,'幅隕既長'是也。"(《經義述聞》七)按:"幅隕"猶言"廣員",《西山經》:"廣員百里。"《越語》:"廣運百里。"均者,《説文》云"平徧也"。平徧則廣,舉其實曰幅隕,舉其德曰廣員、廣均。此皆名義相扶,所謂展轉貤易,動變無方者也。以上《毛傳》之善二事。《小雅》"鄂不韡韡",《傳》曰:"鄂猶鄂鄂然,言外發也。"《箋》以"承華曰鄂"爲説,《小雅·常棣篇》。戴震曰:"按鄂不,今字爲萼跗。《國語》'華不注之山',韋昭云:'華,齊地,不注,山名。'又'韎韋之跗注',《雜問志》作'不注',杜預云:'戎服若袴,而屬於跗,與袴連。'蓋不注今字爲跗屬也。此跗通用不之明證。程子云:'常棣華萼相承甚力，故以興兄弟。'"(《毛鄭詩考正》二)顧廣譽曰:"案《説文》'作咢不韡韡'。咢，華苞也;不，華蒂也。鄭正與許合。疏申以華以覆鄂，鄂以承華，華鄂相承覆，故得韡韡照而光明。竊謂鄭説爲更優云。"(《學詩正詁》三)**世多右《箋》。按:《高唐賦》云"肅何千千"，《善哉行》云"鬱何壘壘"，此與"鄂不韡韡"同辭;《古詩·雞鳴高樹顛》曰"熲熲何煌煌"，晉成帝末謡曰:"磕磕何隆隆，駕車入梓宫"，**《宋書·五行志》。**此與"鄂不韡韡"同辭，何紛更之爲也!**《史記·汲黯傳》:"何乃取高皇帝約束紛更之爲?"**《大雅》"履帝武敏"，《傳》曰:"敏，疾也。""將事齊敏"，**《大雅·生民傳》:"履，踐也。帝，高辛氏之帝也。武，迹;敏，疾也。從於帝而見天，將事齊敏也。"按:此不取《釋訓》"敏，拇"之訓，蓋不用感生之説也。**《釋訓》曰:"敏，拇也。"**《箋》云:"帝，上帝也。敏，拇也。祀郊禖之時，時則有大神之迹，姜嫄履之，足不能滿，履其拇指之處，心體歆歆然，其左右所止住，如有人道感已者也，於是遂有身，而肅戒不復御。後則生子而養長，名之曰弃。"陳奂《毛詩傳疏》二十四曰:"《爾雅·釋訓》一篇多經漢人增益，其釋'履帝武敏'句，武，迹也;敏，拇也。鄭《箋》同《雅》訓，《史記》、《楚詞》、《列女傳》、《春秋繁露》、《白虎通義》、《正義》引《異義》齊魯韓師説並同。敏，《爾雅》舍人本作'畝'，釋云:古者姜嫄履天帝之迹於畎畝之中而生后稷。亦出三家《詩》義，主感天而生説。毛公作《傳》不從讖緯，最得其正。"**世多右《釋訓》。**陳啓源曰:“嚴緝是毛非鄭,以爲《列子》異端,緯書妄説,史遷好奇,皆不足據。然武迹敏拇之文見於《釋訓》,《爾雅》正典,已有是説也。況使后稷之生,果係人道交接,有父有母,則周不應特立姜嫄之廟,别奏先妣之樂;而《生民》、《閟宫》二詩亦何爲獨美后稷之母,不及其父乎?天地之大,奇詭變幻,難盡以理概耳。”(《毛詩稽古編》十九)顧廣譽曰:“帝者上帝,敏爲拇,當從《箋》。凡主《傳》義者,如馬氏遺腹一説,王氏基諸家斥之不遺餘力,蘇氏洵謂如莊公寤生之類。果爾,經何以不明言之?或以爲后稷如羍之七月生,懼難育而棄,或以爲羊連胞而下,恐稷生未出胎,至鳥去乃呱,則胎破而聲載路,竟涉於郢書燕説,何如《箋》説之直截哉。”(《學詩正詁》四)此並右《箋》之説也。按:后稷被棄之故實千古一大疑。俞越謂此義蓋在后稷呱矣一句,夫至鳥去始呱,則前此未嘗呱也。后稷生而不呱,是以見棄,詩人歌詠其事,蓋没其文於前,而著其義於後,此古人文字之奇也。(《古書疑義舉例》二)此説足解人頤,亦以袪諸家之惑。毛《傳》之義徹上徹下,不可易也。

按:《聘禮記》曰“賓入門皇”,鄭《注》:“皇,自莊盛也。”**《論語》曰“入公門鞠躬如也”,借曰“入公門皇”,即與“履帝武敏”同辭,**《聘禮記》之文假令少易之爲“入公門皇”,即與“履帝武敏”句末用狀詞者句法相同。**記傳散語猶可,況歌詠曲折之文邪!**曲折,謂歌聲之節奏頓挫也,唐人謂之樂句。《漢·藝文志》有《河南周歌聲曲折》七篇,《周謡歌詩聲曲折》七十五篇。**此所謂古詩辭氣少異於**

今。**不達《詩傳》之體，視以晚世《兼義》、《釋文》之流**，《兼義》，即唐人《正義》也，《周易》《正義》卷首題云"《周易兼義》"。《釋文》，謂《經典釋文》。**奮筆以改舊貫**。《論語·先進篇》"仍舊貫"，鄭《注》："貫，事也。"**此四蔽也**。以上《毛詩》之善三事。**不避重語者曰：《傳》有"惑蠱君"，"覆露子"，兩言則同義**，《晉語》"將以驪姬之惑蠱君而誣國人"，韋《注》曰："蠱，化也。"王念孫曰：蠱亦惑也，《左傳》莊二十八年："楚令尹子元欲蠱文夫人。"宣八年："晉胥克有蠱疾。"皆謂惑也。昭元年，醫和論蠱疾曰："非鬼非食，惑以喪志。"又曰："在《周易》，女惑男，風落山，謂之蠱。"又曰："淫則生内熱惑蠱之疾。"哀二十六年："大尹惑蠱其君。"是蠱即惑也，古人自多複語，不必分爲二義。《晉語》又曰"是先主覆露子也"，韋《注》："露，潤也。"王引之曰：覆與露同義，覆露之言覆慮也，包絡也。《釋名·釋天》曰："露，慮也，覆慮物也。"《釋宫室》曰："廬，慮也，取自覆慮也。"《淮南·時則篇》："包裹覆露，無不囊懷。"《春秋繁露·基義篇》："天爲君而覆露之，地爲臣而持載之。"《漢書·鼂錯傳》："今陛下配天象地，覆露萬民。"《嚴助傳》："陛下垂德惠以覆露之。"皆謂覆慮之也。若訓露爲潤，則與覆異義矣。而高誘注《淮南》亦訓露爲潤；顔師古注《漢書》訓露爲膏澤，且云或露或覆，言養育也。不知露即訓覆，覆露爲古人之連語，上下不殊義也。並見《經義述聞》二十一。又《述聞》三十二有《經傳平列二字上下同義》一例，《古書疑義舉例》七有《兩字一義而誤解例》，並可相發。**其説誠審。汏甚乃以微言爲家人語，**《文選·移讓太常博士書注》："《論語讖》曰：子夏六十四人共撰仲尼微言。"《史記·儒林傳》："竇太后好《老子書》，召轅固生問《老子書》，固曰：'此是家人言耳。'"**或且噂沓。**《小雅·十月之交篇》"噂沓背憎"，《傳》曰："噂猶噂噂，沓猶沓沓。"**《老子》曰："谷神不死"，舊以中央空谷擬無有，**見《老子》六章。王弼《注》曰："谷神：谷，中央無谷也，無形無影，無逆無違，處卑不動，守静不衰，谷以之成，而不見其形，此至物也。"**近是。今説者曰："谷宜爲穀，穀者生也。"**此俞樾之説也。其言曰：《釋文》河上本"谷"作"浴"，云："浴，養也。"浴無養義，字當讀爲穀，《詩·小弁》、《蓼莪》、《四月》並云"民不莫穀"，毛《傳》並云："穀，養也。"穀亦通作谷，《爾雅·釋天》："東風謂之谷風。"《詩正義》引孫炎曰："谷之言穀，穀，生也，生亦養也。"王弼本作"谷"者"穀"之叚字，河上本作"浴"者"谷"之異文。王弼不達古字叚借之義，而有中央無之説，斯魏晉之清談，非老氏之本旨。(《老子平議》)**生神不死，何其贅也！《莊子》曰："天之穿之，日夜無降，人則顧塞其竇。"**原注：《外物篇》。**"降"者，以類通叚爲"函"，**原注：如函谷亦作降谷是其例。**函者，孔也。**原注：《食貨志》曰："錢圜函方。"**此言天穿不可得其朕，**《莊子·齊物論》："若有真宰，而特不得其朕。"案：朕有隙義，無函即無隙也。**人則反自塞之。今説者曰："降宜爲癃，癃者閉也。"**此亦俞氏之説也。其言曰："降當爲瘁，即癃字之籀文。《素問·宣明五氣篇》:'膀胱不利爲癃。'又《五帝政大論篇》:'其病癃閟,日夜無瘁。'謂不癃閟也。"(《莊子平議》三)**穿則不閉,宜無待鄭重言。然則務爲平易,而更違其微旨。此五蔽也。屏是諸蔽,則可以揚姬、孔末命,**《周書·顧命篇》:"道揚末命。"**理董前修之業矣。若夫援讖緯以明經制,**説見下篇。**隨億必以改雅訓,**《論語·子罕篇》:"毋意,毋必。"**單文節適,膚受以求通,**《論語·顔淵篇》"膚受之愬",馬曰:"皮膚外語,非其内實。"《文選·東京賦》"末學膚受",《注》:"膚受,謂皮傅之不經於心。"此謂今文諸家務爲眇遠不測,以求合世人。《檢論·清儒篇》論常州今文之學曰:"其學皆以《公羊》爲宗。始武進莊存與作《春秋正辭》,猶稱説《周官》。其徒陽湖劉逢禄始專主董生、李育,爲《公羊釋例》,其辭義温厚,能使覽者説繹。及長洲宋翔鳳,最善傅會,雜以讖緯神祕之辭,其義瑰瑋而文特華妙,與治樸學者異術,故文士尤利之。邵陽魏源素不知師法略例,作《詩》《書古微》。凡《詩》今文有齊魯韓,《書》今文有歐陽、大小夏侯,故不一致,而齊、魯、大小夏侯尤相攻擊如仇讎。源一切混合之,所不能通,即歸之古文,尤亂越無條理。仁和龔自珍與魏源相稱譽。而仁和邵懿辰爲《尚書通論》、《禮經通論》,指《逸書》十六篇、《逸禮》三十九篇爲劉歆矯造,顧反信東晉文,斯所謂倒植者。要之,三子皆好姚冶卓犖之辭,欲以前漢經術助其文采,不素習繩墨,故所論支離自陷,乃往往如讝語。惟德清戴望述《公羊》以贊《論語》,爲有師法。而湘潭王闓運徧注《五經》。闓運弟子有井研廖平,自名其學,時有新義,以莊周爲儒術,《左氏》爲《六經》總傳,説雖不根,然猶愈魏源輩絶無倫類者。"又《文録·説林上篇》曰:"高論西漢而謬於實證,侈談大義而雜以夸言,務爲華妙,以悦文人。相其文質,不出辭人説經之域。若丹徒莊忠棫、湘潭王闓運又其次也,歸命素王,以其言爲無包絡,未來之事,如占蓍龜,瀛海之大,如觀掌上。其説經也,略法今文,而不通其條貫,一字之近於譯文者以爲重寶,使經典爲圖書符命。若井研廖平又其次也。"**辭詘則挾素王,**素王之説詳見《原經篇》。**事繆則營三統,**三統之説,詳《春秋繁露·三代改制質文篇》、《白虎通義·三正篇》、《三教篇》、劉逢禄《公羊釋例·通三統篇》。此亦今文諸家所持以爲微言者也。**此不足與四者數。**四者謂校、故、傳、解。**揚子曰:"靈場之威,宜夜矣乎?"言正晝則鬼物不能神也。**揚子語見《法言·問明篇》。溯自漢世説經多援讖記,魏晉以來此學漸絶。及清代諸儒,土苴唐宋,漢幟既樹,後出轉精。其後綴學之士益以復古相高,語則西漢之微言,義必博士之家法。遷流所極,而今文怪迂之説滋多於是矣。劉子駿曰:"博學者不思多聞闕疑之義,而務碎義逃難,便辭巧説,此學者之大患也。"然學術轉移,其事有漸。劉師培《南北考證學不同論》曰:"吴中學派傳播越中,咸信緯書。惠棟治《易》雜引緯書,且信納甲爻辰之説;張惠言治《虞氏易》亦信緯學;王昶《禮器碑跋》謂緯書足以證經;孫星衍作《歲陰歲陽考》諸篇,雜引緯書;王鳴盛引緯書以申鄭學;嘉興沈濤以五緯配《五經》,且多引緯書證經;皆其例。北方學者則鮮信緯書,惟旌德姚配中作《周易姚氏學》,頗信之。此其倡導之略也。"王昶《禮器碑跋》今録於此,備省覽焉。

王昶《禮器碑跋》

按讖緯之作,其來已久。《隋·經籍志》云:"《河圖》、《雒書》,以記易代之徵,其理幽昧,究極神道,先王恐其惑人,祕而不傳。説者又云:孔子既敍《六經》,别立讖緯以遺來世。其書出於前漢,有《河圖》九篇,《雒書》六篇,云自黄帝至周文王所受本文。又别有三十篇,云自(周)初至於孔子,九聖之所增演,以廣其意。又有《七經緯》三十六篇,並云孔子所作"云云。考公羊子高受經於子夏,其傳《春秋》多舍《左傳》而從《春秋説》,文見於何休《注》者甚衆,則其書傳自孔門弟子無疑。其以爲出於漢初,及起於西漢哀平之世者,皆非也。緯書中間有事涉迂繆,及後世之事,疑皆妄人附益,而以之參驗《六經》,殊足以資聞見。故太史公撰《五帝本紀》,于《世本》、《國語》三傳之外,兼采及之;孟喜注《易》"七日來復",謂卦氣起中孚,則用《易緯·稽覽圖》;賈逵注《左傳》"九邱",稱孔子作《春秋》,立素王之法,則用《春秋緯》;趙岐注《孟子》,論《尚書》百二十篇,則用《春秋説題辭》,論命有三名,則用《孝經援神契》;許慎撰《説文解字》,引孔子云"推十合一爲士","禾入水爲黍",則用《元命包》,引孔子欲居九夷從鳳嬉,則用《論語摘衰聖》;而鄭康成《禮注》、《詩箋》二書,取緯書以資發明者尤不勝舉，且鄭於《河圖》、《易緯》、《尚書緯》、《尚書中候》、《禮記默房》並爲之注。可見緯與經實相表裏，不爲大儒所棄如此。漢時且命東平王蒼正《五經》章句，皆命從讖。朱氏彝尊謂終東漢之世，以通《七緯》者爲内學，通《五經》者爲外學。其見於《范史》者無論，謝承《後漢書》稱姚俊尤明圖緯祕奥，又稱姜肱博通《五經》，兼明星緯。載稽之碑碣，於有道先生郭泰，則云考覽《六經》，探綜圖緯；於太傅胡廣，則云探孔子之房奥；於琅琊王傅蔡朗，則云包洞典籍，刊摘沉祕；於中郎周勰，則云總《六經》之要，括《河》《洛》之機；於大鴻臚李休，則云既綜七籍，又精羣緯；於國三老袁良，則云親執經緯，鼹括在手；於太尉楊震，則云明《河》《雒》緯度，窮神知變；於山陽太守祝睦，則云七典並立，又云該洞七典，探賾窮神；於成陽令唐扶，則云綜緯《河》《雒》，咀嚼《七經》；于酸棗令劉熊，則云敦《五經》之緯圖，兼古業覈其妙，七業勃然而興；於高陽令楊著，則云窮七道之奥；於郃陽令曹全，則云甄極毖緯，靡文不綜；於藁長蔡湛，則云少耽七典；於從事武梁，則云兼通《河》《雒》；於冀州從事張表，則云該覽羣緯，靡不究窮；於廣漢屬國都尉丁魴，則云兼究祕緯；於廣漢屬國侯李翊，則云通經綜緯；至於頌孔子之聖，稱其鉤《河》摘《雒》。蓋當時之論咸以内學爲重。及昭烈即位，羣臣勸進，廣引《雒書》、《孝經緯》文。蕭綺所云讖詞煩於漢末，不誣也。祖按：唐制四部圖籍，甲部爲經，其類有十九曰圖緯，以紀《六經》讖候，故唐儒撰《羣經正義》，亦知遵信讖緯，而《藝文類聚》、《北堂書鈔》、《初學記》、《白孔六帖》諸類書徵引尤夥。蓋自漢以來，博古之士多喜習之，即有不能深信者，未竟斥亦爲異端。自歐陽氏有《論九經請删除正義中讖緯劄子》，而魏了翁作《九經正義》，盡削去之。自是厥後，學者同聲附和，而緯書遂致散佚，僅有存者，良可歎惜也。夫讖緯中荒渺不經本所難免，且其紀述兼及三代以上帝王受命發祥制作之事。後人目不見上古之書，無從辨其是非，輒生訾毁，固無足怪。然即緯書之文證之《六經》，亦無大異。今試比而論之，緯言伏羲氏有天下，龍馬負圖出于河(《尚書中候·握河紀》)。黄帝出游雒水之上，見大魚，醮之，魚流於海，始得圖書(《河圖帝視萌》)。蒼頡皇帝南巡元扈雒汭之水，靈龜負書以授之(《何圖玉版》)。堯沈璧于河，元龜負書止壇;舜沈璧於河，黄龍負圖出水(並《握河紀》)。禹長于地理水泉九州，得《括地象》(《尚書刑德放》)。湯觀於雒，沈璧，而黑龍與之書(《中候雒子命》)。武王觀於雒，沈璧，禮畢，青龍臨壇，銜元甲之圖吐之而去;元龜負圖出雒，周公援筆以時文寫之(並《握河紀》)。皆與《易》"河出圖，雒出書，天垂象，聖人則之"，《書》"天錫禹鴻範九疇"之義合。天人感應理固有之，而云伏羲德洽上下，天應之以鳥獸文章，地應之以龜書，乃作《易》(《禮含文嘉》)，奎主文章，蒼頡效象，雒龜耀書，丹青垂，萌畫字(《援神契》)，又與《易》論包犧畫卦，取象天文地理人倫鳥獸之語悉悉相符也。緯言軒轅氏麒麟在囿，鳳凰來儀，堯即政七年，鳳凰止庭，巢阿閣讙樹，伯禹拜曰:黄帝軒提象，鳳凰巢阿閣(並《中候》)，舜受終，鳳凰儀，黄龍感（《雒書靈準聽》），周公作樂而治，蓂莢生（《中候》），非即《書》擊石拊石，鳳凰來儀，《國語》鸑鷟鳴于岐山，《禮記》四靈爲畜之事乎？緯言禹授啓握元圭，刻曰延喜之玉，受德天地之佩（《尚書・璇璣鈐》），非即禹錫元圭之事乎？緯言禹將受位，天意大變，迅風雷雨，以明將去虞而適夏（《樂稽耀嘉》），非即《書》烈風雷雨天大雷電以風之類乎？緯言大節出雷澤，華胥履之，生伏羲（《時含神霧》），少典妃安登遊于華陽，有神龍首感之於常羊，生神農（《元命包》），附寶出降大電，生帝軒（《孝經鉤命決》），大星如虹下流華渚，女節夢意感生朱宣（《元命包》），瑶光之星如蜺貫日，感女樞於幽房之宫，生黑帝顓頊（《河圖》），天大雷電，有血流潤大石之中，生堯母慶都，有赤龍負圖與慶都意感，有娠，生堯（《春秋合誠圖》），握登見大虹，意感生舜（《含神霧》），修己山行見流星，意感栗然，生姒戎文禹（《尚書帝命驗》），扶始升高邱，覩白虎，上有雲如虎之狀感已生皋陶（《元命包》），扶都見白氣貫月，感生黑帝湯，太任夢長人感已生文王（並《含神霧》），即《詩》天命玄鳥，降而生商，履帝武敏歆之類。而云堯母萌之，元雲入户，蛟龍守門（《易坤靈圖》），堯母蔑食不飢，常若有神隨之者（《合誠圖》），亦與后稷鳥覆翼之，牛羊腓字之事絶相類也。緯言伏羲日角衡連珠（《援神契》），黑帝修頸，黄帝兑頤（並《論語相輔象》），蒼帝四目（《演孔圖》），軒轅駢幹（《元命包》），帝嚳駢齒（《河圖握矩起》），堯眉八彩（《元命包》），舜目四童（《演孔圖》），禹耳三漏，皋陶馬喙，湯臂三肘（並《禮説》),伊尹面赤色而髯(《春秋考異郵》),文王四乳,武王望羊,周公背僂(並《禮説》),非即《左傳》文公駢脅,成公黑臀,越椒蜂目豺聲之類乎?緯言神農生而能言,五日而能行,七朝而齒具,三歲而知稼穡之事(《元命包》),附寶生軒,胸文曰黄帝子(《河圖·握矩》),蒼帝生而能書(《元命包》),非即《左傳》周靈王生而有髭,魯夫人季友生而有文之事乎?緯言燧人四佐,伏羲六佐,黄帝七輔(《摘輔象》),即《論語》、《春秋内》、《外傳》舜五人,文王四友,武王十亂之類。而風后、天老、五聖、知命、窺紀、地典、力墨、七輔等名,學者以無經傳可證,斥爲僞托,則《書》云朱虎熊羆殳斨伯與,《詩》云皇父、仲允、番聚、蹶楀諸臣,亦不見於經傳,而從無人議之者,又何説也?緯言五嶽吐精生聖人(《鉤命决》),非即《詩》惟嶽降神,生甫及申之事乎?緯言堯受圖書,已有稷名在籙(《中候苗興》),堯夢白虎遺吾馬喙子,舉皋陶爲大理(《元命包》),文王夢田獲熊,而得太公望(《中候雒師謀》),赤雀銜丹書入酆止,昌户拜稽首,至於《磻溪》之水,吕尚釣涯下,王下趣拜曰:公望七年,乃見光景於斯,非即書高宗夢賚良弼,説築傅巖維肖之類乎?緯言孔子夜夢芻兒捶麟,傷其前左足,束薪而覆之,孔子發薪下麟視之,麟蒙其耳,吐書三卷,孔子精而讀之(《援神契》),非即孔子夢奠兩楹之類乎?緯言顓頊氏有三子生而亡去,一爲疫鬼,一爲虐鬼,一爲小鬼,非即《左傳》實沈、臺駘爲祟,黄熊入於羽淵,伯有爲厲之類乎?緯又言太子發渡河,中流,火流爲烏,其色赤(《帝命驗》、《中候合符后》),武王得兵鈐謀東觀，白魚入舟俯取魚以燎(《璇璣鈐》)，按：赤烏、白魚二事即今文《泰誓》之文，具見《史記》。《古文尚書》既不足信，將因緯書之文而並疑今文可乎？且也五帝之稱始於《三禮》，而緯書詳五帝靈威仰，赤熛怒，含樞紐，白招拒，汁光紀五名，與《爾雅》所載青陽朱明、白藏、无英諸目何異？西王母之名始於《爾雅》，而緯述西王母於大荒之國得益地圖，獻之於舜(《帝命驗》)，正合四荒之義，且與空同、丹穴、太平、大蒙諸國均無經文可證也。緯又言天皇九翼(《河國括地象》)，人皇九頭(《命歷序》)，及穿胸儋耳之國(《論語撰考讖》)，從崐崙以北九萬里，得龍伯國，人長三十丈，以東得大秦國，人長十丈，又以東十萬里，得佻人國，長三丈五尺，又以東十萬里得中秦國，人長一丈(《河圖龍文》)。蚩尤兄弟八十一人，並獸身人語，銅頭鐵額(《龍魚河圖》)，北東極有人長九寸(《含神霧》)，北極下有一脚人(《玉版》)，核之《春秋三傳》，僑如、棼如兄弟，佚宕中國，及《國語》防風氏骨節專車之説，是上古遐陬奇怪之事，亦聖賢所樂道，而《爾雅》記鰈鶼邛蟨迭食迭望諸異，亦皆當時中國所無，何以言之甚悉，今比目魚海濱多有之，則其三者皆可確信。既信比肩之民，則穿胸儋耳，何獨疑之？即其所言後世事，如祖龍來，天寶開(《尚書考靈曜》、《河圖天靈》)，卯金刀，名爲劉，中國東南出荆州，赤帝後，次代周(《演孔圖》)。帝劉之秀，九名之世，帝行德封刻政(《河圖合古篇》)，廢昌帝立公孫(《河圖籙運法》)，代赤眉者魏公子(《春秋玉版讖》)，鬼在山，禾女連，言居東，西有午，兩日並光日居下（並《易説》）。此等語半出妄人傅會，殊爲乖誕。然《左傳》所引鸜鵒之謡傳自文成之世，而已知裯父、宋父兩名，及龍尾謡云虢公其奔，取虢之旂，亦必非事後之語。而傳載列國占筮爻辭，凡數十百年以後之事，無不先有主名，鑿鑿可數，則《禮》所云至誠之道，必有前知，見乎蓍龜，動乎四體者，聖人亦嘗言之，以爲必無其事，豈盡然與？凡此之類，皆後人痛詆緯書，所執爲口實者。不知其説皆可與《六經》互證，緯可疑，《經》則斷不可疑也。更有取者，緯言舜以太尉受號即位爲天子（《春秋運斗樞》），稷爲司馬（《刑德放》），可廣唐虞司空、司徒、虞士諸名，以考三代官制。緯言禱請山川辭云：方今天旱，野無生稼，寡人當死，百姓何依，不敢煩民請命，願萬撫民，以身塞無狀（《考異郵》）。可見古人祭祀皆有祝辭，《禮記》祭坊水庸《論語·子路》誄孔子，即其證也。學者苟能擇而從之，是亦博聞之助，安見好古苦晚耶？至其論天文日月五星變動之占及地理生物之殊異，道里之遠近，顯者足配《洪範》五行，精者可以考證歷書地志之誤，故蔡沈《書集傳》所稱周天三百六十五度四分度之一，即《考靈曜》及《雒書增耀度》之文。黑道二去黄道北，赤道二去黄道南，白道二去黄道西，青道二去黄道東，即《河圖帝覽嬉》之文，而朱子注《論語》伏獻龍馬負圖，注《楚詞》崐地崙地之中也，地下有八柱，互相牽制，名山大川，孔穴相通，並《河圖》之文。《雒書》四十五點，邵子以來，傳爲祕鑰，其法出於太乙九宫，實即《易緯乾鑿度》之文。是有宋理學大儒，亦不能盡棄其學。而歐陽氏、魏了翁輩欲皆去之,真所謂因噎而廢食矣。漢時碑刻多用讖緯成文,論金石者概譏其謬,不知緯與經原無大異,經所不盡,政當以緯補之;若以緯書荒渺,則《六經》之言其似緯書所云曷可勝紀,將盡删之,可乎?朱氏《説緯》一篇,至爲精博,而據《譙敏碑》語,謂其學遠出譙氏、京氏,蓋非探原之論;且不推本經義,證明其説,恐仍未能息羣喙也。昶故復申其辨於此,以袪淺見之惑。(《金石萃編》卷九)

國故論衡疏證中之四

明解故下

《六經》皆史之方，章學誠謂《六經》皆史，已見《原經》篇。龔自珍曰："《六經》者，周史之宗子也。《易》也者，卜筮之史也。《書》也者，記言之史也。《春秋》也者，記動之史也。《風》也者，史所采於民而編之竹帛，付之司樂者也。雅頌也者，史所采於士大夫也。《禮》也者，一代之律令，史職藏之故府，而時以詔王者也。小學也者，外史達之四方，瞽史諭之賓客之所爲也。今夫宗伯雖掌禮，禮不可以口舌存，儒者得之史，非得之宗伯。樂雖司樂掌之，樂不可以口耳存，儒者得之史，非得之司樂。故曰《六經》者，周史之大宗也。"（《定盦文續集》一）張爾田曰："六藝皆史也。百家道術，六藝之支與流裔也。何以知其然哉？中國文明，開自黄帝。黄帝正名百物，始備百官。官各有史，史世其職，以貳於太史。太史者，天子之史也。其道君人南面之術也，内掌八柄，以詔王治，外執六典，以逆官政，前言往行無不識，天文地理無不察，人事之紀無不達。必求博聞强識疏通知遠之士，使居其位，百官聽之，以出治也。故自孔子以上，諸子未分以前，學術政教皆聚於官守。一言以蔽之，曰史而已矣。"（《史微·原史篇》）又曰:"《周易》爲伏羲至文王之史,《尚書》爲堯舜至秦穆之史,《詩》爲湯武至陳靈之史,《春秋》爲魯東周至魯哀之史,《禮》《樂》爲統貫二帝三王之史。《太史公自序》曰:伏羲至純厚,造《易》八卦。堯舜之盛,《尚書》載之,禮樂作焉。湯武之隆,詩人歌之。《春秋》采善貶惡,推三代之德,褒周室,非獨刺譏而已也。則六藝相續爲史,可以心知其意矣。古無斷代爲史之例,《易》終文王,而《尚書》無嫌始堯舜,《書》雖終秦穆,而《詩》無嫌始湯武,《詩》雖終陳靈,而《春秋》無嫌始隱公。此亦猶《太史公書》本繼《春秋》,而託始黄帝以來,《班固書》本續《太史》,而斷自漢高以降也。是故六藝者上古之通史也,豈可以後世史法繩之哉?"(《史學篇》)按:二家引申《文史通義》之説,亦既詳明周浹。蓋經史分部,魏以前本無此説。經爲官書,掌之者史也,故謂之史。史者,主記載者也。《六經》皆前世施行之事實。孔子曰:"吾欲載之空言,不如見之行事之深切著明。"此不獨指《春秋》,蓋謂已所删述,莫非行事。然則《六經》爲史之方策明矣。**治之則明其行事,識其時制,通其故言,是以貴古文。**《六經》所載,自羲、農以至於春秋,居今稽古,舍此末由。古文之《逸禮》,不可見矣。然則行事之詳,莫具於《左傳》;時制之備,莫美於《周官》。故言之存,亦莫尚於斯二典者,而毛氏《詩傳》次之。皆古文也。太史公曰:"學者載籍極博,猶考信於六藝。"又曰:"總之不離古文者近是。"此之謂也。**古文者,壁中所得,河間所寫,張蒼所獻是已。**《藝文志》:武帝末,魯恭王壞孔子宅,而得

《古文尚書》及《禮記》、《論語》、《孝經》，凡數十篇，皆古字也。孔安國悉得其書，以考二十九篇，得多十六篇。又曰：《禮古經》者，出於魯淹中及孔氏，與十七篇文相似，多三十九篇。《劉歆傳》："魯恭王壞孔子宅，而得古文于壞壁之中。《逸禮》有三十九，《書》十六篇。"《釋文敍録》："鄭《六藝論》云：後得孔氏壁中，河間獻王古文《禮》五十六篇。"據上諸文，明《逸書》、《逸禮》、《論語》、《孝經》並得之魯壁。《河間獻王傳》："從民得善書，必爲好寫與之，留其真。"又曰："獻王所得書，皆古文先秦舊書，《周官》、《尚書》、《禮》、《禮記》、《孟子》、《老子》之屬，皆經傳説記，七十子之徒所論。"許慎《説文解字敍》曰："北平侯張蒼獻《左氏春秋傳》。"《書》、《禮》得於孔壁，《周官》得於河閒，《左氏》獻於張蒼。亦有交相涉者，《景十三王傳》云："獻王所得書，皆古文先秦舊書，《周官》、《尚書》、《禮》、《禮記》、《孟子》、《老子》之屬。"明河間亦有《書》、《禮》。而《書》有在魯壁以外者，如《王莽傳》引《逸書·嘉禾篇》曰："周公奉鬯，立於阼階，延登，贊曰：假王涖政，勤和天下。"《律曆志》引《畢命豐刑》曰："惟十有二年六月庚午朏，王命作策《豐刑》。"鄭注《尚書》亦云有册命霍侯之事。《畢命正義》引鄭玄云："今其逸篇有册命霍侯之事不同，與此序相應，非也。"江聲云："當云'不與此序相應'，誤多'同'字。抑或'不同'承'册命'言，謂册命事不同。下别言'與此序不相應'，引少一'不'字爾。逸篇是册命霍侯，此序言作册畢公，是不相應也。云'非也'者，既不相應，則逸篇非此篇書矣。"(《尚書集注音疏》十一)按：此知漢世有《畢命篇》，劉歆、鄭玄俱見之。鄭但怪其與篇名不合，云"與此序相應非也"者，謂以書文與此序相比對，則不合也，不必謂少一"不"字。《鄭志趙商問》曰："案成王《周官》，立大師、大傅、大保，茲惟三公。"見《周禮·大司徒·序官》"保氏"《疏》引。《嘉禾》《畢命》《周官》皆不在《逸》十六篇中，見上篇注。是必河間所得無疑也。《論語》古文皆孔壁所得，而河間本亦有軼出其外者，如《論衡·正説篇》曰：《論語》"甚多，數十百篇。漢興失亡，至武帝發取孔子壁中古文，得二十一篇，《藝文志》云："《論語》古二十一篇，出孔子壁中。兩《子張》。"《論衡·佚文篇》："恭王壞孔子宅，聞絃歌之聲，懼復封塗，上言武帝。武帝遣吏發取古經《論語》。"《齊》《魯》二，《藝文志》云：《齊》二十二篇，多《問王》、《知道》。《魯》二十篇。此云"《齊》《魯》二"，疑有誤。河間九篇，三十篇。"是河間《古論語》多于壁中九篇也。《左氏》爲張蒼所獻，而壁中亦有之，如《論衡·案書篇》曰："孝武皇帝時，魯恭王壞孔子教授堂以爲宫，得佚《春秋》三十篇，《左氏傳》也。"《論衡·佚文篇》亦云："恭王壞宅，得《春秋》三十篇。"斯皆三家互備之徵。三家，謂魯壁河間張蒼也。《史記·河間獻王》、《魯恭王世家》不載獻王得書，恭王壞壁二事。説者因謂《漢書》爲劉歆僞作，鄉壁虚造以成其僞經之説。又以《史記》中諸言古文縱跡，莫非劉歆竄入。其説悍矣。然漢武時事，班有而馬無者多矣，不可悉以爲僞。藉令史具其文，又將以爲竄入，此操兩端之説也。夫既處心竄亂，其於得書壞壁，是爲古文命脈，而不置一辭，何邪？此不足證《漢書》之作僞，而適以明《史記》之無竄耳。若指其闕者則曰真本，指其具者則曰僞跡，是爲隨情取捨，言無儀法，立朝夕於圜鈞之上，豈有定乎？"**後世依以稽古，其學依準明文，不依準家法。成周之制，言應《周官經》者是，不應《周官經》者非。覃及穆王以下，六典寖移，**《書序》："吕命穆王訓夏贖刑，作《吕刑》。"《某氏傳》曰："吕侯以穆王命作書訓暢夏禹贖刑之法，更從輕以布告天下。"按：《國語》上起穆王，其制與《周官》多異，是成周之典至是漸改。**或與舊制駁，**原注：《周禮》猶今會典，時有增改。穆王以後，制異《周官經》者多矣，然其爲周禮一也。**言應《左氏内》、《外傳》者是，不應《左氏内》、《外傳》者非，不悉依漢世師説也。何以言之？傳記有古、今文；今文流别有數家，**原注：如《春秋》二家，《詩》三家，《書》三家，《禮》三家，《易》七家，漢博士亦未備。○按：《百官公卿表》：宣帝時博士增員十二人。《後漢·儒林傳》：凡十四博士。**一家之中又自爲參錯；**原注：如《公羊》家分胡毋生、董仲舒二師。董氏之徒，又分嚴、顔。何休依胡毋生條例，則不取嚴、顔。嚴與顔亦相攻。張玄爲顔氏博士，諸生以其兼説嚴氏攻之，光武令還署。是其事也。○按：今文諸師立異相攻，蓋亦利禄使然。廖平《今古學考》曰："東漢以後，今學與古學爭。西漢以前，則今學自與今學爭。夫一家之中，何有長短，乃意氣報復，自生荆棘，如轅固、黄生之論湯武，彭祖、安樂之持所見，必於家室之中，别圖門户之建。蓋諸人貪立太常，邀求博士。漢法凡弟子傳先師説，苟其同也，則立其師，倘有同異，則分立弟子，故當時恒思變異以求立。嚴、顔因此得並在學官，大、小夏侯、大、小戴意亦如此，其分門爲利禄也。以此倡導學者，宜乎人思立異，實本一家，而奪席廷爭，務欲取巧，遂致同室操戈。後來古學大盛，今學遂不自攻，而深相結納，以禦外侮，而已有不敵之勢。無事則相攻，有事乃相結，《唐棣》之詩，何不早誦乎?"古文準是。原注：如劉、杜、鄭、賈、馬、鄭各有異説。又古文師出今文後者，既染俗説，弗能棄捐，或身自傅會之，違其本真。原注：如賈逵謂《左氏》同《公羊》者十有七八之類。今文傳記師説，或反與《周官》、《左氏》應，古文師説顧異。略此三事，則足以明去就之塗矣。

言六宗者，劉歆以爲《易》卦"六子"，《堯典》："禋于六宗。"《大宗伯疏》引《禮論》："王莽時劉歆、孔昭以爲《易》、《震》、《巽》六子之卦爲六宗。今《舜典正義》孔光、劉歆以六宗謂《乾》《坤》六子，水火雷風山澤也。"于典籍無所徵。伏生則曰："萬物非天不覆，非地不載，非春不生，非夏不長，非秋不收，非冬不藏，禋于六宗，此之謂也。"見《尚書大傳》："禋"作"煙"，《注》云："煙，祭也。字當爲'禋'。"歐陽、夏侯，則伏生今文之徒，其言六宗，則云上不謂天，下不謂地，傍不謂四方，在六者之間，助陰陽變化，見《五經異義》。乃自與伏生異。馬融治古文，六宗則舍劉歆從伏生，原注：見《續漢書·祭祀志注》引。○按：又見《舜典正義》。蓋嘗驗以《大宗伯》所掌，以玉作六器；以蒼璧禮天，以黄琮禮地，以青圭禮東方，以赤璋禮南方，以白琥禮西方，以玄璜禮北方。鄭《注》：此禮天以冬至，謂天皇大帝在北極者也。禮地以夏至，謂神在崑崙者也。禮東方以立春，謂蒼精之帝，而大昊、勾芒食焉。禮南方以立夏，謂赤精之帝，而炎帝、祝融食焉。禮西方以立秋，謂白精之帝，而少昊、蓐收食焉。禮北方以立冬，謂黑精之帝，而顓頊、玄冥食焉。禮神者必象其類：璧圜象天；琮八方象地；圭鋭象春物初生；半圭曰璋，象夏物半死；琥猛象秋嚴；半璧曰璜，象冬閉藏，地上無物，唯天半見。”按：鄭以二至四立之祭爲説，殆非也。孫詒讓曰：“以玉作六器，以禮天地四方，實即古六宗之遺典，亦即《禮經》所謂方明。伏馬説六宗與此天地四方略相類，但四時所迎者，即五帝五神，雖未嘗不晐於天地之中，而六宗實非專祀五帝五神也。周無祭六宗之文，而朝覲會同有方明（見《覲禮》）。《漢書·律曆志》又引《伊訓》説，伊尹祀先王，誕資有牧方明，蓋商周方明之神即唐虞六宗之遺典。《覲禮》以方明爲盟神，《楚辭·九章·惜誦》説誓事云：‘令五帝以折中兮，戒六神與嚮服。’王《注》以六神爲即六宗。以禮考之，亦即方明之神。彼於六神之外特舉五帝，明方明泛禮衆神，不專屬五帝矣。況五帝有黄帝，而方明不及中央，六天純天神，而方明兼及地示，名殊禮異，不辨可知。又《國語·越語》：‘越王誓范蠡封地云：皇天后土四鄉地主正之。’韋《注》曰：‘鄉，方也，四方神主。’蓋誓盟事相因，其神同，皇天后土，即禮天地，四鄉地主，即禮四方，彼此亦可互證。推校《禮》意，蓋大會同會合羣神以詔盟誓，其神衆多，不可盡設其主位，故爲方明，通舉六方之神合而告禮之。以其神之尊貴言之，則云六宗；以其神之著明言之，則曰方明。其義一也。其禮無所專主，本與二郊四時之特祀及明堂大饗之祭不同，且因事告禮，當有牲幣，而無迎尸獻酬之節，與祭禮隆殺亦迥異，故不謂之祭，而謂之禮。《覲禮》又有禮日月四瀆山川丘陵之等，亦猶是也。《覲禮注》云：‘六色象其神，六玉以禮之。’又云：‘設玉者刻其木而著之。’蓋誓告禮殺，則不可以用常祭之牲玉，故特依方色作此六器，而牲幣亦放而制焉，此其差等之精，不容淆混者也。《續漢·祭祀志注》引司馬彪援此經以説六宗云：‘天宗，日月星辰寒暑之屬也；地宗，社稷五祀之屬也；四方之宗者，四時五帝之屬也。’彪雖不以此六玉爲禮方明，然以六宗羣神爲釋，則正協古義，足正鄭誤。”（《周禮正義》三十三、三十五）按：此疏《周禮》最爲詳晐。《周禮》明而《尚書》明，伏馬雖以四時爲言，即此四方可無疑也。**六宗之祀，逮《月令》尚有天宗，**《禮記·月令篇》“孟冬之月，天子乃祈來年於天宗”，鄭《注》：“天宗，謂日月星辰。”《吕氏春秋·孟冬紀》高誘《注》曰：“凡天地四時，皆爲天宗。萬物非天不生，非地不載，非春不動，非夏不長，非秋不成，非冬不藏。《書》曰‘禋於六宗'，此之謂也。"按：高説與伏馬同。**知自虞至周不替，**此謂周時雖不名六宗，其遺典固存。**以周明虞，故馬融取伏生也。**以上論六宗之説。伏生與《周官》相應，故爲馬融所取。**禘者，大祭也。**《爾雅·釋天》："禘，大祭也。"按：禘爲大祭之通名，而祭天爲最大，故其字從帝，而其義在《釋天篇》中。此就本始之名言之，諸言審諦昭穆者，皆就轉移之名言之。**《春秋外傳》數以"禘郊"並舉，**《國語·周語》："定王曰：禘郊之事，則有全烝。"《魯語》："天子日入監九御，使潔奉禘郊之粢盛。"《楚語》："禘郊不過繭栗，烝嘗不過把握。"又曰："天子禘郊之事，必自射其牲，王后必自舂其粢。諸侯宗廟之事，必自射其牛，刲羊擊豕，夫人必自舂其盛。"又曰："天子親舂禘郊之盛，王后親繅其服。"《禮運》亦云："魯之郊禘，非禮也。"諸文並以"禘郊"或"郊禘"並舉，又與烝嘗宗廟相對爲文。然則禘之本名專屬圜丘之祭明矣。**則圜丘爲禘，**《大司樂》："冬日至，於地上之圜丘奏之，若樂六變，則天神皆降，可得而禮矣。"**故字从帝。**禘從示從帝，本爲會意。《白虎通義·郊祀篇》："禘之爲言諦也，序昭穆諦父子也。"（據《疏證》本）《説文》："禘，諦也。从示帝聲。《周禮》曰'五歲一禘'。"許意亦謂審諦昭穆。皆非禘之本義。**宗廟之祭，《周官》未有言禘祫者。**禘本圜丘之祭，既而地示人鬼之祭，亦得通焉。《周頌正義》引《鄭志》云："禘，大祭，天人共之。"《大司樂》云："樂六變則天神皆降，樂八變則地示皆出，樂九變則人鬼可得而禮。"鄭《注》："此三者皆禘大祭也。"賈《疏》：

"案《爾雅》云:'禘,大祭。'不辨天神人鬼地祇皆有禘稱。《祭法》禘黄帝之等,皆據祭天於圜丘。《大傳》云:'王者禘其祖之所自出。'據夏正郊天,《論語》禘自既灌,據祭宗廟,是以鄭云三者皆禘大祭也。"據此,明禘爲通名,但《周官》無明文。**《大宗伯》:"以肆獻祼享先王,以饋食享先王。"後鄭以爲禘祫,先師無其文。**原注:按今人考定肆獻祼饋食爲廟祭通制,非謂禘祫,此説得之。〇按:《大宗伯》云:"以肆獻祼享先王,以饋食享先王,以祠春享先王,以禴夏享先王,以嘗秋享先王,以烝冬享先王。"鄭《注》:"宗廟之祭,有此六享,肆獻祼饋食在四時之上,則是祫也,禘也。肆者,進所解牲體,謂薦熟時也。獻,獻醴,謂薦血腥也。祼之言灌,灌以鬱鬯,謂始獻尸求神時也。《郊特牲》曰:'魂氣歸於天,形魄歸于地,故祭所以求諸陰陽之義也。殷人先求諸陽,周人先求諸陰。'灌是也,祭必先灌,乃後薦腥薦孰。於祫逆言之者,與下共文,明六享俱然。祫言肆獻祼,禘言饋食者,著有黍稷,互相備也。魯禮、三年喪畢而祫於大祖。明年春,禘於羣廟。自爾以後,率五年而再殷祭,一祫一禘。"吴紱曰:"鄭説非也。肆獻祼者,享先王之隆禮。饋食者,享先王之殺禮。以二者統昌於上,而以四時之祭分承於下。肆獻祼饋食不專一祭,隨所值而當之者也。"江永曰:"此説發前人所未發。禘祫大祭也,皆於四時祭中行之,故《司尊彝》謂之四時之閒祀。如行於春夏,即以禘祫爲祠禴;行於秋冬,即以禘祫爲嘗烝。非禘祫則行於三祭時以饋孰爲始耳。"(《周禮疑義舉要》四)孫詒讓曰:"凡禘祫及時祭,皆兼有肆獻祼饋食諸節,故《司尊彝》説祠禴嘗烝及閒祀追享朝享皆有祼彝，明二祼九獻，禮無不備。鄭、賈以肆獻祼分屬禘祫，殆非經義。”（《周禮正義》三十三）**《司尊彝》：“凡四時之閒祀追享、朝享。”先鄭以爲禘祫，後鄭又不從。**《司尊彝注》：“鄭司農云：追享、朝享，謂禘祫也，在四時之間，故曰閒祀。玄謂追享謂追祭遷廟之主，以事有所請禱；朝享謂朝受政於廟。”按：《周官》無禘祫明文，故後鄭别爲之説，然究以先鄭之説爲確。任啓運曰：“閒祀，不常舉也。追享，大禘也，以追所自出，故曰追享。朝享，大祫也，合於大廟，若大朝然，故曰朝享。”（《肆獻祼饋食禮纂》）陳壽祺曰：“禘祫大祭，《周禮》不應舍此而舉他。其文或在時享之上，或在時享之下，不足爲異，當如先鄭之説。”（《五經異義疏證》）**《春秋》文二年：“大事於大廟，躋僖公。”《公羊傳》曰：“大事者何？大祫也。”昭十五年：“有事於武宫。”《左氏傳》曰：“禘於武公。”學者相習以大事爲祫，有事爲禘久矣。**學者習於二《傳》及鄭君之説，多主祫大而禘小，祫合而禘分。鄭説詳《詩·周頌·雝箋》、《禮·王制注》及所爲《魯禮禘祫志》（引見《禮·王制疏》、《詩·閟宫》、《玄鳥》、《長發》《疏》）。**然按文二年大事，《魯語》説之曰：“夏父弗忌爲宗，烝，將躋僖公。宗有司曰：‘商周之烝也，未嘗躋湯與文武。’”**韋昭曰：“弗忌，魯大夫夏父展之後也。宗，宗伯也。此魯文公三年喪畢，祫祭先君於大廟，升羣廟之主，序昭穆之時也。凡祭祀，秋曰嘗，冬曰烝。此八月而言烝，用烝禮也。《傳》曰：‘大事者,祫祭也。毁廟之主,陳於太祖;未毁廟之主,皆升,合食於太祖。躋僖公,逆祀也。逆祀者,先禰而後祖也。'宗有司,宗官司事臣也。"是則大事爲烝。《司勳》曰:"凡有功者,祭於大烝。"《夏官·司勳》云:"凡有功者,銘書於王之大常,祭於大烝,司勳詔之。"鄭《注》:"死則於烝先王祭之,詔謂告其神以辭也。盤庚告其卿大夫曰:'兹予大享于先王,爾祖其從與享之。'是也。"大烝故謂之大事,亦謂之嘗禘。《祭統》曰:"大嘗禘,升歌《清廟》,下管《象》。"是也。《祭統》云:"昔周公旦有勳勞於天下。周公既没,成王、康王追念周公之所以勳勞者,而欲尊魯,故賜之以重祭。外祭則郊社是也,内祭則大嘗禘是也。夫大嘗禘,升歌《清廟》,下而管《象》,朱干玉戚以舞《大武》,八佾以舞《大夏》,此天子之樂也。"《左氏傳》亦曰:"烝、嘗、禘於廟。"僖三十三年《左傳》:"凡君薨,卒哭而祔,祔而作主,烝、嘗、禘於廟。"烝、嘗本時享,《爾雅·釋天》:"春祭曰祠,夏祭曰礿,秋祭曰嘗,冬祭曰烝。"始殺而嘗,閉蟄而烝,事之制也。桓五年《左傳》:"凡祀,啓蟄而郊,龍見而雩,始殺而嘗,閉蟄而烝。"杜《注》:"建酉之月,陰氣始殺,嘉穀始熟,故薦嘗於宗廟。建亥之月,昆蟲閉户,萬物皆成,可薦者衆,故烝祭宗廟。"會有合祭,則烝、嘗不拘秋冬。《春秋》書"烝""嘗"爲"時享";書"大事"爲"大烝"、"大嘗";"禘"其通名,《傳》言"魯有禘樂"是也。襄十年《左傳》:"荀偃、士匄曰:魯有禘樂,賓祭用之。"劉歆、賈逵以爲禘、祫一祭二名,禮無

差降。《通典·禮》九:"禘祫二禮俱是大祭,先賢所釋義各有殊:馬融、王肅皆云禘大祫小;鄭玄注二《禮》,以祫大禘小;賈逵、劉歆則云一祭二名,禮無差降。"按:《魏書·禮志》引王肅云:"禘祫一名也,合而祭之故稱祫,審禘之故稱禘,非兩祭之名。"僖三十三年《左傳疏》、杜解《左傳》都不言祫者,以《左傳》無祫語,則祫、禘正是一義,此與劉、賈説同。**然則"大烝""大嘗"爲别名,"大事"爲共名,"禘"爲通號,"祫"舉其事。**别名、共名見《荀子·正名篇》。禘之名所晐最廣,祫之名謂合食之也。**《毛詩傳》曰:"諸侯夏禘則不礿,秋祫則不嘗。"**《魯頌·閟宫傳》。**禘、祫者,互文相避。**禘、祫同義,錯舉之以避複耳。**諸云"五年而再殷祭","三歲一祫,五歲一禘"者,今文、讖記之言,**"五年而再殷祭",《公羊·文二年傳》文。"三歲一祫,五歲一禘",《禮緯稽命徵》文。(見《南齊書·禮志》引)**非《周官》、《左氏》所有。劉歆言"大禘則終王",是也;**《漢書·韋玄成傳》:"劉歆以爲禮去事有殺,故《春秋外傳》曰:日祭,月祀,時享,歲貢,終王。祖禰則日祭,曾高則月祀,二祧則時享,壇墠則歲貢,大禘則終王。"《周語》韋《注》云:"終謂終世也,朝嗣王,及即位而來見。"**又説"三年一禘",**《五經異義》:古《春秋左氏》説:"古者先王日祭於祖考,月薦於高曾,時享及二祧,歲禱於壇,禘及郊宗石室。謹按:叔孫通宗廟有日祭之禮,知古而然也。三歲一祫,此周禮也。五歲一禘,疑先王之禮也。"陳壽祺曰:"此文有譌脱。當作:'三歲一祫,五歲一禘,此周禮也。三歲一禘，疑先王之禮也。'古《春秋左氏說》本於劉歆，以禘爲三年一祭。"(《異義疏證》)**滯於今文，爲之異說也。**劉歆謂大禘終王，則必一君終世，乃有大禘也，無所謂三年。**《春秋》獨文二年書"大事"，《襄十六年傳》，晉悼公卒，逾歲，晉人曰："寡君未禘祀。"明烝、嘗、禘專在喪終。"有事於武宮"，"吉禘於莊公"，徒祭一廟，非合祭之班。推此，"有事於大廟"，"禘於大廟，用致夫人"，亦不得與大事比。按《春秋》書時享，有"烝"、"嘗"，無"祠"、"礿"，此則魯從殷禮。夏祭稱"禘"，**《禮·王制》："天子諸侯宗廟之祭，春曰礿，夏曰禘，秋曰嘗，冬曰烝。"鄭《注》："此蓋夏殷之祭名。周則改之：春曰祠，夏曰礿，以禘爲殷祭。"**凡非"烝"、"嘗"者並得此名。**原注：閔二年五月，"吉禘於莊公"。昭十五年二月癸酉，"有事於武宮"。五月，夏三月；二月，夏十二月也。僖八年秋七月，"禘於大廟"。宣八年夏六月辛巳，"有事於大廟"。七月，夏五月。他月皆不當烝嘗之月。宣八年六月，正當殷之禘月，故皆言"有事"言"禘"。"禘於大廟，得致夫人"者，五廟皆禘，則致夫人于莊公廟也。言大廟者，舉尊，明非如吉禘莊公，不及他廟也。《昭二十年傳》："將禘於襄公，萬者二人。"此亦特禘一廟，然不知其何月。定八年從祀先公，《傳》曰"冬十月，順祀先公而祈焉。辛卯，禘于僖公"。上言順祀先公，即舉大事之禮，通言所謂禘者也；下言禘于僖公，此爲特禘一廟，與順祀爲二事。推此可知有事之與大事，必不得同爲殷祭，然大事本在喪終，而此舉於八年者，陽虎所爲，本非常典。二"有事"，二"禘"，皆時享也。禘、祫之言，訩訩爭論既二千年，《商頌·玄鳥疏》引《魯禮禘祫志》云："儒家之説禘祫也，通俗不同，學者競傳其聞，是用訩訩爭論，從數百年來矣。"若以禘、祫同爲殷祭，文二年《公羊傳》《解詁》曰："殷，盛也。"祫名大事，禘名有事，是爲禘小於祫，何大祭之云！僖三十三年《左傳疏》引劉炫云："正經無祫文，唯《禮記》、《毛詩》有祫字耳。《釋天》文：'禘，大祭也。'則祭無大於禘者，若祫大於禘，禘焉得稱大乎？"故知周之廟祭有大嘗大烝，有秋嘗冬烝。禘、祫者，大嘗、大烝之異語；大事者，大嘗、大烝之約言；有事、吉禘者，夏殷時享承用於魯之殊號。原注：魯祭周公用白牡，本殷色，則春夏祭用殷名亦宜。〇按：白牡説見《魯頌·閟宫》及文十三年《公羊傳》。知此，則不爲今文、讖記惑也。以上論禘祫之説。古文並無五年再殷及三祫五禘之説。廟主之説，《左氏傳》："衛孔悝反祏於西圃。"哀十六年《左傳》，杜《注》："西圃，孔氏廟所在。祏，藏主石函。"《説文》曰："祏，宗廟主也。"《公羊傳》亦曰："大夫聞君之喪，攝主而往。"昭十五年《公羊傳》。是古今文皆謂大夫有主。《公羊》師説則曰："卿大夫非有土之君，不得祫享昭穆，故無主。大夫束帛依神，士結茅爲菆。"彼見《少牢》、《特牲》二《禮》不明言主，故立説傳之。《五經異義·公羊》説:"卿大夫非有土之君,不得祫享昭穆,故無主。大夫束帛依神,士結茅爲菆。"許慎據《春秋左氏傳》曰:"衛孔悝反祏於西圃。祏,石主也,言大夫以石爲主。今山陽民俗祠有石主。"鄭駁云:"《少牢饋食》,大夫祭禮也,束帛依神。《特牲饋食》,士祭禮也,結茅爲菆。大夫以石爲主,禮無明文。孔悝之反祏,所出公之主爾。"陳壽祺曰:"何休注《公羊·文二年傳》引《士虞記》云:'桑主不文,吉主皆刻而謚之。'《魏書·禮志》,清河王懌引饋食設主,見於《逸禮》。此《逸禮》言大夫、士有主之明文。《郊特牲》'直祭祝於主',鄭《注》:'薦孰時也。如《特牲》、《少牢饋食》之爲也。'則鄭亦據大夫士禮以釋之矣。《特牲饋食禮》曰:'祝洗酌奠於鉶南,主人再拜稽首,祝在左。'鄭《注》:'祝在左,當爲主人釋辭於主也。'則鄭亦以士有主矣。薦孰在迎尸之前,將爲陰厭,神必有所馮依。祝之祝也,主人之拜也,無主則何祝何拜?《士虞禮》'明日以其班祔',無主則何所祔以班昭穆?束帛茅菆得無誕乎?《通典》載徐邈説,《魏書》載清河王懌議,並辨大夫士有主,義證甚明。"即如是,二《禮》寧有束帛結茅之文?以此疑主,而反自賊。《左氏内、外傳》言天子諸侯廟有屏攝,鄭衆曰:"攝,攝束茅以爲屏蔽。"昭十八年《左傳》"使子寬、子上巡羣屏攝",《正義》引鄭衆云云。《楚語》"屏攝之位",韋《解》曰:"昭謂屏,屏風也;攝,如今要扇。"是束茅爲王侯制,又非士禮。《公羊》師説自違其傳,傳本今文,乃反與古文相應也。以上論廟主之説,今古所同,而今文師説乃自與傳違。納妃之禮,《左氏説》:"天子至尊無敵,故無親迎之禮。諸侯有故若疾病,則使上大夫迎,上卿臨之。"《公羊》説:"自天子至庶人皆親迎。"《五經異義》:"《禮》戴説:天子親迎。《春秋公羊》説:自天子至庶人皆親迎。《左氏》説:天子至尊無敵,故無親迎之禮。諸侯有故若疾病,則使上大夫迎,上卿臨之。許氏謹按:高祖時皇太子納妃,叔孫通制禮,以爲天子無親迎,從《左氏》義也。鄭駁云:太姒之家在渭之涘,文王親迎於渭,即天子親迎明文也。《禮記》'冕而親迎。繼先聖之後,以爲天地宗廟社稷之主',非天子則誰乎?"《異義》又曰:"《春秋左氏説》:王者至尊,無親迎之禮。祭公迎王后,未至京師而稱后,知天子不行而禮成也。鄭君釋之曰:文王親迎於渭,即天子親迎之明文。天子雖尊,其於后猶夫婦,夫婦判合,禮同一體,所謂無敵,豈施此哉?"案《春秋》襄十五年:"劉夏逆王后於齊。"《左氏傳》曰:"官師從單靖公逆王后於齊。卿不行,非禮也。"襄十五年《左傳疏》:"《祭法》云:官師一廟。鄭玄云:官師,中士下士也。"單靖公者卿,劉夏者官師,官師從卿逆非禮,明當遣卿往迎,三公臨之。《左氏》師説與《傳》應。《公羊傳》曰:"劉夏者何?天子之大夫也。"《解詁》曰:"禮迎王后當使三公,故貶去大夫,明非禮。"何休説與師説不相應。鄭氏據文王親迎於渭,《禮記》言繼先聖後,爲天地宗廟社稷主，證天子有親迎禮，又曰："天子雖尊，其於后猶夫婦，所謂無敵，豈施此哉？"文王本在世子位，《禮記》孔子之言自論魯國，皆非其證。《哀公問疏》："昏禮親迎，二《傳》不同，如鄭此言，從《公羊》義也。又《詩説》云：文王親迎於渭，紂尚南面，文王猶爲西伯耳。以《左氏》義爲長，鄭駁未定。"桓八年《左傳疏》："文王之迎大姒，身爲公子，迎在殷世，未可據此以爲天子禮也。孔子之對哀公，自論魯國之法，魯周公之後，得郊祀上帝，故以先聖天地爲言耳，非説天子禮也。且鄭玄注《禮》，自以先聖爲周公，及駁《異議》，則以爲天子二三其德，自無定矣。"若以夫婦敵體爲詞者，孫卿固云天子無妻，告人無匹也。原注：《君子篇》。孫卿者，亦《左氏》後師，《左傳疏》引《别録》及《釋文敍録》並云：左丘明作《傳》，以授曾申，申傳衛人吴起，起傳其子期，期傳楚人鐸椒，椒傳趙人虞卿，卿傳荀卿名況，況傳武威（《史記》作"陽武"）張蒼，蒼傳洛陽賈誼。足以塞鄭氏之難。然何休本治《公羊》，今其言合《左氏》，不與《公羊》先師之説相容，斯鄭氏所不達也。以上論納妃之禮，以古文説爲長。今文後師説與古文合。嬪御之數，《天官·序官注》曰："嬪，婦也。御猶進也，侍也。"《天官》《序官》有九嬪，世婦、女御不言數。《世婦注》云："不言數者，君子不苟於色，有婦德者充之，無則闕。"《周語》曰："内官不過九御，外官不過九品。"韋《解》："九御，九嬪也。九品，九卿。《周禮》:‘内有九室,九嬪居之;外有九室,九卿朝焉。’”《魯語》曰:“天子日入監九御使絜奉粢盛,而後即安。”《王度記》曰:“天子一娶九女。”原注:《白虎通・嫁娶篇》引。○按:《白虎通》云:“天子諸侯一娶九女者何?重國廣繼嗣也。適九者何?法地有九州,承天之施,無所不生也。一娶九女,亦足以承君之施也。九而無子,百亦無益也。”《公羊》家貢禹亦云:“宫女不過九人,秣馬不過八匹。”《漢書・貢禹傳》:“元帝初即位,徵禹爲諫大夫。是時年歲不登,禹奏言古者宫室有制,宫女不過九人,秣馬不過八匹。”《儒林傳》:董生爲江都相,弟子遂之者蘭陵褚大、東平、嬴公。嬴公授魯眭孟。始貢禹事嬴公,成於眭孟。此今文師説,《後漢書・郎顗傳》,顗條便宜七事,其四曰:“臣竊見皇子未立,儲宫無主。禮天子一娶九女,嫡媵畢至。”又《劉瑜傳》:“古者天子一娶九女,娣姪有序。《河圖》授嗣,正在九房。”按:顗習《京氏易》,瑜明圖讖,亦皆今文家。與古文應者也。《昏義》曰:“天子立三夫人,九嬪,二十七世婦,八十一御妻。”此今文家自相錯。《周禮》本古文,而後鄭反引《昏義》爲證,引見《序官》“九嬪”下。猶不如淳于髡、貢禹之合也。以上論嬪御之數。今文師説與古文合。言淳于髡者,《禮記・雜記下正義》:“按《别録・王度記》云,似齊宣王時淳于髡等所説也。”封域之數,《大司徒》言“諸公五百里,諸侯四百里,諸伯三百里,諸子二百里,諸男百里”。《大司徒》:“凡建邦國,以土圭土其地而制其域。諸公之地,封疆方五百里,其食者半。諸侯之地,封疆四百里,其食者參之一。諸伯之地,封疆方三百里,其食者參之一。諸子之地,封疆方二百里,其食者四之一。諸男之地,封疆方百里,其食者四之一。"鄭司農曰:"其食者半,公食租税得其半耳。其半皆附庸小國也,屬天子,參之一者亦然。故《魯頌》曰:'錫之山川,土地附庸,奄有龜蒙,遂荒大東,至於海邦。'《論語》曰:'季氏將伐顓臾,孔子曰:先王以爲東蒙主,且在邦域之中,是社稷之臣。'此非七十里所能容。然則方五百里,四百里合於《魯頌》、《論語》之言。諸男食者四之一,適方五百里,獨此與今《五經》家説合耳。"**《王制》本《孟子》説,言"公、侯皆方百里,伯七十里,子、男五十里"。**《王制》鄭《注》曰:"此地殷所因夏爵三等之制也。殷有鬼侯、梅伯。春秋變周之文,從殷之質,合伯子男以爲一。則殷爵三等者,公侯伯也,異畿内謂之子。武王初定天下,更立五等之爵,增以子男,而猶因殷之地,以九州之地尚狹也。周公攝政致太平,斥大九州之界,制禮成武王之意,封王者之後爲公,及有功之諸侯。大者地方五百里,其次侯四百里,其次伯三百里,其次子二百里,其次男百里。所因殷之諸侯,亦以功黜陟之。其不合者,皆益之地爲百里焉。是以周世有爵尊而國小,爵卑而國大者。"又曰:"《春秋傳》云:禹會諸侯於塗山,執玉帛者萬國。言執玉帛,則是唯謂中國耳。中國而言萬國,則是諸侯之地,有方百里,有方七十里,有方五十里者。禹承堯舜而然矣。要服之内,地方七千里,乃能容之。夏末既衰,夷狄内侵,諸侯相並,土地減,國數少。殷湯承之,更制中國方三千里之界，亦分爲九州，而建此千七百七十三國焉。周公復唐虞之舊域，分其五服爲九。其要服之内，亦方七千里。而因殷諸侯之數，廣其土，增其爵耳。《孝經説》曰：千八百諸侯，布列五千里内，此文改周之法，關盛衰之中，三七之間以爲説也。”**然《左氏》亦言“天子之地一圻，諸侯一同”。**襄二十五年《左傳》：鄭子産獻捷于晉，晉人曰：“何故侵小？”對曰：“先王之命，唯罪所在，各致其辟。且昔天子之地一圻，列國一同，自是以衰。今大國多數圻矣，若無侵小，何以至焉？”杜《注》：“圻方千里，同方百里。”**諸侯者斥晉，**兩“諸侯”並當作“列國”。**則是侯方百里也。要以周初封制自異夏殷，而夏殷舊封亦不改。**夏氏既衰，夷狄内侵，殷湯承之，終不能復禹之迹。《章氏文録·封建考》曰：“自桀奔南巢，周世有巢伯來朝事，比於九州之外世一見者。然則淮水以南，殷不能臣也。周自后稷封邰，公劉遷豳，大王遷岐，周地縣亘已數百里，不以殷法宰制。及文王受命，建號稱王，不儕於吴楚之僭。此則岐山以西，殷亦不能臣也。”案：此説殷世疆域迫陜，理證甚明。地陜故封制亦陜矣。周公相武王，誅紂踐奄，滅國者五十，兼夷秋，驅猛獸，而百姓寧。（見《孟子》）鄭君所謂斥大九州之界是也。地廣故封制亦廣矣。《職方氏》云：“凡邦國千里，封公以方五百里，則四公；方四百里，則六侯；方三百里，則七伯；方二百里，則二十五子；方百里，則百男。”鄭《注》：“是每事言則者，設法也。設法者，以待有功而大其封。”賈《疏》云：“必知不即封，而言設法以待有功者，以其稱公者惟有二王後,及東西大伯。今八州皆言方千里,封公則四公,八州豈有三十二公乎?明知五者皆是設法以待有功,乃大其封也。若無功,縱本是公爵,惟守百里地,謂若虞公、虢公舊是殷之公,至周仍守百里國,以無功故也。"據此,明周變殷制,設法以待有功,其有殷之舊封,無功則無所增地,仍其舊爵而已。**其葭莩支屬,**《漢書·景十三王傳》:"今羣臣非有葭莩之親,鴻毛之重。"師古曰:"葭,蘆也。莩者,其筩中白皮至薄者也。葭莩喻薄,鴻毛喻輕薄甚也。"**無功於王室,雖受地爲列侯,猶從夏殷;**支屬無功者雖受爵爲侯,猶從百里之封也。**功最多者,魯七百里,**《禮記·明堂位》曰:"成王以周公爲有勳勞於天下,是以封周公於曲阜,地方七百里。"**衛兼殷畿千里,三分其號,又過上公之等。**《漢書·地理志》曰:"河内本殷之舊都,周既滅殷,分其畿内爲三國。《詩·風》邶、庸、衛國是也。鄭君《詩譜》曰:邶、鄘、衛者,商紂畿内方千里之地,其封域在《禹貢》冀州大行之東,北踰衡、漳,東及兖州、桑土之野。自紂城而北謂之邶,南謂之鄘,東謂之衛。成王既黜殷命,殺武庚,復伐三監,更於此三國建諸侯,以殷餘民封康叔於衛,使爲之長,後世子孫,稍並彼二國,混而名之。"**此皆斟酌損益之制,非正法也。《左氏》記子産語,本以斥晉唐叔非魯衛之儕,素封小國,**江永曰:"子産對晉之辭與《孟子》、《王制》合,與《周禮》違,當觀其所以立言之意。此因晉人責其侵小,而晉人自有兼數圻之失,故子産不欲舉大國虛寬大數,而惟舉一同之制,以顯兼數圻之多。使晉人因其言反詰之,若曰鄭之先豈能七十里之制乎?則鄭亦豈能無瑕。而晉人不敢以是反詰者,兼數圻之瑕大也。子産亦知其不敢詰也,故爲是言。然則孟子亦因當時列侯地大過制,故舍虚寬之數不言,而惟舉百里七十里五十里之制,其言有所爲也。《王制》則述《孟子》者也。不然,孟子生近齊魯,豈真不知齊魯始封尚有餘地,而云儉於百里哉。"(《周禮疑義》舉要二)江説於義亦通。所云虚寬大數者,謂《周禮》封域之數並計附庸及諸山川藪澤斥鹵不食之地,故曰虚寬也。要之,子産、孟子之言皆有爲而發,非成周經制。此云斥唐叔本小國,尤得其理也。**其後曲沃武公亦以一軍爲晉侯**,莊十六年《左傳》:"王使虢公命曲沃伯以一軍爲晉侯。"杜《注》:"曲沃武公遂並晉國,僖王因就命爲晉侯,小國故一軍。"**則如小國百里制。《王制》以爲正法,則謬也。**以上論封域之數,《王制》不合《周禮》,本非正法。**君臣之等,《左氏》記晉侯召王曰:"以臣召君,不可以訓。"**僖二十八年《左傳》:"是會也,晉侯召王,以諸侯見,且使王狩。仲尼曰:'以臣召君,不可以訓。故書曰"天王狩於河陽",言非其地也。'"**又記天王出居於鄭曰:"天子無出。"**僖二十四年《左傳》:"天子無出。書曰'天王出居於鄭',辟母弟之難也。"**故師説以爲諸侯天子藩衛純臣,《公羊》師説諸侯不純臣,鄭氏以稱賓敵主人駁《左氏》。**《五經異義》:"《公羊説》:諸侯不純臣。《左氏説》:諸侯者,天子藩衛純臣。許慎謹按:禮王者所不純臣者,謂彼人爲臣，皆非已德所及。《易》曰利建侯，侯者，王所親建，純臣也。鄭氏駁云：玄之聞也，賓者，敵主人之稱，而禮諸侯見天子，稱之曰賓，不純臣諸侯之明文矣。”陳壽祺曰：“《白虎通》曰：王者不純臣諸侯何？尊重之，以其列士，子孫世世稱君，南面而治，朝則迎之於著，覲則待之於阼階，升降自西階，爲庭燎，設九賓，享禮而後歸，是異於衆臣也。以《異義》證之，則《白虎通》用《公羊説》也。”然孫卿固曰：“天子，四海之内無客禮，告無適也。原注：適即敵字。《詩》曰：‘普天之下，莫非王土。率土之濱，莫非王臣。’”原注：《君子篇》。夫内入諸侯亦稱賓，外出而天子猶無所敵，以是見純臣之義。《傳》曰：“宋於周爲客。”僖二十四年《左傳》：“宋成公如楚。還，入於鄭。鄭伯將享之，問禮於皇武子。對曰：‘宋，先代之後也，於周爲客，天子有事，膰焉；有喪，拜焉。’”純客者獨有杞、宋，杞，夏後；宋，商後。二王之後，於周爲純客也。《白虎通義·王者不臣篇》曰：“不臣二王之後者，尊先王，通天下之三統也。《詩》曰‘有客有客，亦白其馬’，謂微子朝周也。《尚書》‘虞賓在位’，謂丹朱也。”《孝經鉤命决》曰：“不臣二王之後，謂觀其法度，故尊其子孫也。”諸侯則暫。凡稱賓者，鄉大夫尚賓興其民，見《地官》《大司徒》及《鄉大夫職》。當其飲射則爲賓。就如鄭言，六鄉之民於鄉大夫亦不爲純民邪？且夫天子無出，《春秋》三家所同。《左氏》義見上文。僖二十四年“天王出居於鄭”，《公羊傳》曰：“王者無外，此其言出何？不能乎母也。"《穀梁傳》曰："天子無出，出失天下也。"**宰周公會諸侯，何休以爲職大尊重，當與天子參聽萬機，而下爲諸侯所會，惡不勝任。**僖九年《公羊傳解詁》。**天子嫁女于諸侯，《公羊》亦云"必使同姓諸侯主之"。**莊元年《傳》文。《解詁》曰："不自爲主者，尊卑不敵。其行婚姻之禮，則傷君臣之義；行君臣之禮，則廢婚姻之好。故必使同姓有血脈之屬，宜爲父道，與所適敵禮者主之。"**夫婚姻之禮，甥舅之好，猶不相爲賓主。**《白虎通義·嫁娶篇》："王者嫁女，必使同姓主之何？昏禮貴和，不可相答，爲傷君臣之義，亦欲使女不以天子尊乘諸侯也。"陳立曰："案此命諸侯主昏，謂天子嫁女於侯伯下也。若嫁于二王之後，則不必同姓主昏。知者，莊四年《公羊注》：'禮天子諸侯絶期，天子唯女之適二王後者恩得伸。'又《禮記·檀弓》：'齊穀王姬之喪，魯莊公爲之大功。或曰：由魯嫁，故爲之服姊妹之服。'然則由諸侯嫁者，則諸侯爲所主之女服姊妹之服，天子不服可知。今天子爲嫁於二王後者服，知其不必就諸侯主之，亦若諸侯嫁女於諸侯之例矣。"(《白虎通疏證》十)按：陳説足補傳所未及，自非先代之後爲純客者則不相爲賓主也。**北面之宰，南面之侯，猶不相從會盟。**杜氏《春秋釋例》曰："未有臣而盟君。臣而盟君，是子可盟父，故春秋王世子以下會諸侯者，皆同會而不同盟。洮之盟，王室有子帶之難，襄王懼不得立，告難於齊，遣王人與諸侯盟。故傳釋之曰'謀王室'，以明王室敕其來盟，非諸侯所敢與也。踐土之盟，王子虎臨會諸侯,而不與同歃,故經唯列諸侯,而傳具載其實,此實聖賢之垂意,以爲將來之永法也。一年之間,諸侯輯睦,翼戴天子。而翟泉之盟,子虎在列。君子以爲非天子之命,虧上下常節,故不存魯侯而人子虎,示篤戒也。”**此皆與《左氏》應,而《公羊》師説者非其本也。**以上論君臣之等,《公羊》師説違其本義。

若夫法制變更,穆王以下漸與成周異矣。周之刑二千五百,《秋官·司刑》:“掌五刑之灋,以麗萬民之罪。墨罪五百,劓罪五百,宫罪五百,刖罪五百,殺罪五百。”鄭《注》:“周改臏作刖。《書傳》曰:決關梁,踰城郭,而略盗者,其刑臏;男女不以義交者,其刑宫;觸易君命,革輿服制度,姦軌盗攘傷人者,其刑劓;非事而事之,出入不以道義,而誦不詳之辭者,其刑墨;降畔寇賊,劫略奪攘撟虔者,其刑死。此二千五百罪之目略也,其刑書則亡。夏刑大辟二百,臏辟三百,宫辟五百,劓墨各千。周則變焉,所謂刑罰世輕世重者也。”賈《疏》:“夏刑三千,墨劓俱千。至周減輕刑入重刑,俱五百。是夏刑輕,周刑重。”**《吕刑》用夏則三千,其法蓋輕於成周。**《吕刑》云:“墨罰之屬千,劓罰之屬千,剕罰之屬五百,宫罰之屬三百,大辟之罰其屬二百,五刑之屬三千。”江聲曰:“《周禮》五刑屬各五百,合二千五百。此三千者,罪之條目,秝時輒曾也。然墨劓倍于其初,宫與大辟皆減焉。以是差之,玆爲輕矣。此穆王詳刑之意也。”**《春秋》書晉殺三郤二趙,**成十七年:“晉殺其大夫郤錡、郤犫、郤至。”成八年:

“晉殺其大夫趙同、趙括。”各從其主，不以滅家書其氏，則是《秋官》屋誅之法已廢也。以上刑法之變。《秋官·司烜氏》“邦若屋誅，則爲明竁焉”，鄭司農云：“屋誅，謂夷三族，無親屬收葬者，故爲葬之也。三夫爲屋，一家田爲一夫，以此知三家也。”後鄭讀屋爲“其刑剭”之“剭”，此所不從。《覲禮》：“天子不下堂而見諸侯。”夷王下堂，則覲禮遂絶。《禮記·郊特牲》云：“覲禮，天子不下堂而見諸侯。下堂而見諸侯，天子之失禮也，由夷王以下。”鄭《注》：“夷王，周康王之玄孫之子也。時微弱，不敢自尊於諸侯。”《疏》云：“案覲禮，天子負斧依南面，侯氏執玉入，是不下堂見諸侯也。若春朝夏宗，則以客禮待諸侯，以車出迎。熊氏云：春夏受三饗之時，乃有迎法，義或然也，故齊僕云：各以其等爲車迎之節。《注》云謂王乘車迎賓客及送相去遠近之數是也。”《傳》言王覲者，徒空名。隱四年《左氏傳》：“州吁未能和其民，厚問定君於石子，石子曰：‘王覲爲可。’”《疏》云：“於王處行覲禮。”晉侯朝王出入三覲者，見僖二十八年《左氏傳》，杜《注》：“出入，猶去來也。”亦猶通語，是故《春秋》僖二十八年冬、夏皆書“公朝於王所”。夏五月者，爲夏正三月，本朝時；《春官·大宗伯》：“春見曰朝，夏見曰宗，秋見曰覲，冬見曰遇。”《五經異義》：“《公羊》説：諸侯四時見天子及相聘皆曰朝，以朝時行禮。卒而相逢於路曰遇。古《周禮》説：春曰朝，夏曰宗，秋曰覲，冬曰遇。”冬爲夏正之秋，不言覲，明是時已無覲也。以上覲禮之廢。《典命》卿與

大夫異爵。《典命》云:"王之卿六命,大夫四命;公之卿三命,大夫再命;侯伯亦如之;子男之卿再命,大夫一命。"**東周以降,卿大夫雖殊號,既爲一科,其本爲大夫者,或通言"佐"。《左氏傳》曰:"惟卿爲大夫。"**襄十七年《左氏傳》:"齊晏桓子卒,晏嬰麤縗斬,苴絰帶,杖菅屨,食鬻居倚廬,寢苫枕草,其老曰:'非大夫之禮也。'曰:'唯卿爲大夫。'"**又曰:"晉有趙孟以爲大夫,有伯瑕以爲佐。"**襄三十年《左氏傳》:"於是魯使者在晉,歸以語諸大夫。季武子曰:'晉未可媮也,有趙孟以爲大夫,有伯瑕以爲佐。'"**《春秋》是以書"殺其大夫",未有書"殺其卿"者也。**杜氏《春秋釋例》曰:"諸侯大國之卿,皆必有命,固無所疑,其總名亦曰大夫也。故經傳卿大夫之文相涉,晉殺三卿,而經書大夫;邢邱之會,傳稱大夫,亦皆卿也。蜀之盟,齊國之大夫;溴梁之盟,小邾之大夫。此不命一命之大夫,故不書也。"**《典命》:"上公九命,侯、伯七命,子、男五命。"**《典命注》云:"上公謂王之三公有德者,加命爲二伯。二王之後,亦爲上公。"**《大宗伯》:"五命賜則,七命賜國。"**《大宗伯注》:"鄭司農云:則者,法也,出爲子男。玄謂:則,地未成國之名,王之下大夫四命,出封加一等,五命。賜之以方百里二百里之地者,方三百里以上爲成國。王莽時以二十五成爲則,方五十里,合今俗説子男之地,獨劉子駿等識古有此制焉。"**亦有異。東周制度浸變,**《春秋釋例》曰:"公侯伯子男及其卿大夫命數,《周官》具有等差,當《春秋》時,漸已變改。是以仲尼、邱明據時之宜，仍其行事，從而然之，不復與《周官》同。而先儒考合《周官》、《禮記》，各致異端。今詳推經傳，國之大小皆據當時土地人民，不復依爵，故書齊楚之卿，而略於滕、薛也。”故《左氏傳》曰：“在禮，卿不會公、侯，會伯、子、男可也。”《僖二十九年傳》。又曰：“鄭伯，男也。”昭十三年杜《注》：“言鄭國在甸服外，爵列伯子男，不應出公侯之貢。”《正義》曰：“鄭伯男也，舊有多説。鄭衆、服虔云：鄭伯爵在男服也。《周禮》男服在三，距王城千五百里，鄭去京師，不容此數。賈逵云：男當作南，謂南面之君也。子産爭國小賦重，輒言鄭伯爲南面之君，復所何益，南面君者，豈貢得輕乎？《鄭志》云：男謂子男也，周之舊俗，雖爲侯伯，皆食子男之地。鄭之此言，不知所出。鄭食子男之地，不知復在何時。武公既遷東鄭，並十邑爲國，不得食子男之地，若西鄭之時食子男之地，則今爲大國，自當貢重。子産不得遠言上世國小，以距今之貢重。晉之朝士焉肯受屈，而自日中以爭至於昏乎？原此諸説，悉皆不通。《周語》云：鄭伯男也，王而卑之，是不尊貴也。王肅注此與彼，皆云鄭伯爵而連男言之，猶言曰公侯，足句辭也。杜用王説，言鄭國在甸服之外，其爵列於伯子男，言己爵卑國小，不應出公侯之貢也。今使從公侯之貢，懼弗給也。諸侯地有五等，命有三等，伯居五等之中，與侯同受七命，據地小大，分爲三等，則侯同於公，伯同子男。僖九年在喪之例云，公侯曰子，言不及伯，是不得同於侯也。僖二十九年大夫會國君之例云：在禮卿不會公侯，會伯子男可也。是伯國下同子男也。子産自言其君爵卑，下引子男爲例，故云鄭伯男也。"則七命之侯上擬公，七命之伯下儕男。《公羊傳》亦曰："春秋伯、子、男一也。"此猶有所聞於舊史。董仲舒、何休之倫横言：春秋改周之文從殷之質，合伯、子、男爲一。文家爵五等，法五行；質家爵三等，法三光。《春秋繁露·三代改制質文篇》："樂制宜商（'樂制'當作'制爵'），合伯子男爲一等。"又云："《春秋》曰：伯子男一也。辭無所貶，何以爲一？曰：周爵五等，春秋三等。春秋何三等？曰：王者以制一商一夏，一質一文，商質者主天，夏文者主地，春秋者主人，故三等也。"桓十一年《公羊傳》："春秋伯子男一也，辭無所貶。"何氏《解詁》曰："《春秋》改周之文，從殷之質，合伯子男爲一，一辭無所貶，皆從子。又曰：王者起所以必改質文者，爲承衰亂救人之失也。天道本下，親親而質省；地道敬上，尊尊而文煩。故王者始起，先本天道以治天下，質而親親。及其衰敝，其失也，親親而不尊。故后王起，法地道以治天下，文而尊尊。及其衰敝，其失也，尊尊而不親，故復反之於質也。質家爵三等者，法天之有三光也；文家爵五等者，法地之有五行也。"《疏》云："《注》質家爵三等，法天之有三光也以下，皆《春秋》説也。"《王制》鄭《注》曰："春秋變周之文，從殷之質，合伯子男以爲一，則殷爵三等者，公侯伯也。異畿内謂之子。"《疏》云："何休之意合伯子男爲一，皆從稱子也。鄭康成此注之意，合伯子男以爲一，皆稱伯也。與何休不同。"按：董、何、鄭三説大同小異，皆今《春秋》説。不知五等本成周正法，其後有異，乃東周變制也。

何其鄙也！此謂今文説傅會天地，令王制夷於巫言，故斥以爲鄙陋耳。**《典命》："公之孤四命，以皮帛眡小國之君。"**《典命注》云："視小國之君者，列於卿大夫之位，而禮如子男也。"**東周猶有孤，晉侯請於王，以黻冕命士會將中軍，且爲太傅是也。**原注：黻冕即《周官》之希冕。○按：見宣十六年《左氏傳》，杜《注》云："黻冕，命卿之服。大傅，孤卿。"《疏》云："《周禮·司服》：孤之服自希冕而下。此士會黻冕，當是希冕也。天子大傅，三公之官也；諸侯大傅，孤卿之官也。《周禮·典命》云：公之孤四命。鄭衆云：九命上公，得置孤卿一人。春秋時晉爲霸主，侯亦置孤卿。文六年有大傅陽子，大師賈佗，則晉常置二孤。"**雖然，卿亦上隆，故《左氏傳》載叔孫婼之言曰："列國之卿，當小國之君，固周制也。"**原注：按《傳》叔孫婼但受三命，未四命也。○以上爵命之易。按：叔孫婼之言，見《昭二十三年傳》；但受三命，見《昭十二年傳》。**《職方氏·大行人》皆説："九州之内，方七千里。"東周四夷交侵，地稍迫削。《管子》言："立六千里之侯，則大人從。"**原注：《幼官篇》。**謂齊桓爲侯伯，而所制者六千里，明蠻服已棄在九州外。是故荆、揚邊裔吴、楚諸國，初見《春秋》，則從夷狄書之也。**以上疆域之削。從夷狄書之者，謂《春秋》吴、楚諸國俱書子也。《曲禮》曰："其在東夷、北狄、西戎、南蠻，雖大曰子。"《文録·封建考》曰："周以七千里爲九州，内齊要服而止，夷鎮藩時去時來者也。九服相距爲萬里。其後削弱，徒有衛服以内。故並據二面者，《管子·幼官》言齊桓立爲六千里之侯。偏據一面者，《吕氏·慎勢》言冠帶之國舟車所通，不用象譯狄鞮，方三千里。後轉削弱，《國風》不采幽、并、荆、揚四州。故孫武曰：帝王處四海之内，居五千里之中。此皆據衰世爲説。而漢世《五經》家以五千里爲成周舊法，不合《大司馬·職方氏》所言。尋《書序》康王既尸天子，朝者惟有侯甸男邦采衛，不旣要服，已不逮周公世。及穆王特申職方之典，著在《周書》，故諸書皆頌成康。而管子獨稱昭穆，云世法文武，遠績以成名，蓋自昭后南征，求白雉以溺漢水，至穆王乃卒成父志，經略最遠。復《周官》職方之典者，惟穆王耳。前世夏商之間，中夏徒有五千里，五五二十五，七七四十九，則五千處七千之半，故説者曰陽一君而二民，君子之道也；陰二君而一民，小人之道也。成周爲君子，夏商爲小人。"又曰："或言古疆域視今迫陿，陸梁諸郡，自秦始皇始兼之。漢猶棄珠崖、儋耳，使鱗介不易冠裳。張掖四郡，又故爲匈奴地。明古九州非如漢十三部也。應之曰：東周以後，四夷交侵，豫州息壤，猶有陸渾之戎，其遠者不率王略則宜。成周時固不然，且殷地雖蹙，孤竹、朝鮮猶隸於王，故夷齊不爲貉人，箕子得遠走以稱君長，況周公兼夷狄以後乎？周之既削，瓜州猶屬秦晉，惠公得誘其種人以入。瓜州者，漢敦煌郡。明四郡本隸中國，蓋始爲月氏得，終入匈奴，非匈奴固有其地也。《春秋傳》説肅慎爲周北土，即今滿洲，《國語》道成王岐陽之會，楚與鮮卑守燎，鮮卑又出滿洲西北，則今西北利亞,明東北所通至遠也。獨南方無明文,而越固周室所封,漢閩粤王無諸,猶句踐後,明越地遠及閩。秦始皇命尉佗略定揚粤,揚粤者,揚州之粤,明儋耳等九郡自周時揚州分也。"又曰:"周時九州之羃,當今二千五十八萬里。必以古小今大爲稽者,殷氏之域促于《禹貢》,三國之地陋於兩漢,宋齊之略迫于全晉,宋明之迹局於隋唐。一盛一衰,自古已然。何有聖明經略,河神授圖,而金版不完,短於後嗣者乎?"**《天官》、《春官》所載,婦人本與賓客事,**《天官·内宰職》云:"正后之服位,而詔其禮樂之儀,贊九嬪之禮事,凡賓客之祼獻瑶爵皆贊。"《九嬪職》云:"若有賓客則從后。"《春官·世婦職》云:"詔王后之禮事,大客賓之饗食亦如之。"諸文並是婦人與賓客之事。**自陽侯殺蓼侯,竊其夫人,故大饗廢夫人之禮。**《禮記·坊記》:"子云:禮,非祭男女不交爵,以此坊民。陽侯猶殺繆侯而竊其夫人,故大饗廢夫人之禮。"《淮南·氾論篇》:"陽侯殺蓼侯而竊其夫人。"繆與蓼同。**自是以後,君母出門則乘輜軿,下堂則從傅姆,進退則鳴玉佩,内飾則結綢繆。**原注:《漢書·張敞傳》語,此《左氏》師説。按:《漢書注》師古曰:"輜軿,衣車也。綢繆,組紐之屬,所以自結固也。"張敞治《左氏春秋》,見《儒林傳》。**故《春秋》"夫人姜氏享齊侯於祝丘",**《莊四年經》,杜《注》曰:"兩君相見之禮,非夫人所用。直書以見失。"**左氏從"會禚書姦"之例,**《莊二年傳》:"冬,夫人姜氏會齊侯於禚,書姦也。"按:《左氏》於此發傳,故四年祝丘之享無文,從可知也。《穀梁》且言饗甚於會。《穀梁傳》云:"婦人既嫁不踰竟,踰竟非正也。婦人不言會,言會非正也,饗甚矣。"又"公與夫人姜氏如齊",左氏亦言:"女有家,男有室,無相瀆也。"以上饗禮之革。桓十八年《左氏傳》:"十八年春,公將有行,遂與姜氏如齊。申繻曰:'女有家,男有室,無相瀆也。謂之有禮。'"有參會舊令新令者,《大行人》:"諸侯之邦交,歲相問也,殷相聘也,世相朝也。"《大行人》鄭《注》:"小聘曰問。殷,中也。久無事,又於殷朝者及而相聘也。父死子立曰世。凡君即位,大國朝焉,小國聘焉。此皆所以習禮考義,正刑一德,以尊天子也。必擇有道之國而就修之。鄭司農説殷聘以《春秋傳》曰:孟僖子如齊殷聘,禮也。"按:《禮記·聘義》云:"故天子制諸侯,比年小聘,三年大聘。"鄭《注》云:"比年小聘,所謂歲相問也。三年大聘,所謂殷相聘也。"鄭説《禮記》與此同。《春秋》文十一年"曹伯來朝",《左氏傳》曰:"即位而來見也。"此即世朝之明文。《大行人》賈《疏》云:"己是小國,己往朝大國。"《襄元年傳》:"邾子來朝,禮也。"邾小國,故君自來朝。"衛子叔、晉知武子來聘,禮也。衛、晉大國,故使卿來聘。凡諸侯即位,小國朝之,大國聘焉。"鄭《注》《大行人》云:"凡君即位,大國朝焉,小國聘焉。"按:鄭與《傳》異者:鄭據即位之君朝聘他國言,故言大朝小聘;《傳》據他國來朝聘即位之君言,故云小朝大聘。立文不同,其義一也。《昭九年

傳》曰："孟僖子如齊殷聘，禮也。"此即殷聘之明文。《大行人》賈《疏》引服虔《注》云："殷，中也。自襄二十年叔老聘於齊，至今積二十一年聘齊，故中復盛聘，與此中年數不相當。引之者（鄭司農説殷聘引《傳》），年雖差遠，用禮則同，故引爲證也。"按：服虔説與司農同。至杜《注》訓殷爲盛，此所不用。**此即如《大行人》制。**《左傳》所載世朝殷聘之禮與《大行人》合，是成周舊令猶存於春秋也。**又曰："明王之制，歲聘以志業，**昭十三年《左傳》杜《注》："志，職也，歲聘以修其職業。"**間朝以講禮，**杜《注》："三年而一朝，正班爵之義，率長幼之序。"**再朝而會以示威，**杜《注》："六年而一會，以訓上下之則制財用之節。"**再會而盟以顯昭明，**杜《注》："十二年而一盟，所以昭信義也。凡八聘四朝再會，王一巡守，盟於方嶽之下。"**自古未之或失。"此則十二年之間，八聘、四朝、再會、一盟，穆王以後則然。**《五經異義》："《左氏》説：十二年之間，八聘、四朝、再會、一盟。"《左傳正義》曰："計此十二年間，凡八聘、四朝、再會、一盟，方嶽之下也。此上聘朝會，雖以爲諸侯於天子之禮，然諸侯相朝亦當然也。故云志業於好，講禮於等，示威於衆。其昭明於神，雖天子於諸侯之禮，然王官之伯及霸主，亦得與諸侯爲盟。故晉爲盟主，以此告齊，令齊受盟也。必知此朝聘文兼諸侯者，以《釋例》引明王之制八聘、四朝，云文、襄之制，因而簡之，三歲而聘，五歲而朝，以諸侯爲文，明歲聘間朝，兼諸侯相朝也。知盟年朝會俱行者，以《傳》云再朝而會云云，故知盟年朝會不廢也。”又云：“歲聘以志業，不言再聘以行朝，故知朝年不行聘禮，但以朝聘君臣不等，盟會敵禮相當，故朝年不行聘，盟年得有朝會。知有盟者，傳云同盟至故也。”按：此聘朝會盟，文兼天子諸侯，疏説甚明，與《周官·大行人》制不合，由《大行人》歲問殷聘世朝之制，變爲十二年之間而八聘、四朝，再會、一盟，蓋穆王以後之新令也，每歲有聘，惟朝年不行聘禮，故十二年除去四朝而八聘也。**文、襄之霸，又定朝牧伯法，《傳》言“三歲而聘，五歲而朝”，**昭三年《左傳》：“昔文、襄之霸也，其務不煩諸侯，令諸侯三歲而聘，五歲而朝，有事而會，不協而盟。”杜《注》：“明王之制，歲聘間朝，今簡之。”《正義》：“此説諸侯朝聘霸主大國之法也。”**故曹伯首尾五年朝魯，《傳》曰：“禮也。**文十一年，十五年，並數之共五年。**諸侯五年再相朝，以修王命，古之制也。”**文十五年《正義》曰：“傳言古之制，以文、襄已改故也。”按：章氏不從《正義》，謂五歲而朝，據朝年並數之，凡五年也。五年再相朝，據首尾數之，是再朝也。所謂古制，即是文、襄之命。**穆王雖近，於春秋爲古。**《昭十三年傳》，見上文。**文、襄之命而言古制，猶曰故事云爾。**以上春秋時制，參會新舊之法。**有制似鄰類其實異者，**鄰類二字雙聲一意。《吕氏春秋·安死篇》：“《詩》曰：‘不敢暴虎，不敢馮河。人知其一，不知其他。’此言不知鄰類也。”**《左氏傳》曰：“官有世功則有官族。”**隱八年《左氏傳》。**《周官》以氏命職者衆矣。**《地官》有三氏，《春官》四氏，《夏官》十四氏，《秋官》二十三氏，《考工記》十一氏，以氏命職者計有五十五官。**庶官得世，而執政不得世。《左氏》述晏子之言，知齊其爲陳氏；叔向言晉事，則曰"政在家門"，**昭三年《左氏傳》："齊侯使晏嬰請繼室于晉，晏子受禮，叔向從之宴，相與語。叔向曰：'齊其何如？'晏子曰：'此季世也，吾弗知齊其爲陳氏矣。'叔向曰：'然。雖吾公室，今亦季世也。民聞公命，如逃寇讎，欒、郤、胥、原、狐、續、慶、伯降在皂隸，政在家門，民無所依。公室之卑，其何日之有。'"尋晏子之言，則謂齊不當世授陳氏；詳叔向之語，則謂晉不當政在家門。故俱致其歎傷，以爲季世。然則諸侯舊法執政必不世授明也。**而《春秋》書"趙鞅叛"；**孔子書此，所以明執政世位之禍也。定十三年《春秋》："晉趙鞅入於晉陽以叛。"《釋例》曰："古之大夫，或錫之田邑，或分之都城。故有千室之邑，百乘之家。君之禄義則進，否則奉身以退。若專禄以周旋，雖無危國害主之事，皆書曰叛。叛者，反背之辭也。"**史墨論魯君失國，季氏世政，則曰"慎器與名，不可以假人"。**昭三十二年《左氏傳》："趙簡子問於史墨曰：'季氏出其君而民服焉，諸侯與之。君死於外，而莫之或罪也。'對曰：'天生季氏，以貳魯侯，爲日久矣。民之服焉，不亦宜乎？政在季氏，於此君也四公矣，民不知君，何以得國。是以爲君慎器與名，不可以假人。'"按：史墨之言如此，可見《春秋》譏世卿之意。假令法當世及，雖欲慎之無由，史墨何得空爲此言乎？證以吴起、張敞之語，則古制愈明矣。**此明執政不得世授。後師吴起對元年**

之問曰：“執民柄者，不在一族。”原注：見《説苑·建本篇》。○按：《説苑》云：“魏武侯問元年於吴子。吴子對曰：‘言國君必慎始也。慎始奈何？曰正元。正元奈何？曰明智，智不明何以見正，多聞而擇焉，所以明智也。是故古者君始聽治，大夫而一言，士而一見，庶人有謁必達，公族請問必語，四方至者勿距，可謂不壅蔽矣。分禄必及，用刑必中，君心必仁，思民之利，除民之害，可謂不失民衆矣。君身必正，近臣必選，大夫不兼官，執民柄者，不在一族，可謂不權勢矣。此皆《春秋》之意，而元年之本也。’”云“後師”者，《左傳正義》卷一引劉向《别録》云：“左丘明授曾申，申授吴起，起授其子期（《經典釋文序録》同）。”是起爲後師，明所説則《左氏》古義也。**後師張敞説之曰：“公子季友有功於魯，趙衰有功於晉，大夫田完有功於齊，皆疇其庸，延及子孫。終後田氏篡齊，趙氏分晉，季氏顓魯。故仲尼作《春秋》，迹盛衰，譏世卿最甚，由此也。”**見《張敞傳》。疇者，《宣帝紀》“疇其爵邑”，張晏《注》：“律非始封十減二。疇者，等也，言不復減也。”又按：劉逢禄云：“張敞説《春秋》譏世卿最甚，本《公羊》義。”（《春秋左傳考證》）章氏駁曰：“張子高説正見《左氏》舊學，兼二家之長而去其短，蓋《左氏微》等書先有此説也。又子高説世卿指魯季氏、晉趙氏、齊田氏，非尹氏、崔氏也。《異義》引《左氏》説，世禄不世位，蓋本此。《昭三十二年傳》，史墨論季氏逐昭公事曰：‘是以爲君慎器與名，不可以假人。’《傳》有明文，何與《公羊》事。”（《春秋左傳讀·

敍録》)然叔向復悲欒、郤、胥、原、狐、續、慶、伯降在草隸,見上。明大臣皆得以食邑傳世。後師吴起教楚悼王,使封君之子孫三世而收爵禄。原注:見《韓非·和氏篇》。三世當收,即二世有禄可知。《異義》引《左氏》師説:“卿大夫得世禄,不得世位。父爲大夫,死,子得食其故采。”《五經異義》:“卿得世不?《公羊》《穀梁》説:卿大夫世則權並一姓,妨塞賢路,事(當作‘專’)政犯君,故經譏周尹氏,齊崔氏也。《左氏》説:卿大夫得世禄,不得世位。父爲大夫死,子得食其故采。而有賢才,則復升父位,故曰官有世功,則有官族。謹按:《易》爻位三爲三公,二爲卿大夫,曰‘食舊德’(陳壽祺云:‘曰’上當脱‘訟六三’三字),食舊德,謂食父故禄也。《尚書》:‘古我先王暨乃祖乃父,胥及逸勤。予不敢動用非罰,世選爾勞,予不絶爾善。”《論語》曰:‘興滅國,繼絶世。’國謂諸侯,世謂卿大夫。《詩》云‘凡周之士,不顯亦世。’《孟子》曰:‘文王之治岐也,仕者世禄。’知周制世禄也。”由此也。以上春秋時制相似而異之例。此皆依據明文,不純以師説爲正。褒貶之事,或有新意,杜氏《春秋序》曰:“其發凡以爲例,皆經國之常制。周公之垂法,史書之舊章,仲尼從而修之,以成一經之通體(《疏》云:此一段説舊發例也)。其微顯闡幽,裁成義類者,皆據舊例而發義,指行事以正褒貶(《疏》云:此下説新意也)。諸稱書、不書、先書、故書、不言、不稱、書曰之類,皆所以起新舊,發大義,謂之變例(《疏》云:諸傳所稱書、不書之類,皆所以起新舊之例，令人知發凡是舊，七者是新，發明經之大義，謂之變例，以凡是正例，故謂此爲變例)。然亦有史所不書，即以爲義者。此蓋《春秋》新意，故傳不言凡，曲而暢之也(《疏》云：此説因舊爲新也)。"**猶在其外。《左氏》有五十凡例，**見上。**傳所旃表，**《説文》："旃，旗曲柄也，所以旃表士衆。"按：旃所以表，故旃表連文，猶旌表也。**以詒後昆。**《釋言》："昆，後也。"《晉語》"延及寡君之紹續昆裔"，《韋解》："昆，後也。"**漢師猶依違二家，横爲穿鑿，斯所以待杜預之正也。**原注：杜所述典禮訓詁多不逮漢師，其簡二傳，去異端，則識在漢師上。**若乃行事之詳不以傳聞變，故訓之異不以一師成，**此説古學之所長也。《劉歆傳》曰："歆以爲左丘明好惡與聖人同，親見夫子。而《公羊》、《穀梁》在七十子後。傳聞之與親見之，其詳略不同。"桓譚亦言《左氏》經之與傳猶衣之表裏，相持而成。經而無傳，使聖人閉門思之，十年不能知也。(《御覽》六百十引《新論》)後漢陳元亦謂丘明至賢，親受孔子，而《公羊》、《穀梁》傳聞於後世。今論者沈溺所習，翫守舊聞，固執虚言傳受之辭，以非親見實事之道。所謂小辯破言，小言破道者也。(《陳元傳》)此則舊法世傳，布在方策，其必不得惑於口耳之間，虚言失實者矣。又其學既以明文爲準，而師説錯迕，則無妨駁而正之。信而有徵，公而不黨，斯古學之所以取貴也。**忽其事狀，是口説而非傳記，**劉歆《移讓太常博士書》："信口説而背傳記，是末師而非往古。"**則雖鼓篋之儒，載筆之史，猶冥冥也。**此説惑於傳聞者也。《禮記·學記篇》"入學鼓篋"，鄭云："鼓篋，擊鼓警衆，乃發篋出所治經業也。"《曲禮篇》"史載筆"，鄭云："筆謂書具之屬。"**違其本志，則守達詁而不知變。高子以《小弁》爲小人之詩，孟仲子以"不已"爲"不似"，先師之訓，可悉從邪？**此説拘於師説者也。《春秋繁露·精華篇》："《詩》無達詁。"達詁猶通訓也（《説苑·奉使篇》：《傳》曰《詩》無通故）。拘於師説者，但守常訓，而不知違其本志也。《孟子·告子篇》："高子曰：'《小弁》，小人之詩也。'孟子曰：'何以言之？'曰：'怨。'曰：'固哉《高叟》之爲《詩》也。'"《周頌·維天之命篇傳》云："孟仲子曰：大哉天命之無極，而美周之禮也。"《正義》曰："《譜》云：子思論《詩》，於穆不已，仲子曰：於穆不似。此傳雖引仲子之言，而文無不似之義，蓋取其所説，而不從其讀。"按：高子、孟仲子俱傳《詩》之先師。趙岐注《孟子》云："高子齊人，嘗學於孟子。"《釋文》引徐整云："子夏授高行子。"《毛詩序》云："《絲衣》，繹賓尸也。高子曰：靈星之尸也。"高子即高行子，學於子夏，又學於孟子，則其齒長可知，故稱以爲叟。陸璣《草木蟲魚疏》云："子夏授曾申，申授李克，克授孟仲子，二人俱傳《詩》，而孟子、毛公不從其訓，苟違其本，則理在必爭，乃善學也。"**要之，糅雜古今文者，不悟明文與師説異；**師説與明文異，則當質以明文，無取師説，如漢師之依違於今文即不知此。**拘牽漢學者，不知魏晉諸師猶有刊剟異言之績。**今文讖記之學至魏晉而絀。《隋書·經籍志》云："魏代王肅推引古學，王弼、杜預從而明之,自是古學稍立也。"**故曰:"知德者鮮。"**《論語·衛靈公篇》:"子曰:'由,知德者鮮矣。'"按:孟子言君子深造之以道,欲其自得之也,自得之謂德。乃若惑於傳聞而失其真,拘於成説而不能騁,可謂不自得矣。故曰"知德者鮮"。**豈虚語哉!世有君子,引而伸之,觸類而長之,洋洋浩浩,具存乎斯文矣。**此言己作此篇,開發頭角,陳之藝極。學者由是盡心,觸類引伸,則高明光大,無窮之業,於是乎在。趙岐《孟子篇敍》曰:"蓋所以佐明六藝之文義,崇宣先聖之指務,王制拂邪之隱栝,立德立言之程式也。洋洋浩浩,具存乎斯文矣。"此用趙氏語。

國故論衡疏證中之五

論　式

編竹以爲簡,有行列緦理,故曰侖。侖者,思也。《大雅》曰:“於論鼓鐘。”《文學總略》篇曰:“論者,古但作侖。比竹成册,各就次第,是之謂侖。籥亦比竹爲之,故龠字從侖。引申則樂音有秩亦曰侖,‘於論鼓鐘’是也;言説有序亦曰侖,‘坐而論道’是也。”論官有司士之格,《禮記·王制》曰“凡官民材,必先論之”,鄭《注》:“論謂考其德行道藝。”《周禮·夏官·司士》:“掌羣臣之版,以治其政令。歲登下其損益之數,辨其年歲與其貴賤,周知邦國都家縣鄙之數,卿大夫士庶子之數。以詔王治,以德詔爵,以功詔禄,以能詔事,以久奠食。”論囚有理官之法,《後漢書·陳寵傳》“季秋論囚”。章懷《注》:“論,决也。”《禮記·月令》曰“命理瞻傷”,鄭《注》:“理,治獄官也。有虞氏曰士,夏曰大理,周曰大司寇。”莫不比方。《墨子·明鬼下篇》:“百獸貞蟲,允及飛鳥,莫不比方。”《莊子·田子方篇》:“日出於東方,而入於西極,萬物莫不比方。”其在文辭,《論語》而下,莊周有《齊物》,原注:《齊物論》,舊讀皆謂齊物之論,物兼萬物、物色、事物三義。王介甫始謂齊彼物論,蓋欲以七篇題號相對,不可與道古。○按:《文心雕龍·論説篇》:"昔仲尼微言,門人追記,故仰其經目,稱爲《論語》。蓋羣論立名,始於兹矣。"又曰:"莊周《齊物》,以論爲名。"是舊讀皆以齊物連文(劉淵林注《魏都賦》、劉琨《答盧諶書》並可證),原注王介甫之語未詳。介甫作《杜嬰挽詩》云"接物工《齊物》",則仍從舊讀。"介甫"字疑當作"伯厚",語見《困學紀聞》。又凡篇中所引成文,其習見者不載,可省略者省略之,不可省略,則具載焉。下皆準此。**公孫龍有《堅白》、《白馬》,**《公孫龍子》有《堅白論》、《白馬論》。**孫卿有《禮》、《樂》,**《荀子》有《禮論》、《樂論》。**《吕氏》有《開春》以下六篇。**《吕氏春秋》有《開春》、《慎行》、《貴直》、《不苟》、《似順》、《士容》六論。**前世著論在諸子,未有率爾持辯者也。九流之言,擬儀以成變化者,皆論之儕。**《易·繫辭上》:"擬之而後言,議之而後動,擬議以成其變化。"《釋文》云:"陸、姚、桓玄、荀柔之'議之'作'儀之'。"**《别録》署《禮記》亦有《通論》,**見《明解故上篇》。**不專以題名爲質。**《廣雅·釋詁》:"質,主也。"又云:"質,定也。"**其辭精微簡練,本之名家,與縱横異軌。由漢以降,賈誼有《過秦》,在儒家;東方朔設非有先生之論,《朔書》二十篇,則於雜家著録;**並見《漢志》。**及王褒爲《四子講德》,始别爲辭人矣。晚周之論,内發膏肓,**成十年《左氏傳》:"居肓之上,膏之下。"《説文》云:"肓,心下鬲上也。"《後漢書·鄭玄傳》:"任城何休著《公羊墨守》、《左氏膏肓》、《穀梁廢疾》。玄乃發《墨守》鍼《膏肓》起《廢疾》。”外見文采，《老子》云：“服文采。”其語不可增損。漢世之論，自賈誼已繁穰，其次漸與辭賦同流，千言之論，略其意不過百名。揚子爲《法言》稍有裁制，以規《論語》，然儒術已勿能擬孟子、孫卿，馬氏《經籍考》，晁氏曰：“雄之學自得者少，其言務擬聖人，靳靳然如影之守形，既鮮所發明，又往往違其本指，正古人所謂畫者謹毛而失貌者也。”程子曰：“揚子無自得者也，故其言漫衍而不斷，優柔而不决。”而復忿疾名法。或問：“公孫龍詭辭數萬以爲法，法與?”曰：“斷木爲棋，梡革爲鞠，梡與刮通。《周禮·考工記》“刮摩之工五”，鄭《注》：“故書‘刮’作‘梡’。”亦皆有法焉。不合乎君子之道者，君子不法也。”原注：《吾子篇》。或曰：“刑名非道邪，何自然也?”曰：“何必刑名，圍棋擊劍，反目眩形，亦皆自然也。由其大者作正道，由其小者作姦道。”原注：《問道篇》。今以揚子所云云者，上擬龍、非，謂公孫龍韓非。則跛鼈之與騏驥也。《荀子·修身篇》：“故蹞步而不休，跛鼈千里。”又曰：“彼人之才性之相縣，豈若跛鼈之與六驥足哉。”漢世獨有石渠議奏，文質相稱，語無旁溢，猶可爲上宗。《文心雕龍·論説篇》：“至石渠論藝，白虎通講聚(“通”字疑衍)述聖言通經(“經”下疑奪一字)，論家之正體也。”餘見《原經篇》。沈欽韓《漢書疏證》曰：《石渠禮議》唐時尚存，引見《通典·禮》三十三、三十七、四十一、四十三、四十九、五十、

五十二、五十六、五十九、六十三各卷中。《詩·既醉疏》、《禮·王制疏》亦引《石渠論》。**後漢諸子漸興，訖魏初幾百種。**見《隋書·經籍志》。**然其深達理要者，辨事不過《論衡》，議政不過《昌言》，方人不過《人物志》，此三家差可以攀晚周。**《論語·憲問篇集解》孔曰："方人，比方人也。"《檢論·學變篇》曰："華言積而不足以昭事理，故王充始變其術曰：夫筆著者，欲其易曉而難爲，不貴難知而易造；口論務分解而可聽，不務深迂而難睹也。作爲《論衡》，趣以正虚妄，審鄉背，懷疑之論，分析百端，有所發擿，不避上聖。漢得一人焉，足以振恥，至於今亦尟有能逮者也。然善爲蠭芒摧陷，而無樞要足以持守，惟内心之不光潁，故言辯而無繼。東京之末，刑賞無章也，儒不可任，而發憤者變之以法家。王符之爲《潛夫論》也，仲長統之造《昌言》也，崔實之述《政論》也，皆辯章功實，而深疾浮淫靡靡，又惡夫以寬緩之政，治衰弊之俗。《昌言》最恢廣，上視揚雄諸家，牽制儒術，奢闊無施，而三子閎遠矣。名法之教，任賢考功，期於九列皆得其人，人有其第，官有其位，故劉劭《人物志》、姚信《士緯》作焉。"**其餘雖嫺雅，悉腐談也。自《新語》、《法言》、《申鑒》、《中論》，**《隋志》"儒家"：《新語》二卷，陸賈撰。揚子《法言》十五卷，揚雄撰。《申鑒》五卷，荀悦撰。《中論》六卷，徐幹撰。**爲辭不同，皆以庸言爲故，**《吕氏春秋·本生篇》"以全天爲故"，高誘《注》云："故，事也。"**豈夫可與酬酢，可與右神者乎？**此言《新語》以下諸家皆持論平平，雅而不核，不足與窮物理，贊神化也。《易·繫辭上》曰："是故可與酬酢，可與祐神矣。"韓康伯曰："可以應對萬物之求，助成神化之功也。酬酢，猶應對也。"《正義》曰："言《易》道如此，若萬物有所求，爲此《易》道，可與應答也。祐，助也，《易》道弘大，可與助成神化之功也。"**當魏之末世，晉之盛德，**《易·繫辭下》曰："《易》之興也，其當殷之末世，周之盛德邪？"**鍾會、袁準、傅玄皆有家言，**《隋志》"雜家"有《芻蕘論》五卷，鍾會撰。《傅子》百二十卷，傅玄撰。"儒家"有《袁子正論》十九卷，袁準撰。家言，謂一家之言也。《荀子·大略篇》："此家言邪學之所以惡儒者也。"**時時見他書援引，視荀悦、徐幹則勝。此其故何也？老莊刑名之學逮魏復作，故其言不牽章句，單篇持論，亦優漢世。然則王弼《易例》、**《經典釋文·敍禄》云："弼字輔嗣，山陽高平人，魏尚書郎，年二十四卒。注《易上、下經》六卷，作《易略例》一卷。"按：《易略例》坿見相臺本《易經》，唐邢璹註。**謂其可以經天緯地，探測鬼神。**《經義考》引沈珩曰："輔嗣《明卦》、《明爻》諸篇，舉義明徹，不特掃象占之溺，亦出漢經師訓詁之上。"**魯勝《墨序》**《晉書·隱逸傳》：魯勝字叔時，代郡人，爲著作郎，遷建康令，稱疾去官。其著述爲世所稱，遭亂遺失，惟注《墨辯》存。其《敍》曰："名者，所以别同異，明是非，道義之門，政化之準繩也。孔子曰：必也正名，名不正則事不成。墨子著書，作《辯經》以立名本。惠施、公孫龍祖述其學，以正刑（刑與形通）名顯於世。孟子非墨子，其辯言正辭則與墨同。荀卿、莊周等皆非毀名家，而不能易其論也。名必有形，察形莫如别色，故有堅白之辯。名必有分明，分明莫如有無，故有無序之辯。是有不是，可有不可，是名兩可；同而有異，異而有同，是之謂辯同異。至同無不同，至異無不異，是謂辯同辯異。同異生是非，是非生吉凶，取辯於一物，而原極天下之汙隆，名之至也。自鄧析至秦時名家者，世有篇籍，率頗難知，後學莫復傳習，於今五百餘歲，遂亡絶。《墨辯》有《上》、《下經》，經各有説，凡四篇，與其書衆篇連第，故獨存。今引説就經，各附其章，疑者闕之，又采諸家雜集爲刑名二篇，略解指歸，以俟君子。其或興微繼絶者，亦有樂乎此也。"**裴頠《崇有》**，《晉書》：裴頠，字逸民，司空裴秀少子，官至尚書左僕射。頠深患時俗放蕩，不尊儒術。何晏、阮籍素有高名於世，口談浮虚，不遵禮法。至王衍之徒，聲譽太盛，不以物務自嬰，風教陵遲。乃著《崇有》之論以釋其蔽。其略曰："夫利欲可損，而未可絶有也；事務可節，而未可全無也。蓋有飾爲高談之具者，深列有形之累，盛陳空無之美。形器之累有徵，空無之義難檢；辯巧之文可悦，似象之言足惑。衆聽眩焉，溺其成説，雖頗有異此心者，辭不獲濟，屈于所言。因謂虚無之理，誠不可蓋，一唱百和，往而不反。遂薄綜世之務，賤功利之用，高浮游之業，卑經實之賢。人情所徇，名利從之。於是文者衍其辭，訥者贊其旨。立言藉於虚無，謂之玄妙；處官不親所職，謂之雅遠；奉身散其廉操，謂之曠達。故砥礪之風，彌以陵遲。放者因斯或悖吉凶之禮，忽容止之表，瀆長幼之序，混貴賤之級。甚者至於裸裎褻慢，無所不至，士行又虧矣。夫萬物之有形者，雖生於無，然生以有爲已分，則無是有之所遺者也。故養既化之有，非無用之所能全也，治既有之衆，非無爲之所能修也。心非事也，而制事必由於心，然不可謂心爲無也。匠非器也，而制器必須於匠，然不可謂匠非有也。是以欲收重淵之鱗，非偃息之所能獲也；隕高墉之禽，非静拱之所能捷也。由此而觀，濟有者皆有也，虚無奚益于已有之羣生哉？"（文具本傳，此依《通鑒》省略。）**性與天道，布在文章，**《論語·公冶長篇》，子貢曰："夫子之文章可得而聞也，夫子之言性與天道不可得而聞也。"**賈、董卑卑，**《史記·老莊申韓列傳贊》曰："申子卑卑。"**於是謝不敏焉。經術已不行於王路，**漢末經術極盛。既而天下三分，頻年喪亂，觀魚豢《魏略》謂正始中詔議圜丘，而應書與議者略無幾人。（詳《王肅傳注》）則經學之沈隕久矣。**喪祭尚在，冠昏朝覲猶弗能替舊常，故議禮之文亦獨至。陳壽、賀循、孫毓、范宣、范汪、蔡謨、徐野人、雷次宗者，**壽字承祚，官著作郎。循字彦先，官太常。毓字休朗，官長沙太守。宣字宣子，徵士。汪字玄平，官東陽太守。謨字道明、官司空。徐廣，字野民，避唐諱改"人"，官祕書監。次宗，字仲倫，宋處士。以上諸人議禮之文多見杜氏《通典》及《晉》、《宋書》。**蓋二戴、聞人所不能上。**戴德、戴聖，聞人通漢並見《原經篇》。**施于政事，張裴《晉律》之序，**張裴，《通典·刑二》、《通考·刑三》並引作張斐；《隋志》、《唐志》並作張裴。《御覽·刑法部》同《晉書·刑法志》，曰：武帝泰始三年，賈充等修律令畢，帝親自臨講，使裴楷執讀。四年正月，大赦天下，乃班新律。其後明法掾張裴又注律表上之。其要曰："律始於刑名者，所以定罪制也；終於諸侯者，所以畢其政也。王政布於上，諸侯奉於下，禮樂撫於中，故有三才之義焉。其相須而成，若一體焉。刑名所以經略罪法之輕重，正加減之等差，明發衆篇之多義，補其章條之不足，較舉上下綱領。其犯盜賊詐僞請賕者，則求罪於此。作役、水火、畜養、守備之細事，皆求之作本名。告訊爲之心舌，捕繫爲之手足，斷獄爲之定罪，名例齊其法（依《通典》補）制。自始及終，往而不窮，變動無異，周流四極，上下無方，不離於法律之中也。其知而犯之謂之故，意不以爲然謂之失（'不'字依《通典》補），違忠欺上謂之謾，背信藏巧謂之詐，虧禮廢節謂之不敬，兩訟相趣謂之鬬，兩和相害謂之戲，無變斬（《通典》作'相'）擊謂之賊，不意誤犯謂之過失（《通典》無'失'字），逆節絶理謂之不道，陵上僭貴謂之惡逆，將害未發謂之戕，倡首先言謂之造意，二人對議謂之謀，制衆建計謂之率，不和謂之强，攻惡謂之略，三人謂之羣，取非其物謂之盜，貨財之利謂之贜。凡二十者，律義之較名也。夫律者，當慎其變，審其理。若不承用詔書，無故失之，刑當從贖。謀反之同伍，實不知情，當從刑。此故失之變也。卑與尊鬬皆爲賊。鬥之加兵刃水火中，不得爲戲，戲之重也。向人室盧道徑射，不得爲過，失之禁也。都城人衆中走馬殺人爲賊，賊之似也。過失似賊，戲似鬬，鬬而殺傷傍人又似誤，盜傷縛守似强，盜呵人取財似受賕，囚辭所連似告劾諸勿聽理似故縱，持質似恐猲（《通典》作

'喝')。如此之比,皆爲無常之格也。五刑不簡,正于五罰。五罰不服,正于五過。意善功惡,以金贖之。故律制生罪不過十四等,死刑不過三,徒加不過六,囚加不過五,累作不過十一歲,累笞不過千二百,刑等不過一歲,金等不過四兩,月贖不計日,日作不拘月,歲數不疑閏。不以加至死,並死不復加。不可累者,故有並數。不可並數,乃累其加。以加論者但得其加,與加同者連得其本。不在次者,不以通論。以人得罪與人同,以法得罪與法同。侵生害死,不可齊其防。親疏公私,不可常其教。禮樂崇於上,故降其刑;刑法閑於下,故全其法。是故尊卑敍,仁義明,九族親,王道平也。律有事狀相似而罪名相涉者,若加威勢下手取財爲强盜,不自知亡爲縛守,將中有惡言爲恐猲(《通典》作'喝'),不以罪名呵爲呵人,以罪名呵爲受賕(《通典》作'贓'),劫名(《通典》作'召')其財爲持質。此八者,以威勢得財而名殊者也。即不求自與爲受求所監,求而後取爲盜賊(《通典》作'贓'),輸入呵受爲留難,斂人財物積藏於官爲擅賦,加毆擊之爲戮辱。諸如此類,皆爲以威勢得財而罪相似者也。夫刑者司理之官,理者求情之械,情者心神之使。心感則情動於中而形於言,暢於四支,發於事業,是故奸人心愧而面赤,内怖而色奪。論罪者務本其心,審其情,精其事,近取諸身,遠取諸物,然後乃可以正刑。仰手似乞,俯手似奪,捧手似謝,擬手似訴,拱臂似自首,攘臂似格鬬,矜莊似威,怡悦似福。喜怒憂懼(《通典》作'懼'),貌在聲色;奸貞猛弱,候在視息。出口有言當爲告,下手有禁當爲賊。喜子殺怒子當爲戲,怒子殺喜子當爲賊。諸如此類,自非至精不能極其理也。律之名例,非正文而分明也。若八十非殺傷人他皆勿論,即誣告謀反者反坐;十歲不得告言人,即奴婢捍主,主得謁(《通典》作'喝')殺之;賊燔人廬舍積聚,盜賊贓五匹以上棄市,即燔官府積聚盜亦當與同;歐人教令者與同罪,即令人歐其父母,不可與行者同得重也。若得遺物强取强乞之類,無還贓法,隨例畀之。文法律中諸不敬違儀失式,及犯罪爲公爲私,贓入身不入身,皆隨事輕重取法,以例求其名也。夫理者精玄之妙,不可以一方行也;律者幽理之奥,不可以一體守也。或計過以配罪,或化略不循常,或隨事以盡情,或趣舍以從時,或推重以立防,或引輕而就下。公私廢避之宜,除削重輕之變,皆所以監時觀釁。使用法執銓者,幽於未制之中,采其根牙之微,致之於機格之上,稱輕重於毫銖,考輩類於參伍,然後乃可以理直刑正。夫奉聖典者,若操刀執繩,刀妄加則傷物,繩妄彈則侵直,梟首者惡之長,斬刑者罪之大,棄市者死之下,髡作者行之威,贖罰者誤之誡。王者立此五刑,所以實君子而逼小人。故爲敕慎之經,皆擬《周易》,有變通之體焉。欲令提綱而大道清,舉略而王法齊,其旨遠,其辭文,其言曲而中,其事肆而隱。通天下之志,唯忠也;斷天下之疑,唯文也;切天下之情,唯遠也;彌天下之務,唯大也;變無常體,唯理也。非天下之賢聖,孰能與於斯?夫形而上者謂之道,形而下者謂之器,化而裁之謂之格。刑殺者,是冬震曜之象;髡罪者,似秋彫落之變;贖失者,是春陽悔吝之疵也。五刑成章,輒相依準,法律之義焉。"**裴秀地域之圖**,《晋書·裴秀傳》:秀字季彦,河東聞喜人，官至司空。以《禹貢》山川地名從來久遠，多有變易，後此説者或彊牽引，漸以暗昧。於是甄摘舊文，作《禹貢地域圖》。其《序》曰："圖書之設，由來尚矣。自古立象垂制而賴其用，三代置其官，國史掌厥職。既漢屠咸陽，丞相蕭何盡收秦之圖籍。今秘書既無古之地圖，又無蕭何所得，惟有漢氏輿地及括地諸雜圖，各不設分率，又不考準望，亦不備載名山大川，雖麤形皆不精審，不可依據，或荒外迂誕之言，不合事實，於義無取。大晉龍興，混一六合，以清宇宙，始於庸蜀，冞入其阻。文皇帝乃命有司撰訪吴蜀地圖。蜀土既定，六軍所經，地域遠近，山川險易，征路迂直，校驗圖記，罔或有差。今上考《禹貢》山海川流，原隰陂澤，古之九州，及今之十六州郡國縣邑，疆界鄉陬，及古國盟會舊名、水陸徑路，爲地圖十八篇。制圖之體有六焉：一曰分率，所以辨廣輪之路也；二曰準望，所以正彼此之體也；三曰道里，所以定所由之數也；四曰高下，五曰方邪，六曰迂直，此三者各因地而制宜，所以校夷險之異也。有圖象而無分率，則無以審遠近之差；有分率而無準望，雖得之於一隅，必失之於他方；有準望而無道里，則施之於山海隔絶之地，不能以相通；有道里而無高下方邪迂直之校，則徑路之數必與遠近之實相違，失準望之正矣。故以此六者參而考之，然遠近之實定於分率，彼此之實定於道里，度數之實定於高下方邪迂直之筭。故雖有峻山鉅海之隔，絶域殊方之迴，登降詭曲之因，皆可得舉而定者。準望之法既正，則曲直遠近，無以隱其形也。"**其辭往往陵轢二漢。由其法守，朝信道矣，工信度矣。**《孟子·離婁篇》:“上無道揆也,下無法守也,朝不信道,工不信度。”及齊梁猶有繼迹者,而嚴整差弗逮。夫持論之難,不在出入風議,《小雅·北山》云“或出入風議”,《箋》云:“風猶放也。”臧否人羣,《大雅·抑》云“未知臧否”。《世説·德行篇》:“晉文王稱阮嗣宗至慎,未嘗臧否人物。”獨持理議禮爲劇。《後漢書·曹世叔妻傳》“不辭劇易”,《註》:“劇猶難也。”出入風議,臧否人羣,文士所優爲也。持理議禮,非擅其學莫能至。自唐以降,綴文者在彼不在此。觀其流勢,洋洋纚纚,《韓非子·難言篇》:“言順比滑澤,洋洋纚纚,然則見以爲華而不實。”即實不過數語。又其持論不本名家,外方陷敵,内則亦以自僨,《禮記·大學篇注》云:“僨猶覆敗也。”惟劉秩、沈既濟、杜佑,《唐書》:秩字祚卿,知幾子也,官至閬州刺史,著《政典》。既濟,蘇州吴人,楊炎執政,薦既濟有良史才,召拜左拾遺,史館修撰。佑字君卿,京兆萬年人,德宗宰相。先是劉秩摭百家,侔周六官法,爲《政典》三十五篇,房琯稱才過劉向。佑以爲未盡,因廣其闕,参益新禮爲二百篇,自號《通典》。奏之,優詔嘉美,儒者服其書約而詳。差無盈辭。《後漢書·班彪傳》:“故其書刊落不盡,尚有盈辭。”持理者,獨劉、柳論天爲勝,柳宗元《天説》略曰:“韓愈謂柳子曰:今人有疾痛、倦辱、饑寒甚者,因仰而呼天曰:殘民者昌,佑民者殃!又仰面呼天曰:何爲使至此極戾也?若是者,舉不能知天。夫果蓏既壞，蟲生之；血氣敗逆爲癰痔，蟲生之；木朽而蝎中，草腐而螢飛，是豈不以壞而後出耶？物壞，蟲由之生；元氣陰陽之壞，人由而生。蟲之生而物益壞。其有能去之者，有功於物者也；繁而息之者，物之讎也。吾意有能殘斯人便日薄歲削，禍元氣陰陽者滋少，是則有功於天地者也；蕃而息之者，天地之讎也。今人不能知天，故爲是呼且怨也。吾意天聞其呼且怨，則有功者受賞必大矣，其禍焉者受罰必大矣。柳子曰：子誠有激而爲是耶？彼天地元氣陰陽雖大，無異果蓏癰痔草木也。假而有能去其攻穴者，是物也，其能有報乎？蕃而息之者，其能有怒乎？天地，大果蓏也；元氣，大癰痔也；陰陽，大草木也，其烏能賞功而罰禍乎？子而信子之仁義以游其內，生而死爾，烏置存亡得喪於果蓏、癰痔、草木耶？”劉禹錫《天論》曰：“世之言天者二道焉。拘於昭昭者曰：天與人實影響。泥於冥冥者曰：天與人實相異。余之友柳子厚作《天説》，蓋有激而云，非所以盡天人之際。故余作《天論》，以極其辯云：大凡入形器者，皆有能有不能。天，有形之大者也。人，動物之尤者也。天之能，人固不能也；人之能，天亦有所不能也。故余曰：天與人交相勝爾。其説曰：天之道在生植，其用在强弱；人之道在法制，其用在是非。人之能勝乎天者，法也。法大行，則是爲公是，非爲公非。天下之人，蹈道必賞，違善必罰，故其人曰：天何預乃事耶？法小弛則是非駁，賞不必盡善，罰不必盡惡。故其人曰：彼宜然而信然，理也。彼不當然而固然，豈理耶？天也。法大弛則是非易位，賞恒在佞而罰恒在直，義不足以制其彊，刑不足以勝其非，人之能勝天之實盡喪矣。夫實已喪而名徒存，彼昧者方挈挈然提無實之名，欲抗乎言天者，斯數窮矣。故曰天之所能者，生萬物也；人之所能者，治萬物也。天恒執其所能以臨乎下，非有預乎治亂云爾；人恒執其所能以仰乎天，非有預乎寒暑云爾。生乎治者人道明，咸知其所自，故德與怨不歸乎天；生乎亂者人道昧不可知，故由人者舉歸乎天，非天預乎人爾。"又曰："夫旅者羣適乎莽蒼，求休乎茂木，飲乎水泉，必彊有力者先焉，斯非天勝乎？羣次乎邑郛，求陰於華榱，飽於餼牢，必聖且賢者先焉，斯非人勝乎？苟道乎虞芮，雖莽蒼猶郛邑然；苟由乎匡宋，雖郛邑猶莽蒼然。是一日之途，天與人交相勝矣。吾固曰：是非存焉，雖在野，人理勝也；是非亡焉，雖在邦，天理勝也。然則天非務勝乎人者也。何哉？人不宰則歸乎天也。人誠務勝乎天者也。何哉？天無私，故人可務乎勝也。或者曰：若是，則天之不相預乎人也信矣。古之人曷引天爲？答曰：若知操舟乎？夫舟行乎濰淄伊洛者，疾徐存乎人，次舍存乎人。風之怒號，不能鼓爲濤也；流之泝洄，不能峭爲魁也。適有迅而安，亦人也；適有覆而膠，亦人也。舟中之人，未嘗有言天者，何哉？理明故也。彼行乎江、河、淮、海者，疾徐不可得而知也，次舍不可得而必也。鳴條之風可以沃日，車蓋之雲可以見怪。恬然濟，亦天也；黯然沉，亦天也；阽危而僅存，亦天也。舟中之人未嘗有不言天者，何哉？理昧故也。問者曰：吾見其駢焉而濟者，風水等爾，而有沈有不沈，非天曷司歟？答曰：水與舟，二物也。夫物之合並，必有數存乎其間焉。數存，然後勢形乎其間焉。一以沈，一以濟，適當其數，乘其勢爾。本乎徐者其勢緩，故人得以曉也；本乎疾者其勢遽，故難得以曉也。彼江、海之覆，猶伊、淄之覆也，勢有疾徐，故有不曉爾。問者曰：子之言數存而勢生，非天也，天果狹於勢耶？答曰：天形恒圓而色恒青，周回可以度得，晝夜可以表候，非數之存乎？恒高而不卑，恒動而不已，非勢之乘乎？今夫蒼蒼然者，一受其形於高大，而不能自還於卑小；一乘其氣於動用，而不能自休於俄頃，又惡能逃乎數而越乎勢耶？吾固曰：萬物之所以爲無窮者，交相勝而已矣，還相用而已矣。天與人，萬物之尤者爾。問者曰：天果以有形而不能逃乎數，彼無形者，子安所寓其數耶？答曰：若所謂無形者，非空乎？空者，形之希微者也，爲體也不妨乎物，而爲用也恒資乎有，必依於物而後形焉。今爲室廬而高厚之形藏乎内也，爲器用而規矩之形起乎内也。音之作也有大小，而響不能踰；表之立也有曲直，而影不能踰，非空之數歟？夫目之視，非能有光也，必因乎日月火炎而後光存焉。所謂晦而幽者，目有所不能燭爾。彼狸狌犬鼠之目，庸謂晦爲幽耶？吾固曰：以目而視，得形之粗者也；以智而視，得形之微者也。烏有天地之内有無形者耶？古所謂無形，蓋無常形爾。必因物而後見爾，烏能逃乎數耶？”又曰：“大凡入乎數者，由小而推大必合，由人而推天亦合。以理揆之，萬物一貫也。倮蟲之長，爲智最大，能執人理，與天交勝，用天之利，立人之紀。紀綱或壞，復歸其始。堯舜之書，首曰稽古，不曰稽天；幽厲之詩，首曰上帝，不言人事。在舜之庭，元凱舉焉，曰舜用之，不曰天授；在殷高宗，襲亂而興，心知説賢，乃曰帝賚。堯民之餘，難以神誣；商俗已訛，引天而毆。由是而言，天預人乎?"其餘並廣居自恣之言也。《孟子·滕文公下》云："居天下之廣居。"宋又愈不及唐，濟以譁讀。《廣雅·釋訓》云："讀皥，啁欺也。"近世或欲上法六代，然上不窺六代學術之本，惟欲厲其末流。江統《徙戎》，見《晉書·江統傳》。陸機《辯亡》，干寶《晉紀》，並見《文選》。以爲駿極不可上矣。自餘能事，盡於送往事居，不失倨侮。以甄名理，則僻違而無類；《荀子·非十二子》曰："甚僻違而無類。"以議典憲，則支離而不馴。余以爲持誦《文選》，不如取《三國志》、《晉書》、《宋書》、《弘明集》、《通典》觀之，縱不能上窺九流，猶勝於滑澤者。《廣雅·釋言》云："滑，澤也。"嘗與人書道其利病曰：文生於名，名生於形。《春秋繁露·深察名號篇》云："鳴而命施謂之名。"鄭玄注《周禮·外史》、《論語·子路》並云："古曰名，今曰字。"是名即字也。累字以成文，故曰文生於名矣。《莊子·天地篇》云："物生成理謂之形。"形成而名立，故曰名生於形矣。形之所限者分，名之所稽者理。《淮南子·本經篇》云"各守其分"，高誘《注》云："分猶界也。"《韓非子·解老篇》云："理者，成物之文也。"分理明察，《説文敘》云："見鳥獸蹏迒之迹，知分理之可相别異也。"謂之知文。小學既廢，則單篇摦落；小學既廢，則用字不精。辭不足以盡情，名不足以指實，故摦落也。摦者，昭二十一年《左傳》云

"大者不㧓",《注》云:"横大不入。"《莊子·逍遥游》云"則瓠落無所容",《釋文》簡文《注》:"猶廓然也。"瓠與㧓同。㧓落疊韻連語。**玄言日微,故儷語華靡。**江左文士猶以名理相尚,其後惟侈華辭,子論深美之言希矣。**不竱其本,以之肇末,**《齊語》云"比綴以度,竱本肇末",韋《注》:"竱,等也,肇,正也。謂先等其本,以正其末。"**人自以爲楊劉,家相譽以潘陸,何品藻之容易乎?**品謂評論,藻謂藻飾也。《法言·重黎篇》:"或問左氏,曰品藻。"《世説新語》有《品藻門》。**僕以下姿,智小謀大,謂文學之業窮於天監。**天監,梁武帝年號。**簡文變古,志在《桑中》,**《南史·梁簡文紀》謂帝辭藻艷發,博綜羣言,然傷於輕靡,時號宫體。論曰:簡文文明之姿,禀乎天授,宫體所傳,且變野朝。《鄘風·桑中序》云:"《桑中》,刺奔也。"**徐、庾承其流化。**《北周書·庾信傳》云:父肩吾,爲梁太子中庶子。東海徐擒爲左衛率,擒子陵及信並爲抄撰學士,父子在東宫既有盛才,文並綺艷,故世號爲徐庾體。《隋書·文學傳序》曰:"自大同以後,徐陵、庾信分路揚鑣,而其意淺而繁,其文匿而采。"唐杜確《岑嘉州集序》曰:"梁簡文帝及庾肩吾之屬,始爲輕浮綺靡之辭,名曰宫體。自後沿襲,務爲妖豔焉。"**平典之風,於兹沫矣。**鍾嶸《詩品序》云:"孫、許、桓、庾,平典似道德論,建安之風盡矣。"**燕、許有作,方欲上攀秦漢。**張説封燕國公,蘇頲封許國公,並詳《唐書》。姚鉉《唐文粹序》曰:"張燕公以輔相之才,專撰述之任,雄辭逸氣,聳動羣聽。蘇許公繼以宏麗,丕變習俗。”逮及韓、吕、柳、權、獨孤、皇甫諸家。韓愈、吕温、柳宗元、權德輿、獨孤及、皇甫湜,並詳《唐書》。劣能自振,議事確質不能如兩京,辯智宣朗不能如魏晉。晚唐變以譎詭,兩宋濟以浮夸,斯皆不足邵也。《法言·重黎篇》“賢皆不足邵也”,李軌《注》云:“邵,美也。”《説文》云:“邵,高也。”將取千年朽蠹之餘,反之正則,雖容甫、申耆,汪中、李兆洛,皆法六代爲儷語者。猶曰采浮華,棄忠信爾。皋文、滌生,張惠言、曾國藩,皆法八家爲散文者。尚有諼言,《漢·藝文志》《注》:“諼,詐言也。”慮非修辭立誠之道。夫忽略名實,則不足以説典禮;浮辭未翦,則不足以窮遠致。言能經國,詘於籩豆有司之守;忽略名實,故言之成理而不能持之有故,所謂作史不能成書志,屬文不能兼疏證,蓋文家蔽此者多矣。《論語·泰伯篇》云:“籩豆之事,則有司存。”德音孔膠,《小雅·隰桑》云“德音孔膠”,《傳》云:“膠,固也。”不達形骸智慮之表。故篇章無計薄之用,文辯非窮理之器。鄭樵《通志序》云:“江淹有言,修史之難,無出於志,誠以志者,憲章之所繫,非老於典故,不能爲也。”按:典禮之文每易失之繁碎,故曰“篇章無計薄之用”也。曾國藩《與吴敏樹書》云:“古文之道,無施不可,但不宜説理耳。”按:性道之文每易失之繳繞,故曰“文辯非窮理之器”也。彼二短者,僕自以爲絶焉,所以塊居獨處,《荀子·性惡篇注》:“塊然獨處之貌。”

不欲奇羣彦之數也。《易·説卦》云:"參天兩地而倚數",《周禮·媒氏注》引,"倚"作"奇"。**如繇者一二耆秀,皆浮華交會之材,**曹操《與孔融書》:"撫養戰士,殺身爲國,破浮華交會之徒,計有餘矣。"**譁世取寵之士,**《漢·藝文志》:"苟以譁世取寵。"**嘘枯吹生之文,**《後漢書·鄭太傳》:"孔公緒清談高論,嘘枯吹生。"章懷《注》云:"言談論有所抑揚。"**非所謂文質彬彬者也。**《論語·雍也篇》云:"質勝文則野,文勝質則史,文質彬彬然後君子。"**故曰:亡而爲有,虚而爲盈,約而爲泰,難乎有恒矣。**原注:以上與人書。〇按:"亡而爲有"四句並《論語·述而篇》文。以上《與鄧實書》。時上海有人爲《五十家文鈔》,以章氏次其間,故論以自别云爾。**或言今世慕古人文辭者,多論其世,唐宋不如六代,六代不如秦漢。今謂持論以魏晉爲法,上遺秦漢,敢問所安。曰:夫言亦各有所當矣。**《禮記·祭義》云:"夫言豈一端而已哉? 夫各有所當也。"**秦世先有韓非、黄公之倫,**《漢志》"名家"有《黄公》四篇,《注》云:"名疵,爲秦博士,作歌詩在秦時歌詩中。"**持論信善,及始皇並六國,其道已隘。自爾及漢,記事韻文,後世莫與比隆,然非所及於持論也。漢初,儒者與縱横相依,逆取則飾游談,順守則主常論;游談恣肆而無法程,常論寬緩而無攻守。**自秦始皇帝統一六國,焚書殺士,百家皆絀。及漢有天下,文學復興,記事若談遷父子之史,韻文若賈、馬、淵、雲之賦，蘇、李、枚、叔之詩，皆所謂後世莫與此隆者也。然漢初儒者，若陸賈、酈食其、賈誼之屬，皆承戰國餘風，學兼縱横。觀其立言，驚聽回視，則恣爲煒煒譎誑之辭；正誼明道，則習於恢廓平庸之説。以言持論精覈，窮極攻守，固無以上攀先秦，下儕魏晉爾。**道家獨主清静，求如《韓非·解老》已不可得。**漢世爲黄老者衆矣，大氐清静自守，所謂不在多言，然而玄理之説亦不以競。**《淮南鴻烈》又雜神仙辭賦之言。其後經師漸與陰陽家並，而議論益多牽制矣。漢論著者莫如《鹽鐵》，**鼂氏《讀書志》曰："《鹽鐵論》十卷，漢桓寬撰。按班固曰：所謂鹽鐵議者，起始元中，徵文學賢良問以治亂，皆對願罷郡國監鐵酒榷均輸，務抑末，毋與天下爭利，然後教化可興。御史大夫弘羊以爲此乃所以安邊境，制四夷，國家大業，不可廢也。當時相詰難，頗有其議。至宣帝時，桓寬次公治《公羊春秋》，舉爲郎，至廬江太守丞，博通善屬文，推衍鹽鐵之議，增廣條目，極其論難，著數萬言，亦欲以究治亂成一家之法焉，凡十六篇。"高似孫《子略》曰："漢制近古，莫古乎議。國有大事，詔公卿列侯二千石議郎雜議。是以廟議匈奴，議捐朱厓，而石渠論經亦有議，皆所謂詢謀僉同者也。班氏一贊，專美乎此。然觀一時論議，其所問對，非不伸異見，騁異辭，亦無有犖然大過人者。"**然觀其駁議，御史大夫、丞相史言此，而文學賢良言彼，不相剴切；有時牽引小事，攻劫無已，則論已離其宗。或有卻擊如駡，侮弄如嘲，故發言終日，**

而不得所凝止。《荀子·王制篇》云"好假道人,而無所凝止也",楊《注》:"凝,定也。"其文雖博麗哉,以持論則不中矣。董仲舒《深察名號篇》,見《春秋繁露》。略本孫卿,本《荀子·正名篇》。爲已條秩,然多傅以疑似之言。原注:如王有五科:皇科、方科、匡科、黄科、往科。君有五科:元科、原科、權科、温科、羣科。雖以聲訓,傅會過當。惜乎劉歆《七略》,其六録於《漢志》,而《輯略》俄空焉。《法言·問神篇》云:"昔之説《書》者序以百,而《酒誥》之篇俄空焉。"不然,歆之謹審權量,《論語·堯曰篇》:"謹權量,審法度。"斯有倫有脊者也。《小雅·正月篇》"維號斯言,有倫有脊",《傳》云:"倫,道;脊,理也。"《檢論·徵七略》曰:"自班氏爲十《志》,多本子駿,其法式具在。及隋遂有舊事、儀制、刑法、地理諸目,皆自子駿啓之。鄭君有言:教者開發頭角而弗洞達,則受之者其思深。非子駿孰與知此乎?"又曰:"竊省《春秋》,孫卿以爲亂術(原注:《解蔽篇》,《注》:亂,雜也),《法言》亦云《左氏》品藻(原注:《重黎》)。衆庶曰品(原注:《説文》),雜采曰藻(原注:《玉藻》《注》)。劉氏比輯百家,方物斯志,其善制割,綦文理之史也。今漢籍見存者,獨有王充,不循俗迹,恨其文體散雜,非可諷誦。高氏《子略》曰:"《論衡》敍天證,敷人事,析物類,道古今,大略如仲舒《玉杯》、《繁露》,而其文詳,詳則義莫能覈而精,辭莫能肅而括,幾於蕪且雜矣。"其次獨有《昌言》而已。魏晉之文,大體皆埤於漢,埤與卑同。獨持論仿佛晚周。

氣體雖異，要其守己有度，伐人有序，襄二十九年《左傳》曰："節有度，守有序。"和理在中，《莊子·繕性篇》云："知與恬交相養，而和理出其性。"嵇康《養生論》曰："和理日濟，同乎大順。"孚尹旁達，《禮記·聘義篇》云："孚尹旁達，信也。"鄭《注》："孚讀爲浮。尹讀如竹箭之筠。浮筠，謂玉采色也。采色旁達，不有隱翳，似信也。"可以爲百世師矣。然今世能者，多言規摹晉宋，惟汪中説《周官·明堂篇》，汪中《述學·内篇》有《周官徵文》、《釋媒氏文》、《明堂通釋》諸篇。類似禮家，阮元已不相逮。阮元《揅經室集》有《明堂論》諸篇。至於甄辨性道，極論空有，《後漢書·西域傳論》："詳其清心釋累之訓，空有兼遣之宗，道書之流也。"章懷《注》云："不執著爲空，執著爲有。"沈約《内典序》云："伏膺空有之説，博綜兼忘之書。"概乎其未有聞焉。《莊子·天下篇》云："概乎皆嘗有聞者也。"典禮之學近世有餘，名言之言近世最短。以其短者施之論辨，徒爲繳繞，無所取材。《漢書·司馬遷傳》"名家苛察繳繞"，如淳曰："繳繞，猶纏繞也。"《論語·公冶長篇》："由也好勇過我，無所取材。"謙讓不宣，固其慎也。長者亦不能自發舒，若凌廷堪《禮經釋例》，可謂條理始終者，江藩《漢學師承記》："凌廷堪，字次仲，一字仲子，歙人也。肄經邃於《士禮》，披文摘句，尋例析辭，聞者冰譯。著《禮經釋例》十三卷。"《釋例·自序》略謂："《儀禮》委曲繁重，不得其經緯塗徑，雖上哲亦苦其難。苟得之，中材可勉焉。經緯徑塗之謂何？例而已矣。不會通其例，一以貫之，衹厭其膠葛重複而已，烏覩所謂經緯塗徑者哉？於是區爲八類：曰《通例》上下二卷，曰《飲食之例》上中下三卷，曰《賓客之例》一卷，曰《射例》一卷，曰《變例》一卷，曰《祭例》上下二卷，曰《器服之例》上下二卷，曰《雜例》一卷，共爲卷十三。至於第十一篇，自漢以來，説者雖多，由不明尊尊之旨，故罕得經意。乃爲《封建尊尊服制考》一篇，附於《變例》之後。不別立宫室之例者，宋李氏如圭《儀禮釋宫》已詳故也。"**及爲儷辭，文體卑近，**廷堪有《棱禮堂文集》，頗存規摹六代之作。**無以自宣其學。斯豈非崇信文集，異視史書之過哉？然今法六代者，下視唐宋；慕唐宋者，亦以六代爲靡。夫李翺、韓愈局促儒言之間，**李、韓持論皆不離於儒家者流。柳子厚略近名家，又通釋典。此其所以異也。**未能自遂。權德輿、吕温及宋司馬光輩略能推論成敗而已，**德輿、温持論略見《唐文粹》。司馬光論即載《通鑑》中。**歐陽修曾鞏好爲大言，汗漫無以應敵，斯持論最短者也。**自明道之説倡自退之，其後文家相習，自尊其説慮無不言道者，此所謂大言汗漫是也。包世臣《與揚季子論文書》曰："有爇繹前人名作，摘其微疵，抑揚主義，以尊己見，所謂蠹生於木而反食其木。又或尋常小文，强推大義。二者之弊，王、曾爲多。夫事無大小，苟能明其始末，究其義類，皆足以成至文。固不必悉本忠孝，攸關國家也。"此説宋人之敝，其意略同。**若乃蘇**

軾父子，則佞人之籛籛者。《莊子·在宥篇》云："而佞人之心翦翦者，又奚足以語至道。"郭、司馬並云："翦翦，善辯也。"李云："淺短貌。"按：籛籛與翦翦同。亦即諓諓，文十二《公羊傳》曰"諓諓善竫言"，《解詁》云："諓諓，淺薄之貌。"此言蘇氏持論，騁其才辯，足耀觀聽，而實多不中檢柙也。章氏《訄書》有《學蠱篇》，亦深斥歐、蘇淫文破典，謂修之烈令嫥己者不學而自高賢，軾也使人跌逿而無主。凡此皆矯枉之言也。**凡立論欲其本名家，不欲其本縱横，儒言不勝，而取給于氣矜，**氣矜猶氣勢也，《韓策》：聶政死，其姊視之曰："勇哉，氣矜之隆。是其軼賁育而高成荆矣。"**游豮怒特，蹂稼踐蔬。**《後漢書·朱穆傳》引《絶交論》："游豮蹂稼，而莫之禁也。"《秦本紀正義》引《録異傳》云："武都郡立怒特祠，是大梓牛神也。"《説文》："朴特，牛父也。"**卒之數篇之中，自爲錯牾，古之人無有也。法晉宋者知其病徵，宜思有以相過，而專務温藉，**《漢書·酷吏傳》"義縱治敢往，少温藉"，師古曰："少温藉，言無所含容也。"**詞無芒刺。甲者譏乙，則曰鄭聲；**《論語·衛靈公篇》："放鄭聲。"此謂慕唐宋者以六代爲靡也。**乙者譏甲，又云常語。**此謂法六代者下視唐宋也。**持論既莫之勝，何怪人之多言乎？**《鄭風·將仲子》云："畏人之多言。"**夫雅而不核，**雅而不核，謂其辭典雅，而失之廓落也。《説文》："覈，實也。考事襾笮，邀遮其辭，得實曰覈。"覈通作核。**近于誦數，**誦數，猶誦説也。

《荀子·勸學篇》云:"誦數以貫之。"漢人之論吐言安雅,時引《詩》、《書》,故曰近於誦數。《韓非子·難言篇》云:"時引《詩》《書》,道法往古,則見以爲誦。"**漢人之短也。廉而不節,**廉而不節,謂其辭廉利而無節制也。《荀子·不苟篇》云"廉而不劌,"楊倞《注》云:"廉,棱也。"**近于彊鉗,**《荀子·解蔽篇》云:"案彊鉗而利口。"**肆而不制,近于流蕩,清而不根,近于草野,**《漢書·嚴助傳》:"朔皋不根持論,上頗俳優畜之。"《韓非子·説難篇》云:"慮事廣肆,則曰草野而倨侮。"此言肆而不制,謂其辭放恣而無度量;清而不根,謂其辭清潔而無依據。唐宋之論,或悍言以自衛,或漫衍而無歸,或空疏而鮮理,此其所短也。**唐宋之過也。有其利無有病者,莫若魏晉。然則依放典禮,辯其然非,非涉獵書記所能也。**言必專精其學而後能爲之也。《漢書·賈山傳》"涉獵書記不能爲醇儒",師古曰:"涉若涉水,獵若獵獸,言歷覽之不專精也。"**循實責虚,**陸機《文賦》云:"課虚無以責有。"**本隱之顯,**《史記·司馬相如傳·贊》:"太史公曰:《春秋》推見至隱,《易》本穩以之顯。"**非徒竄句游心于有無同異之間也。**原注:如王守仁《與羅欽順書》云:"格物者,格其心之物,格其意之物,格其知之物。正心者,正其物之心。誠意者,誠其物之意。致知者,致其物之知。"此種但是辭句繳繞,文義實不可通。後生有效此者,則終身爲絶物矣。○按:此言有無同異,即辭句反覆繳繞之謂也。《莊子·駢拇篇》曰:"駢於辯者,竄句游心於堅白同異之間。"司馬云:"竄句,謂穿鑿文句。"效唐宋之持論者,利其齒牙;效漢之持論者,多其記誦,斯已給矣。效魏晉之持論者,上不徒守文,何休《公羊序》曰:"斯豈非守文持論,敗績失據之過哉?"下不可禦人以口,《論語·公冶長篇》云"禦人以口給",皇侃《疏》云:"禦猶對也。給,捷也。言佞者口辭對人捷給無實。"必先豫之以學。

文章之部行于當官者,謂一切上達下行之公文也。云當官者,文十年《左傳》曰:"當官而行,何彊之有?"其原各有所受:奏、疏、議、駁近論,詔、册、表、檄、彈文近詩。近論故無取紛綸之辭,《史記·司馬相如傳》曰:"紛綸威蕤。"近詩故好爲揚厲之語。《禮記·樂記》云:"發揚蹈厲之已蚤。"漢世作奏,莫善乎趙充國,充國《陳兵利害書》、《屯田奏》並詳本傳。探籌而數,辭無枝葉。晉世杜預議考課,《晉書·杜預傳》:預字元凱,京兆杜陵人。泰始中,守河南尹。受詔爲黜陟之課,略云(以下依《通鑑》):"古者黜陟,擬議於心,不泥於法。末世不能紀遠,而專求密微,疑心而信耳目,疑耳目而信簡書。簡書愈繁,官方愈僞。魏氏考課,即京房之遺意,其文可謂至密。然失於苛細,以違本體,故歷代不能通也。豈若申唐堯之舊制,取大捨小,去密就簡,俾之易從也。夫曲盡物理,神而明之,存乎其人。去人而任法,則以文傷理。莫若委任達官,各考所統,歲第其人言其優劣。如此六載,主者總集采案其言。六優者超擢,六第者廢免,優多劣少者平敍,劣多優少者左遷。其間所對不鈞,品有難易，主者固當準量輕重微加降殺，不足曲以法盡也。其有優劣徇情，不叶公論者，當委監司隨而彈之。若令上下公相容過，此爲清議大頹，雖有考課之法，亦無益也。”**劉毅議罷九品中正**，《晉書·劉毅傳》：毅字仲雄，東萊掖人。武帝時，官尚書左僕射。以魏立九品，權時之制，未見得人，乃上疏曰（以下依《通鑑》）：“今立中正，定九品，高下任意，榮辱在手，操人主之威福，奪天朝之權勢。公無考校之負，私無告訐之忌。用心百態，營求萬端。廉讓之風滅，爭訟之俗成。竊爲聖朝恥之。蓋中正之設，於損政之道有八。高下逐彊弱，是非隨興衰，一人之身，旬日異狀，上品無寒門，下品無勢族，一也。置州都者，本取州里清議，咸所歸服，將以鎮異同，一言議也；今重其任而輕其人，使駁違之論橫於州里，嫌讎之隙結於大臣，二也。本立格之體，爲九品者謂才德有優劣，倫輩有首尾也；今乃使優劣易地，首尾倒錯，三也。陛下賞善罰惡，無不裁之以法，獨置中正，委以一國之重，曾無賞罰之防，又禁人不得訴訟，使之縱橫任意，無所顧憚，諸受枉者抱怨積直，不獲上聞，四也。一國之士，多者千數，或流徙異邦，或取給殊方，面猶不識，况盡其才，而中正知與不知，皆當品狀，采譽于臺府，納毁於流言，任己則有不識之蔽，聽受則有彼此之偏，五也。凡求人才，欲以治民也，今當官著效者，或附卑品，在官無績者更獲高敍，是爲抑功實而隆空名，長浮華而廢考績，六也。凡官不同人，事不同能，今不狀其才之所能，而但第爲九品，以品取人，或非才能之所長，以狀取人，則爲本品之所限，徒結白論，而品狀相妨，七也。九品所下不彰其罪，所上不列其善，各任愛憎，以植其私，天下之人，焉得不懈德行而鋭人事，八也。由此論之，職名中正，實爲姦府；事名九品，而有八損。古今之失，莫大於此。愚臣以爲宜罷中正，除九品，棄魏氏之敝法，更立一代之美制。”**范甯議土斷**，《晉書·范甯傳》：甯字武子，安北將軍汪之子也。孝武帝時，爲豫章太守。上疏陳時政，略曰：“昔中原喪亂，流寓江左，庶有旋反之期，故許挾注本郡。自爾漸久，人安其業。今宜正其封疆，以土斷人户，明考課之科，修閭伍之法。難者必曰：‘人各有桑梓，俗自有南北，一期屬户，長爲人隸，君子則有土風之概，小人則懷下役之慮。’斯誠並兼者之所執，而非通理者之篤論也。古者失地之君猶臣所寓之主，列國之臣亦有違適之禮。且今普天之人原其氏出，皆隨世遷移，何至於今而獨不可？凡荒郡之人，星居東西，而舉召役調，期會差違，輒至嚴坐，人不堪命。今荒小郡縣皆宜並合，不滿五千户不得爲郡，不滿千户不得爲縣。守宰之任宜得清平之人。頃者選舉惟以卹貧爲先，雖制有六年，而富足便退。又郡守長吏牽置無常，或兼臺職，或帶府官。夫府以統州，州以監郡，郡以莅縣。如令互相領帖，則是下官反爲上司，賦調役使，無復節限。且牽曳百姓，營起廨舍，東西流遷，人人易處，文書簿籍少有存者。先之室宇皆爲私家，後來新官復應修立。其爲弊也，胡可勝言！又方鎮去官皆割精兵器仗，以爲送故，米布之屬不可稱計。送兵多者至千餘家，少者數十户。既力人私門，復資官廪布。兵役既竭，枉服良人。若是功勳之臣，則已享裂土之祚，豈應封外復置吏兵乎！謂送故之格宜爲節制，以三年爲斷。夫人性無涯，奢儉由勢。今並兼之士亦多不贍，非力不足以厚身富家，是得之有由而用之無節也。官制謫兵不相襲代。頃者小事便以補役，一愆之違，辱及累世，户口減耗，亦由於此。皆宜料遣，以全國信。禮，十九爲長殤，以其未成人也。今以十六爲全丁，十三爲半丁，所任非復童幼之事。豈可傷天理，困百姓，乃至此乎！今宜修禮文，以二十爲全丁，十六至十九爲半丁，則人無夭折，生長滋繁矣。”**孔琳之議錢幣**，《晉書·食貨志》曰：“安帝元興中，桓玄輔政，立議欲廢錢用穀帛。孔琳之議曰：“《洪範》八政，貨爲食次，豈不以交易所資，爲用之至要者乎？若使百姓用力於爲錢，則是妨爲生之業，禁之可也。今農自務穀，工自務器，各隸其業，何當致勤於錢。故聖王製無用之貨，以通有用之財，既無毁敗之費，又省難運之苦，此錢所以嗣功龜貝，歷代不廢者也。穀帛爲寶，本充衣食，分以爲貨，則致損甚多，又勞毁於商販之手，耗棄於割截之用。此之爲弊，著自於曩。故鍾繇曰：巧僞之人，競濕穀以要利，制薄絹以充資。魏世制以嚴刑，弗能禁也。是以司馬芝以爲用錢非徒豐國，亦所以省刑。錢之不用，由於兵亂積久，自致於廢，有由而然，漢末是也。今既用而廢之，則百姓頓亡其利。今括囊天下之穀，以周天下之食，或倉廩充溢，或糧靡並儲，以相資通，則貧者仰富。致富之道，實假於錢，一朝斷之，便爲棄物。是有錢無糧之人，皆坐而飢困，以此斷之，又立弊也。且據今用錢之處，不以爲貧，爲穀之處，不以爲富。又人習來久，革之必惑。《語》曰：利不百，不易業。况用錢便於穀耶！魏明帝時錢廢，穀用既久，不以便於人，乃舉朝大議。精才達政之士莫不以宜復用錢，下無異情，朝無異論。彼尚舍穀帛而用錢，足以明穀帛之弊著於已誠也。世或謂魏氏不用錢久，積累巨萬，故欲行之，利公富國，斯殆不然。晉文後舅犯之謀，而先成季之信，以爲雖有一時之勳，不如萬世之益。于時名賢在列，君子盈朝，大謀天下之利害，將定經國之要術。若穀實便錢，義不昧當時之近利，而廢求用之通業，斷可知矣。斯實由困而知革，改而更張耳。近孝武之末，天下無事，時和年豐，百姓樂業，穀帛殷阜，幾乎家給人足，驗之實事，錢又不妨人也。頃兵革屢興，荒饉薦及，飢寒未振，實此之由。公既援而拯之，大革視聽，弘敦本之教，明廣農之科，敬授人時，各從其業，游蕩知反，務末自休，同以南畝競力，野無遺壤矣。於此以往，將升平必至，何衣食之足卹！愚謂救弊之術，無取於廢錢。"《南史·孔琳之傳》：琳之字彦琳，會稽山陰人也。桓玄輔政爲太尉，以爲西閤祭酒。**皆可謂綜覈事情矣。然王充于漢獨稱谷永，**見《文學總略篇》。**谷永之奏猶似質不及文，**詳見《漢書》。**而獨爲後世宗，總之不離平徹者近是。**陸機《文賦》曰："奏平徹而閑雅。"王闓運《王志》曰："奏施君上，故必氣平理徹。"《史記·五帝本紀·贊》曰："總之不離古文者近是。"**《典論》云："奏議宜雅，書論宜理。"**見《文選》。**亦得其辜較云。**《孝經》云"蓋天子之孝也"，《正義》："案《孔傳》云：蓋者，辜較之辭。劉炫云：辜較猶梗概也。"**若夫詔書之作，自文景猶近質，武帝以後時稱《詩》**

《書》，潤色鴻業，始爲詩之流矣。班固《兩都賦序》："以興滅繼絶，潤色鴻業。"又曰："賦者，古詩之流也。"武帝册三王，上擬《尚書》。武帝册封齊王閎、燕王旦、廣陵王胥，見《史記·三王世家》。至潘勗册魏公，爲枚賾《尚書》本。潘勗字元茂，作《册魏公九錫文》，其辭句規摹經典，見《文選》。李善注之，凡引《尚書》三十餘條，其不在二十八篇者，即枚賾僞《書》所本。晉以下代用其律，自魏以後，凡帝位禪代，必先加九錫，其册文規摹經典，皆用潘氏之格也。比于《崧高》、《韓奕》，徒無韻耳。册九錫文主於頌美，故比於《崧高》、《韓奕》。二詩並見《大雅》，《序》並云："尹吉甫美宣王也。"漢氏表以陳情，與奏議異用，《文心雕龍·章表篇》云："漢定禮儀，則有四品：一曰章，二曰奏，三曰表，四曰議。章以謝恩，奏以按劾，表以陳情，議以執異。"若《薦禰衡》、《求自試》諸篇，並見《文選》。文皆琛麗煒曄可觀。《爾雅·釋言》："琛，寶也。"《釋文》引舍人曰："美寶曰琛。"《後漢書·西域傳贊》云："土物琛麗。"陸機《文賦》云："説煒曄而譎誑。"蓋秦漢間上書，如李斯《諫逐客》、鄒陽《獄中上梁孝王》已然。並見《文選》。其後别名爲表，至今尚辭，無取陳數，亦無韻之《風》也。彈文始不可見，任昉、沈約詆人罪狀，言在法外。《文選》載任彦昇《奏彈曹景宗》一首、《奏彈劉整》一首，沈休文《奏彈王源》一首。劉以寡嫂訴薄，王以嫁女求利，皆法所不問也。蓋自宋世荀伯子善彈文，醜詞巧詆，辱及祖禰。《宋書·荀伯子傳》："爲御史丞，凡所奏劾，莫不深相謗毁，或延及祖禰，示其切直。又頗雜嘲戲，故世人以此非之。"詩之惡惡，莫如《巷伯》，《小雅·巷伯》序云："刺《幽王》也。寺人傷於讒，故作是詩也。"《禮記·緇衣》曰"惡惡如《巷伯》"，鄭云："《巷伯》六章曰：'取彼譖人，投畀豺虎；豺虎不食，投畀有北；有北不受，投畀有昊。'此其惡惡欲其死亡之甚也。"然猶戮及其身。今指斥及于腐骨，其疾惡甚于詩人矣。《文選》不録奏、疏、議、駁，徒有書、表、彈文之流，爲其文之著也。《禮記·中庸》曰："《詩》曰'衣錦尚絅'，惡其文之著也。"檄之萌芽，在張儀檄楚相，徒述口語，不見緣飾。《史記·張儀傳》：張儀既相秦，爲文檄告楚相曰："始吾從若飲，我不盜爾璽，若笞我。若善守汝國，我顧且盜爾城。"及陳琳、鍾會以下，陳琳有《爲袁紹檄豫州》、《檄吴將部曲》二文，鍾會有《檄蜀文》，並載《文選》。專爲恣肆。顔竣檄元凶劭，其父延之覽書而知作者，《宋書·顔延之傳》："元凶弒立，以爲光禄大夫。先是，子竣爲世祖南中郎諮議參軍。及義師入討，竣參定密謀，兼造書檄。劭召延之，示以檄文，問曰：'此筆誰所造？'延之曰：'竣之筆也。'又問：'何以知之？'延之曰：'竣筆體臣不容不識。'劭又曰：'言辭何至乃爾？'延之曰：'竣尚不顧老父，何能爲陛下？'劭意乃釋。"亦無韻之賦也。大氐近論者取于名，近詩者取于縱橫。

其當官奮筆一也，而風流所自有殊。嵇康《琴賦序》曰："歷世才士並爲之賦頌，其體制風流，莫不相襲。"李善《注》引《淮南子》曰："晚世風流俗敗禮義廢。"仲長子《昌言》："乘此風，順此流而下走，誰復能爲此限者哉！"沈約《宋書·謝靈運傳論》："周室既衰，風流彌著"，《注》曰："如風之散，如水之流也。"**覽文者觀於《文選》之有無，足以知其好尚異也。**

國故論衡疏證中之六

辨　詩

此篇廣論一切韻文，而名以"辨詩"者，以詩有廣狹二義。若從廣義，則有韻者皆詩之流，與文畫界即在於此。今人或連綴俚辭，盡廢聲韻，而自以爲詩，蓋失其本。章君嘗答人書，持論闢之，略謂："詩之有韻古今無所變，惟《周頌》有數首似無韻者，則以古詩用韻錯綜無定，若以孔氏《詩聲類》法求之，仍非無韻也。來書疑僕所論衹問形式，不論精神。夫文辭之體甚多，而形式各異，非求之形式，則彼此無以爲辨。形式已定，乃問其精神耳，非能脱然於形式也。又言女子不著裙，不失爲女子，詩無韻，亦不失爲詩。所引非其例。女子自然之物，不以著裙得名；詩乃人造之物，正以有韻得名，不可相喻。又疑《百家姓》等雖有韻，不得爲詩。不知以狹義言，詩之名則限於古今體詩，旁及賦與詞曲而止耳；以廣義言，凡有韻者皆詩之流，箴誄哀詞悉入詩類。《百家姓》者，昉於宋人《姓氏急就篇》，其源則史游《急就篇》開之，臚列事物，比而成句，編排各句，合而成韻。《百家姓》然，醫方歌括亦然。

以工拙論，詩人或不爲；以體裁論，亦不得謂非詩之流也。”又曰：“中國無無韻之詩，苟取歐美偶有之事爲例，此亦歐美人之紕漏耳，何足法焉？”

《春官》：瞽矇“掌九德、六詩之歌”。九德，謂九功之德也。文七年《左傳》曰：“九功之德，皆可歌也，謂之《九歌》。六府、三事，謂之九功。水、火、金、木、土、穀，謂之六府；正德、利用、厚生，謂之三事。”六詩，謂風、賦、比、興、雅、頌，見《周禮·大師》、《詩大序》。**然則詩非獨六義也，猶有九歌。其隆也，**《荀子·禮論篇》“以隆殺爲要”，楊倞云：“隆，豐厚也。”按：此言隆者，謂恢廓其封域，猶言廣義也。**官箴占繇皆爲詩。**襄九年《左傳》：“辛甲之爲太史也，命百官官箴王闕。”《儀禮·少牢饋食禮注》：“吉凶之占繇。”**故《詩序》《庭燎》稱箴，《沔水》稱規，《鶴鳴》稱誨，《祈父》稱刺，**《小雅序》云：“《庭燎》，美宣王也，因以箴之。《沔水》，規宣王也。《鶴鳴》，誨宣王也。《祈父》，刺宣王也。”**明詩外無官箴。《辛甲》諸篇悉在古詩三千之數矣。**《漢志》“道家”有《辛甲》二十九篇。《史記·孔子世家》：“古者《詩》三千餘篇，及至孔子，去其重，取可施於禮義，上采契、后稷，中述殷周之盛，至幽厲之缺，始於衽席，故曰《關雎》之亂以爲《風》始。《鹿鳴》爲《小雅》始，《文王》爲《大雅》始，《清廟》爲頌始。三百五篇孔子皆弦歌之，以求合《韶》《武》《雅》《頌》之音。”《詩譜序正義》曰：“如《史記》之言，則孔子之前詩篇多矣。案書傳所引之詩，見在者多，亡逸者少，則孔子所録，不容十分去九。馬遷言古詩三千餘篇，未可信也。"《檢論·六詩説》曰："九德六詩，校今《風》《雅》《頌》五倍。《風》《雅》《頌》已三百篇，復尚有見删者，五倍之則千五百篇以上也。是十五流以外。六代之樂，九夏之舞，又當依其節奏，和其聲容，以爲歌曲，兼諸官箴、容經、弟子職、醮祭之詞，凡有韻者，悉亦詩之陪貳。《周官》瞽矇言諷誦詩，世奠繫。杜子春曰：世奠繫，謂帝繫、諸侯卿大夫世本之屬也。小史主次序先王之世，昭穆之繫，述其德行。瞽矇主誦詩，並誦世繫，以勸戒人君。世繫可誦，宜如《急就章》道姓名，次爲韻語，亦詩之流也。從是推之，言古詩三千餘篇，尚省略矣。"**《詩賦略》録《隱書》十八篇**，王應麟《漢志考證》曰："《文心雕龍·諧讔篇》：讔者隱也，遯詞以隱意，譎譬以指事也。至東方曼倩，尤巧辭述。《晉語》有秦客廋辭於朝。《新序》：齊宣王發隱書而讀之。"**則東方朔、管輅射覆之辭所出。**詳《漢書》及《魏志》。**又《成相雜辭》者**，《漢志》云：《成相雜辭》十一篇。王應麟《考證》曰："《荀子·成相篇注》：蓋亦賦之流也。"淮南王亦有《成相篇》，見《藝文類聚》。**徒役送杵**，《禮記·曲禮篇》云"鄰有喪，舂不相"，鄭《注》曰："相謂送杵聲。"**其句度長短不齊**，見《荀子》。**亦悉入録。揚搉道之**，《文選·魏都賦注》引許慎《淮南子注》曰："搉，揚搉略也。"**有韻者皆爲詩，其容至博。其殺也**，《荀子·禮論篇注》云："殺，減降也。"按：此言殺者，謂降減其封域，猶言狹義也。**孔子删《詩》，求合於《韶》《武》，比賦興不可歌，因以被簡。**原注：其詳在

《六詩説》。○按:《六詩説》謂比賦興各自有主名區處,不與四始相拏。《藝文志》曰:"不歌而誦謂之賦。"《韓詩外傳》説孔子游景山上曰:"君子登高必賦。"子路、顔淵各爲諧語,其句讀參差不齊。次有屈、荀諸賦,篇章閎肆。此則賦之爲名,文繁而不可被管絃,其事比于簡閲甲兵,簿録車乘貴其多陳臚,而聲歌依詠鮮用,故周樂與《三百篇》皆無賦矣。比者,辨也,凡龒事治具,《周官》言比、庀,漢世言辯、辨,其聲相轉。自伏戲有《駕辨》,夏后啓乃有《九辨》、《九歌》,晚周宋玉猶儀刑之。其文亦肆,不被管弦,與賦同,故周樂與《三百篇》皆無比矣。興者,《周官》字爲廞。《大師》:"大喪,帥瞽而廞作匶謚",鄭君曰:"廞,興也,興言王之行,謂諷誦其治功之詩。故書'廞'爲'淫'。"鄭司農云:"淫,陳也,陳其生時行迹爲作謚。"瞽矇諷誦詩,鄭君曰:主謂廞作柩謚時也,諷誦王治功之詩以爲謚。此爲興與誄相似,亦近述贊,則詩之一術已。誄或時無韻,興無韻者。亦或取以稱説天官,張衡爲《靈憲》作興(見《續漢書·天文志注》)。古者讀誄觀象皆太史之守,故其文通曰興。觀象者既不可歌,王侯衆多,誄述不可徧觀,又亦不益教化,故周樂與《三百篇》皆無興矣。按:此説比賦興别立新義,又謂各有區處,則詩之封域始擴,古詩三千篇之説乃可通也。**屈原、孫卿諸家爲賦多名。孫卿以《賦》、《成相》分二篇,題號已别;然《賦篇》復有"佹詩"一章,**《荀子·賦篇》云"天下不治,請陳佹詩",楊倞云:"佹異激切之詩。"**詩與賦未離也。漢惠帝命夏侯寬爲樂府令,**

及武帝采詩夜誦，《漢書·禮樂志》："周有《房中樂》，至秦名曰《壽人》。高祖樂楚聲，故《房中樂》楚聲也。孝惠二年，使樂府令夏侯寬備其簫管，更名曰《安世樂》。至武帝乃立樂府，采詩夜誦，有趙代秦楚之謳。"**其辭大備。《七略》序賦爲四家，其歌詩與之別。漢世所謂歌詩者，有聲音曲折可以弦歌，**原注：如《河南周歌聲曲折》七篇，《周謡歌詩聲曲折》七十五篇是也。○並詳《藝文志》。**故《三侯》、《天馬》諸篇，太史公悉稱詩，**《史記·樂書》："高祖過沛詩《三侯之章》，令小兒歌之。至今上即位，嘗得神馬渥洼水中，復次以爲《太一之歌》。後伐大宛得千里馬，馬名蒲梢，次作以爲歌，歌詩曰"云云。**蓋樂府外無稱歌詩者。自韋孟《在鄒》，至《古詩十九首》以下，**韋孟詩見《漢書·韋賢傳》。《十九首》見《文選》。**不知其爲歌詩邪，將與賦合流同號也？**詩有聲音曲折，即在樂府，是謂歌詩。其無聲音曲折，即與徒誦之賦同流。顧漢人之詩往往互見樂府，十九首中，《驅車上東門篇》即在《樂府雜曲歌辭》，《人生不滿百篇》見晉樂《西門行》。則十九首非必不可歌也，但在當時嘗被簫管以否，無以定之。**要之，《七略》分詩賦者，本孔子删《詩》意：不歌而誦，故謂之賦；**《漢志》云："誦其言謂之詩，詠其聲謂之歌。"又曰："傳曰：不歌而誦謂之賦。"**叶於簫管，故謂之詩。其他有韻諸文漢世未具，亦容附於賦録。古者大司樂以樂語教國子，**《春官·大司樂》："以樂語教國子,興道諷誦言語。"**蓋有韻之文多矣。有古爲小名而今爲大,古爲大名而今爲小者。**一名之義,其所攝持,有古小而今大者,亦有古大而今小者,所謂名無固宜是已。《周語》曰:**"公卿至列士獻詩,瞽獻曲,史獻書,師箴,矇誦。"**以上《周語》。**瞽、師、瞍矇皆掌聲詩,**《春官·序官注》鄭司農云:"無目眹謂之瞽,有目眹而無見謂之矇,有目無眸子謂之瞍。"**即詩與箴一實也。故自《虞箴》既顯,**襄四年《左傳》,《虞人之箴》曰:"芒芒禹迹,畫爲九州,經啓九道,民有寢廟,獸有茂草,各有攸處,德用不擾。在帝夷羿,冒于原獸,忘其國恤,而思其麀牡,武不可重,用不恢于夏家。獸臣司原,敢告僕夫。"**揚雄、崔駰、胡廣爲官箴,氣體文旨皆弗能與《虞箴》異。**《漢書·揚雄傳》曰:"箴莫善於《虞箴》,作《州箴》。"《後漢書·胡廣傳》:"初,揚雄依《虞箴》作《十二州二十五官箴》,其九箴亡闕,後涿郡崔駰及子瑗又臨邑侯劉騊駼增補十六篇,廣復繼作四篇,文甚典美。乃悉撰次首目,爲之解釋,名曰《百官箴》,凡四十八篇。"按:諸家箴文並見《古文苑》,嚴可均《全漢文》所考尤詳備。**蓋規箴誨刺者其義,詩爲之名。後世特以箴爲一種,與詩抗衡,此以小爲大也。**箴本詩之一義,後遂別於詩而特立,附庸而爲敵國,故曰以小爲大。**賦者,六義之一家。《毛詩傳》曰;"登高能賦,可以爲大夫。"**《毛詩·定之方中傳》曰:"建邦能命龜,田能施命,作器能銘,使能造命,升高能賦,師旅能誓,山川能説,喪紀能誄,祭祀能語。君子能此九者，可謂有德音，可以爲大夫也。"《漢志》"升高"作"登高"。**登高孰謂，謂壇堂之上，揖讓之時。**《詩正義》云："升高能賦者，謂升高有所見，能爲詩賦其形狀，鋪陳其事勢也。"按：《正義》以"升高"爲泛指登涉，然《傳》文復有"山川能説"，將無複歟？章君以壇堂揖讓説之，則九事介然有辨，此義殊勝。**賦者孰謂，謂微言相感。歌詩必類，**《漢志》曰："古者諸侯卿大夫交接鄰國，以微言相感，當揖讓之時，必稱詩以諭其志，蓋以别賢不肖而觀盛衰焉。故孔子曰：不學詩，無以言也。"襄十六年《左傳》："晉侯與諸侯宴于温，使諸大夫舞，曰：歌詩必類。"杜預《注》："歌古詩，當使各從義類。"**故九能有賦無詩，明其互見。漢世賦爲四種，而詩不過一家，此又以小爲大也。**原注：誄文有韵者古亦似附詩類。漢《北海相景君銘》"乃作誄曰"，後有"亂曰"，則誄亦是詩。**銘者自名，**《禮記・祭統》云："夫鼎有銘。銘者自名也，自名以稱揚其先祖之美，而著之後世者也。"鄭《注》："銘謂書之刻之以識事者也。自名，謂稱揚其先祖之德，著己名於下。"**器有題署，若士卒揚徽，**昭二十一年《左傳》："揚徽者，公徒也。"杜《注》："徽，識也。"**死者題旌，**《禮記・檀弓下》云："銘，明旌也，以死者爲不可别已，故以其旗識之，愛之斯録之矣。"**下及楬木以記化居，**《尚書・臯陶謨》云"懋遷有無化居"，孫星衍《疏》云："化即古貨字。古布以化爲貨。居者，積貯之名也。"**落馬以示毛物，**《莊子・秋水篇》"落馬首"，"落"蓋借爲"烙"。《周禮・校人》云："辨六馬之屬：種馬一物，戎馬一物，齊馬一物，道馬一物，田馬一物，駑馬一物。”賈《疏》云：“六者皆有毛物不同，故皆以物言之。”《小雅·六月》云“比物四驪”，《傳》云：“物，毛物也。”**悉銘之屬。揚雄自言“作繡補、靈節、龍骨之銘詩三章”，**《古文苑·揚雄答劉歆書》：“作繡補、靈節、龍骨之銘詩三章，成帝好之。”章、樵注云：“繡補，疑是裀褥之類，加繡其上。靈節，靈壽杖也。《漢書注》：木似竹，有枝節，長不過八九尺，圍三四寸，自然合杖制。龍骨，水車也，禁苑中或用以引水。”**又比詩類。今世專以金石韻文爲銘，**銘之義所賅至廣，如上所說，物有題署，斯謂之銘矣。如揚雄言，則又與詩爲類。其在金石自不以有韻爲限。黄宗羲《金石要例》曰：“墓誌無銘者，蓋敍事即銘也。昌黎張圓之誌云敍次其族世名字事始終，而銘曰云云。蓋所謂誌銘者，通一篇而言之，非以敍事屬誌，韻語屬銘。”又曰：“《正考父鼎銘》、《比干銅盤銘》、《漢滕公石室銘》，此有韻之銘也。孔子銘季子墓、《孔悝鼎銘》，此無韻之銘也。”（以上黄説）然則今人專以金石韻文爲銘，繆矣。**此以大爲小也。九歌者，與六詩同列。水、火、金、木、土、穀，謂之六府。正德、利用、厚生，謂之三事。**説見上文。**此則山川之頌，**董仲舒有《山川頌》，見《春秋繁露》。**江海之賦，**郭璞《江賦》、木華《海賦》，並見《文選》。**皆宜在九歌。後世既以題名爲異，九歌獨在屈賦，爲之陪屬，**《漢志》“屈原賦二十五篇”，《九歌》在其中。**此又以大爲小也。**《漢志》“雜賦”中有《雜山陵水泡雲氣雨旱賦》，《雜禽獸六畜昆蟲賦》,《雜器械草木賦》,是皆利用厚生之事,則爲九歌所屬,故曰大也。**且文章流别,今世或緐於古,亦有古所恒睹今隱没其名者。夫宫室新成則有發,**原注:見《檀弓》。○按:《檀弓下》曰:"晉獻文子成室,晉大夫發焉。張老曰:美哉輪焉,美哉奂焉。歌於斯,哭於斯,聚國族於斯。"鄭《注》:"諸大夫亦發禮以往。"**喪紀祖載則有遣,**原注:《既夕禮》有讀遣之文。○按:《既夕禮》云:"公史自西方東面,命母哭,主人主婦皆不哭,讀遣。"鄭《注》:"公史,君之典禮書者。遣者,入壙之物。君使史來讀之,成其得禮之正以終也。"**告祀鬼神則有造,**原注:見《春官·大祝》。○按:《大祝》云:"掌六祈以同鬼神,二曰造。"鄭《注》:"故書'造'作'竈'。杜子春讀竈爲造次之造,書亦或爲'造'。造祭於祖也。"**原本山川則有説。**原注:見《毛詩傳》。**斯皆古之德音,後生莫有繼作,其題號亦因不著。《文章緣起》所列八十五種,至於今日,亦有廢弛不舉者。**"五"當作"四"。《文章緣起》,梁任昉撰。其《序》云"凡八十四題",今録目如下:三言詩、四言詩、五言詩、六言詩、七言詩、九言詩、賦、歌、離騷、詔、策文、表、讓表、上書、書、尉賢良策、上疏、啓、奏記、牋、謝恩、令、奏、駁、論、議、反騷、彈文、薦、教、封事、白事、移書、銘、箴、封禪書、讚、頌、序、引、志録、記、碑、碣、誥、誓、露布、檄、明文、樂府、對問、傳、上章、解嘲、訓、辭、旨、勸進、喻難、誡、弔文、告、傳贊、謁文、祈文、祝文、行狀、哀策、哀頌、墓誌、誄、悲文、祭文、哀詞、挽詞、七離合詩、連珠、篇、歌詩、遺命、圖、勢、約。**夫隨事爲名，則巧歷或不能數；**巧歷見《原經篇》。**會其有極，**《周書·洪範》曰："會其有極，歸其有極。"**則百名而一致者多矣。**《史記·太史公自序》："《易大傳》：天下一致而百慮。"**謂後世爲序録者，當從詩賦略改題樂語，凡有韻者悉著其中。庶幾人識原流，名無棼亂者也。**《周禮》所謂樂語即諸韻文也。徒誦不歌，宜歸於賦；被之絃管，則附於詩。以是爲齊，則原流較然别矣。

論辯之辭綜持名理，久而愈出，不専以情文貴，後生或有陵轢古人者矣。韻語代益陵遲，今遂塗地，由其發揚意氣，故感概之士擅焉。聰明思慧，去之則彌遠。詩者，本乎性情，因其政俗，感於中而形於外者也。蓋昔老聃有言，辯者不善。莊周亦謂：外重内拙，思慮徇通，而利害奪其志，文教漸漬，而哀樂失其真。故覈理或前疏而後精，言情則古長而今短。然則韻語之代益陵遲，不亦宜乎？美人柯克斯者，深心知化之士也。嘗爲文研論美術，以謂各種美術之中，其憑藉正確之知識，與科學有相同之性質者，即有進步之可能；而其表現人之心胸與靈魂者，則美術之偉大，恃乎心胸與靈魂之偉大，即無進步之可能，或竟與進步相背趨。又曰：進步之證據求之詩歌，則尤難焉，若荷馬、但丁、喬塞、莎士比亞諸家，卓絶恒蹊，後世罕逮。故若以詩歌代表美術，則吾人不得不斷美術爲退化。蓋詩歌者，固有一飛厲天，自此之後，終不能復其故處者矣。（見《學衡》二十七期）此言亦平實切物理，足與章説相明。至晉世葛洪，乃謂風雅之作尚不若漢晉辭賦。（詳《抱朴子·鈞世篇》）彼以世人一切之見，尊古卑今，故有斯談耳。顧以賦擬詩，已非其例，此爲矯弊救偏之過言，諒非兼權孰計之公論也。**《記》稱《詩》之失愚，**《禮記·經解篇》"《詩》之失愚"，鄭《注》："失謂不能節其教者也。《詩》敦厚近愚。"又《淮南·泰族篇》亦云。**以爲不愚固不能詩。夫致命遂志，**《易·困象》曰："澤無水，困，君子以致命遂志。"**與金鼓之節相依，是故史傳所記，文辭陵厲，精爽不沬者，若荆軻、項羽、李陵、魏武、劉琨之倫，非奇材劍客，**《漢書·李陵傳》：陵叩頭自請曰："臣所將屯邊者，皆荆楚勇士，奇材劍客也。"**則命世之將帥也。由商周以訖六代，其民自貴，感物以形於聲，餘怒未渫，**班固《東都賦》云："馬踠餘足，士怒未渫。"《説文》："渫，除去也。"**雖文儒弱婦，皆能自致；至於哀窈窕，思賢材，**子夏《詩序》云："哀窈窕，思賢材。"**言辭温厚，而蹈厲之氣存焉。**孔子删《詩》，斷自《商頌》。自此以還，中更戎狄之禍屢矣，惟其民氣激揚，知耻有勇，故種姓賴以不墜。感物造端，言多壯美。蓋古之學者，讀書擊劍，業成而武節立，故司馬相如能論荆軻。（語見《檢論·儒俠篇》）其在婦人，若班姬、蔡琰、徐淑之屬，辭情淒婉，而不若後世之靡靡，則時代爲之也。《檢論·道微篇》曰："漢之時，民氣鱻果，少不快意，而忼慨自到者相踵。就不自殺，則金刃加乎敵讎矣。太史公言死有重於太山，或輕於鴻毛，遠引西伯、淮陰、彭越、絳侯之倫，以自解説。時人既輕死，又以志業未就，當含垢蒙耻而爲之，亦惟在漢世故。"（以上《檢論》）由是言之，文辭深厚，後世莫逮，固俗尚致之。**及武節既衰，**《漢書·武帝紀》云："躬秉武節。"張衡《東京賦》云："武節是宣。"**馳騁者至於絶臏，**《史記·秦本記》"王與孟説舉鼎，絶臏"，《正義》："臏，脛骨也。"**猶弗能企。故中國廢興之際，樞於中唐，**《檢論·本兵篇》曰："禮教者，優於草昧，未擬于至文也。禮教益息，文辯益盛。而懷殺之心衰，其政又一于共主，民有老死不見兵革者。唐雖置府兵，其民固弗任，故有征役悲痛之詩；又設重法，諸臨軍征討而巧詐以避征役，若有校試，以能爲不能。以故有所稽乏者，以乏軍興論。此皆漢世所未嘗睹。非漢善作戰而唐弗善也，唐之去戰國益遠也。"**詩賦亦由是不競。五季以降，雖四言之銘且拱手謝不敏，豈獨采詩可以觀政云爾。**此言采詩非獨知政而已，國勢盛衰，民氣剛柔，亦得於是焉決之。《葑漢微言》嘗論之曰："觀世盛衰者，讀其文章辭賦，而足以知一代之性情。西京彊盛，其文應之，故雄麗而剛勁。東京國力少衰，而文辭亦視昔爲弱，然樸茂之氣尚存，所謂壯美也。三國既分，國力乍挫，訖江左而益弱，其文安雅清妍，所謂優美也。唐世國威復振，兵力遠届，其文應之，始自燕、許，終有韓、吕、劉、柳之倫，其語瑰瑋，其氣駬奘，則與兩京相依。逮宋積弱，而歐、曾之文應之，其意氣實與江左相似，不在文章奇耦之閒也。明世外强中乾，弱不至如江左、兩宋，强亦不能如漢、唐，七子應之，欲法秦漢，而終有絶臏之患。元、清以外夷入主,兵力亦盛,而客主異勢,故夏人所爲文,猶優美而非壯美。是故文辭剛柔,因世盛衰,雖才美之士,亡以自外。古者陳詩以觀民風,《詩》亡然後《春秋》作,次《春秋》而有《史記》。《史記》者,通史也。鼂錯、仲舒之對策,賈太傅之陳奏,太史皆删剟不録,而於屈、賈、相如諸傳,獨存辭賦。誠以諸奏對者,被時持世之言;而辭賦本于性情,其芳臭氣澤之所被,足以觀世質文,見人心風俗得失,則棄彼取此矣。此即孔子删《詩》之志,又非有遠識者不能爲也。"按:此節雖泛論文事,其於辭賦古詩之流蓋尤致意,最足與本章相發,故略引之。**太史公曰:"兵者,聖人所以討彊暴,平亂世,夷險阻,救危殆。自含血戴角之獸,見犯則校,而況於人。懷好惡喜怒之氣,喜則愛心生,怒則毒螫加,情性之理也。故六律爲萬事根本,其於兵械尤所重。"**《史記·律書》文。《索隱》曰:"夫推歷生律制器,規圜矩方,權重衡平,準繩嘉量,探賾索隱,鉤深致遠,莫不用焉,是萬事之根本也。《易》稱'師出以律',是於兵械尤重也。"《正義》曰:"劉伯莊云:吹律審聲,聽樂知政,師曠審歌,知晉楚之彊弱,故云兵家尤所重。"又《律吕新書》云:"黄鐘九寸,空圓九分,積八百一十分,是爲律本。十一律由是損益,度量權衡亦於是受法焉。蓋黄鐘之長九十横黍,以爲分寸尺丈引,則曰度,而物之短長不差毫釐。黄鐘之容千二百黍,以爲龠合升斗斛,則曰量,而物之多寡不失圭撮。黄鐘所容千二百黍之重,以爲銖兩斤鈞石,則曰權衡,而物之輕重不爽忽微。蓋得其本而物自不能外也。”此言六律爲萬事根本，其文甚明。《春官·大師》“執同律以聽軍聲而詔吉凶”，二鄭引《武王兵書》及師曠事説之。又《六韜·五音篇》、《五行大義》引《黄帝兵決》，皆説審音知敵之事。古兵家蓋有此術，後世無傳焉。然即詩歌所發，猶可以考其盛衰也。**自中唐以降者，死聲多矣。**襄十八年《左傳》：“南風不競，多死聲。”**長子帥師，弟子輿尸，**《易·師》六五爻辭。**相繼也。今或欲爲國歌，竟弗能就。抗而不墜，則暴慢之氣從之矣；尨而無守，則鄙倍之辭就之矣。**《禮記·樂記》：“故歌者上如抗，下如墜。”《周禮·牧人》“用尨可也”，杜子春曰：“謂雜色不純。”《論語·泰伯》：“動容貌，斯遠暴慢矣；出辭氣，斯遠鄙倍矣。”**余以爲古者禮樂未興，則因襲前代，**禮樂未興，則因襲前代。《洛誥疏》引鄭《注》、《公羊·隱五年》何氏《解詁》、《漢書·禮樂志》並有其説。《白虎通·禮樂篇》曰：“王者始起何用正民？以爲且用先代之禮樂。天下太平，乃更制作焉。”**漢《郊祀歌》有《日出入》一章，**《漢書·禮樂志·郊祀歌》曰：“日出入安窮？時世不與人同。故春非我春，夏非我夏，秋非我秋，冬非我冬。泊如四海之池，徧觀是邪謂何？吾知所樂，獨樂六龍，六龍之調，使我心若。訾黄其何不來下！”**其聲熙熙，**襄二十九年《左傳》：“爲之歌《大雅》，曰：‘廣哉熙熙乎。’”**悲而不傷，詞若游仙，乃足以作將帥之氣，雖《雲門》、《大卷》弗過也。**《周禮·大司樂》“舞《雲門》、《大卷》”，鄭《注》：“黄帝樂曰《雲門》、《大卷》。”**以是爲國歌者，賢於自作遠矣。**

語曰：在心爲志，發言爲詩。並見《詩·大序》。**此則吟詠情性古今所同，而聲律調度異焉。魏文侯聽今樂則不知倦，古樂則卧。**見《禮記·樂記篇》。**故知數極而遷，雖才士弗能以爲美。**吟詠情性，古今詩人之所同也。至於四五七言之遷貿，古律絶句之演變，此所謂乘時代興，使民不倦者。蓋自飾僞萌生，歌詠斯發，作者所期，亦期以致怨慕，宣鬱湮而已耳。及夫體制既成，施用益廣，其始也簡微，其卒也閎肆，或以述事，或以明理，無不於此制發之，非獨攄寫情性而已。六義九德，無所不施，人事鬼道，無所不和，竭天下之才力以從事，極之於其所往，而一體之勢盡矣。其勢既盡，則雖有能者，不見觀美，故曰“數極而遷，雖才士弗能以爲美也”。顧炎武曰：“《三百篇》之不能不降而《楚辭》，《楚辭》之不能不降而漢魏，漢魏之不能不降而六朝，六朝之不能不降而唐也，勢也。”又曰：“詩文之所以代變，有不得不變者，一代之文，沿襲既久，不容人人皆道此語也。”（《日知録》二十一）王國維曰：“四言敝而有《楚辭》，《楚辭》敝而有五言，五言敝而有七言，古詩敝而有律絶，律絶敝而有詞。蓋文體通行既久，染指遂多，自成習套，豪傑之士，亦難於其中自出新意，故遁而作他體，以自解脱。一切文體所以始盛終衰者，皆由於此。故謂文學後不如前，余未敢信，但就一體論，則此説固無易也。”（《人間詞話》）其言與章君若合符節矣。**《三百篇》者，四言之至也。在漢獨有韋孟，**見上。

已稍淡泊。下逮魏氏，樂府獨有《短歌》、《善哉》諸行爲激卬也。此謂樂府中四言詩也，見《樂府詩集》。自王粲而降，王粲有《贈蔡子篤》、《贈士孫文始》、《贈文叔良》四言，見《文選》。作者抗志欲返古初，其辭安雅，《荀子·榮辱篇》："譬之越人安越，楚人安楚，君子安雅。"而惰弛無節者衆，若束晳之《補亡詩》，見《文選》。視韋孟猶登天。嵇、應、潘、陸亦以楛窳，《史記·五帝本紀》："河濱器皆不苦窳。"《荀子·議兵篇》楊《注》："窳，器病也。楛，濫惡，謂不堅固也。"嵇康有《幽憤詩》、《贈秀才入軍》，應貞有《晉武帝華林園集詩》，潘岳有《關中詩》、《爲賈謐作贈陸機》，陸機有《皇太子讌玄圃宣猶堂有令賦詩》、《短歌行》、《答賈謐》、《贈馮文羆》、《還斥丘令》、《贈潘尼》，皆四言詩，見《文選》。"悠悠太上，民之厥初"。應貞《晉武帝華林園集詩》。"於皇時晉，受命既固"。潘岳《關中詩》。蓋庸下無足觀。非其材劣，固四言之勢盡矣。漢世郊祀房中之樂，有三言七言者，並見《漢書·禮樂志》。其辭閎麗詄蕩，《郊祀歌》云"天門開，詄蕩蕩"，如淳曰："詄讀如迭，詄蕩蕩，天體堅清之狀也。"不本《雅》《頌》，而聲气若與之呼召。其風獨五言爲善。古者學詩有大司樂瞽宗之化，《春官·大司樂》："掌成均之法，以治建國之學政，而合國之子弟焉。凡有道者，有德者，使教焉。死則以爲樂祖，祭於瞽宗。"《注》："鄭司農云："瞽，樂人，樂人所共宗也。或曰:祭於瞽宗,祭於廟中。《明堂位》曰:瞽宗,殷學也。泮宫,周學也。以此觀之,祭於學宫中。”**在漢則主情性。往者《大風》之歌、《拔山》之曲,**並見《史記》。**高祖、項王未嘗習蓺文也,然其言爲文儒所不能舉。蘇李之徒結髮爲諸吏騎士,未更諷誦,**並見《漢書》。**詩亦爲天下宗。及陸機、鮑照、江淹之倫,擬以爲式,終莫能至。**蘇李之詩見於《文選》、《玉臺新詠》。王闓運曰:“漢初有詩,即分兩派,枚、蘇寬和,李陵清勁。自後五言莫能外之。”(《王志》)然自《文心雕龍》(《明詩篇》)、《詩品》皆論李陵,而不及蘇武。東坡《答劉沔書》,乃謂李陵、蘇武贈别長安,詩有江漢之語,而蕭統不悟。洪容齋又言“獨有盈觴酒”“盈”字觸諱(《容齋隨筆》)。則並疑蘇李矣。世人多從其説,謂皆後生擬作。考之六朝文家,自《文心》、《詩品》外,顔延年謂李陵善篇,有足悲者(《庭誥》);蕭子顯謂少卿才骨,難與爭騖(《南齊書》);江淹《雜體》亦擬《從軍》(擬李都尉《從軍》一首);庾信賦辭,並言蘇李(《哀江南賦》、《趙國公集序》)。然則蘇李之傳久矣。盛唐以來,杜子美曰:“李陵、蘇武是吾師。”(《解悶》)韓退之曰:“蘇李首更號。”(《薦士》)元微之曰:“蘇子卿、李少卿之徒,尤工爲五言。”(《杜工部墓誌銘》)白樂天曰:“五言始於蘇李。”(《與元九書》)獨孤至之曰:“五言著於蘇李。”(《皇甫冉集序》)懿此諸公,皆老於文學,非不辨真僞者。且揆之文質,察其風力,亦非他人所能代作。東坡、容齋之論,蓋不然也。陸機、鮑照所擬,並見《文選》。**由是言之,情性**

之用長，而問學之助薄也。嚴羽《滄浪詩話》曰："夫詩有别材，非關書也；詩有别趣，非關理也。近代諸公乃作奇特解會，遂以文字爲詩，以才學爲詩，以議論爲詩。夫豈不工，終非古人之詩也。"按：此與鍾嶸之説亦可以互證，語見下文。《風》與《雅》、《頌》、賦所以異者，三義皆因緣經術，旁涉典記。故相如、子雲小學之宗，以其緒餘爲賦。《莊子·讓王篇》"其緒餘以爲國家"，《釋文》："緒者殘也。"《郊祀歌》者，《頌》之流也。通一經之士不能獨知其辭，皆集會《五經》家相與共講習之。《安世房中歌》作于唐山夫人，而辭亦爾雅。《史記·樂書》曰："至今上即位，作十九章，令侍中李延年次序其聲，拜爲協律都尉。通一經之士不能獨知其辭，皆集會《五經》家相與共講習讀之，乃能通知其意，多爾雅之文。"獨《風》有異，憤懣而不得舒，其辭從之，無取一通之書，數言之訓。及其流風所扇，極乎王粲、曹植、阮籍、左思、劉琨、郭璞諸家，並見《文選》。其氣可以抗浮雲。趙岐《孟子題辭》曰："守志厲操者，儀之則可以崇高節，抗浮雲。"其誠可以比金石，《荀子·大略篇》曰"《國風》之好色也"，《傳》曰："盈其欲而不愆其止，其誠可比於金石，其聲可納於宗廟。"終之上念國政，下悲小己，《詩大序》曰："是以一國之事，繫一人之本，謂之風。"《史記·司馬相如傳贊》曰："《小雅》譏小己之得失，其流及上。"與十五《國風》同流。其時未有雅也。謝

瞻承其末流，《張子房詩》本之，《王風》哀思，周道無章，浸淫及于《大》《小雅》矣。《説文》："淫，浸淫，隨理也。"王儉《七志》曰："高祖游張良廟，命僚佐賦詩，瞻之所造，冠于一時。"(《文選注》)詩云："《王風》哀以思，周道蕩無章。卜洛易隆替，興亂罔不亡。力政吞九鼎，苛慝暴三殤。息肩纏民思，靈鑒集朱光。伊人感代工，聿來扶興王。婉婉幙中畫，輝輝天業昌。鴻門消薄蝕，垓下殞欃槍。爵仇建蕭宰，定都護儲皇。肇允契幽叟。翻飛指帝鄉。惠心奮千祀，清埃播無疆。神武睦三正，裁成被八荒。明兩燭河陰，慶霄薄汾陽。鑾旍歷頹廢，飾像薦嘉嘗。聖心豈徒甄，惟德在無忘。逝者如可作，揆子慕周行。濟濟屬車士，粲粲翰墨場。瞽夫違盛觀，竦踴企一方。四達雖平直，蹇步愧無良。飡和忘微遠，延首詠太康。"**世言江左遺彦好語玄虚，**《宋書·謝靈運傳論》曰："在晉中興，玄風獨扇，爲學窮於柱下，博物止乎七篇，馳騁文辭，義殫乎此。自建武暨于義熙，歷載將百，雖比響聯辭，波屬雲委，莫不寄言上德，託意玄珠，遒麗之辭，無聞焉爾。"《詩品》曰："永嘉貴黄老，稍尚虚談，於時篇什。理過其辭，淡乎寡味。爰及江左，微波尚傳，孫綽、許詢、桓、庾諸公詩，皆平典似道德論。"《文心雕龍·明詩篇》曰："江左篇製，溺乎玄風，嗤笑狥務之志，崇盛亡機之談。"又《時序篇》曰："自中朝貴玄，江左稱盛，因談餘氣，流成文體。是以世極迍邅，而辭意夷泰。詩必柱下之指歸，賦乃漆園之義疏。"**孫、許諸篇傳者已寡，**《世説新語·文學篇注》引《續晉陽秋》

曰:"許詢有才藻,善屬文。正始中,王弼、何晏好莊老玄勝之談,而世遂貴焉。至過江,佛理尤盛,故郭璞五言始會合道家之言而韻之。詢及太原孫綽,轉相祖尚,又加以三世之辭,而《詩》《騷》之體盡矣(《文選注》作'《風》《騷》')。"詢、綽並爲一時文宗,自此作者悉體之。至義熙中,謝混始改。"按:《隋志》有《晉徵士許詢集》三卷,《晉衛尉卿孫綽集》十五卷,今皆佚。**陶潛皇皇,欲變其奏,其風力終不逮。**《詩品》云:"晉徵士陶潛,其源出於應璩,又協左思風力,文體省静,殆無長語,篤意真古,辭興婉愜。"**玄言之殺,語及田舍,田舍之隆,旁及山川雲物,**莊老之道遺外世務,以返於真樸,故玄言之殺則語及田舍也。山林皋壤使我欣樂,故田舍之隆則旁及山川雲物也。《文心雕龍·明詩篇》曰:"宋初文詠,體有因革,莊老告退,山水方滋,此其遷貿之迹也。"**則謝靈運爲之主。然則《風》《雅》道變,而詩又幾爲賦。顏延之與謝靈運深淺有異,**《詩品》以謝居上品,顏居中品。《宋書·謝靈運傳》云:"文章之美,與顏延之爲江左第一。縱横俊發,過于延之,深密則不如也。"《南史·顏延之傳》云:"延之與謝靈運俱以辭采齊名,而遲速懸絶。延之嘗問鮑照,己與靈運優劣,照曰:謝五言如初發芙蓉,自然可愛;君詩若鋪錦列繡,亦雕繢滿眼。"(《詩品》以爲湯惠休語)**其歸一也。自是至於沈約、丘遲,景物復窮。自梁簡文帝初爲新體,牀笫之言,揚於大庭,訖陳隋爲俗。**顏謝以下,若謝瞻、謝惠連、謝莊、鮑照、江淹、謝朓、范雲、沈約、丘遲之屬,體物緣情,窮極雕飾矣。後有作者,不得不顧而之他,故兒女輕艷之作由之以興。蓋自樂府中《子夜》諸篇已導其源,而惠休、鮑照之作復多淫麗,及至簡文以是爲倡,遂成百年之俗,亦其勢也。**陳子昂、張九齡、李白之倫,又稍稍以建安爲本,**王士禎《漁洋詩話》曰:"唐人於六朝,率攬其菁華,汰其蕪蔓,可爲學古者之法。蓋自陳子昂追建安之風,開元之際則張曲江繼之,李太白又繼之。"沈德潛《説詩晬語》曰:"射洪、曲江,起衰中立,此爲勝廣。"劉熙載《藝概》曰:"唐初四子紹陳隋之舊,故雖才力迥絶,不免致人異議。陳射洪、張曲江獨能超出一格,爲李杜開先。"王闓運《王志》曰:"三唐風尚,人工篇什,各思自見,故不復摹古。陳隋靡習,太宗已以清麗振之矣。陳子昂、張九齡以公幹之體自抒懷抱,李白所宗也。"**白亦下取謝氏,**謝氏,謂靈運及朓。**然終弗能遠至,是時五言之勢又盡。**李攀龍作《唐詩選序》,謂唐一代無五言古詩。焦循《易餘籥録》曰:"五言詩發源於漢之《十九首》及蘇、李,而建安而後,歷晉、宋、齊、梁、周、隋,於此爲盛。若陳子昂、張九齡、韋應物之五言古詩,不出漢、魏人之所範圍。"王闓運《王志》曰:"唐人初不能爲五言,杜子美無論矣。所稱陳子昂、張子壽、李太白,纔劉公幹之一體耳,何足盡五言之妙,故曰唐無五言。學五言者,漢、魏、晉、宋盡之。詳此諸説,足以知源流,明正變。五言之作,斷自盛唐,不亦宜乎?"**杜甫以下,辟旋以入七言。七言在周世,《大招》爲其萌芽,**錢大昕《養新録》十六云:"七言在五言之前,《楚詞·招魂》、

《大招》多四言，去些只助語，合兩句讀之，即成七言。荀子《成相》、荆軻《送别》，其七言之始乎？至漢而《大風》、《瓠子》見于帝製，《柏梁》聯句一時稱盛，而五言靡聞也。”**漢則《柏梁》，**見《古文苑》。**劉向亦時爲之，**劉向七言，今《劉子政集》無之。考《西京賦注》引劉向七言曰：“博物多識與凡殊”，《雪賦注》引劉向七言曰“時將昏暮白日午”，《思玄賦注》引劉向七言曰“朅來歸耕永自疎”（張景陽《雜詩注》亦引此句）；王仲宣《贈士孫文始詩注》引劉歆《七略》曰“宴處從容觀詩書”，亦當作劉向七言。所引並在同韻，或即一篇之語也。嵇叔夜《贈秀才入軍詩注》引劉向七言曰“山鳥悲鳴動我懷”，此句當出别篇。**顧短促未能成體，而魏文帝爲最工。**魏文帝《燕歌行》，見《文選》。**唐時張之以爲新曲，**王士禛《古詩選敍例》曰：“開元、大歷諸家，七言始盛王、李、高、岑，篇什尤多。太白馳騁筆力，自成一家。嘉州之奇峭，供奉之豪放，更爲創獲。工部集古今之大成，七言大篇，尤爲前所未有，後所莫及。自錢、劉、元、白以來，無能步趨者。”**自是五言遂無可觀者。然七言在陳、隋氣亦宣朗，不雜傳記名物之言。唐世浸變舊貫，**《論語·先進篇》“仍舊貫”，鄭《注》：“貫，事也。”**其勢則不可久。哀思主文者，獨杜甫爲可與，**《詩大序》“亡國之音哀以思，其民困”，又曰“主文而譎諫”，《箋》云：“主文，主與樂之宫商相應也。”**韓愈、孟郊蓋《急就章》之别辭；**《漢志》云：“元帝時，黄門令史游作《急就篇》。”《隋》、《唐志》並云《急就章》。陳振孫《書録解題》以爲

"其文多古語古字古韻,有足觀者也"。韓、孟二人好爲奇觚,其或違於詩之正軌,故曰"《急就章》之别辭"。釋惠洪《冷齋夜話》:"沈存中曰:退之詩,押韻之文耳,雖健美富贍,然終不是詩。"蔡寬夫《詩話》曰:"退之詩,豪健雄放,自成一家,世特恨其深婉不足。"趙翼《甌北詩話》曰:"昌黎本好爲奇崛矞皇,而東野盤空硬語,妥帖排奡,趣尚略同,才力又相等,一旦相遇,遂不覺膠之投漆,宜其傾倒之至也。"**元稹、白居易則日者瞽師之誦也。**日者之名見《墨子·貴義篇》,《史記》有《日者列傳》,《集解》曰:"古人占候卜筮,通謂之日者。"瞽師,即宋人所謂負鼓盲翁也。(陸游詩:"負鼓盲翁正作場")。元、白之詩,或失則鄙,故曰"日者瞽師之誦"。李肇《國史補》曰:"元和以後詩,學淺切於白居易,學淫靡於元稹,俱名爲'元和體'。"彭乘《墨客揮犀》曰:"白樂天每作詩,令一老嫗解之,問曰:'解否?'曰解則録之,不解則又復易之。"王闓運《王志》曰:"白居易歌行純似彈詞,《焦仲卿詩》所濫觴也;五言純用白描,近於高彪、應璩,多令人厭,無文故也。"**自爾千年,七言之數以萬,其可諷誦者幾何?重以近體昌狂,篇句填委,淩雜史傳,不本情性。**近體者,對古詩而立名。嚴羽《滄浪詩話》曰:"《風》《雅》《頌》既亡,一變而爲《離騷》,再變而爲西漢五言,三變而爲歌行雜體,四變而爲沈(佺期)、宋(之問)律詩。"律詩與絶句皆近體也(唐人絶句亦稱律詩,李漢編《昌黎集》可證)。自沈、宋以還,聲律益諧,偶儷益切,多取史傳辭語,以供驅遣。至晚唐温、李,宋之西崑諸公,其弊已甚，雖有博聞强識之效，而不免偭規改錯之譏矣。**蓋詩賦者，所以訟善醜之德，泄哀樂之情也。故温雅以廣文，興論以盡意。晚世賦頌，苟爲鐃辯屈蹇之辭，**《楚辭·九章》王逸《注》云："蹇産，詰屈也。"**競陳誣罔不然之事，潛夫引以爲譏。**原注：見《潛夫論·務本篇》。**詩又與議奏異狀，無取數典，**議奏之文或有引《詩》《書》以明勸戒，述史傳以著興亡。若詩則無所用之。悲愉所激，直舉胸臆。故《詩品》云："屬詞比事，乃爲通談；吟詠情性，何貴用事？思君如流水，既是即目；高臺多悲風，亦唯所見；清晨登隴首，羌無故實；明月照積雪，詎出經史？"王國維《人閒詞話》曰："人能於詩詞中不使隸事之句，不用粉飾之字，則於此道已過半矣。"**鍾嶸所以起例，**見上下文注。**雖杜甫媿之矣。訖於宋世，小説、雜傳、禪家、方技之言莫不徵引，**觀蘇、黄諸集注，即其明證。**夫以孫、許高言莊氏，雜以三世之辭，猶云風騷體盡，**檀道鸞《續晉陽秋》語，見上注。**況乎辭無友紀，**友紀，見《原經》注。**彌以加厲者哉！宋世詩埶已盡，故其吟詠情性，多在燕樂。**納蘭成德《淥水亭雜識》曰："自五代兵革，中原文獻凋落，詩道失傳，而小詞大盛。宋人專意於詞，實爲精絶。詩其塵羹土飯，故遠不及唐人。"按：成德此言又本之陳子龍。子龍嘗謂宋人不知詩而强作詩，故終宋之世無詩。然其歡愉愁苦之致，動於中而不能抑者，類發於詩餘，故其所造獨工。焦循亦謂論宋則宜取其詞，然則此非一人之私言也。**今詞又失其聲**

律，詞以聲律爲先，然其術精微幽眇，非口耳指授，即不可知。宋時嘗有《樂府軍成集》之輯，當時各種音譜，皆具其中，其書久已失傳。故自晚唐至北宋諸詞聲律已全不可知。南宋之詞有姜夔《白石道人歌曲》，其旁猶著節拍；張炎《詞源》亦載律吕宫調諸説。世人皆謂姜譜不免脱誤，張説亦嫌含隱，則亦終不可知而已。此亦馬端臨所謂義存而數亡者。《文獻通考》(《樂考》十四)曰："《郊特牲》曰：禮之所尊，尊其義也。失其義，陳其數，祝史之事也。《荀子》曰：不知其義，謹守其數，是官人百吏所以取秩禄也。蓋流傳既久，所謂義者布在方册，而其數則湮没無聞。姑以漢事言之，若《禮》若《易》，諸儒爲之訓詁，轉相授受，所謂義也。然制氏能言鏗鏘鼓舞之節，徐生善爲容，京房、費直善占，所謂數也。今訓詁則家傳人誦，而制氏之鏗鏘，徐生之容，京、費之占，無有能知之者矣。蓋其始也，則數可陳而義難知。及其久也，則義之難明者簡編可以紀述，論説可以傳授；而所謂數者，一日而不肄習，則亡之矣。"此論聲律散亡之故，亦至明晰。**而詩尨奇愈甚。考證之士，覩一器，説一事，則紀之五言**，此謂近世言樸學者，或以考證爲詩，如翁方綱、潘祖蔭、李慈銘輩皆是。**陳數首尾，比於馬醫歌括**。此誚其遠於性情，有似歌括。云馬醫者，賤之也。列子《黄帝篇》曰："范氏門徒，遇乞兒馬醫，弗敢辱也。"**及曾國藩自以爲功，誦法江西諸家，矜其奇詭，天下鶩逐**。《尚書·金縢》云："公乃自以爲功。"陳衍《石遺室詩話》卷一云："道咸以來，何子貞、祁春圃、魏默深、曾滌生、歐陽磵東、鄭子尹、莫子偲諸老，始喜言宋詩。何、鄭、莫皆出程春海先生門下，湘鄉詩文字皆私淑江西。洞庭以南言聲韻之學者，稍改故步。”按：近人喜治宋詩，曾公倡導之力實多。言江西諸家者，胡仔《漁隱叢話》卷四十八云：“吕居仁近時以詩得名，自言傳衣江西，嘗作宗派圖，自豫章以降，列陳師道、潘大臨、謝逸、洪芻、饒節、僧祖可、徐俯、洪朋、林敏修、洪炎、汪革、李錞、韓駒、李彭、晁冲之、江端本、楊符、謝薖、夏倪（《小學紺珠》“倪”作“倪”）、林敏功、潘大觀、何覬、王直方、僧善權、高荷，合二十五人，以爲法嗣，謂其源流皆自預章也。”**古詩多詰詘不可誦，近體乃與杯珓讖辭相等。**《廣韻》云：“杯珓，古者以玉爲之。”《類篇》：“珓，巫以占吉凶者。”**江湖之士，艷而稱之，以爲至美。蓋自《商》《頌》以來，歌詩失紀，未有如今日者也。**原注：《詩品》云：“經國文符，應資博古；撰德駁奏，宜窮往烈；至乎吟詠情性，亦何貴於用事。”顔延之喜用古事，彌見拘束，於時化之，故大明、泰始中，文章殆同書鈔。爾來作者，浸以成俗，遂句無虚語，語無虚字，拘攣補衲，蠹文已甚。”又云：“任昉博物，動輒用事，所以詩不得奇。”尋此諸論，實詩人之藥石。但顔、任諸公，足詒書鈔之誚，方今作者豈直書鈔而已？比之歌括、杯珓，夫豈失倫。○按：此論詩歌正則，念在救弊，故立言不得不爾。至近代詩家，其爲盛唐八代者，湘潭王氏實爲大宗。自餘諸家，雖左右采獲，然其風格所見，大氐皆毗於宋矣。陳衍《石遺室詩話》卷三曰：“前清詩學，道光以來，一大闕捩，略别兩派。一派爲清蒼幽峭，自《古詩十九首》、蘇、李、陶、謝、王、孟、韋、柳以下，逮賈島、姚合、宋之陳師道、陳與義、陳傅良、趙師秀、徐照、徐璣、翁卷、嚴羽、元之范梈、揭傒斯、明之鍾惺、譚元春之倫，洗鍊而鎔鑄之，體會淵微，出以精思健筆。蘄水陳太初《簡學齋詩存》四卷、《白石山館手稿》一卷，字皆人人能識之字，句皆人人能造之句，及積字成句，積句成韻，積韻成章，遂無前人已言之意，已寫之景，又皆後人欲言之意，欲寫之景。當時嗣響，頗乏其人。魏默深之《清夜齋稿》，稍足羽翼，而才氣所溢，時出入於他派。此一派近日以鄭海藏爲魁壘，其源合也，而五言佐以東野、七言佐以宛陵、荆公、遺山，斯其異矣。後來之秀效海藏者，皆效其似太初者也。其一派生澀奥衍，自《急就章》、《鼓吹詞》、《鐃歌》十八曲以下，逮韓愈、孟郊、樊宗師、盧仝、李賀、梅堯臣、黄庭堅、謝翺、楊維楨、倪元璐、黄道周之倫，皆所取法。語必驚人，字忌習見。鄭子尹之《巢經巢詩鈔》爲其弁冕，莫子偲足羽翼之。近日沈乙菴、陳散原實其流派，而散原奇字乙菴益以僻典，又少異焉，其全詩亦不盡然也。其樊榭、定菴兩派，樊榭幽秀，本在太初之前；定菴瑰奇，不落子尹之後。然一則喜用冷僻故實，而出筆不廣，近人惟寫經齋、漸西村舍近焉；一則麗而不質，諧而不澀，才多意廣者時樂爲之，人境廬、樊山、琴志諸君由此其選也。觀此所論，可以略知風會。**物極則變，今宜取近體一切斷之。**原注：唐以後詩但以參考史事存之可也，其語則不足誦。**古詩斷自簡文以上，唐有陳、張、李、杜之徒，稍稍删取其要，足以繼風雅，盡**

正變。夫觀王粲之《從軍》，而後知杜甫卑闒也；《說文》云："闒，少力劣也。"觀潘岳之《悼亡》，而後知元稹凡俗也；觀郭璞之《游仙》，而後知李賀詭誕也；觀《廬江府吏》、《鴈門太守》敍事諸篇，而後知白居易鄙倍也；淡而不厭者陶潛，則王維可廢也；矜而不蕉者謝靈運，則韓愈可絶也。要之，本情性，限辭語，則詩盛；遠情性，喜雜書，則詩衰。

《七略》次賦爲四家：一曰屈原賦，二曰陸賈賦，三曰孫卿賦，四曰雜賦。屈原方情。孫卿效物。陸賈賦不可見，其屬有朱建、嚴助、朱買臣諸家，蓋縱横之變也。原注：揚雄賦本擬相如。《七略》相如賦與屈原同次，班生以揚雄賦隸陸賈下，蓋誤也。〇按：《七略》區別四家，其義例云何今不可知。諸家之文十逸八九，據其遺篇度之，則章君此説庶幾得理。張惠言《七十家賦鈔序》謂屈賦出於《風》《雅》，荀賦源於《禮經》，其說亦美。《風》《雅》以攄哀樂，即言情矣；《禮經》以明制度，即效物矣。或疑陸賈、莊助俱在諸子儒家，何故賦爲縱横？嚴忌、鄒陽俱爲説士，而《漢志》鄒書次於縱横，嚴賦列之屈後，又不可解。然諸子、詩賦明爲二略，義各有當。賈生亦在儒家，而賦必隸於屈原，又何疑於陸、莊乎？嚴有效《騷》之篇則歸屈賦，鄒無言情之作適在縱横，又非不可解也。文辭學術常相涉入，而亦各有義界，故《七略》不能不爲之分别區處，文理密察，足以有别。章君所説，誠不可易矣。然言賦者多本屈原，漢世自賈生

《惜誓》上接《楚辭》,《鵩鳥》亦方物《卜居》,方物猶仿佛也。《楚語》云:"民神雜糅,不可方物。"而相如《大人賦》自《遠游》流變,枚乘又以《大招》、《招魂》散爲《七發》,其後漢武帝《悼李夫人》、班婕妤《自悼》、外及淮南、東方朔、劉向之倫,《惜誓》、《卜居》、《遠游》、《大招》、《招魂》、淮南王《招隱士》、東方朔《七諫》、劉向《九歎》並見《楚辭》。《鵩鳥》見《賈誼傳》。《大人賦》見《司馬相如傳》。《七發》見《文選》。漢武帝《悼李夫人》、班婕妤《自悼》並見《外戚傳》。未有出屈、宋、唐、景外者也。孫卿五賦寫物效情,《蠶》、《箴》諸篇與屈原《橘頌》異狀。《橘頌》見《楚辭》。異狀者,孫卿效物而不主情,屈原攄情而喻於物,後世賦家多是屈體也。其後《鸚鵡》、《焦鷯》時有方物,及宋世《雪》、《月》、《舞鶴》、《赭白馬》諸賦放焉。禰衡《鸚鵡賦》、張華《焦鷯賦》、謝惠連《雪賦》、謝莊《月賦》、鮑照《舞鶴賦》、顔延年《赭白馬賦》,並見《文選》。皆所謂攄情而喻於物者也。《洞簫》、《長笛》、《琴》、《笙》之屬,王褒《洞簫賦》、馬融《長笛賦》、嵇康《琴賦》、潘岳《笙賦》並在《文選》。宜法孫卿,其辭義咸不類。徐幹有《玄蝯》、《漏巵》、《圓扇》、《橘賦》諸篇,雜書徵引,時見一端,然勿能得其全賦。魏文帝《典論》云:"徐幹之《玄蝯》、《漏巵》、《圓扇》、《橘賦》,雖張、蔡不過也。"按:《圓扇賦》引見《北堂書鈔》一百三十四、《御覽》七百二又八百十四,餘均無考。大氏孫卿之體微矣，陸賈不可得從迹。雖然，縱横者，賦之本。古者誦《詩》三百，足以專對，《漢志》云："從横家者流，蓋出於行人之官。孔子曰：'誦《詩》三百，使於四方，不能專對，雖多亦奚以爲？'又曰：'使乎，使乎！'言其當權事制宜，受命而不受辭，此其所長也。"七國之際，行人胥附，《大雅·綿篇》"予曰有疏附"，《傳》云："率下親上曰疏附。"《尚書大傳》："文王胥附奔奏先後禦侮，謂之四鄰。"胥與疏同，胥、疏、附並疊韻字。折衝于尊俎間。《晏子春秋·雜上篇》："仲尼聞曰：夫不出尊俎之間，而知千里之外，其晏子之謂也，可謂折衝矣。"又見《韓詩外傳》八、《新序雜事》一。其説恢張譎宇，紬繹無窮，解散賦體，易人心志。《荀子·非十二子篇》"矞宇嵬瑣"，楊倞《注》云："矞與譎同。宇，大也，放蕩恢大也。"俞樾曰："宇，當讀爲訏，《説文》：'訏詭譌也。'然則矞宇猶言譎詭矣。"魚豢稱魯連、鄒陽之徒援譬引類，以解締結，誠文辯之儁也。《魏志·王粲傳注》引魚豢語。武帝以後，宗室削弱，藩臣無邦交之禮。《漢書·諸侯王年表序》曰："武帝施主父之册，下推恩之令，使諸侯王得分户邑以封子弟，不行黜陟而藩國自析。"又曰："武有衡山、淮南之謀，作左官之律，設附益之法，諸侯惟得衣食税租，不與政事。至於哀平之際，皆繼體苗裔，親屬疎遠，生於帷牆之中，不爲士民所尊，埶與富室亡異。"縱横既黜，然後退爲賦家，時有解散。故用之符命，即有《封禪》《典引》；用之自述，而《答客》、《解嘲》興。並見《文選》。

文辭之繁，賦之末流爾也。章學誠嘗謂後世文體皆備於戰國，而戰國之文又皆原於《詩》教。（詳《文史通義》）賦者，詩之一流，諸有比興以成辭，揄揚以盡義，不歌而誦，胥謂之賦矣。故曰“文辭之繁，賦之末流爾也”。餘義見《文學總略》篇。雜賦有《隱書》者，傳曰：“談言微中，亦可以解紛。”《史記·滑稽列傳》。與縱横稍出入。淳于髡《諫長夜飲》一篇，純爲賦體，優孟諸家顧少耳。並見《滑稽列傳》。東方朔與郭舍人爲隱，依以譎諫，見《漢書·東方朔傳》。世傳《靈棋經》誠僞書，然其後漸流爲占繇矣，鼂公武《郡齋讀書志》曰：“《靈棋經》二卷，漢東方朔撰。又云張良、劉安，未知孰是。晉顔幼明、宋何承天注，有唐李遠敍。歸來子以爲黄石公書，豈謂以授良者邪。按：《南史》載‘客從南來，遺我良財，寶貨珠璣，金盌玉盃’之繇，則古之遺書也明矣。凡百二十卦，皆有繇辭。”《四庫目録》云：“舊本題東方朔撰，或題淮南王劉安撰，皆依託也。然考以《南史》所引，此書實出於六朝，故《隋志》已著録。其法以棋十二枚以所擲面背相乘，得一百二十四卦，各有繇辭，其文雅奥非後世術家所能僞。劉基之注似亦非依託。”管輅、郭璞爲人占皆有韻，見《魏志·管輅傳》、《晉書·郭璞傳》。斯亦賦之流也。自屈、宋以至鮑、謝，賦道既極。至於江淹、沈約，稍近凡俗。庾信之作去古踰遠，世多慕《小園》、《哀江南》輩，若以上擬《登樓》、《閒居》、《秋興》、《蕪城》之儕，其靡已甚。沈約、庾信之作，見本集及《八代文粹》。《登樓》、《閒居》、《秋興》、《蕪城》俱在《文選》。李調元《賦話》云："鄴中小賦，古意尚存。齊梁人效之，琢句愈秀，結字愈新，而去古亦愈遠。沈休文《桐賦》'喧密葉於鳳晨，宿高枝於鸞暮'，即古變爲律之漸矣。"賦亡蓋先于詩。繼隋而後，李白賦明堂，杜甫賦三大禮，見本集及《唐文粹》。誠欲爲《揚雄》臺隸，猶幾弗及。世無作者，二家亦足以殿。《詩·采菽傳》："殿，鎮也。"孔《疏》："軍行在後曰殿，取其鎮重之義。"自是賦遂泯絶。近世徒有張惠言，區區修補《黄山》諸賦，區區猶勤勤也。《廣雅·釋訓》："區區，愛也。"古詩云"一心抱區區"，陶詩云"區區諸老翁"皆是，與訓陜小者義别。張賦見《茗柯文編》。雖未至，庶幾李杜之倫，承千年之絶業，欲以一朝復之，固難能也。然自詩賦道分，漢世爲賦者多無詩，自枚乘外，《文選·古詩十九首》：其《西北有高樓》、《東城高且長》、《行行重行行》、《涉江採芙蓉》、《青青河畔草》、《庭前有奇樹》、《迢迢牽牛星》、《明月何皎皎》八首，《玉臺新詠》並題云"枚乘作"。《新詠》尚有《蘭若生春陽》一首，《文選》未録。《文心雕龍·明詩篇》云："古詩佳麗，或稱枚叔。"賈誼、相如、揚雄諸公，不見樂府五言。其道與故訓相儷，故小學亡而賦不作。

漢世樂府，《七略》録爲歌詩，上自郊祀，下訖里巷歈趣，皆見罔羅。《楚辭·招魂》云"吴歈蔡謳"，王逸

《注》:“歈、謳,皆歌也。”左思《吴都賦》作“吴愉”,《司馬相如傳》作“巴俞”,皆與歈通。崔豹《古今注》:“吴趨曲,吴人歌其地也。”趨與趣通。《周禮》“朝士趨且辟”,《釋文》云:“趨本作趣。”《月令》“趣民收斂”,《釋文》云:“趣本作趨。”即其例。**其外有《短簫鐃歌》。**崔豹《古今注》曰:“《短簫鐃歌》,軍樂也,黄帝使歧伯作。漢樂有《黄門鼓吹》,天子以燕樂羣臣。《短簫鐃歌》,《鼓吹》之一章耳,亦以賜有功諸侯也。《宋書·樂志》:鐃如鈴而無舌,有柄,執而鳴之,《周禮》以金鐃止鼓,漢鼓吹曰《鐃歌》。”又曰:“蔡邕論敍漢樂曰:一曰郊廟神靈,二曰天子享宴,三曰大射辟雍,四曰短簫鐃歌。”按:《鐃歌》十八曲,其辭始見《宋書》。陳本禮《鐃歌箋》曰:“《鐃歌》不盡軍中樂,其詩有諷有頌,有祭祀樂章;其名不見於《史記》、《漢書》,惟《宋書》有之,似漢雜曲,歷魏晉傳訛,《宋書》搜羅遺佚,遂統之於《鐃歌》耳。”**李延年復依西域《摩訶兜勒》之曲以造新聲二十八解。**《晉書·樂志》:“胡角者,本以應胡笳之聲,後漸用之横吹,有雙角,即胡樂也。張博望入西域,傳其法於西京,惟得《摩訶兜勒》一曲。李延年因胡曲更造新聲二十八解,乘輿以爲武樂。後漢以給邊,和帝時,萬人將軍得之,魏晉以來,二十八解不復具存,用者有《黄鵠》、《隴頭》、《出關》、《入關》、《出塞》、《入塞》、《折楊柳》、《黄覃子》、《赤之楊》、《望行人》十曲。”**魏晉之間,但歌白紵諸曲,猶有繼者。**《晉書·樂志》:“但歌四曲,出自漢世。無絃節,作伎最先唱,一人唱,三人和。魏武尤好之。時有宋容華者,清徹好聲，善唱此曲，當時之特妙。自晉以來不復傳，遂絶。”又曰：“《白紵舞》，按舞辭有巾袍之言。紵本吴地所出，宜是吴舞也。晉《俳歌》又云：‘皎皎白緒，節節爲雙。’吴音呼緒爲紵，疑白紵即白緒也。”**聲有曲折，故“妃呼豨”、“幾令吾”之屬，間雜聲氣。**《漢志》所謂聲曲折，唐人謂之樂句，後人謂之和聲，亦即散聲，古樂府《有所思》云“妃呼豨”，《宋書·樂志》、《今鼓吹鐃歌》詞云“幾令吾”皆是。《宋書》云：“樂人以聲音相傳語，不可復解。”**《鐸舞·歌聖人製禮樂篇》其有散聲益明。**原注：其辭載《宋書·樂志》，云：“昔皇文武邪，彌彌舍善，誰吾時吾，行許帝道，銜來治路萬邪，治路萬邪，赫赫，意黄運道吾，治路萬邪，善道明邪金邪，善道，明邪金邪帝邪，近帝武武邪邪，聖皇八音、偶邪尊來，聖皇八音，及來義邪同邪，烏及來義邪，善草供國吾，咄等邪烏，近帝邪武邪，近帝武邪武邪，應節合用，武邪尊邪，應節合用，酒期義邪同邪，酒期義邪，善草供國吾，咄等邪烏，近帝邪武邪，近帝武武邪邪，下音足木，上爲鼓義邪，應衆義邪，樂邪邪延否，已邪烏已禮祥，咄等邪烏，素女有絶其聖烏烏武邪。”此“邪”、“烏”、“吾”等字，皆是散聲。《巾舞·歌公莫篇》則以“吾”字“嬰”字“何”字作散聲。蓋古歌曲被管絃者一字一聲，未有如今之疊字者也，故不得不假散聲以宣其氣。宋人燕樂亦無疊字而有散聲，張炎《詞源》所載“哩囉”等字是也。今南方里巷小弄皆然，不失古法。至大曲則皆疊字，古所謂鄭聲矣。**尋《晉語》載惠公改葬共世子，臭達於外，國人誦之曰：**

“威兮懷兮，各聚爾有以待所歸兮。猗兮違兮，心之哀兮。”威、懷、猗、違，皆曲折詠歎之詞，舊讀以爲有實義者非也。《晉語》韋《解》云：“威，畏也。懷，思也。言國人畏惠公，思重耳。猗，歎也。違，去也。言民心欲去其上，安土重遷，故心哀之。”按：韋《解》增字以成其義。此以詠歎説之，於義爲長。樂府可歌，故其辭若自口出。後人雖欲摹擬，既失其音，皮之不存，毛將焉附矣。皮之不存二句，僖十四年《左傳》文。然古人即辭題署，而後人虚擬其名，何世蔑有。《破斧》、《候人》、《燕燕于飛》諸篇，皆虞夏舊曲也，原注：見《吕氏春秋·音初篇》。○按：《音初篇》云：“夏后氏孔甲田于東陽萯山，天大風晦盲，孔甲迷惑，入于民室。主人方乳，或曰：‘後來，是良日也，之子是必大吉。’或曰：‘不勝也，之子是必有殃。’后乃取其子以歸，曰：‘以爲余子，誰敢殃之？’子長成人，幕動坼橑，斧砍斬其足，遂爲守門者。孔甲曰：‘嗚呼！有疾，命也夫！’乃作爲《破斧》之歌，實始爲東音。禹行功，見塗山之女，禹未之遇，而巡省南土。塗山氏之女乃命其妾候禹於塗山之陽。女乃作歌，歌曰‘候人兮猗’，實始作爲南音。有娀氏有二佚女，爲之九成之臺，飲食必以鼓。帝令燕往視之，鳴若謚隘。二女愛而爭搏之，覆以玉筐。少選，發而視之，燕遺二卵，北飛遂不反。二女作歌，一終曰‘燕燕往飛’，實始作爲北音。”按：往飛即于飛也，《周南·桃夭》、《小雅·雨無正傳》並曰：“于，往也。”周之詩人因其言以成己意。《破斧》見《豳風》，《候人》見《曹風》,《燕燕》見《邶風》。**且周世里巷歌謡本有《折楊》、《皇華》,文見《莊子》。**《莊子·天地篇》云:"大聲不入於里耳,《折楊》、《皇荂》,則嗑然而笑。"《釋文》:"荂,本又作'華'。"**《皇華》即《小雅》之篇,**《小雅·鹿鳴之什》有《皇皇者華》。**而里巷襲其語。《折楊》以後,李延年二十八解復有云《折楊柳》者。此皆轉相因襲者也。世言樂府聲律既亡,後嗣不宜復作。**王士禛《池北偶談》卷十一云:"《風》《雅》之後有樂府,如唐詩之後有詞曲,勢使然也。如漢朱鷺、翁離之作,魏晉諸臣擬之以鳴其一代事,易名别調,各極其長,豈以古今同異爲病哉? 後世文士如李太白,則沿其目而革其詞,杜子美、白樂天之倫則創爲意,而不襲其目,皆卓然作者,後世有述焉。近乃有擬古樂府者,遂顓以擬名,其説但取漢魏所傳之詞,句撫而字合之,中間豈無陶陰之誤,夏五之脱? 悉所不較。或假借以附益,或因文而增損,踊踖牀屋之下,探胠縢篋之間,乃藝林之根蠹、學人之路阱矣。以此語於作者之門,不亦恧乎! 右蒙陰公文介公孝與(鼐)樂府自敍也。虞山錢牧翁嘗亟取東阿于文定公論樂府之説,不知文介此論與文定若合符節。予嘗見一江南士人擬古樂府,有'妃求呼豨豨知之'之句,蓋樂府"妃呼豨"皆聲而無字,今誤以妃爲女,呼爲唤,豨爲豕,湊泊成句,是何文理? 因於《論詩絶句》著其説云:'草堂樂府擅驚奇,杜老哀時託興微。元、白、張、王皆古意,不曾辛苦學妃豨。'亦于、公二公之緒論也。"**此則今日俗詞,寧合宋人宫律?**張炎《詞源》云:"十二律吕各有五音,演而爲宫爲調。律吕之名總八十四,分月律而屬之。今雅俗祇七宫十二調,而角不預焉。"吴梅《詞學通論》云:"以七音乘十二律,則得八十四音。此八十四音不名曰音,則名曰宫調。何謂宫調?以宫音乘十二律,名曰宫;以商角徵羽變宫變徵乘十二律,名曰調。故宫有十二,調有七十二。惟八十四調中,非每調各有曲子,據《詞源》所列,止七宫十二調有曲耳。"按:宋人詞集如張子野、柳耆卿、周清真、姜白石、吴夢窗諸人俱著宫調,而其音譜已亡,白石雖著旁譜,亦不可通,故今人填詞特長短句之詩耳。**然猶綿延勿替,何哉?樂府或時無韻,是猶《周頌》諸篇不應常節,蓋其逗留曲折非韻所持,固詩之特異也。**江永《古韻標準·詩韻舉例》云:"朱子曰:《周頌》多不叶韻,疑自有和聲相叶。《清廟》之瑟,朱弦而疏越,一倡而三歎,歎即和聲也。顧氏曰:凡《周頌》之詩多若韻若不韻者,意古人之歌必自有音節而今不可考矣。"**若乃古今異音,部類離合,代有遷變。文士不達其意,喜改今韻以就方言。詞之末流有甚於反舌者。**《吕氏春秋·爲欲篇》云"蠻夷反舌殊俗異習之國",高誘《注》:"反舌,夷語與中國相反,故曰反舌也。"《大戴禮·小辨篇》云:"傳言以象,反舌皆至。"**而世或言樂府興於巷陌,方國殊致,何必正音。不悟樂府雖變,其爲夏音則同,未有泯亂大略者也。沙陀、契丹、金、元以降,多雜塞外方音,唐世所未殽亂,而皆獵其部次。**唐宋以降,異族雜糅,於是有訛音變節,部次殽亂，如《中原音韻》、《洪武正韻》則其著也。元人周德清作《中原音韻》，蓋專爲北曲而作；而《洪武正韻》多宗之。周氏以平聲分爲陰陽，入聲派入三聲，分十九部：一曰東鐘，二曰江陽，三曰支甲，四曰齊微，五曰魚模，六曰皆來，七曰真文，八曰寒山，九曰桓歡，十曰先天，十一曰蕭毫，十二曰歌戈，十三曰家麻，十四曰車遮，十五曰庚青，十六曰尤侯，十七曰侵尋，十八曰鹽咸，十九曰廉纖。張萱《疑耀》曰："德清北人，其所著音韻皆北聲，故以六爲籀，以國爲鬼，謂之中原之音可乎？至四聲而闕入聲，尤爲謬妄。"《四庫提要》曰："詞曲本里巷之樂，不可律以正聲，其體創於唐，然唐無詞韻，凡詞韻與詩皆同，唐初《回波》諸篇，唐末《花閒》一集，可覆按也。其法密於宋，漸有以入代平，以上代平諸例。而三百年作者如雲，亦無詞韻，閒或參以方音，但取歌者悦耳而已矣。一則去古未遠，方音猶與韻合，故無所出入；一則去古漸遠，知其不合古音，而又諸方各隨其口語，不可定以一格，故均無書也。至元而中原一統，北曲盛行，既已别立專門，自宜各爲一譜，此亦理勢之自然。德清乃以後來變例，據一時以排千古，其傎殊甚。觀其'瑟'注'音史'，'塞'注'音死'，今日四海之内，寧有此音。不又將執此以排德清哉！"**夫載祀相隔，不踰皕稔，聲韻乃遠離其本，明自他族挾之以變，非自變也。**原注：按《切韻》本考合南北正音，不失倫紀，《唐韻》因之，而《韻英》考聲見於慧琳所引者，多與之異，如富、婦等字，讀入魚部，此乃秦音通轉，非爲譌誤。宋世官韻，猶未大變舊制，蓋猶會合南北之音也，其詞已漸有離合。至《樂府指迷》、《詞林韻釋》，書皆出於宋世，而部署譎觚，全無友紀，殆不似人類之言，則宋世汴京方音已大變於古音矣。**孫卿云："使夷俗邪音不敢亂雅，大師之事。"**《荀子·王制篇》語。楊倞云："夷俗，蠻夷之樂。雅，正聲也。"**夫詞與南北曲者，通俗之用，樂府則已古矣。蒙古異音，夏侯寬、杜夔諸公，**夏侯寬見《漢書·禮樂志》。杜夔見《魏志》。**豈能知其節邪？或曰：李延年已采西域之音以爲武樂，隋世亦有西涼、龜茲、天竺、康國、疏勒、安國諸部。**《隋書·音樂志》云："始開皇初定令，置《七部樂》：一曰《國伎》，二曰《清商伎》，三曰《高麗伎》，四曰《天竺伎》，五曰《安國伎》，六曰《龜茲伎》，七曰《文康伎》。又雜有疏勒、扶南、康國、百濟、突厥、新羅、倭國等伎。"又曰："大業中，煬帝乃定《清樂》、《西涼》、《龜茲》、《天竺》、《康國》、《疏勒》、《安國》、《高麗》、《禮畢》，以爲九部，樂器工衣創造既成，大備於兹矣。"**今之詞自龜茲樂府來，**詞即唐宋之燕樂也。凌廷堪《燕樂考原》曰："燕樂即蘇祗婆（龜茲人）琵琶之四均二十八調也。《隋書·音樂志》明云鄭譯用蘇祗婆琵琶弦柱相引爲均，《遼史·樂志》又云二十八調不用黍律，以琵琶弦叶之，則燕樂原出於琵琶可知。《唐志》：燕樂之器以琵琶爲首。《宋志》亦云：坐部伎琵琶曲盛流於時。皆其證也。"夏敬觀《詞調溯源》曰："觀《隋》、《唐》、《遼》諸志所載，足證古樂至隋雅俗並廢，所用者惟龜茲樂；且可證雅部所用爲鄭譯所演八十四調之虚名（鄭譯演八十四調，詳見《隋志》。實則琵琶祗有四弦，每弦七調，共二十八調，唐宋所用僅有此數）。俗部所用，則蘇祇婆之二十八調。據白居易《立部伎詩注》云：太常選坐部伎絶無性識者退入雅樂部。又可證雅部徒有其名，而不堪用。其真用於雅部者，亦祇是八十四調中之二十八調。而以所用之歌詞未能如燕樂腔製之美，遂以無性識之部伎充之。故余謂今之詞體即此龜茲樂之所造就者也。”何見夷音不可用也？應之曰：四夷之樂用于朝會祭祀燕饗，自《春官·韎師》、《鞮鞻氏》見其耑，《春官》：“韎師，掌教韎樂，祭祀則帥其屬而舞之，大饗亦如之。”“鞮鞻氏，掌四夷之樂與其聲歌，祭祀則龡而樂之，燕亦如之。”鄭《注》：“四夷之樂：東方曰韎，南方曰任，西方曰株離，北方曰禁。《詩》曰‘以雅以南’是也。王者必作四夷之樂，一天下也，言與其聲歌，則云樂者主於舞。”《小雅》曰“以雅以南”，《傳》曰：“東夷之樂曰昧，南夷之樂曰南，西夷之樂曰朱離，北夷之樂曰禁。以爲籥舞。”朱離，《後漢書·班固傳》作“兜離”。原注：《白虎通義》省言“兜”。周時朱音如兜，兜離，則所謂摩訶兜勒者。原注：西域即用梵語。摩訶譯言大；兜勒、兜離，譯言聲音高朗，其音本作鯺蘿剅，蘿字彈舌，鯺蘿爲形容語，若作名詞即是鯺勒剅，但周漢無麻部音，故書作兜離耳。離字古本音蘿，《詩傳》作“朱離”，音亦如兜離。明自張騫以上，鞮鞻氏已用其聲歌，然獨王者施之陳於門外，《白虎通·義禮樂篇》曰：“興四夷之樂，明德廣及之也。先王推行道德，和調陰陽，覆被夷狄，故夷狄安樂，來朝中國，於是作樂樂之。作之門外者何？夷在外，故就之也。夷狄無禮，義不在內。《明堂記》曰：九夷之國，東門之外，所以知不在門內也。《明堂記》曰："納夷蠻之樂于太廟，言納，明有入也。"《後漢書·陳禪傳》曰："古者合歡之樂舞于堂，四夷之樂陳於門。故《詩》曰：'以雅以南，韎任朱離。'"**不及侯國。漢世變爲新聲，是乃因其節奏，而文字調均從中國，猶以假給邊將，不及郡縣。隋世龜茲樂盛行閭閈，文帝尚云："無復正聲，不祥之大。"**《隋書·音樂志》曰："龜茲者，起自吕光滅龜茲，因得其聲。吕氏亡，其樂分散，後魏平中原，復獲之。其聲後多變易。至隋有《西國龜茲》、《齊朝龜茲》、《土龜茲》等，凡三部。開皇中，其器大盛於閭閈。時有曹妙達、王長通、李士衡、郭金樂、安進貴等，皆妙絶弦管，新聲奇變，朝改暮易，持其音技，估衒公王之間，舉時爭相慕尚。高祖病之，謂羣臣曰：'聞公等皆好新變，所奏無復正聲，此不祥之大也。自家形國，化成人風，勿謂天下方然，公家家自有風俗矣。存亡善惡，莫不繫之。樂感人深，事資和雅，公等對親賓宴飲，宜奏正聲；聲不正，何可使兒女聞也！"帝雖有此勑，而竟不能救焉。"**今之燕樂，即此胡戎歌也。其辭變夷從漢，亦與李延年同法，故自唐世已有短詞，與官韻未相出入。此則名從主人，物從中國，古之制也。**昭元年《公羊傳》："晉荀吴帥師敗狄于大原，此大鹵也。曷爲謂之大原？地物從中國，邑人名從主人。"桓二年《穀梁傳》："夏四月，取郜大鼎于宋。孔子曰：名從主人，物從中國。故曰部大鼎也。”**今縱不能復雅樂，**沈括《夢溪筆談》卷五云：“外國之聲前世自别爲四夷樂，自唐天寶十三載，始詔法曲與胡部合奏，自此樂奏全失古法。以先王之樂爲雅樂，前世新聲爲清樂，合胡部者爲宴樂。”**猶宜存其節制。詞已失其律度，南北曲復曼衍不可究論，然叶音宜以官韻爲準。樂府者最近古初，楚漢之聲存于江左，而隋唐謂之《清商》，隋文以爲華夏正聲。**《隋書·音樂志》曰：“《清樂》，其始即《清商三調》是也。並漢來舊曲。樂器形制，並歌章古辭，與魏三祖所作者皆被於史籍。屬晉朝遷播，夷羯竊據，其音分散。苻永固平張氏，始於涼州得之。宋武平關中，因而入南，不復存於内地。及平陳後獲之。高祖聽之。善其節奏，曰：‘此華夏正聲也。’”**今江南、荆蜀諸薳弄其緒也，**《文選》馬融《長笛賦》“聽薳弄者，遥思於古昔”，《注》云：“弄，蓋小曲也。”**比于燕樂，尚清緩有士君子風。**《通典·樂六》云：“沈約《宋書》惡江左諸曲哇淫，至今其聲調猶然。觀其政已亂，其俗已淫，既怨且思矣，而從容雅緩，猶有古士君子之遺風，他樂則莫與爲比。”**宜就古二十二部，**詳上卷。**稍稍爲之分合，以存漢魏、兩晉、江左遺聲。于是有知律者，爲之調其弦匏笙簧而已矣。**中國聲樂當以江南、荆蜀爲正，無取於河朔，此義章君蓋屢言之。《檢論·方言篇》曰：“聲樂之大湊，必以水地察其恒爲都會者。齊州以河漢分南北，河衛之岸謂之唐虞，漢之左右謂之夏楚。舜以南風，紂以北鄙，劉向辨其違矣。周人作四始而音流入於南，不歸於北（原注：取《説苑·修文篇》義）。齊州之音以夏楚爲正，與河衛絶殊，故曰能夏則大。察文王之化，西南被於庸蜀濮彭，而江漢間尤美，故克殷之役，史岑稱之曰：蒼生更始，朔風變楚。審師文王者，必不夷俗邪音楚矣。又《詩·終始論》曰曩者周召之化，上游至於荆梁。其後屈原、宋玉、相如、揚雄繼之，七雄相競。吴越包在東楚之域，項羽以吴人八千北勝鉅鹿，與沛公先後入秦，由是楚漢之音興，而鄭聲廢矣。自《安世房中》以外，雖不純雅，猶愈桑間濮上之聲。後有枚乘、嚴夫子、嚴安之屬，復以吴士被屈原風。賈誼自周遷于長沙，始弔屈原，則《惜誓》、《服鳥》之文繼作。下得建安曹氏父子産于譙，而王粲亦客荆州，五言最盛焉。自晉之東，中原麠亂，詩樂皆起江左。如河北者，幾無一篇也（原注：拓跋孝文以還，始有篇什，比之南國，則猶擊缶之與黄鐘矣）。是時雅樂雖失其序，清商爲楚漢遺聲，獨存江表。庳者至于《玉樹後庭華》、《金叉兩臂垂》諸曲，辭近淫哇，猶春容有士君子風。隋文帝知爲華夏正聲，異于當時燕樂外取胡戎，故知周召之風其傳遠矣。歌律當以南紀爲宗，其道千世而不易也。"

諸四言韻語者，皆詩之流，而今多患解弛。箴之爲體，備於揚雄諸家，其語長短不齊，陸機所謂頓挫清壯者，有常則矣。陸機《文賦》云："箴頓挫而清壯。"王闓運《王志》曰："箴當從耳聽，故尚頓挫。"自餘四言，世多宗法李斯，閒三句以爲韻，見《史記·秦始皇本紀》。其勢易工。如其辭旨，宜本之情性，參之故訓，稽之典

禮，去其縟采，泯其華飾，無或糅雜故事，以亂章句。此謂哀誄、銘箴、頌贊諸品也。《文賦》云："誄纏綿而悽愴，銘博約而温潤，箴頓挫而清壯，頌優游以彬蔚。"《文心雕龍》論誄文曰："誄之爲制，蓋選言録行，傳體而頌文，榮始而哀終。論其人也，曖乎若可覿；道其哀也，悽焉如可傷。"論哀辭曰："隱心而結文則事愜，觀文而屬心則體奢。奢體爲辭，則雖麗不哀。"論銘箴曰："箴全禦過，故文資确切；銘兼褒讚，故體貴弘潤。其取事也，必覈以辨；其摛文也，必簡而深。"論頌贊曰："頌惟典雅，辭必清鑠，敷寫似賦，而不入華侈之區；敬慎如銘，而異乎規戒之域。贊之篇體，促而不廣，必結言於四字之句，盤桓乎數韻之辭。約舉以盡情，昭灼以送文，此其體也。"案：誄銘諸品不專貴采飾，觀於《雕龍》所説，其義至明矣。**先民有言："既雕既琢，復歸於樸。"此之謂也。**《大雅·板》曰："先民有言。"《莊子·山木》曰："既雕既琢，復歸於樸。"**近世曾國藩，獨慕《漢書·敍傳》。**曾公嘗言："余生平於古人四言，最好韓公之作，如《祭柳子厚文》、《祭張署文》、《進學解》、《送窮文》諸四言，固皆光如皎日，響如春霆。即其他凡墓誌之銘詞，及集中如《淮西碑》、《元和聖德詩》各四言詩，亦皆於奇崛之中迸出聲光，其意不外意義層出，筆仗雄拔而已。自韓公而外，則班孟堅《漢書·敍傳》一篇，亦四言中之最儁雅者。"（《家書·諭紀澤》）故曾公所爲碑銘哀祭諸作無慮皆規摹班、韓也。《太炎文録説林》曰："善敍行事，能爲碑版傳狀，韻語深厚，上攀班固韓愈之輪，如曾國藩、張裕釗，斯其選也。"**四言之用自漢世已衰，《敍傳》雖**

非其至，自《雅》《頌》以下，獨有李斯、韋孟、揚雄、班固四家，復欲陵轢其上，固以難矣。韓愈稍欲理其廢絶，辭已壯麗，博而不約，鮮温潤之音，韓公之詩，昔人恨其深婉不足。近世王闓運亦譏其襲杜粗迹，故成枯獷。（見《王志》）其他四言韻語蓋亦雄奇精能，才力有餘，惟於温厚之旨有未至耳。胡仔《漁隱叢話》（《前集》十八）引蘇子由云："詩人詠歌文武征伐之事，其於克密曰：'無矢我陵，我陵我阿，無飲我泉，我泉我池。'其於克崇曰：'崇墉言言，臨衡閑閑，執訊連連，攸馘安安，是類是禡，是致是附，四方以無侮。'其於克商曰：'維師尚父，時維鷹楊，諒彼武王，肆伐大商，會朝清明。'其形容征伐之盛極於此矣。退之作《元和聖德詩》，言劉闢之死曰：'婉婉弱子，赤立傴僂。牽頭曳足，先斷腰膂，次及其徒，體骸撑柱，末乃取闢，駭汗如雨，揮刀紛紜，爭切膾脯。'此李斯頌秦所不忍言，而退之自謂無愧於《雅》《頌》，何其陋也。"按：所謂博而不約，鮮温潤之音，正指此類。學之雖至獨病傀怪，《春官·大司樂》"大傀異烖"，《注》："傀，猶怪也。"不至乃獷獷如豺狼聲。《漢書·敍傳》"獷獷亡秦"，師古曰："獷獷，麤惡之貌。"詎非正以《雅》《頌》，《晉語》云："詎非聖人，不有外患，必有内憂。"詎非猶苟非也，詳《經傳釋詞》。其可爲典刑耶？若夫碑版之辭蟬嫣不絶，體以四言末則不韻。《漢書·揚雄傳注》："蟬嫣，連也。"《文賦》云："碑披文以相質。"王闓運《王志》曰："碑以文述事，而不可以事爲主。相質者，飾質也。"《文心雕龍》論蔡邕碑文曰："其敍事也該而要，其綴采也雅而澤。"尋此諸説，以知碑版之體貴在以文飾事，蓋頌贊之流，特無韻耳，後世則漸失其度矣。説詳《正齋送篇》。**此自漢碑已導其原，韓愈尚優爲之。然唐人多憙造辭，近人或以爲戒。余以爲造辭非始唐人，自屈原以逮南朝，誰則不造辭者？古者多見子夏、李斯之篇**，子夏、李斯之篇，謂《爾雅·倉頡》小學之書也。南朝以前，士人多習小學，慮無不能造辭者。觀於《昭明文選》，多録沈博絶麗之文。《隋志》所載，《釋文》所引，爲經典音義者尤衆。及在唐世，杜子美猶云"讀書難字過"(《漫成詩》)，韓退之亦謂"凡爲文辭，宜略識字"(《李陽冰科斗書孝經後記》)，則其學猶未亡也。五代以還，始有僻違軋茁之戒，文士能爲優雅冲夷而不能爲閎麗淵奥，習常蹈故，蓋其短也。俞蔭甫曰："宋元以來，士大夫高談性命，如聲音訓詁未及講求。王荆公固作《字説》者，而霸字從西從雨，茫然不知；王伯厚博極羣書，竟不知孝𡥈之爲二字。然則小學之衰久矣。"(《小學考序》)**故其文章都雅**，《史記·司馬相如傳》"姣冶嫺都"，《索隱》引郭璞曰："都，雅也。"**造之自我，皆合典言。後世字書既已乖離，而好破碎妄作，其名不經**，《史記·孟子荀卿列傳》："其語閎大不經。"**雅俗之士所由以造辭爲戒也。**《太炎文録·與人論文書》曰："太上貴雅，其次猶貴俗耳。俗者，謂土地所生習(《地官·大司徒注》)，婚姻喪紀舊所行也(《天官·大宰注》)，非猥鄙之謂。孫卿云：有雅儒者，有俗儒者。李斯云：

隨俗雅化。夫以俗爲縵白，雅乃繼起以施章采，故文質不相畔。"按：此云"雅俗之士"即用是義。云"以造辭爲戒"者，曾滌生《與陳右銘書》有曰："識度曾不異人，或乃競爲僻宇澀句，以駭庸衆，斲自然之元氣，斯又才士之所同蔽，戒律之所必嚴。"其此之謂矣。**若其明達雅故，**《漢書·敍傳》曰："函雅故，通古今。"**善赴曲期，**《荀子·正名篇》曰"散名之加於萬物者，則從諸夏之成俗曲期"，楊倞《注》："曲期，謂委曲期會物之名者也。"**雖造辭則何害？不然，因緣緒言，**《莊子·漁父篇》曰"曩者先生有緒言而去"，《釋文》云："緒言，猶先言也。"**巧作刻削。呼仲尼以龍蹲，**《御覽》三百七十七引《演孔圖》："孔子長十尺，大九圍，坐如蹲龍，立如牽牛。"**斥高祖以隆準；**見《本紀》。**指兄弟以孔懷，**見《小雅·常棣篇》。《顏氏家訓·文章篇》曰："孔，甚也。懷，思也。"陸機《與長沙顧母書》，述從祖弟士璜死，乃言"痛心拔腦，有如孔懷，心既痛矣，即爲甚思。"何故言有如也，觀其此意，當謂親兄弟爲孔懷。《詩》云"父母孔邇"，而呼二親爲孔邇，於義通乎？**稱在位以曾是。**見《大雅·蕩篇》。**此雖原本經緯，非言而有物者也。**《易·家人·象》曰"君子以言有物而行有恒"，《正義》："物，事也。"《禮記·緇衣》曰："子曰：言有物而行有格也。"鄭《注》："物謂事驗也。"此謂不能造辭，而破碎妄作，因爲非是；而或因緣緒言，名義不正，不可質驗者，其弊亦均也。此等刻飾，殆原於六朝文弊之世，亦劉彦和所謂"懸領似如可辨，課文了不成義"者已。自"孔懷"諸語外，因緣摘裂，蓋亦多有。孫德謙《六朝麗指》曰：陶詩“再喜見友于”，以言兄弟也。任彦昇《爲范尚書讓吏部封侯第一表》“遠惟則哲，在帝猶難”，書知人則哲，蓋以則哲爲知人矣。謝元暉《謝隨王賜左傳啓》“贏金遺其貽厥”，王仲寶《褚淵碑文》“貽厥之寄”，《詩》“貽厥孫謀”，是又以“貽厥”作“孫謀”解矣。彦昇又爲庾杲之《與劉居士虬書》“實望賁然”，《詩》“賁然來思”，蓋望其來也。又曰：六朝文又有證以經傳，若不知其隸事者。梁武帝《申飭選人表》有“後門以過立試吏”，“八元立年”等語，“過立”與“立年”，循誦其上下文有“甲族以二十登仕”，乃知此“立”字即《論語》“三十而立”義也。傅季友《爲宋公修張良廟教》，任彦昇《爲范始興作求立太宰碑表》，一則言“冠德如仁”，一則言“道被如仁”，所謂“如仁”，蓋本《論語》孔子稱管仲語，以“如仁”隱切管仲也。又沈休文《謝賜軫調絹啓》“曹植還蕃，非降魏兩之賜”，“魏兩”云者，未知何解，以上句“未聞漢儲之禮”觀之，乃用《易》“明兩作離”，以“兩”爲太子也。若不識兩爲太子，“魏兩”二字幾不可通矣。觀孫氏所舉，皆所謂奇辭亂名，於義無取焉。方苞《書史記貨殖傳後》曰：《春秋》之制義法，自太史公發之，而後之深於文者亦具焉。義即《易》之所謂言有物也，法即《易》之所謂言有序也。義以爲經而法緯之，然後爲成體之文。故桐城之文雖枯槁，其於末流之猥語釀辭，猶有廓清之功矣。

國故論衡疏證中之七

正齎送

《説文》:"齎,持遺也。"《周官·小祝》"設道齎之奠",鄭《注》云:"齎猶送也。"此篇專論哀弔、行狀、象贊、碑銘諸體,其文皆爲送死而作。以末世文敝,淫濫滋多,悉當加以制裁,返諸樸質,故曰"正齎送"。

葬不欲厚,《禮記·檀弓篇》謂孔子言死欲速朽。《墨子》有《節葬篇》,《吕氏春秋》有《節喪篇》、《安死篇》,論之詳矣。**祭不欲瀆。**《禮記·祭義篇》云:"祭不欲數,數則煩,煩則不敬。"**靡財於一奠者此謂賊,**賊者,傷害之名也。文十八年《左傳》云:"毁則爲賊。"《荀子·禮論篇》云:"刻生而附死謂之惑,殺生而送死謂之賊。"靡財營奠,徒害有用之物,故謂之賊矣。《後漢書·明帝紀》,詔曰:"生者無擔石之儲,而財力盡於墳土;伏臘無糟糠,而牲牢兼於一奠。糜破積世之業,以供終朝之費。子孫饑寒,絶命於此,豈祖考之意哉?"**竭思於祝號者此謂誣。**誣者,欺也,妄也。《禮記·曾子問篇》云:"今之祭者,不首其義,故誣於祭也。"鄭《注》云:"誣猶妄也。"竭思祝號則如巫祝之託於鬼神而爲欺妄,故謂之誣矣。云"祝號"者,《周官·大祝》:"掌六祝:'一曰順祝,二曰年祝，三曰吉祝，四曰化祝，五曰瑞祝，六曰筴祝。'辨六號：'一曰神號，二曰鬼號，三曰示號，四曰牲號，五曰齎號，六曰幣號。'"《小祝》："掌小祭祀，將事侯禳禱祠之祝號。"《禮記·禮運篇》云"作其祝號"，鄭《注》云："號者，所以尊神顯物。"**諸爲歸人籑述者，亦齎送之事也。**《列子·天瑞篇》云："古者謂死人爲歸人。"**不得其職，**《爾雅·釋詁》云："職，常也，主也。"**甚乎以璵璠歛矣。**定五年《左傳》云："季平子卒，陽虎將以璵璠歛。仲梁懷弗與，曰：'改步改玉。'"《吕氏春秋·安死篇》云："魯季孫有喪，孔子往弔之。入門而左，從客也。主人以璵璠收，孔子徑庭而趨，歷級而上，曰：'以寶玉收，譬之猶暴骸中原也。'徑庭歷級，非禮也；雖然，以救過也。"**古者弔有傷辭，謚有誄，祭有頌，**説詳下文。**其餘皆禱祝之辭，非著竹帛者也。《曲禮上》："知生者弔，知死者傷。"**《曲禮》云："知生者弔，知死者傷。知生而不知死，弔而不傷；知死而不知生，傷而不弔。"鄭《注》云："人恩各施於所知也，弔傷皆謂致命辭也。"《雜記》曰："諸侯使人弔辭曰：寡君聞君之喪，寡君使某如何不淑。此施於生者。傷辭未聞也。説者有弔辭云：皇天降災，子遭罹之，如何不淑。此施於死者，蓋本傷辭。辭畢退皆哭。"**《正義》曰："弔辭口致命，傷辭書之於版。"《既夕禮》："知死者贈，知生者賻。書賵於方，若九，若七，若五。"**鄭《注》云："方，板也。書賵奠賻贈之人名與其物於板。每板若九行，若七行，若五行。"**諸在版者，皆百名以下，**見《文學總略篇》。**其字有**

定。賵之多者不過九行，傷辭多者不過百字。上世作者雖若滅若没哉，觀魏武過橋玄墓，不忘疇昔，爲辭告奠，其文約省，哀戚爲已隆矣。《魏志》云："建安七年，公軍譙。遣使以大牢祀橋玄。"裴《注》云："《褒賞令》載公祀文曰：'故太尉橋公，誕敷明德，泛愛博容。國念明訓，士思令謨。靈幽體翳，邈哉晞矣！吾以幼年，逮升堂室，特以頑鄙之姿，爲大君子所納，增榮益觀，皆由奬助，猶仲尼稱不如顏淵，李生之厚歎賈復。士死知己，懷此無忘。又承從容約誓之言：'殂逝之後，路有經由，不以斗酒隻鷄過相沃酹，車過三步，腹痛勿怪！'雖臨時戲笑之言，非至親之篤好，胡肯爲此辭乎？匪謂靈忿，能詒己疾，懷舊惟顧，念之悽愴。奉命東征，屯次鄉里，北望貴土，乃心陵墓。裁致薄奠，公其尚饗！'"斯蓋古之令軌爲法於今者乎？誄者，誄其行迹而爲之謚。《説文》云："誄，謚也。"《禮記·曾子問注》曰："誄，累也，累列生時行迹讀之以作謚。"《禮記·曾子問》曰："賤不誄貴，幼不誄長。天子稱天以誄之。"鄭《注》云："以其無尊焉。《春秋公羊》説以爲讀誄制謚於南郊，若云受之於天然。"《周官·大史》："遣之日讀誄。"鄭《注》云："遣謂祖廟之庭大奠將行時也。人之道終於此，累其行而讀之，大師又帥瞽廞之而作謚。瞽史知天道，使共其事。言王之誄謚，成於天道。"《文章流别傳》曰："詩頌箴銘之篇，皆往古成文，可放依而作。惟誄無定制，故作者多異焉。見於典籍者，《左傳》有魯哀公爲孔子誄。"原注云：《文心雕龍》及《御覽》五百九十六引。○按:《隋志》:《文章流别集》四十一卷,《文章流别志論》二卷,並摯虞撰。《文章流别傳》即《文章流别志論》也。哀十六年《左傳》云:"夏四月己丑,孔丘卒,公誄之曰:'旻天不弔,不慭遺一老,俾屏余一人以在位,煢煢余在疚。嗚呼哀哉尼父!無自律。'"**《列女傳》述魯展禽妻誄夫事。**《列女傳》卷二云:"柳下既死,門人將誄之,妻曰:'將誄夫子之德耶?則二三子不如妾知之也。'乃誄曰:'夫子之不伐兮,夫子之不竭兮,夫子之信誠而與人無害兮。屈柔從俗,不强察兮。蒙耻救民,德彌大兮。雖遇三黜,終不蔽兮。愷悌君子,永能厲兮。嗟乎惜哉,乃下世兮。庶幾遐年,今遂逝兮。嗚呼哀哉,魂神泄兮。夫子之謚,宜爲惠兮。'門人從之以爲誄,莫能竄一字。"**古者諸侯相誄猶謂之失,**《曾子問》云:"諸侯相誄,非禮也。"鄭《注》云:"禮當請誄於天子也,天子乃使大史賜之謚。"**況以燕昵自誄其夫,似後生所託也。《詩傳》曰:"喪紀能誄,可以爲大夫。"**已見《辨詩篇》。**大夫不當有誄人事,蓋稱君命爲之辭。**原注云:《周禮·春官》"御史掌贊書",後鄭以爲佐作詔令。按:《後漢書·周榮傳》,尚書陳忠上疏薦榮子興曰:"尚書出納帝命,爲王喉舌。臣等既愚闇,而諸郎多文俗吏,鮮有雅材。每爲詔文,宣示内外,轉相求請,或以不能,而專己自由,辭多鄙固。"是則周漢王言亦由假手,惟漢初高祖、孝文或親自作詔耳。誄亦視此。**訖於新氏,揚雄不在史官而誄元后。**《元后誄》見《藝文類聚》十五、《古文苑》二十。

其辭云："新室文母太后崩，天下哀痛，號哭涕泗，思慕功德，咸上柩誄之銘曰：惟我有新室文母聖明皇太后，姓出黄帝。西陵昌意，實生高陽。純德虞帝，孝聞四方；登陟帝位，禪受伊唐；爰初胙土，陳田至王；營相厥宇，度河濟旁。沙麓之靈，太陰之精；天生聖姿，豫有祥禎。作合於漢，配元生成；孝順皇姑，承家尚莊。内則純備，後烈丕光；肇初配先，天命是將；兆徵顯見，新都黄龍。漢成既終，胤嗣匪生，哀帝承祚；惟離典經，尚是言異；大命俄顛，厥年夭殞；大終不盈，文母覽之；千載不傾，博選大智。新都宰衡，明聖作佐；與圖國艱，以度厄運，徵立中山，庶其可濟；博采淑女，備其姪娣；覲禮高禖，祈廟嗣繼；靡格匪天，靡動匪地；穆穆明明，昭事上帝。弘漢祖考，夙夜匪懈；興滅繼絶，博立侯王；親睦庶族，昭穆序明；帝致支屬，靡有遺荒；咸備祚慶，冀以金火；赤仍有央，勉進大聖；上下兼該，羣祥衆瑞；正我黄來，火德將滅，惟后于斯；天之所壞，人不敢支。哀平夭折，百姓分離；祖宗之愆，終其不全。天命有託，謫在于前；屬遭不造，榮極而遷；皇天眷命，黄虞之孫；歷世運移，屬在聖新；代于漢劉，受祚于天。漢祖承命，赤傳于黄；攝帝受禪，立爲真皇；允受厥中，以安黎衆；漢廟黜廢，移定安公；皇皇靈祖，惟若孔臧；降兹珪璧，命服有常；爲新帝母，鴻德不忘；欽德伊何，奉命是行；菲薄服食，神祇是崇；尊不虚統，惟祇惟庸；隆脩人敬，先民是從；承天祇家，允恭虔恪；豐阜庶卉，旅力不射；恤民于留，不皇詭作。别計十邑，國之是度；還奉于此，以處貧薄；罷苑置縣，築里作宅；以處貧窮，哀此煢獨。起常盈倉，五十萬斛；爲諸生儲，以勸好學；志在黎元，是勞是勤；春巡灞滻，秋臻黄山；夏撫鄠杜，多恤涇樊；大射饗飲，飛羽之門；綏宥耆幼，不拘婦人；刑女歸家，以育貞信；玄冥季冬，搜狩上蘭；寅賓出日，東秩暘谷；鳴鳩拂羽，戴勝降桑（桑字失韻，類聚作勝降桑木）；蠶于繭館，躬筐執曲；帥導羣妾，咸循蠶簇；分繭理絲，女工是勅，遐邇蒙祉。中外禔福，自京逮海；靡不仰德；成類存生，秉天地經；無物不理，無人不寧；尊號文母，與新有成。世奉長壽，靡墮有傾；著德太常，注諸旒旌；嗚呼哀哉！以昭鴻名，享國六十，殞落而崩；四海傷懷，擗踴拊心；若喪考妣，遏密八音。嗚呼哀哉！萬方不勝，德被海表，彌流魂精；去此昭昭，就彼冥冥；忽兮不見，超兮西征；既作下宫，不復故庭。爰緘伊銘，嗚呼哀哉！”**後漢大司馬吴漢薨，杜篤以獄囚上誄。**杜篤《吴漢誄》見《類聚》四十七。其辭云：“篤以爲堯隆稷契，舜嘉皋陶，伊尹佐殷，吕尚翼周，若此五臣，功無與疇。今漢吴公，追而六之。乃作誄曰：朝失鯁臣，國喪爪牙，天子愍悼，中宫咨嗟。四方殘暴，公不征兹，征兹海内，公其攸平。泯泯羣黎，賴公以寧。勳業既崇，持盈守虚，功成即退，挹而損諸。死而不朽，名勒丹書，功著金石，與日月俱。”**由是賤有誄貴者也。宗廟之樂，天子有頌，以其成功，告於神明。**見《詩序》。**自下蓋謂之祠，春祭曰祠，品物少，多文辭也。**見《説文》。**太祝六辭，一曰祠。舊讀以爲辭令，蓋未諦。**鄭《注》云：“鄭司農云：祠當爲辭，謂辭令也。按此謂祠爲文辭，即頌之屬著在竹帛者，不從司農説。”**若夫攻説**

之文，《太祝》："掌六祈以同鬼神示：一曰類，二曰造，三曰禬，四曰禜，五曰攻，六曰説。"鄭《注》云："玄謂類、造，加誠肅求如志；禬、禜，告之以時有災變也；攻、説則以辭責之。"對於神祇，非用之人鬼者也。凡此三族，後世稍分爲十餘種，而或施諸刻石。文敝者宜返質，謂當刊剟殊名，《説文》云："刊，剟也。""剟，刊也。"言從其本。

自傷辭出者，後有弔文。賈誼《弔屈原》，相如《弔二世》，並見《漢書》本傳。録在賦篇。《賈誼傳》云："爲賦以弔屈原。"《相如傳》云："奏賦以哀二世行失。"《藝文志》云："《賈誼賦》七篇。《司馬相如賦》二十九篇。"其特爲文辭，而迹可見於今者，若禰衡《弔張衡》，《御覽》五百九十六引禰衡《弔張衡》。其辭曰："南岳有精，君誕其姿。清和有理，君達其機。故能下筆繡辭，揚手文飛。昔伊尹值湯，吕尚遇旦。嗟矣君生，而獨值漢，蒼蠅爭飛，鳳凰已散，元龜可羈，河龍可絆，石堅而朽，星華而滅，惟道興隆，悠悠未絶。靡滯君□，昔與沉浮，河水有絶，石聲永流。周旦先没，發夢孔丘。余生雖後，身亦存游。士殞知已，君其勿憂。"陸機《弔魏武帝》。見《文選》。斯皆異時致閔，不當棺柩之前，與舊禮言弔者異。惟束晳《弔衛巨山》、《蕭孟恩》二首，斯得職耳。《御覽》五百九十六引束晳《弔衛巨山》曰："元康元年，楚王瑋矯詔舉兵害太保衛公及公四子三孫。公四子黄門郎巨山與晳有交好，時自本郡來赴其喪，作弔文一篇以告其柩，曰：同志舊友陽平束晳，頃聞飛虎肆暴，竊矯皇制，禍集于子，宗祊幾滅。越自異方，來赴來祭。遥望子第，銘旌稾立。既闕子庭，其殯盈十。徘徊感動，載號載泣。斂袂升階，子不我揖，引袂授袪，子不我執。哀哉魂兮，于焉棲集。”《弔蕭孟恩文》曰：“東海蕭惠孟恩者，父昔爲御史，皙先君同僚。孟恩及皙，旦夕同遊，分義早著。孟恩夫婦皆亡，門無立允。時有伯母從兄之憂，未獲自往，致文一篇，以弔其魂，並脩薄奠。其文曰：舊友人陽平束皙，謹請同業生李察，奉腵脩一束，麥糒一器，以致詞于處士蕭生之墓曰：嗚呼哀哉！精爽遐登，形骸幽匿，有耶亡耶，莫之能測。敬薦薄饋，魂兮來食。孟恩孟恩，豈猶我識！”今之祭文，蓋古傷辭也。喪禮奠而不祭，《禮記·檀弓》云“奠以素器”，《疏》云：“奠謂始死至葬之時祭名。以其時無尸，奠置於地，故謂之奠也。”《説文》云：“奠，置祭也。”故《既夕禮》曰：“若奠，受羊如受馬，兄弟賵奠可也，所知則賵而不奠。”鄭《注》云：“兄弟有服親者可且賵且奠，許其厚也。賵奠於死生兩施。所知，通問相知也，降於兄弟，奠施於死者爲多，故不奠。”今在殯宫而命以祭，言則不度。《文章緣起》曰：後漢車騎郎杜篤始作《祭延鍾文》。《祭延鍾文》今無考。不知其吉祭耶，抑喪奠也？神固不歆非類，僖十年《左傳》曰：“神不歆非類。”雖在吉祭，於古未有異姓爲主者。士禮既崩，近世或有功德在民，祭於州邑。《禮記·祭義》云：“夫先王之制祭祀也，法施於民則祀之，以死勤事則祀之，以勞定國則祀之，能禦大菑則祀之，能捍大患則祀之。”**及夫往世特達之士，比干、夷齊、魯仲連、鄭康成之倫，**魏麋元有《弔比干文》、《弔夷齊文》，見《御覽》五百九十六。**廟祀猶在，有特豚魚菽之祭，**《楚語》云：“士有豚犬之奠，庶人有魚炙之薦。”《史記·田敬仲世家》云：“常之母有魚菽之祭。”**爲之祭文可也。其旁出者有哀辭，《文章流别傳》曰：“崔瑗、蘇順、馬融等爲之，率施於童殤夭折，不以壽終者。”**原注：《御覽》五百九十六引。○按：《文心雕龍·哀弔篇》云：“賦憲之謚，短折曰哀。哀者依也，悲實依心，故曰哀也。以辭遣哀，蓋不淚之悼，故不在黄髮，必施夭昏。昔三良殉秦，百夫莫贖，事均夭横，《黄鳥》賦哀，抑亦詩人之哀辭乎！暨漢武封禪，而霍子侯暴亡，帝傷而作詩，亦哀辭之類矣。”**蓋死而不弔者三：畏、厭、溺。**《禮記·檀弓》云：“死而不弔者三，畏、厭、溺。”鄭《注》云：“謂輕身忘孝也。畏謂人或時以非罪攻己，不能有以説之死之者。孔子畏於匡。厭謂行止危險之下。溺謂不乘橋船。”《正義》云：“除此三事之外，其有死不得禮亦不弔。故昭二十年，衛齊豹欲攻孟摯。宗魯事孟摯，是時齊豹欲攻孟摯，宗魯許齊豹攻之，不告孟摯。及孟摯被殺而死，宗魯亦死之。孔子弟子琴張欲往弔之，孔子曰：‘齊豹之盜，而孟摯之賊，女何弔焉？’是失禮者亦不弔也。”**長殤以下，**《儀禮·喪服傳》云：“年十九至十六爲長殤，十五至十二爲中殤，十一至八歲爲下殤，不滿八歲以下皆爲無服之殤。”**與鮮死者同列，**昭五年《左傳》云“葬鮮者自西門”，杜《解》云：“不以壽終爲鮮。”**不可**

致弔，於是爲之哀辭。禮以義起，《禮記·禮運》云："禮也者，義之實也。協諸義而協，則禮雖先王未之有，可以義起也。"是故馬仲都以元舅車騎將軍之重從駕溺死，明帝命班固於馬上三十步爲哀辭。原注：同上引。蓋君臣慎禮，不以貴寵越也。今人以哀辭施諸壽終，斯所謂失倫者。衛巨山爲楚王瑋矯詔所誅，方之舊典，宜哀辭，而束皙自郡赴喪，爲文以弔，亦少褒矣。《禮記·樂記篇》鄭《注》云："褒猶進也。"《淮南·主術篇》高《注》云："褒，大也。"《史記·司馬穰苴傳》，太史公曰："余讀司馬《兵法》，閎廓深遠，雖三代征伐未能竟其義，如其文也。亦少褒矣。"其餘輓歌之流，當古《虞殯》，徒役相和，若舂杵者有歌焉，不在士友。劉孝標注《世説新語·任誕篇》曰："譙子《法訓》云：有喪而歌者，或曰：'彼爲樂喪也，有不可乎？'譙子曰：'《書》云四海遏密八音，何樂喪之有？'曰：'今喪有挽歌者何哉？'譙子曰：'周聞之，蓋高帝召齊田橫至于尸鄉亭自刎，奉首，從者挽至於宫，不敢哭而不勝哀，故爲歌以寄哀音。彼則一時之爲也。鄰有喪，舂不相，引挽人銜枚，孰樂喪者邪？'"按：《莊子》曰："紼謳所生，必於斥苦。"司馬彪《注》曰："紼，引柩索也。斥，疏緩也。苦，用力也。引紼所以有謳歌者，爲人有用力不齊，促急之也。"《春秋左氏傳》曰："魯哀公會吴伐齊，其將公孫夏命歌《虞殯》。"杜預曰："《虞殯》，送葬歌，示必死也。"《史記·絳侯世家》曰："周勃以吹簫樂喪。"然則挽歌之來久矣，非始起於田橫也。然譙氏引《禮》之文頗有明據，非固陋者所能詳，聞疑以傳疑，以俟通博。有傷辭，則弔文輓歌可以省。以上論傷辭之流。

自誄出者，後有行狀。誄之爲言，絫其行迹而爲之謚，故《文心雕龍》曰："序事如傳，辭律靡調，誄之才也。"此則後人行狀，實當斯體。唐世行狀，以上考功，唐世行狀上之考功以請謚，如韓愈作《董晉行狀》，末云："謹具歷官行事狀，伏請牒考功並牒太常議所謚，牒史館請垂編録，謹狀。"即其例也。《唐書·百官志》云："考功、郎中、員外郎各一人，掌文武百官功過善惡之考法及其行狀；若死而傳於史官，謚於太常，則以其行狀質其當不；其欲銘於碑者，則會百官議其宜述者以聞，報其家。"固爲議謚作也。然以誄無恒制，多制華辭，爲方人之言。《聖賢羣輔録》列二十四狀，皆與序事有異；《陶潛集·聖賢羣輔録》下，列杜喬以下至皇甫規二十四人，云：魏文帝初爲丞相魏王，所旌表二十四賢，後明帝乃述撰其狀。見文帝令及甄表狀。按喬狀云："喬治《尚書》、《禮記》、《春秋》，晚好《老子》，隱居不仕。年四十，爲郡功曹，立朝正色，有孔父之風。"規狀云："規少有岐嶷正直之節，對策指刺黄門，梁冀不能用，退隱山谷，敦樂《詩》《書》。"是其辭多擬議，故與序事殊也。且作狀者既爲先賢，即與讀誄議謚異用。《文章緣起》曰：漢丞相倉曹、傅榦，始作《楊元伯行狀》。原注：舊作"傅胡榦"，誤。蓋漢末文士事不師古，以意題别其名。行狀起於漢末，觀裴松之《三國志注》每引《先賢行狀》，是其徵也。

吴曾《能改齋漫録》疑行狀始於六朝,疏矣。**其時别傳又作**,漢末文士多作别傳,魏晉尤衆。自《隋》、《唐志》所著録外,章宗源考諸書,又得一百八十四家,見《隋志考證》。**漢司空有《李郃家書》**,原注:見《續漢書·祭祀志》引。**荀氏亦有《家傳》**,見《魏志》及《世説新語注》。**斯並譜牒之細。其越代作傳者又異是,若《管輅别傳》作於弟辰**,見《魏志注》。**斯行狀之方也。知行狀爲誄者,則行狀可以省。今人議謚,上不因誄,下不緣行狀,誄與行狀皆空爲之。欲辨章是非,記其伐閱者,獨宜爲别傳。誄、行狀所以議謚,謚有美惡,而誄、行狀皆諛,不稱其職。别傳作於故舊,其佞猶多,在他人斯適矣。**以上論誄之流。趙翼《陔餘叢考》卷三十二論行狀曰:"古人行狀,本以上太常司徒議謚法。《魏書》云:舊制凡薨亡者,大鴻臚本州大中正條其行蹟,移公府,下太常博士議謚。不應謚法者,博士坐如選舉不實,若狀不實,中正坐如博士。《封氏聞見記》曰:唐制太常博士掌謚三品以上薨亡者,故吏録行狀申尚書省考功校勘,下太常博士議擬申省,省司議訖,然後奏聞。是古人於行狀,原有核實之法,然人已死而子孫及故吏爲之,自必多溢美,而主其議若,亦多以善善欲長,誰肯爲刻覈之舉。雖有中正博士處分,及考功校勘,而濫者接踵。魏袁翻謂今之行狀,皆出其私家臣子自言其君父之行,無復是非。今之博士又與古不同,惟知依其行狀,便爲議謚,請敕太常,有言詞流宕,無復節限者,不得聽受。唐李翺亦謂行狀謚牒，皆故吏門生苟言虚美，願敕考功虚者勿受。按當時行狀有中正博士之處分，考功之校勘，尚不免多虚譽，何况近代之行狀，不必經太常考功，人人可以自譔，又何怪乎虚詞讕語連篇累牘也。”自頌出者，後有畫象贊，所謂形容者也。《文章緣起》曰：“司馬相如始爲《荆軻贊》。”此文無考。聞之舊訓，贊者，佐也，原注：《士冠禮》、《士昏禮注》。助也。原注：《天官·太宰注》。孔子贊《易》，禮有《贊大行》，見《原經篇》。班固《漢書》贊及《食貨》、《郊祀》、《溝洫》諸《志》，非獨紀傳。然則贊者，佐助其文，非褒美之謂也。《文心雕龍·頌讚篇》曰：“讚者，明也，助也。昔虞舜之祀樂正重讚，蓋唱發之辭也。及益讚於禹，伊陟贊於巫咸，並颺言以明事，嗟歎以助辭也。故漢置鴻臚，以唱拜爲讚，即古之遺語也。至相如屬筆，始讚荆軻，及遷《史》、固《書》託讚褒貶，約文以總録，頌體以論辭。又紀傳後評，亦同其名，而仲洽流别，謬稱爲述，失之遠矣。及景純注《雅》，動植必讚，義兼美惡，亦猶頌之變耳。”言辭不盡，更爲增廣，在賦稱重，重曰見潘岳《寡婦賦》。在六藝諸子稱贊。《荆軻贊》今不可見，而《七略》“雜家”有《荆軻論》五篇，司馬相如所次。見《藝文志》。論有不足，輔之以贊，自佐其論，非以佐軻。諸爲畫象贊者，佐其圖畫，非佐其人。世人昧於字訓，以贊爲褒美之名。畫象有頌，自揚雄頌趙充國始。見《漢書》本傳。

斯則形容物類，名實相應。贊之用不專於畫象，在畫象者乃適與頌同職，其同異之故宜定。頌贊之義皆有通有局。《周禮・太師注》曰："頌之言誦也，容也。"是頌有二義。誦其辭，節其聲，斯謂之頌矣（《大司樂注》云："倍文曰諷，以聲節之曰誦。"《疏》云："諷是直言之無吟詠，誦則直背文，又爲吟詠，以聲節之"），是通義也。其曰形容告神，義在褒美，此局義也。贊之言佐也，助也。文有未盡，增廣其辭，斯謂之贊矣，是通義也。其在畫象，則與形容之頌同類，其辭則多揄揚，是局義也。

若夫銘刻之用，要在符契，孔琳之有言："官莫大於皇帝，爵莫尊於公侯；而傳國之璽歷代遞用，襲封之印奕世相傳。"《宋書・孔琳之傳》，琳之建言曰："夫璽印者，所以辨章官爵，立符契信。官莫大於皇帝，爵莫尊於公侯；而傳國之璽歷代迭用，襲封之印奕世相傳。貴在仍舊，無取改作。今世内外羣官每遷悉改。若謂官各異姓，與傳襲不同，則未若異代之爲殊也。若論其名器，雖有公卿之貴，未若帝王之重。若以或有誅夷之臣，忌其凶穢，則漢用秦璽，延祚四百。帝王公侯之尊不疑於傳璽，人臣衆僚之卑何嫌於即印？而終年刻鑄，喪功消實，費不可言，非所以因循舊貫易簡之道。愚謂衆官即用一印，無煩改作。"此其最朴略者已。《周禮》："大約劑書於宗彝，小約劑書於丹圖。"《秋官・司約》文。鄭《注》云："劑謂券書也。丹圖未聞，或有彫器簠簋之屬有圖象者與。"宗彝有銘，聖人之操左契。

《老子》:"是以聖人執左契而不責於人。"**其在下士,王褒《僮約》亦決券而書之,**見《古文苑》。**非以揚功德也。諸有服器,物勒工名以致其誠,**《禮記·月令》云:"孟冬之月,命工師效功,陳祭器,按度程,毋或作爲淫巧以蕩上心,必功致爲上,物勒工名,以考其誠,功有不當,必行其罪以窮其情。"**非以事鬼神也。上自槃盂,下逮几杖,皆有辭以自飭,**《路史》有《黄帝巾几銘》。《禮記·大學》引湯之《盤銘》。《大戴記·武王踐祚篇》載武王户席几杖諸銘。**非以祝壽考也。鐘鼎庸器,**《周禮·春官》"典庸器",鄭《注》:"庸器,伐國所藏之器,若崇鼎貫鼎及以其兵物所鑄銘也。"**告於神明,周之尸臣,**《漢書·郊祀志》云:"美陽得鼎獻之。張敞好古文字,按鼎銘勒而上議曰:'臣聞郊梁酆鎬之間,周舊居也,宜固有宗廟壇場祭祠之臧。今鼎出於郊東,中有刻書曰:"王命尸臣,官此栒邑,賜爾旂鸞,黼黻琱戈,尸臣拜手稽首曰:敢對揚天子丕顯休命。"臣愚不足以迹古文,竊以傳記言之,此鼎殆周之所褒賜大臣,大臣子孫刻銘其先功,臧之於宫廟也。'"師古曰:"尸臣,主事之臣也。"**衛之孔悝,**《禮記·祭統》云:衛孔悝之鼎銘曰:"六月丁亥,公假於大廟,公曰:'叔舅,乃祖莊叔,左右成公,成公乃命莊叔隨難于漢陽,即宫于宗周,奔走無射。啓右獻公,獻公乃命成叔,纂乃祖服。乃考文叔,興舊耆欲,作率慶士、躬恤衛國,其勤公家,夙夜不解,民咸曰休哉。'公曰:'叔舅,予女銘,若纂乃考服。'悝拜稽首曰:'對揚以辟之,勤大命,施於烝彝鼎'。"**莫敢僭頌**

名。而叔世立石自頌變。秦始皇太山諸刻猶不稱碑，見《史記・秦始皇帝紀》。其後死人之里，《漢書・武五子傳》云"蒿里召兮郭門閲"，師古曰："蒿里，死人里。"鬼神之宅，刻碑者浸衆。碑表、神道、石闕其始皆在寢廟，後貤于墓。宫庭有碑，以此識景，廟則從之，又麗牲焉。《聘禮》鄭《注》云："宫必有碑所以識日景，引陰陽也。凡碑引物者，宗廟則麗牲焉，以取毛血。其材宫廟以石，窆用木。"《疏》云："言宫必有碑者，案諸經云三揖者，鄭《注》皆云入門將曲揖，既北面揖，當碑揖。若然，《士昏》及此《聘禮》是大夫、士廟内皆有碑矣。《鄉飲酒》、《鄉射》言三揖則庠序之内亦有碑矣。《祭義》云君牽牲麗于碑，則諸侯廟内有碑明矣。天子廟及庠序有碑可知，但生人寢内不見有碑。雖無文，兩君相朝，燕在寢，豈不三揖乎？明亦當有碑矣。言所以識日景者，《周禮・匠人》云：'爲規識日出之景，與日入之景者，自是正東西南北。'此識日景，唯可觀碑景邪正，以知日之早晚也。又云：引陰陽者，又觀碑景南北長短。十一月日南至，景南北最長，陰盛也；五月日北至，景南北最短，陽盛也。二至之間景之盈縮，陰陽進退可知。云凡碑引物者，識日景，引陰陽，皆是引物，則宗廟之中是引物，但廟碑又有麗牲。麗，繫也。案《祭義》云：君牽牲麗于碑，以其鸞刀以取血毛，毛以告純，血以告殺，兼爲此事也。云其材宫廟以石，窆用木者，此雖無正文，以義言之，葬碑取縣繩繂，暫時之間，往來運載，當用木而已；其宫廟之碑、取其妙好，又須久長，用石爲之，理勝於木。故云宫廟以石，窆用木也。是以《檀弓》云：公室視豐碑，三家視桓楹，時魯與大夫皆僭，言視桓楹，桓楹宫廟兩楹之柱，是葬用木之驗也。《禮記·檀弓》曰："公室視豐碑，鄭《注》云："言視者，時僭天子也。豐碑，斲大木爲之，形如石碑，於椁前後四角樹之，穿中，於間爲鹿盧，下棺以繂繞。天子六繂四碑，前後各重鹿盧也。"三家視桓楹，鄭《注》云：時僭諸侯，諸侯下天子也，斲之形如大楹耳。四植謂之桓。諸侯四繂二碑，碑如桓矣；大夫二繂二碑，士二繂無碑。"桓楹故謂之表，《説文》："桓，亭郵表也。"及其在墓，碑者所以下棺，表即無有，漢世乃增建之。漢元初元年謁者景君始有墓表，見《金石録》及《菉竹堂碑目》。石闕者，《周官》所謂"象魏"。《周禮·天官·冢宰》云"乃縣治象之灋于象魏"，《注》云："鄭司農云：象魏，闕也。"賈《疏》云："周公謂之象魏，雉門之外，兩觀闕高魏魏然。孔子謂之觀，《春秋左氏》定二年夏五月'雉門災及兩觀'是也。"梁陸倕爲《石闕銘》，正在兩觀。陸倕《石闕銘》見《文選》。然自舜墓已爲石郭，故《楚語》曰："楚"當作"吴"。"楚靈王築臺於章華之上，闕爲石郭，陂漢以象帝舜，象九疑之冢也。《史記·五帝本紀集解》引《皇覽》曰："舜冢在零陵營浦縣，其山九谿皆相似，故曰九疑。"神道者，《説文》云："場，祭神道也。"《釋宫》曰："廟中路謂之唐。"唐即場字。索祭祝于鬃，《禮記·郊特牲》云："直祭祝于主，索祭祝于祊。"《説文》云:"鬃,門内祭,先祖所旁皇也。"祊,鬃或從方。**自鬃而入,故其路謂之神道。漢有《嵩山太室神道石闕銘》,與《説文》言"塲"相應。**原注:《周禮》天神地祇不祭於屋下,太室立廟亦不應禮,此但證廟有神道耳。○按:《嵩山太室神道石闕銘》,元初五年立,在登封中嶽廟南,見顧炎武《金石文字記》及畢沅《中州金石記》。**其後墓道象之。孟子曰:"孔子殁,子貢築室於塲。"**《孟子·滕文公上》。**則墓有神道矣。自漢以降,碑表二名轉相亂,及今無有知神道爲廟制者。墓前神道始見《漢·李蔡傳》,**《漢書》云:李蔡以丞相坐詔賜冢地陽陵,當得二十畝,蔡盜取三頃,頗賣得四十餘萬,又盜取神道外壖地一畝葬其中,當下獄自殺。**及晉神道猶在碑前爲二石柱,**原注:《水經·陰溝水注》:"渦水南有譙定王冢。冢前有碑,碑南二百許步有兩石柱高丈餘,石牓云:晉故使持節散騎常侍都督江州諸軍事安東大將軍譙定王河内温司馬公墓之神道。"是神道與碑爲二。○按:《後漢書·中山簡王焉傳》云"大爲修冢塋,開神道",章懷《注》云:"墓前開道,建石柱以爲標,謂之神道。"據此亦足證神道舊制,本與碑别也。**而晚世紊稱爲神道碑。**神道與碑本爲二事,此文證之明矣。考後漢《太尉楊震碑》額題"漢故太尉楊公神道之碑"十字,則此稱由來已久。**守文不綜其實,因以盲瞽。**潘昂霄《金石例》曰:"《釋名》:'碑,被也。葬時所設,臣子追述君父之功以書其上。'《事祖廣記》云:晉宋之世始又有神道碑,天子及諸侯皆有之。其刻文云:某帝或某官神道之碑。其初由立於葬兆之東南,地理家言以東南爲神道,故以名碑。"按:此未知神道之義,乃引地理家言,亦其鄙也。**觀漢世刻石,稱銘者記其物,稱頌者道其辭,斯則刻石皆頌也。周制天子始有頌,**原注:記言善頌善禱,謂善形容,非真作頌。**于漢則下逮庶官,**漢刻石頌庶官,如《司隸校尉楊孟文頌》、《武都太守李翕西狹頌》、《析里橋郙閣頌》(見《金石録》及《隸釋》)諸文皆是。**名號從是弛矣。昔魯有《駉》頌,自季孫行父請周,而史克作之;**《詩序》云:"《駉》,頌僖公也。僖公能遵伯禽之法,儉以足用,寬以愛民,務農重穀,牧于坰野,魯人尊之,於是季孫行父請命於周,而史克作是頌。"**漢揚雄爲《趙充國頌》,猶奉天子命也;《文章緣起》曰:"漢惠帝始爲《四皓碑》",**此文無考。**猶帝者賜之也。今以匹士專作頌辭,與賤者誄貴等。雖然,自朱穆、蔡邕私立謚號,**《後漢書·朱穆傳》云:穆父卒,穆與諸儒考依古義,謚曰貞宣先生。及穆卒,蔡邕復與門人共述其體行,謚爲文忠先生。**荀爽聞而非之;張璠以爲謚者上之所贈,非下之所造,朱、蔡各以衰世臧否不立,故私議之。**《朱穆傳》《注》引《袁山松書》曰:"蔡邕議曰:魯季文子,君子以爲忠,而謚曰文子。又《傳》曰:忠,文之實也。忠以爲實,文以彰之,遂共謚穆。荀爽聞而非之,故張璠論曰"云云。按:國史無璠傳,所撰《後漢紀》《隋志》列於袁宏之次,蓋晉人。又《荀爽傳》云:"時人私謚其君父及諸名士,爽皆引據大義,正之經典，雖不悉變，亦頗有改。”**準是，則立碑固不可訓。後漢士庶專務朋游，**漢末人士多務朋黨，詳見徐幹《中論·譴交篇》。又葛洪《抱朴子·漢過篇》亦有譏漢末俗敝，士多結黨之語。**故吏私人黨附舊主。鴟梟之惡喻以鳳皇，斗筲之材比於伊管，稱譽過情，有亂觀聽。**《羣書治要》引《傅子》云：“漢末公卿大夫刻石爲碑，鐫石爲虎，碑虎崇僞，陳于三衢，妨功喪德，異端竝起，衆邪之亂正若此，豈不哀哉！”**晉武帝以石獸碑表私褒長僞，下詔禁之，犯者雖會赦皆當毁壞。**原注：見《宋書·禮志》。〇按《禮志》云：“漢以後，天下送死，多作石室石獸碑銘。建安十年，魏武帝以天下雕弊，下令不得厚葬；又禁立碑。高貴鄉公時，碑禁尚嚴，後復弛替。晉武帝咸寧四年又詔曰：‘石獸碑表，既私褒美，興長虚僞，傷財害人，莫大於此，一禁斷之，其犯者雖會赦令皆當毁壞。’至元帝太興元年，故驃騎府主簿故恩營葬舊君顧榮，求立碑詔，特聽立，自是禁又漸頹。義熙中，尚書祠部郎中又議禁斷，於是至今。”**延及宋世，裴松之以良史陪屬，申議禁斷，**松之注陳壽《三國志》，鳩集傳記，增廣異聞，故云“良史陪屬”也。《宋書》本傳云：“松之以世立私碑有乖事實，上表陳之云：俗敝僞興，華煩已久。孔悝之銘行是人非，蔡邕制文每有愧色。而自時厥後，其流彌多，勒銘寡取信之實，刊石成虚僞之常，真假相蒙，殆使合美者不貴。但論其功費，又不可稱。以爲諸欲立碑者宜悉令言上，朝議所許，然後聽之，庶使百世之下，知其不虚，由是並斷。”**誠懼其妨**

正也。《唐律》:“諸在官長吏,實無政迹,輒立碑者,徒一年。若遣人妄稱己善,申請於上者,杖一百;有臧重者坐臧論,受遣者各減一等。”見《唐律》十一《長吏輒立碑條》。《疏義》曰:“在官長吏,謂内外百司長官以下臨統所部者,未能導德齊禮,移風易俗,實無政迹,妄述己功,崇飾虚辭,諷諭所部輒立碑頌者,徒一年。所部爲其立碑頌者爲從坐。若遣人妄稱己善,申請於上者,杖一百。若虚狀上表者,從上書詐不實,徒二年。有贜重者坐贜論,謂計贜重於本罪者從贜而斷。受遣者各減一等,各謂立碑者徒一年上減,申請於上者杖一百上減。若官人不遣立碑,百姓自立及妄申請者,從不應爲重科杖八十,其碑除毁。”然猶許死者立碑,爲之等制。《通典》卷一百八,碑碣石獸,五品以上立碑,螭首龜趺,高不過九尺;七品以上立碑,圭首方趺,趺上高四尺。其獸等二品以上六事,五品以上四事。夫生人立碑則亂政,死者立碑而亂史。生人遣人有臧,爲死者遣人獨無臧邪?漢世碑文本頌之别,雖有陳序,則考績揚搉之辭,《堯典》云:“三載考績。”《魏都賦注》引許慎《淮南子注》云:“搉,揚搉略也。”不增其事,文勝質,故不爲史官所取,無害于方策。唐世漸失其度,其後寖淫變爲序事,與别傳同方。别傳幸有他人所作,辭有進退,不壹於褒揚;碑即子孫輿金乞貸,其言不得不美,既述其事,虚張功狀,覩之若真,終于貞僞掍殽,爲史秕

碑,可無斷乎?漢之立碑,或爲處士名德,民所鄉往;今乃壹爲尸位之夫,乞米以爲傳,昔人所郵。郵通作尤。《晉書·陳壽傳》云:"或云:丁儀、丁廙有盛名於魏。壽謂其子曰:'可覓千斛米見與,當爲尊公作佳傳。'丁不與之,竟不爲立傳。"《史通·曲筆篇》云:"班固受金而始書,陳壽借米而方傳。此又記言之奸賊,載筆之凶人,雖肆諸市朝,投畀豺虎可也。"**今雖不爲史官,乞米猶易,顧炎武所以惡言"義取"者也。**以上論頌之流。顧炎武《日知録》卷十九云:"杜甫作《八哀詩》,李邕一篇曰:'干謁滿其門,碑版照四裔。豐屋珊瑚鉤,麒麟織成罽。紫騮隨劍几,義取無虚藏。'劉禹錫《祭韓愈文》曰:'公鼎侯碑,志隧表阡,一字之價,輦金如山。'可謂發露真贓者矣。昔揚子雲猶不肯受賈人之錢,載之《法言》,而杜乃謂之'義取',則又不若唐寅之直以爲利也。《戒菴隨筆》言唐子畏有一巨册,自録所作文,簿面題曰'利市'。"

又自胡元以降,金石略例代有增損。元潘昂霄有《金石例》十卷。明王行有《墓銘舉例》四卷。清黄宗羲有《金石要例》一卷,梁玉繩有《誌銘廣例》二卷,李富孫有《漢魏六朝墓銘纂例》四卷,郭麐有《金石例補》二卷,吴鎬有《漢魏六朝志墓金石例》三卷、《唐人墓志例》一卷,馮登府有《金石綜例》四卷,梁廷枬有《金石稱例》四卷、《續例》一卷,王芑孫有《碑版文廣例》十卷,鮑振方有《金石訂例》十卷,劉寶楠有《漢石例》六卷。近人黄任恒有《石例簡鈔》四卷。言金石義例之書略具於此。**既崇時制,時制不適,又以前世爲準。典度雜粎,未知所鄉。今舉其要者數事:三公稱公,九卿稱卿,此漢制也。晉世無爵者謚稱子。《唐六典》:太常博士曰:凡王公以上擬謚,皆迹其功德而爲之褒貶,無爵稱子。則知王及五等舉爵,三公稱公。**原注:唐世如陸贄、韓愈皆未至三公,亦無爵邑,若舉其謚,當云宣子、文子耳。而當時已云宣公、文公,此不應法。**今世既無三公,乃以三品以上箴乏,**昭十一年《左傳》云"僖子使助薳氏之箴",杜預《注》云:"箴,副倅也。"王念孫《廣雅疏證》卷一云:"副倅,即充備之意。"**自下即稱曰君。**黄宗羲《金石要例》云:"名位著者稱公。名位雖著,同輩以下稱君。耆舊則稱府君,《昌黎集》中有董府君、獨孤府君、張府君、衛府君、盧府君、韓府君。有文名者稱先生,如昌黎之稱施先生、貞曜先生,皇甫湜之稱昌黎韓先生。友人則稱字,如昌黎之於李元賓、樊紹述、張孝權。姚牧菴稱趙提刑夫人爲楊君,則變例也。"按:此所説,流俗相沿之例云爾。實則公、君、府君之稱多不應法,其説詳在下文及《疏證》。**漢世賜爵,自列侯至五大夫輩,通得言君。**原注:高帝詔曰:七大夫公乘以上皆高爵也,爵或人君,上所尊禮。是其證。又案:秦制二十級爵,惟兩漢踵行之,三國以還更不襲用。而晉武帝即位詔云:賜民爵五級。宋武帝、明帝、齊高帝、陳武帝即位詔皆云賜民爵二級,若非具文,則是承襲漢制,以其輕賤,故史志不載邪。〇按:秦制二十級爵,見《漢書·百官公卿表》:一公士，二上造，三簪裊，四不更，五大夫，六官大夫，七公大夫，八公乘，九五大夫，十左庶長，十一右庶長，十二左更，十三中更，十四右更，十五少上造，十六大上造，十七駟車庶長，十八大庶長，十九關内侯，二十徹侯。**買爵既易，宜無有不君者。**原注：昔人稱君非專用于碑誄，自作書疏亦以稱焉。索靖《月儀》十八章首尾皆署“君白”；沈約《捨身願疏》首署“優婆塞沈君敬白十方三世諸佛”；徐陵《與王僧辯書》首尾皆署“孤子徐君頓首”，《與章司空昭達書》首署“君白”，末署“徐君呈”，《答諸求官人書》末署“徐君白”，答《族人梁東海太守書》末署“君問”。若云尊者與卑，則不應施於諸佛及太尉司空也；若云門下迻書避其主諱，則索靖《月儀》相承以爲靖手書也。意當時列侯卿尹皆自稱君，猶太史公之自署耳。索、沈皆侯，索至後將軍，沈至尚書令，徐後亦至尚書僕射建昌縣侯。惟與僧辯書時階位尚卑，豈後人追改乎？又宋王僧達《祭顔光禄文》，稱“王君以山羞野酌敬祭顔君之靈”，齊劉善明欲以沙門僧巖應舉三書譬曉，末皆署“劉君白答”，似非後人追加，以僧達封寧陵侯，善明封新塗伯耳。《顔氏家訓·風操篇》云：“昔者王侯自稱孤寡不穀。自茲以降，皆稱名。江南輕重各有謂號，具諸書儀。北人多稱名者，乃古之遺風。省此則稱君者當依爵論。而江左晉宋之五等侯秩在開國子男下。陳承梁制，湯沐食侯第七品，鄉享侯第八品，並視千石，關中關外侯第九品視六百石，則亦財比漢之五大夫也，品秩相擬，當時守令，自可稱君。近世則五等之貴班踰執政，非其比矣。**方今封爵至斉，下執事而君稱之，斯何禮也？**

若循時制，文官五品以上稱大夫，六品以下稱郎；武官二品以上稱將軍，三品以下稱都尉，五品以下稱騎尉，八品以下稱校尉。見《清會典》。**題曰某官某大夫、某官某郎、某官某將軍，自下準此，如是亦給矣。今題封贈于上，書某公某君于下，大夫將軍而言公，郎校尉而言君，**原注：按《安陸昭王碑文》稱"公"者，時實爲司徒，《竟陵文宣王行狀》稱"蕭公"者，時實爲太傅，非今人所可藉口。**稱名相駁，其詭一也。**《文録·文例雜論》曰："世人多云三公稱公，長老稱公，失名稱公，浮屠稱公。其作碑版，三品以上稱公，自下稱君，長老浮屠即不得與。此則因仍顧氏而謬者也（按顧説詳《日知録》卷二十）。三品以上，不盡三公，大理、太常正是卿職，轉至六部，亦非與三公同階。以是稱公，名實相亂。且公云君云是皆長人之號，必三公始稱公，宜封君始稱君矣。棠公、葉公正是縣令，古者亦以公稱，禮言諸公則大國之孤卿，其位四品，今之六品也，安取三品以上乎？申培稱公，容在長老，《藝文志》'名家'《黄公》，官則博士，名則黄疵，又無長老之徵，今將奪其公邪？要之，古者稱公稱君，名漸下墮，猶夫子本以稱大夫，其後爲常人之號。格以官位，今但得稱大夫稱郎，何有前代列土之名也？又應劭説大縣有丞左右尉，所謂命卿三人。故漢《綿竹江堰碑》稱縣丞揵爲三卿，祝其縣丞墳壇稱祝其卿。乃至府丞亦爾，《武榮碑》有吴郡府卿之目，墳壇刻字有上谷府卿之名。與不得已，今以三師大學士稱公，尚書以至府縣稱君，同知通判縣丞主簿以下稱卿，猶愈顧君所制也。”**漢世太守所居稱府，因以號府君。自漢世祖宋武帝以稱其祖，不追王，故舉其下者尊之。**《日知録》卷二十四云：“府君者，漢時太守之稱。《三國志》孫堅襲荆州刺史王叡，叡見堅驚曰：‘兵自求賞，孫府君何以在其中?’孫策進軍豫章，華歆爲太守，葛巾迎策，策謂歆曰：‘府君年德名望遠近所歸’。”馮登府《金石綜例》卷一云：“郡國守相得稱府君，《吴葛府君碑》額書‘吴故衡陽郡太守葛府君之碑’。錢氏大昕曰：衡陽孫吴所置郡。漢世稱郡國守相爲府君，魏晉猶然。予收藏孫吴石刻，如谷朗及此碑，皆以太守故得府君之稱，非如後世之泛用也。余案漢《梁相費汎碑》，亦以相而稱府君，此漢例也。黄梨洲謂耆舊稱府君，如昌黎董府君、獨孤府君之例，蓋未深考。”劉寶楠《漢石例》卷一云：“《衛尉衡方碑》‘府君諱方’云云，此歿稱府君也。《河南尹蘇君碑》、《安平相孫根碑》、《梁相費汎碑》並同。其生稱府君者，廟碑則《宏農太守樊毅華嶽碑》、《濟陰太守孟郁修堯廟碑》、《魯相韓勑修孔廟後碑》，德政碑則《桂陽太守周憬功勳銘》、《司隸校尉楊涣石門頌》、《巴郡太守張納功德敍》，皆生稱府君也。其墓闕稱府君者，《益州太守楊宗墓道》、《趙相雍勸闕銘》、《趙傅逢君神道》、《益州太守高頤墓闕》、《交阯都尉沈君墓闕》，亦歿稱府君也。《費汎碑》乃其孫玓立，餘皆故吏門生所立，亦稱府君，則府君爲通稱。今人惟子孫稱其祖父已歿皆爲府君。若以稱他人，及生而稱之，斥爲非禮，非也。”又曰：“府君之稱著於《後漢書・寇恂》、《劉平》、《朱暉》、《王龔》、《臧洪》、《高獲》、《華佗》、《酷吏》、

《西南夷》諸《傳》。又《傅燮傳》：燮爲漢陽太守，黄衍説燮。又《周嘉費長房傳》、《吴祐傳注》引《濟北先賢傳》，稱太守並爲府君，不知顧氏何以不引？"章氏《文例雜論》云："漢世言府君者施於太守，《史記·酷吏傳》曰：'郡吏大府舉之廷尉。'又曰：'恐不能得，坐課累府，府亦使其不言。'斯則太守有府之徵也。今編户齊民皆以府君稱其祖禰。案《宋書·禮志》曰：'宋武帝初受晉命爲宋王，建宗廟於彭城，依魏晉故事，立一廟，初祠高祖開封府君，曾祖武原府君、皇祖東安府君、皇考處士府君。'處士言府君，其越甚矣。帝王則然，作故自己也；其在齊民，宜革正如禮便。"今士庶並題其父曰府君。身無半通青綸之命，而有連城剖符之號，《法言·孝至篇》："不由其德，五兩之綸，半通之銅，亦泰矣。"李軌《注》曰："綸如青絲繩也。五兩之綸，半通之銅，皆有秩嗇夫之印綬。"《後漢書·仲長統傳》曰："身無半通青綸之命，而竊三辰龍章之服。"章懷《注》曰："《十三州志》有秩嗇夫得假半章印。"《續漢·輿服志》："百石青紺綸一采，宛轉繆織，長丈二尺。"《説文》："綸，青絲綬也。"鄭玄注《禮記》云："綸，今有秩嗇夫所佩也。"《漢書·諸侯王年表》曰："藩國大者夸州兼郡，連城數十。"又《韓王信傳》曰"與信剖符王潁川"，師古曰："剖，分也，爲合符而分之。"其詭二也。周制：天子曰崩，諸侯曰薨，大夫曰卒，士曰不禄，庶人曰死。見《禮記·曲禮篇》。赴於他國，雖君猶稱不禄；赴於君，雖大夫謂之死。見《禮記·雜記篇》。唐制二品以上稱薨，五品以上稱卒，自六品達於庶人稱死。原注：見《唐書·百官志》"禮部郎中員外郎"下。今度制既無明文，歿于官通言身故。若從時制，當書故，不得書卒，書卒即背於今。大學士督撫諸官或則書薨。唐制二品言薨有明文，其輔臣大吏多有封爵，書薨可也。今無爵，則不得比諸侯。非諸侯書薨又背於古，其詭三也。以上稱名之詭三事。且刻石皆銘也。自漢訖今，或前爲記敍，後繫以銘，記敍已刻石，非銘云何？銘義已見《辨詩篇》。凡物有題署，則謂之銘，故刻石即銘也。漢《聞喜長韓仁銘》不用韻語，而題曰銘，記敍亦銘也。别爲二事，所謂惑於用名以亂實者矣。名實不辨，而瑣瑣以言式例，其諸比於放飯流歠問無齒決者歟？《孟子·盡心篇》曰："放飯流歠，而問無齒決，是之謂不知務。"趙岐《注》曰："於尊者前賜飯，大飯長歠，下敬之大者。齒決，小過耳。"《詩傳》曰"作器能銘，可以爲大夫"者，有其器，斯銘之；無有器，斯不銘矣。今世葬無窆石，廟不麗牲，而空立石爲碑，名實既爽，則碑可以廢。余念爲一人述事者固有别傳，爲神廟興作識其歲月者，刻石作記可也。昔元魏修野王孔子廟，劉明等以爲宣尼大聖，非碑頌所稱，宜立記。其文曰："仲尼傷道不行，欲北從趙鞅，聞殺鳴犢，遂旋車而反。及其後也，晉人思之，於大行嶺南爲之立廟，蓋往時回轅處也。"原注：見《水經·沁水注》。○按:晉殺鳴犢事,見《史記·孔子世家》。《水經·沁水注》云:"邘水又東南逕孔子廟東。廟庭有碑。魏太和元年,孔靈度等以舊宇毀落,上求脩復。野王令范衆愛。河内太守元真、刺史咸陽公高允表聞,立碑於廟。治中劉明、别駕吕次文、主簿向班虎、荀靈龜以宣尼大聖,非碑頌所稱,宜立記焉、云仲尼傷道不行,欲北從趙鞅,聞殺鳴犢,遂旋車而反。及其後也,晉人思之,于太行嶺南爲之立廟,蓋往時迴轅處也。"余按:諸子書及史籍之文並言仲尼臨河而歎曰:"丘之不濟,命也夫?"是非太行迴轅之言也。碑云"魯國孔氏,官於洛陽,因居廟下,以奉蒸嘗",斯言是矣。蓋孔氏遷山下,追思聖祖,故立廟存饗耳。其猶劉累遷魯,立堯祠於山矣,非謂迴轅處也。以上酈説甚明,此引其文但以證刻石有記與頌之别,非以考地也。**此則記之與頌在石有殊。漢世亦嘗作《周公禮殿記》,**洪适《隸釋》卷一載益州太守高朕《脩周公禮殿記》曰:"漢初平五年,倉龍甲戌,旻天季月,脩舊作周公禮殿,始自文翁,應期鑿度,開建畔宫,立堂布觀,廟門相鉤,□司慢延,公辟相承。至于甲午,故府梓潼文君增造吏寺二百餘間。四百年之際,變異䍃咨,旋機離常,玉衡失統,强桀並兼,人懷僥幸,戰兵雷合,民散失命。烈火飛炎,一都之舍,官民寺室,同日一期,合爲灰炭。獨留文翁石廟門之兩觀。禮樂崩坦,風俗混亂,誦讀已絶,倚席離散。夫禮興則民壽,樂興則民化。郡將陳留高君,節符典境,迄斯十有三載,會直擾亂,曲慮匡救齊民塗炭,閔斯丘虚,(下闕三字)冠,學者表儀,(下闕四字)大小推誠,興復第館,八音克諧,鬼方來觀，爲後昌基，（下闕一字）神不（以下闕）。”今立廟者宜以爲法。其有山谷之士，獨行之賢，不見記録，而芳烈在民，立祠堂以昭來許，《大雅·下武篇》“昭茲來許”，《傳》曰：“許，進也。”胡承珙《後箋》曰：“毛訓‘許’爲‘進’，則來許似言後進。孔注《論語》‘先進後進’猶言‘前輩後輩’，竊意此‘來許’猶言‘來者’也。”宜序其行事而已。若夫封墓以爲表識，藏志以防發掘，此猶隨山栞木，用記地望，栞與刊同，一作栞，《説文》云“槎識也，从木䄠闕。《夏書》曰‘隨山栞木’，讀若刊。”胡渭《禹貢錐指》曰：“蘇氏軾曰：山行多迷，刊木以表之，且以通道。《史記》云：行山表木。”本非文辭所施。世言孔子題季札墓，其情僞不可知。孔子題吴季子墓碑凡十字，曰“於虖有吴延陵君子之墓”。唐大曆十四年蕭定重刻，在江蘇丹陽縣延陵鎮吴季子廟。後人又摹刻于縣南門外驛前，有張從申跋。歐陽修《集古録》、黄伯思《東觀餘論》、董逌《廣川書跋》皆疑非真，而范泰《季札讚》則云：“夫子戾止，爰詔作銘。”前人又謂李陽冰學《嶧山碑》，得此而後變化。據此則又似真也。又碑文“墓”字，嚴可均釋爲“葬”字，云“季子聘上國，喪子於嬴博之閒，見《檀弓》。此蓋孔子使子貢觀葬後題字。讀此當以‘於虖’句，‘有吴延陵君’句，‘子之葬’句。唐宋人不識篆文，釋‘葬’爲‘墓’，非也。”就今所摹寫者，財有題署，固無記述之文。墓志始作自項伯，原注：《水經·汚水注》：“元嘉六年，安陽大水，破墳得一塼，刻云：‘項氏伯無子，七女造槨。’”及王莽大

司徒甄邯。原注:見《南史·何承天傳》。〇按傳云:"承天博見古今,爲一時所重。張永嘗開玄武湖,遇古冢,冢上得一銅斗,有柄,文帝以訪朝士。承天曰:'此亡新威斗,王莽三公亡者皆賜之,一在冢外,一在冢内。時三台居江左者唯甄邯爲大司徒,必邯之墓。'俄而永又啓冢内,更得一斗,復有一石銘:'大司徒甄邯之墓。'"**邯志有題署,無文辭。及張氏穿中記,**《隸釋》卷十三載張賓公妻穿中二柱文,其一云:"維兮本造此穿者,張賓公妻、子偉伯、伯妻、孫陵。"在此石右方曲内中。其一云:"維兮張偉伯子長仲,以建初二年六月十二日與子叔元俱下世。長子元益爲之祖父穿中造内栖崖棺,葬父及弟叔元。"**傅玄爲《江夏太守任君墓志銘》,**《藝文類聚》卷五十載傅玄《江夏任君銘》曰:"君諱倏,承洪苗之高冑,稟岐嶷之上姿。質美珪璋,志邈雲霄。景行足以作儀範,柱石足以慮安危。弱冠而英名播乎遐邇,拜江夏太守,内平五教,外運六奇,邦國乂安,飄塵不作。銘曰:峨峨任君,應和秀生。如山之峙,如海之渟。才行闡茂,文武是經。羣后利德,泊然弗營。宜享景福,光輔上京。如何夙逝?不延百齡。"**文稍縟矣。**原注:按《南齊書·禮志》云:"墓銘不出禮典。近宋元嘉中,顏延之作王球石志,素族無碑策,故以紀德。自爾以來,王公以下,咸共遵用。儲妃之重,禮殊恒列。既有哀策,謂不須石志。"是則石志繁辭以代碑表耳。若復兩作,是乃辭費。**後生作者,栝酒之愛,自謂久要;**《論語·憲問篇》:"久要不忘平生之言",《集解》孔安國曰:"久要,舊約也。"百年之化,悲其夭枉。於情爲失衷,於事爲失順。淫溢不節,權厝亦爲之志。原注:宋張推兒志云:"元徽元年十月甲辰十七日庚申,權厝窀穸於西鄉。"則此事起於南朝。作志之情,本以陵谷遷變,慮及久遠。權厝者,數年之事,當躬自發掘之,於是作志,又違其本情矣。若斯之倫,悉當約省盈辭,盈辭已見《論式篇》。裁奪虛作。墨翟、楊王孫之事,見《漢書·楊王孫傳》。雖不可作,要之,慎終追遠,《論語·學而篇》:"曾子曰:慎終追遠,民德歸厚矣。"《集解》孔安國曰:"慎終者,喪盡其哀;追遠者,祭盡其敬。"貴其樸質者也。

國故論衡疏證下之一

原　學

世之言學，有儀刑他國者，《周頌・我將篇》："儀式刑文王之典。"**有因仍舊貫得之者，**《論語・先進篇》："仍舊貫。"鄭《注》："貫，事也。"**細徵乎一人，其鉅徵乎邦域。荷蘭人善行水，**《瀛寰志略》曰："荷蘭，歐羅巴小國也。東界日耳曼，南界比利時，西北距大西洋海，壤地褊小。歐羅巴地形此最低陷，海潮衝齧，劃爲洲渚，港道縱横交貫，其沮洳卑濕而土脈最腴。民擅水利，善築隄防、開溝洫，又善於操舟，能行遠。故歐羅巴海市之道行，自荷蘭始。"**日本人善候地震：因也。**《日本開國五十年史》曰：世界各國攷究地震之便，莫若日本，其攷究亦莫切於日本，此日本地震學所以佔卓越之地位也。東京帝國大學有地震學之特別講座及附屬教室，文部大臣直管之下有主攷究地震之特別委員，各地記録地震，且觀測其震度之器械，可知日本攷究地震之顯象機關，略完備焉。**山東多平原大壇，**顧祖禹《讀史方輿記要序》曰："山東之地，雖西峙泰山，曾無重岡複嶺之限。東環大海，亦無奥窔險固之都。"《禮記・祭法注》曰："壇之言坦也。"

故騶魯善頌禮。《漢書·儒林傳》曰："摳衣登堂，頌禮甚嚴。"又曰："魯徐生善爲頌。孝文時，徐生以頌爲禮官大夫。"《史記·貨殖傳》曰："鄒魯濱洙泗，猶有周公遺風，俗好儒，備於禮。"又《儒林傳》曰："齊魯之間於文學，自古以來，其天性也。"**關中四塞便騎射，**《史記·劉敬傳》曰："秦地被山帶河，四塞以爲固。"**故秦隴多兵家；**《漢書·地理志》曰："秦地五方雜厝，風俗不純，天水、隴西及安定、北地、上郡、西河，皆迫近戎狄，修習戰備，高上氣力，以射獵爲先。故《秦詩》曰'王予興師，修我甲兵，與子偕行'，及《車轔》、《四載》、《小戎》之篇，皆言車馬田狩之事。漢興，六郡良家子選給羽林、期門，以材力爲官，名將多出焉。"又《趙充國辛慶忌傳贊》曰："秦漢以來，山東出相，山西出將。秦將軍白起，郿人；王翦，頻陽人。漢興，郁郅王圍、甘延壽，義渠公孫賀、傅介子，成紀李廣、李蔡，杜陵蘇建、蘇武，上邽上官桀、趙充國，襄武廉褒，狄道辛武賢、慶忌，皆以勇武顯聞。蘇、辛父子著節。此其可稱列者也，其餘不可勝數。"**海上蜃氣象城闕樓櫓，**《史記·天官書》："海旁蜃氣象樓臺，廣野氣成宫闕。"**怳萃變眩，**《説文》："萃，疾也。"按："怳萃"猶"恍忽"爾。**故九州、五勝怪迂之變在齊稷下：**《史記·孟荀列傳》："騶衍深觀陰陽消息而作怪迂之變，《終始》、《大聖》之篇十餘萬言。"又曰："稱引天地剖判以來，五德轉移，治各有宜，而符應若茲。以爲儒者所謂中國者，於天下乃八十一分居其一分耳。中國名曰赤縣神州。赤縣神州内自有九州，禹之序九州是也，不得爲州數。中國外如赤縣神州者九,乃所謂九州也。於是有裨海環之,人民禽獸莫能相通者,如一區中者,乃爲一州。如此者九,乃有大瀛海環其外,天地之際焉。”《曆書》曰:“是時,獨有鄒衍明於五德之傳,而散消息之分,以顯諸侯,而亦因秦滅六國,兵戎極煩,又升至尊之日淺,未遑暇也。而亦頗推五勝。”又:稷下見《田完世家》、《孟荀列傳》、劉向《荀卿子序録》、《漢書·藝文志》。稷,齊之城門也。或云:稷,山名。**因也,地齊使然。**“齊”讀爲“劑”。《王制》曰:“廣谷大川異制,民生其間者異俗,剛柔輕重遲速異齊。”**周室壞,鄭國亂,死人多而生人少,故列子一推分命,**劉向《列子序録》:“至於《力命篇》,一推分命。”**歸於厭世,御風而行,以近神仙。**《莊子·逍遥游篇》:“夫列子御風而行,泠然善也。”《釋文》:“李云:列子,鄭人,名御寇。得風仙,乘風而行,與鄭穆公同時。”**族姓定,階位成,貴人之子以武健陵其下,故釋迦令桑門去氏,比于四水入海而鹹淡無别。**《印度文明史》曰:“印度僧侣之階級,王、士對之爲一階級,平民自上二級貶黜而服從于其下,其服後印度文化之士民又别爲一階級,于是千年不變之四姓制度出現。四姓者:一僧侣(婆羅門),二王、士(剎帝利),三平民(吠奢,一作毗舍),四首陀(一作首陀羅,又作戍達羅)是也。僧侣、王士兩姓,使平民服從,僧侣更使王、士服從。”《大般若經》卷三百三十曰:“復次,善現,有菩薩摩訶薩,具修六種波羅密多,見諸有情,有四色類,貴賤差别:一剎帝利,二婆羅門,三吠舍,四戍達羅。善現,是菩薩摩訶薩見此事已,作是思惟,我當云何方便,拔濟諸有情類,令速圓滿疾證無上正等菩提。我佛土中,得無如是四種色類,貴賤差別。一切有情,同一色類,皆悉尊貴,人趣所攝。”《增一阿含經·苦樂品》曰:“四河入海,無復河名。四姓爲沙門,皆稱釋種。”又見《長阿含經》第二分。**希臘之末,甘食好樂,而俗淫湎,故史多揭家務爲艱苦,作自裁論,冀脱離塵垢,死而宴樂其魂魄。**史多揭,一譯斯多噶,希臘學派名也。吉田靜致《西洋倫理學史》曰:“雅里斯多德以後之倫理學説,特著者爲斯多噶與伊壁鳩魯二派。斯多噶派以適應自然而生活爲道德之最高原理。人與物異。人者,有理性之生類,若背理而爲情慾之奴隸,則反於人類之自然。彼物質之善,如富厚、健康等,有德者用之則爲善,不德者用之則爲惡。故如斯物質之事物,有陷人於惡之虞者,宜全然斥絶之。與其爲善,不如去惡。而情念則生惡之源,情念有娱樂、體慾、恐怖、悲哀四種。是等情念,不唯宜抑制之而已,不可不自其根本全消滅之。滅此情念,則精神安静,其道莫如退隱而獨居。故凡關係國家、社會、政治、法律之事,皆非達於幸福之生活之道,惟遁世無慾之哲學者,能得完全之安静。斯多噶派之學者,大貴自殺。彼等之貴自殺無他,惟示其不置重於生活而已。要之,無情念,則人之精神得以脱離塵世之羈絆,乃達於安静幸福之狀態焉。”**此其政俗致之矣。**以上因仍舊貫,徵於邦域。**雖一人亦有舊貫。《傳》曰:“良弓之子,必學爲箕;良冶之子,必學爲**

裘。"《學記》曰:"良冶之子,必學爲裘。"鄭《注》:"仍見其家錮補穿鑿之器也。補器者,其金柔乃合,有似於爲裘。""良弓之子,必學爲箕。"鄭《注》:"仍見其家橈角幹也。橈角幹者,其材宜調,調乃三體相勝,有似於爲楊柳之箕。"**故浮屠之論人也:鍛者鼓橐以吹鑪炭,則教之調氣;浣衣者刮摩垢薉,而諭之觀腐骨。**此謂教之修習止觀。調氣即修數息觀,觀人骸骨即修無常之法也。《廣如阿含部經》所說。**各從其習,使易成就,猶引繭以爲絲也。**以上因仍舊貫,徵於一人。**然其材性發舒,亦往往有長短。短者,執舊不能發牙角;**牙與芽通。"牙角",猶言"萌蘖"。**長者,以𧗿之一得今之十。是故九流皆出王官,及其發舒,王官所不能與。**九流皆出於王官,其説發自《七略》。古者,治教未分,官師無别,學術本諸官守,其道有不得不然者。近人胡適始爲《諸子不出於王官論》,徒爲攻難,而持之無故,説雖辯而實非也。若曰"學術發舒,官不能與",斯得其理矣!詳柳詒徵《論近人講諸子學者之失》及繆鳳林《駁胡適諸子不出王官論》。**官人守要,而九流究宣其義,是以滋長。**《荀子·榮辱篇》曰:"循法則度量刑辟圖籍,不知其義,謹守其數,慎不敢損益,是官人百吏之所以取禄秩也。"又:《王霸篇》曰:"官人失要則死。"楊《注》:"官人,列官之人。"**短者,即循循無所進取。通達之國,**《莊子·則陽篇》曰:"知遊心於無窮,而反在通達之國,若存若亡乎?"郭《注》:"人迹所及爲通達。”中國、印度、希臘皆能自恢彉者也。《釋名》:“彉,張也。”其餘因舊而益短拙,故走他國以求儀刑。儀刑之與之爲進,羅甸、日耳曼是矣。儀刑之不能與之爲進,大食、日本是矣。儀刑之猶半不成,吐蕃、東胡是矣。夫爲學者,非徒博識成法,挾前人所故有也。有所自得,古先正之所覭髳,《爾雅·釋詁》:“覭髳,茀離也。”郭《注》:“謂草木之叢茸翳薈也。‘茀離’即‘彌離’,‘彌離’猶‘蒙蘢’耳。”郝懿行曰:“‘覭髳’音變爲‘幕蒙’,《左傳》云‘以幕蒙之’,幕蒙亦覆敝之意。又爲‘溟沐’,《太玄》云‘密雨溟沐’,細雨濛密之貌。又爲‘蠛蠓’,小蟲亂飛之貌。又爲‘綿蠻’,《詩》‘綿蠻黄鳥’,蓋文采縟密之貌。是皆‘覭髳’一聲之轉也。‘茀離’即‘彌離’,亦即‘迷離’。又變爲‘幎歷’,《射雉賦》:‘幎歷乍見。’又爲‘冪歷’,煙狀也。又爲‘冪羅’,婦人所戴也。‘彌離’猶‘蒙蘢’,亦即‘朦朧’。又聲近爲‘蒙戎’,《詩》‘狐裘蒙戎’,毛《傳》云:‘蒙戎以言亂也。’亦作‘尨茸’,《左傳》《注》云:‘亂貌也。’‘茀離’之爲言猶‘紛綸’也。覭髳、茀離,皆古方俗之語,取其聲不論其字者也。”聖賢所以發憤忘食,員輿之上員與圓同,員輿謂地球也。諸老先生所不能理,《漢書·賈誼傳》:“諸老先生未能言,誼盡爲之對。”往釋其惑,若端拜而議,《荀子·不苟篇》曰:“君子審後王之道而論於百王之前,若端拜而議。”楊《注》:“若服玄端拜揖而議,言其從容不勞也。”是之謂學。亡自得者,足以爲師保,不與之顯學之名。《韓非子·

顯學篇》曰:“世之顯學,儒、墨也。”視中國、印度、日本,則可知矣。日本者,故無文字,雜取晉世隸書、章草爲之,又稍省爲假名。《日本國志》:“遣唐學生吉備、朝臣真備、始作假名。”名即字也,取字之偏傍以假其音,謂之片假名。片之言偏也。僧空海又就草書作平假名,即今之伊吕波也。其字全本於草書,以假其音,謂之平假名。平之言全也。言與文繆,無文而言學,已恧矣。今庶藝皆刻畫遠西,什得三四。然博士終身爲寫官,《漢書·藝文志》:“置寫書之官。”更五六歲,其方盡,復往轉販。一事一義無匈中之造,徒習口説而傳師業者,王充擬之郵人之過書,門者之傳教。原注:《論衡·定賢篇》。○按《論衡》云:“儒者學;學,儒矣。傳先師之業,習口説以教,無胸中之造,思定然否之論。郵人之過書、門者之傳教也,封完書不遺,教審令不遺誤者,則爲善矣。傳者傳學,不妄一言,先師古語,到今具存,雖帶徒百人以上,位博士、文學,郵人、門者之類也。”古今書教工拙誠有異,郵與閽皆不與也。中國、印度自理其業,今雖衰,猶自恢彍,其高下可識矣。貸金尊于市,不如己之有蒼璧、小璣,《吕氏春秋·重己篇》:“人不愛崐山之玉、江漢之珠,而愛己之一蒼璧、小璣,有之利故也。”高《注》:“蒼璧,石多玉少。珠不圓者曰璣。”況自有九曲珠足以照夜!馬氏《繹史》引《衝波傳》謂:孔子去衛適陳,陳人圍之,令穿九曲珠。詳《繹史·孔子類記》。厥夸毗者,《爾雅·釋訓》:“夸毗,體柔也。”郭

《注》:"屈己卑身以柔順人也。"**惟彊大是信,苟言方略可也,**《荀子·王霸篇》云:"鄉方略,審勞佚。"**何與於學?**學與方略異者,學以求是,方略以致用也。方略取濟於一時,而學則可以膏沐於後世。故學不必有用,而亦未必無用。若道家所謂蓬艾之間,有陶鑄堯舜者,此固非夸毗者之所知。**夫儀刑他國者,惟不能自恢彍,故老死不出譯胥鈔撮。能自恢彍,其不亟于儀刑,性也。然世所以侮易宗國者,**《孟子·滕文公上》篇:"吾宗國魯先君莫之行。"**諸子之書,不陳器數,非校官之業、有司之守,不可按條牒而知。**戰國以來,政與學殊塗,官與師異職。學者既不獲用,則各引一端而深求之,其書蓋多略事而言理,故曰"不可按條牒而知。"**徒思猶無補益;要以身所涉歷中失利害之端,**《周禮·師氏》:"掌國中失之事以教國子。"鄭《注》:"故書'中'爲'得'。"**回顧則是矣。諸少年既不更世變,長老又浮夸少慮,**少年不更世變,則無以驗前修之得失;長老浮夸少慮,故不能閉執侮易者之口也。**方策雖具,不能與人事比合。夫言兵莫如《孫子》,經國莫如《齊物論》,皆五六千言耳。事未至,固無以爲候;雖至,非素練其情,涉歷要害者,其效猶未易知也。是以文久而滅,節奏久而絶。**原注:案《孫子》十三篇今日本治戎者皆歎爲至精,由其習於兵也。《莊子·齊物論》則未有知爲人事之樞者,由其理趣華深,未易比切,而横議之士、夸者之流又心忌其害已，是以卒無知者。余嚮者誦其文辭，理其訓詁，求其義旨，亦且二十餘歲矣，卒如浮海不得祈嚮。涉歷世變，乃始諜然理解，知其剴切物情。《老子》五千言亦與是類，文義差明，不知者多以清談忽之，或以權術擯之。有嚴復者，立說差異，而多附以功利之說。此徒以斯賓塞輩論議相校耳，亦非由涉歷人事而得之也。〇按：《荀子·非相篇》云："傳者久則論略，近則論詳。略則舉大，詳則舉小。愚者聞其略而不知其詳，聞其詳而不知其大也。是以文久而滅，節族久而絶。""節族"即"節奏"矣。其言嚴復說《老子》者，復嘗以達爾文、孟德斯鳩、斯賓塞諸家之說解《老子》，語見嚴氏《老子評點》中。**即有陳器數者，今則愈古。**原注：謂歷史、典章、訓詁、音韻之屬。**故書有譜録平議以察，今之良書無譜録平議，**《墨子·非命上》篇曰："天下之良書，不可盡計數。"又《文選注》引《墨子》云："墨子獻書惠王，惠王受而讀之，曰'良書也'。"**不足以察，而游食交會者又邕之。**游食交會者，謂諸横議之士、夸者之流也。浮華交會，語見《論式篇》。世變既亟，要時合趨之士始有輕其舊學者。義理之書不陳器數，則見以爲迂遠而闊於事情；考證之言明徵定保，則見以爲繁碎而無關宏指。於是讋者爲之，一往掊擊。或謂中國絶無學術，或曰雖有而無進步，或曰雖嘗進步，而今則腐朽且衰息矣。此游士邕蔽之過也。**游食交會，學術之帷蓋也。外足以飾，内足以蔽人，使後生俇俇無所擇。**《廣雅·釋訓》："俇俇，劻也。"王氏《疏證》云："《楚辭·九歎》'魂俇俇而南行兮',王逸《注》云:'俇俇,惶遽之貌。'司馬相如《長門賦》:'魂迋迋若有亡。'梁鴻《適吴詩》:'嗟恇恇兮誰留。'恇與俇亦聲近義同。"**以是旁求顯學,期于四裔。**《方言》十二:"裔,夷狄之總名。"郭《注》:"邊地爲裔,亦四夷通以爲號也。"**四裔誠可效,然不足一切穎畫,**《釋名》:"穎,畫也。"**以自輕鄙。何者?飴、豉、酒、酪,其味不同,而皆可于口。今中國之不可委心遠西,猶遠西之不可委心中國也。校術誠有詘,要之短長足以相覆。今是天籟之論,遠西執理之學弗能爲也;**今是,猶今夫也,説詳《經傳釋詞》。章氏《别録·四惑論》曰:"言公理者,以社會抑制箇人,則無逃於宙合。然則以衆暴寡,甚於以强陵弱,而公理之慘刻少恩,尤有過於天理。乃知莊周所謂齊物者,非有正處、正味、正色之定程,而使萬物各得其所。其度越公理之説,誠非巧歷所能計矣。"餘如《齊物論釋》所説,亦多遮撥執理之言,與此互明。**遺世之行,遠西務外之德弗能爲也;**李大釗《東西文明根本之異點》云:"東人之日常生活,以静爲本位,以動爲例外;西人之日常生活,以動爲本位,以静爲例外。東人持厭世主義,以爲無論何物,皆無競争之價值,個性之生存,不甚重要;西人持樂天主義,凡事皆依此精神以求,益爲向上進化發展,不問其究竟目的爲何,惟前進奮鬥爲首務。"(以上李説)此説東西民族之殊性耳。若夫東人遺世之行,視若無用,而爲用至廣。郭象之敍《莊子》曰:"神器獨化於玄冥之境,而源流深長,故其長波之所蕩,高風之所扇,暢乎物宜,適乎民願。弘其鄙,解其縣,灑落之功未加,而矜夸所以散。雖復貪婪之人、進躁之士,暫而攬其餘芳,味其溢流,彷彿其音影,猶足曠然有忘形自得之懷。況探其遠情而玩永年者乎?"此則非務外者之所及者矣。餘如本書《原道篇》、《别録·四惑論》、《齊物論釋》並可參。**十二律之管,吹之擣衣、舂米皆效情,遠西履弦之技弗能爲也;**《吕氏春秋·古樂篇》曰:"昔黄帝令伶倫自大夏之西,乃之阮隃之陰,取竹於嶰谿之谷。以生空竅厚鈞者,斷兩節間,其長三寸九分而吹之,以爲黄鐘之宫。次制十二筩。"《首楞嚴經》卷八曰:"於彼睡時,擣練、舂米。"《史記·律書》曰:"聖人知天地識之别,故從有以至未有,以得細若氣、微若聲。然聖人因神而存之,雖妙必效情,核其華道者明矣。"**神輸之鍼、灼艾之治,於足治頭,於背法匈,遠西刲割之醫弗能爲也;**此專就鍼灸校之。其以方藥爲治者,章氏嘗作《醫術平議》四篇,敍謂遠西醫術有七過:病有傳變,不審經隧,一也;衆證雜糅,不知一本,二也;苟止病能,不恤後變,三也;診脈依于左乳大氣,不知寸口趺陽,遲速之度,時有不齊,不得專求任脈,四也;處斷生死,依于熱度,不知傷寒發熱,熱雖甚不死,五也;處方依于單味藥性,不知複合而用有殊,六也;誤治壞病,不知循本救治,七也。今《叢書》中無此文,見《學林》第二期。**氏族之譜,紀年之書,世無失名,歲無失事,遠西闊略之史弗能爲也。**章氏嘗論中國歷史之發達爲世界第一,别國但有紀事本末一體,中國則有紀傳、編年、紀事本末、典章制度四體,其餘尚有多種,非别國所能及。語詳《教育今語》、《中國文化的根源》和《近代學問的發達篇》。**不定一尊,故笑上帝**;吾國開化至早,去神權益遠,故無獨尊之宗教。章氏《葑漢微言》曰:"中國之民,徇通而少執著,學術、宗教,善斯受之,故終無涉血之爭也。"**不邇封建,故輕貴族**;夏曾佑曰:"春秋之世,天下皆封建,其君爲天子之同姓十之六、天子之勳戚者十之三、前代之遺留者十之一。國中之卿大夫皆公族也,皆世官也,無由布衣以躋卿相者。故其時有姓、有氏,姓爲君主所獨有,乃其出於天子之符號;國之大臣皆與君同姓,難於識别,乃就其職業、居處之異,以爲之氏。至戰國時,競爭既急,需材自殷,不復能拘世及之制,於是國君以外無世禄,而姓氏遂無辨矣。"(見夏氏《中國歷史》)又章氏《别録·代議然否論》曰:"去封建遠者,民皆平等;去封建近者,民有貴族、黎庶之分。"**不獎兼并,故棄代議**;《代議然否論》謂:"代議政體乃封建之變相,徒爲有力者傅其羽翼,使得朘臘齊民,猶不如專制之善。專制惟王者一人秉權於上,規模廓落,苛察不遍行,民猶得以紓其死。代議之制,徒助豪右,故中國無之,是其所以卓絶。"按:此説深達理要,蓋舉世所不能言也。**不誣蒸民,故重滅國**;襄六年《公羊傳》曰:"齊侯滅萊。曷爲不言萊君出奔,國滅君死之,正也。"何氏《解詁》曰:"明國當存。不書殺萊君者,舉滅國爲重。"又莊四年《穀梁傳》:"紀侯大去其國。大去者,不遺一人之辭也,言民之從者四年而後畢也。紀侯賢而齊侯滅之,不言'滅'而曰

‘大去其國’者，不使小人加乎君子。”諸如《春秋》所書，其文繁廣，大氐行强以陵弱，則吾國聖人之所誅絶，故王者有興滅繼絶之義（見《論語·堯曰篇》、《白虎通·封公侯篇》）。其於制御四夷，亦曰“羈縻勿絶”而已，未有蛇豕薦食，如歐、美、日本之所爲者也。其在道家，衣養萬物，三子之樂蓬艾，雖神堯不得奪之（《莊子·齊物論》）。章氏説之曰：“原夫齊物之用，將以内存寂照，外利有情。世情不齊，文野異尚，亦各安其貫利，無所慕往。饗海鳥以太牢，樂斥鷃以鐘鼓，適令顛連取斃，斯亦衆情之所恒知。然志存兼并者，外辭蠶食之名，而方寄言高義，若云使彼野人獲與文化，斯則文野不齊之見，爲桀、跖之嚆矢明矣。夫滅國者假是爲名，此是檮杌、窮奇之志爾。”（《齊物論釋》）斯亦不誣蒸民之至論也。**不恣獸行，故别男女；**中國自伏戲、女媧之世，置女媒，行儷皮，已定夫婦之制。及周而文教益息，男女之際，如《曲禮》、《内則》之所言，其防益嚴，其道益觳。今人所爲切齒腐心而道之者，其説信然。顧西俗自相匹藕，抑配强昏之事雖少，而男女切倚，不恥淫泆之過，則寄豭逃嫁（見《秦始皇帝本紀》），滋多於是矣。至於中道相棄，怨曠感忿而自裁者，於此爲希有，而彼則常常見之。兼權孰計，中國之拘，猶愈於西俗之縱也。**政教之言，愈于彼又遠。下及百工將作：**《漢書·百官公卿表》：“將作少府，秦官，掌治宫室。景帝中六年，更名將作大匠。”**築橋者壘石以爲空閬，**空閬，猶空穴也。宋玉《風賦》“空穴來風”，《莊子》作“空閬”（《莊子》佚文，見《困學紀聞》

十)。**旁無支柱,而千年不壞;織綺者應聲以出章采,奇文異變,因感而作,猶自然之成形,陰陽之無窮;**原注:傅子説馬鈞作綾機,其巧如此。然今織師往往能之。○按:傅玄序馬先生事,見《魏志·杜夔傳》《注》。**割烹者斟酌百物以爲和味,堅者使毳,**"毳"與"脆"通,《詩·蒸民》《箋》"濡毳",《釋文》作"濡脆"。《漢書·丙吉傳》"甘毳"亦即"甘脆"。**淖者使清,**《廣雅·釋詁》:"淖,濁也。"**洦者使腴,**"洦"與"泊"同,謂泊淡也。**令菜茹之甘美於芻豢;**《孫文學説》卷一云"中西未通以前,西人於烹調獨推法國,及一嘗中國之味,莫不以中國爲冠矣。中國不獨食品發明之多,烹調方法之美,爲各國之冠,而中國人之飲食習尚,暗合於科學衛生,尤爲各國一般人所望塵不及也。"**次有圍棊、柔道,**日本之圍棊、柔道皆自中國傳受。柔道又謂之柔術,即拳術也。下川潮《陳元贇與柔道》:"始祖陳元贇,字義都,明之虎林人。寬永十五年(崇禎十年)避亂來我國,以支那之拳法傳福野七郎右衛門等。"**其巧疑神;**《莊子·達生篇》:"用志不分,乃凝於神。"凝同疑。**孰與木杠之窳、**《爾雅·釋宫》云:"石杠謂之徛。"《孟子·離婁下篇》云:"歲十一月,徒杠成。"杠與榷一聲之轉。《説文》云:"榷,水上横木以渡也。"《史記·五帝本紀》"器不苦窳"《集解》"窳,病也。"**織成之拙、**《御覽·布帛部》引《魏略》曰:"大秦國用水羊毛、木皮野繭絲作織成,皆好色。"又曰:"大秦國出金織成帳。"又引《吴時外國傳》曰:"大秦國、天竺國皆出金縷織成。"**牛胾之**

噞、《説文》:"蔵,大𩟄也。""噞,食辛噞也。"象戲之鄙、西人博戲之法,當此土之象戲。周武帝作象戲,見《御覽·工藝部》。角抵之鈍?西人角力之技,當此土之角抵。漢武帝元封三年作角抵戲,見《本紀》。又有言文歌詩,彼是不能相貿者矣。夫贍于己者,無輕效人。若有文木,葛洪《西京雜記》卷六云:"魯恭王得文木一枚,中山王爲賦。"不以青赤彫鏤;惟散木爲施鏤。《莊子·人閒世篇》云:"散木也。"郭《注》云:"不在可用之數,故曰散木。"以是知儀刑者散,因任者文也。然世人大共僄弃,《荀子·修身篇》曰:"怠慢僄弃。"楊《注》云:僄,輕也。"《方言》:"楚謂相輕薄爲僄。"以不類遠西爲恥;余以不類方更爲榮,非恥之分也。分,猶限齊也。《老子》曰:"天下皆謂我道大,似不肖。夫惟大,故似不肖。若肖,久矣其細也夫!"《老子》六十七章文。王弼曰:"'久矣其細'猶曰'其細久矣。'肖則失其所以爲大矣,故曰'若肖,久矣其細也夫。'"此中國、日本之校已。

國故論衡疏證下之二

原　儒

儒有三科，關達、類、私之名。關，猶通也。《墨子·經上篇》曰："名：達、類、私（張惠言云'名有三義'）。"《經説上篇》曰："名，物達也（孫詒讓云：'言物爲萬物之通名。《荀子·正名篇》曰：故萬物雖衆，有時而欲徧舉之，故謂之物。物也者，大共名也。即此義'）。有實必待文，多也（孫云：'多疑當作名，言名爲實之文也。或謂文多當作之名，亦通'）。命之馬，類也。若實也者，必以是名也（張云：'馬而名之馬，是類也。凡馬之實皆得名之馬。'孫云：按：張説是也。《荀子·正名篇》云：有時而欲偏舉之，故謂之鳥獸。鳥獸也者，大别名也。即此義）。命之臧，私也（孫云：'臧獲之臧，言於人之賤者而命爲臧，則臧非人之通名，故曰私。'張云：'人而名之臧，是私也。'）。是名也，止於是實也（張云：'名止於是實，凡人不得名之'）"。**達名爲儒：儒者，術士也。**原注：説文。〇按：《説文》云："儒，柔也。術士之稱。"段云："術，邑中也。因以爲道之稱。《周禮》：'儒以道得民。'《注》曰：'儒有六藝以教民者'云云。"按：術士謂一切有術之士，故爲達名，非專指通六藝者。如段所云，則是類名非達名也。

説詳下文。**太史公《儒林列傳》曰“秦之季世阬術士”，而世謂之“阬儒”；**《漢書》亦云“殺術士”，或以經術之士説之，非是。始皇所阬諸生及求僊練藥之徒，蓋文學方術之士，通言術士矣，明非專謂誦法孔子者也。《史記·倉公傳》曰：“公孫光曰：‘意好數，公必謹遇之，其人聖儒。’”此即儒爲術士之明證。**司馬相如言“列僊之儒居山澤間，形容甚臞”；**原注：《漢書·司馬相如傳》語。《史記》“儒”作“傳”，誤。**趙太子悝亦語莊子曰：“夫子必儒服而見王，事必大逆。”**原注：《莊子·説劍篇》。**此雖道家方士言儒也。《鹽鐵論》曰：“齊宣王褒儒尊學，孟軻、淳于髡之徒受上大夫之禄，不任職而論國事。蓋齊稷下先生千有餘人，湣王矜功不休，諸儒諫不從，各分散。慎到、捷子亡去，田駢如薛而孫卿適楚。”**原注：《論儒》。○按：《論》文所稱諸儒，惟孟、孫在儒家，淳于髡學無所主宜在雜家，《慎子》四十二篇列於法家，《捷子》二篇、《田子》二十五篇並在道家，知九流通言儒矣。**王充《儒增》、《道虚》、《談天》、《説日》、《是應》**《論衡》五篇云。**舉儒書所稱者，有魯般刻鳶；**“儒書稱魯般、墨子之巧，刻木爲鳶，飛之三日而不集。”**由基中楊；**“儒書稱楚養由基善射，射一楊葉，百發能百中之。”**李廣射寢石，矢没羽；**“儒書言楚熊渠子出見寢石，以爲伏虎，將弓射之，矢没其衛。或曰：養由基見寢石以爲兕也，射之矢飲羽。或言李廣。”**荆軻以匕首擿秦王，中**

銅柱入尺；"儒書言荆軻爲燕太子刺秦王，操匕首之劍刺之不得。秦王拔劍擊之，軻以匕首擿秦王不中，中銅柱，入尺"。以上並見《儒增篇》。**女媧銷石；共工觸柱**；"儒書言共工與顓頊爭爲天子，不勝，怒而觸不周之山，使天柱折，地維絶。女媧銷煉五色石以補蒼天，斷鼇足以立四極。"見《談天篇》。**觟䚦治獄；屈軼指佞**；"儒者言太平之時，屈軼生於庭之末，若草之狀，主指佞人。佞人入朝，屈軼庭末以指之，聖王則知佞人所在。"又曰："儒者説云：觟䚦者，一角之羊也，性知有罪。臯陶治獄，其罪疑者，令羊觸之。有罪則觸，無罪則不觸。"見《是應篇》。**黄帝騎龍**；"儒書言黄帝採首山銅，鑄鼎於荆山下。鼎既成，有龍垂胡髯下迎黄帝，黄帝上騎龍，羣臣後宫從上七十餘人，龍乃上去。餘小臣不得上，乃悉持龍髯。龍髯拔，墮黄帝之弓。百姓仰望黄帝既上天，乃抱其弓與龍胡髯吁號。故後世因其處曰鼎湖，其弓曰烏號。"**淮南王犬吠天上，鷄鳴雲中**；"儒書言淮南王學道，招會天下有道之人，傾一國之尊，下道術之士。是以道術之士並會淮南，奇方異術，莫不爭出。王遂得道，舉家升天，畜産皆仙，犬吠於天上，鷄鳴於雲中。此言仙藥有餘，犬鷄食之，并隨王而升天。"以上並見《道虚篇》。**日中有三足烏，月中有兔蟾蜍。**"儒者曰：日中有三足烏，月中有兔蟾蜍。"見《説日篇》。**是諸名籍，道、墨、刑法、陰陽、神仙之倫，旁有雜家所記，列傳所録，一謂之儒，明其皆公族。**九流百氏，其學雖異而同爲術士，則同爲儒之族類。《莊子·庚桑楚》曰：

“孰知有無生死之一守者。是三者雖異，公族也。”儒之名蓋出於需。需者，雲上于天，《周易》云：“☵☰需。《象》曰：‘雲上於天，需。’”而儒者亦知天文，識旱潦。何以明之？鳥知天將雨者曰鷸，原注：《説文》。○按：《説文》云：“鷸，知天將雨鳥也。《禮記》曰：‘知天文者冠鷸。’”舞旱暵者以爲衣冠。原注：《釋鳥》：“翠，鷸。”是鷸即翠。《地官·舞師》：“教皇舞，帥而舞旱暵之事。”《春官·樂師》有皇舞。故書“皇”皆作“翌”。鄭司農云：“翌無者，以羽覆冒頭上，衣飾翡翠之羽。”尋旱暵求雨而服翡翠者，以翠爲知雨之鳥故。鷸冠者，亦曰術氏冠，原注：《漢五行志注》引《禮圖》。又曰圜冠。莊周言“儒者冠圜冠者知天時，履句屨者知地形，緩佩玦者事至而斷”。原注：《田子方篇》文，《五行志注》引《逸周書》文同《莊子》，圜字作“鷸”。《續漢·輿服志》云：“鷸冠前圜。”明靈星舞子，《春官·樂師》：“凡舞有帗舞。”鄭《注》云：“帗析五采繒，今靈星舞子持之是也。”《風俗通》云：“《漢書·郊祀志》：‘高祖五年，初置靈星，祀后稷也。’按：祀典既已立稷，又有先農，無爲靈星復祀后稷也。左中郎將賈逵説，以爲龍第三有天田星，靈者神也，故祀以報功。辰之神爲靈星，故以壬辰日祀靈星於東南，金勝木爲土相。”吁嗟以求雨者謂之儒。桓五年《公羊傳》：“大雩者何？旱祭也。”《解詁》曰：“雩，旱請雨祭名。使童男女各八人舞而呼雩，故謂之雩。”《月令》：“仲夏之月，大雩帝。”鄭《注》曰：“雩，吁嗟求雨之祭也。”故曾皙之狂而志舞雩，《論語·子路篇》:"子曰:'不得中行而與之,必也狂狷乎?狂者進取,狷者有所不爲也。'"《孟子·盡心篇》:"曰:'敢問何如斯可謂狂矣?'曰:'如琴張、曾晳、牧皮者,孔子之所謂狂矣。'"又《論語·先進篇》:"曰:'點爾何如?'對曰:'暮春者,春服既成,冠者五六人,童子六七人,浴乎沂,風乎舞雩,詠而歸。'夫子喟然歎曰:'吾與點也。'"**原憲之狷而服華冠**,原注:華冠亦一名建華冠,《晉書·輿服志》以爲即鷸冠。華、皇亦聲之轉。〇按:建華冠即鷸冠,蔡邕已言之。《獨斷》曰:"建華冠以鐵爲柱,卷貫大珠九枚,今以銅爲珠,形制似縷簏。《記》曰:'知天文者服之。'《左傳》曰:'鄭子臧好聚鷸冠,前圜。'以爲此制是也。天地五郊、明堂月令,舞者服之。"《莊子·讓王篇》:"原憲居魯,環堵之室,上漏下溼,匡坐而弦。子貢乘大馬軒車不容巷,往見原憲。原憲華冠縰履,杖藜而應門。"**皆以忿世爲巫,辟易放志於鬼道。**原注:陽狂爲巫,古所恒有,曾、原二生之志,豈以靈保自命哉?董仲舒不喻斯旨,而崇飾土龍,乞效蝦蟆,燔豭薦脯,以事求雨,其愚亦甚。〇按:《國語·吴語》曰:"員不忍稱疾辟易,以見王之親爲越之禽也。"韋《解》云:"辟易,狂疾。"《漢書·項羽傳》曰:"楊喜爲郎騎追羽,羽還叱之,喜人馬俱驚,辟易數里。"師古曰:"辟易,謂開張而易其本處。"尋辟易二字疊韻連語,韋解近是,師古之説非也。此謂曾、原二生,一則志巫之事,一則服巫之服,皆以疵物垢俗,陽狂遠人而欲自託於鬼道也。其言董仲舒者,説見《春秋繁露·求雨篇》。**古之儒知天文占候,謂其多技,故號徧施於九能,**九能見《辨詩篇》。**諸**

有術者悉晐之矣。以上説達名之儒竟。類名爲儒：儒者，知禮、樂、射、御、書、數。《天官》曰："儒，以道得民。"《天官》："大宰之職，以九兩繫邦國之民。三曰師，以賢得民。四曰儒，以道得民。"説曰："儒，諸侯保氏，有六藝以教民者。"鄭《注》文。《地官》曰："聯師儒。"《地官》："大司徒之職，以本俗六安萬民。四曰聯師儒。"説曰："師儒，鄉里教以道藝者。"鄭《注》文。此則躬備德行爲師，效其材藝爲儒。《天官疏》云："'師以賢得民'者，謂諸侯以下，立教學之官爲師氏，以有三德、三行，使學子歸之，故云'以賢得民'。民則學子是也。'儒以道得民'者，諸侯師氏之下，又置一保氏之官，不與天子保氏同名，故號曰儒。"養由基射白蝯應矢而下，尹儒學御三年受秋駕，吕氏曰："皆六藝之人也。"原注：《吕氏春秋·博志篇》。〇按：《博志篇》曰："養由基、尹儒皆六藝之人也（'六藝'李本作'文藝'，誤）。荆廷嘗有神白猨，荆之善射者莫之能中，荆王請養由基射之。養由基矯弓操矢而往，未之射而括中之矣，發之則猨應矢而下。則養由基有先中中之者矣。尹儒學御三年而不得焉，苦痛之。夜夢受秋駕於其師，明日往朝，其師望而謂之曰：'吾非愛道也，恐子之未可與也。今日將教子以秋駕（高誘曰：秋駕，御法也）。'尹儒反走，北面再拜曰：'今昔臣夢受之。'先爲其師言所夢，所夢固駕秋已。"明二子皆儒者，儒者則足以爲楨榦矣。以上説類名之儒竟。儒有六藝，其材技足用，則可爲國之楨榦也。《書·費誓篇》："時乃楨幹。"馬融《注》曰:"楨幹皆築具。楨在前,幹在兩傍。"《大雅·文王篇》:"爲周之楨",毛《傳》曰:"楨,幹也。"鄭《箋》曰:"則是周之幹事之臣也。"**私名爲儒:《七略》曰:"儒家者流,蓋出於司徒之官,助人君順陰陽、明教化者也。游文于六經之中,留意於仁義之際,祖述堯、舜,憲章文、武,宗師仲尼,以重其言,于道爲最高。"**師古曰:"祖,始也。述,修也。憲,法也。章,明也。宗,尊也。言以堯、舜爲本始而遵修之,以文王、武王爲明法,又師尊仲尼之道。"**周之衰,保氏失其守,**保氏失其守,謂六藝之道不復修明也。《地官·保氏》:"養國子以道,乃教之六藝。一曰五禮,二曰六樂,三曰五射,四曰五馭,五曰六書,六曰九數。"**史籀之書、**《漢志》及《説文敍》並云:周宣王大史籀作《大篆》十五篇。**商高之算、**《周髀算經》曰:"昔者周公問於商高曰:'竊聞乎大夫善數也。'"趙君卿《注》曰:"商高,周時賢大夫,善算者也。"**蠭門之射、**《孟子·離婁篇》:"逢蒙學射於羿。"趙歧《注》曰:"羿有窮后。逢蒙,羿之家衆。"按:"家衆"猶言"家臣"耳。"逢蒙"、《荀子·王霸篇》作"蠭門",《史記·龜策傳》同。《集解》引《七略》有《蠭門射法》,《漢志》作"逢門"。《吕氏春秋·具備篇》又作"蠭蒙"。皆一聲之轉。**范氏之御,**班固《東都賦》:"范氏施御。"李善《注》引《括地圖》曰:"夏德盛,二龍降之,禹使范氏御之以行經南方。"梁章鉅《文選旁證》曰:"《孟子》:'範我馳驅。'《音義》云:'範我或作范氏(《班固傳注》即作:吾爲范氏馳驅)。范氏,古之善御者。'《左傳》:

‘范宣子曰：昔匄之祖，在夏爲御龍氏。’世稱御爲范氏之御，由此也。《宋書·樂志·君馬黄篇》：‘顧爲范氏驅，雍容步中畿。’亦用此事。”**皆不自儒者傳。**晚周以還，儒者惟自託於德行政教之言，不復習於材藝。射、御則歸之技巧，算術則入於歷譜，雖《史籀》之篇，亦惟尉律課之，令史習之。皆不自儒者傳也。**故孔子曰：“吾猶及史之闕文也，有馬者借人乘之，今亡矣夫。”**《論語·衛靈公篇》文。包咸《注》曰：“古之良史於書字有疑，則闕之以待知者。有馬不能調良，則借人乘習之。孔子自謂及見其人如此，至今無有矣。言此者，以俗多穿鑿。”**蓋名、契亂，**名即書名，契即書契，謂史文也。**執轡調御之術亦浸不正。**宋翔鳳《論語發微》曰：“《周禮·保氏》教之六藝。四曰五馭，五曰六書。御與書同在六藝，皆國子之所當教，故孔子言‘執御’，又言‘正名’，言‘雅言’，所以教門弟子者，與天子諸侯之設官無以異也。史籀爲周宣王太史，作《大篆》十五篇。《周禮》外史掌達書名於四方，亦太史之屬。《漢律》：‘太史試學童，能諷書九千字以上，乃得爲史。又以六體試之，課最者以爲尚書、御史、史書令史。吏民上書字或不正，輒舉劾。’史書令史者，爲掌史書之令史，專以正書字爲職。故曰史書、曰《史篇》，皆謂書字掌於太史，而保氏以教。《藝文志》曰：‘古制書必同文，不知則闕，問諸故老。至於衰世，是非無正，人用其私。故孔子曰：吾猶及史之闕文也，今亡矣夫。蓋傷其寖不正。’其引《論語》‘史之闕文’即上。《子路篇》‘不知蓋闕’同義。《志》又言‘《史籀篇》，周官教學童者也。'見《論語》之'史'若漢代史書、《史篇》之類，而不必爲記事記言之書也。許氏《説文敍》曰：'詭更正文，鄉壁虚造不可知之書，以燿於世。'與班氏言衰世之弊，同孔子之所歎。許氏又曰：'《書》曰：予欲觀古人之象。言必遵修舊文而不穿鑿。孔子曰：吾猶及史之闕文，今亡矣夫。蓋非其不知而不問，人用己私，是非無正，巧説衺辭，使天下學者疑。蓋文字者，經藝之本，王政之始，前人所以垂後，後人所以識古。故曰：本立而道生。知天下之至嘖而不可亂也。'班、許兩家之言，若出一涂，故《論語》包《注》云云。凡有馬而借人乘習，則皆期於善御，亦六藝之一，弟子之事，而保氏之所教也。五馭有一定之法，非可人用其私，故車能同軌。六書有一定之法，非可詭更正文，故書能同文。"**自詭鄙事，言"君子不多能"，**《論語·子罕篇》："太宰問於子貢曰：'夫子聖者與，何其多能也。'子貢曰'固天縱之將聖，又多能也。'子聞之曰：'太宰知我乎！吾少也賤，故多能鄙事。君子多乎哉，不多也。'"《漢書·趙充國傳》"自詭必得"師古曰："詭，責也。"**爲當世名士顯人隱諱。**此言當時人士既已疏於六藝，故孔子自任所能乃鄙人之事。又言君子不多。此所以爲賢者諱也。**及儒行稱十五儒，**詳見《禮記》。**《七略》疏《晏子》以下二十五家，**詳見《漢志》。**皆粗明德行政教之趣而已，未及六藝也。其科於周官爲師，儒絶而師假攝其名。然自孟子、孫卿多自擬以天子三公，**《荀子·儒效篇》云："大儒者，天子三公也（楊《注》：'其才堪王者之佐也。')。小儒者,諸侯、大夫、士也。衆人者,工、農、商、賈也。"**智效一官,德徵一國,則劣矣。**《莊子·逍遥游篇》:"故夫知效一官、行比一鄉、德合一君而徵一國者,其自視也亦若此矣。"司馬云:"徵,信也。"崔支云:"成也。"**而末流亦彌以譁世取寵。**《藝文志》曰:"辟者隨時抑揚,違離道本,苟以譁衆取寵。"尋儒家之志,要於得君行道。自孔子至於孟、孫,上説下教,所謂幼而學之,壯而欲行之者,此固儒者之所同然。故孔子之譏丈人,謂其不仕無義(見《論語·微子篇》)。陳仲子之廉,辭三公而爲人灌園,孟、孫則交詆之(見《孟子·滕文公》、《盡心》二篇,《荀子·不苟篇》)。誨人不倦,而於于蓋衆者託焉;引君當道,而曲學阿世者附焉。然則辟儒之弊,至於譁世取寵,亦必至之勢也。**及酈生、陸賈、平原君之徒,餔歠不德,廉行亦敗,**《漢志·儒家》有《平原君》七篇(《注》云:"朱建也")、《陸賈》二十三篇。《史記》言酈生狀貌類大儒,衣儒衣,欲見沛公。沛公辭以未暇見儒人,又駡酈生爲豎儒。是酈生爲儒者也。酈生自稱高陽酒徒。陸賈使越得槖中裝,直千金。受陳平遺酒食費,奴婢百人,車馬五十乘,錢五百萬。平原君受辟陽侯百金,爲其晝計。故曰"餔歠不廉"也。**乃不如刀筆吏。**以上説私名之儒竟。**是三科者,皆不見五經家。往者商瞿、伏勝、穀梁赤、公羊高、浮丘伯、高堂生諸老,《七略》格之,名不登於儒籍。**原注:若《孫卿書·敍録》云:"韓非號韓子,又浮丘伯,皆受業爲名儒。"此則韓非、浮丘並得名儒之號，乃達名矣。《鹽鐵論·毀學篇》云："包丘子修道白屋之下，樂其志。"或亦非專治經者。〇按：商瞿傳《易》，伏勝傳《尚書》，穀梁赤、公羊高傳《春秋》、浮丘伯傳《詩》、高堂生傳《士禮》，詳《史》、《漢·儒林傳》。其書載於《六藝略》，不在《諸子儒家》之數。**儒者游文，而五經家專致，五經家骨鯁守節過儒者，其辯智弗如，**原注：傳經之士，古文家吴起、李克、虞卿、孫卿而外，知名于七國者寡。儒家則孟子、孫卿、魯連、甯越，皆有顯聞。蓋五經家不務游説，其才亦未逮也。至漢，則五經家復以其術取寵，本末兼隕。然古文家獨異是。古文家務求是，儒家務致用，亦各有適。兼之者，李克、孫卿數子而已。五經家兩無所當，顧欲兩據其長，《春秋》斷獄之言，遂爲厲於天下。〇按：吴起、虞卿、孫卿並傳《左氏春秋》，見《左傳》孔《疏》引劉向《别録》。《李克》七篇，見《漢志·儒家》(王應麟《考證》曰："《韓詩外傳》、《説苑·反質篇》載魏文侯問李克，《文選·魏都賦》《注》引《李克書》")。《注》云："子夏弟子，爲魏文侯師。"陸璣《毛詩草木蟲魚疏》云："孔子删《詩》授卜商，商授魯人曾申，申授魏人李克。"又：《漢志·儒家》有《魯仲連子》十四篇、《甯越》一篇。《注》云："中牟人，爲周威王師(王應麟曰：'《吕覽》：甯越，中牟之鄙夫也，苦耕稼之勞，謂其友曰：何爲而可以免此苦也？其友曰：莫如學，學三十歲則可以達矣。甯越曰：請以十歲〔當作十五歲〕。人將休，吾將不敢休；人將卧，吾將不敢卧。十五歲而周威王師之。《説苑·尊賢篇》引周威王問於甯子曰：取士有道乎？'按：王引《吕覽》見《博志篇》，又《不廣篇》亦載甯越非趙將收齊尸語。)"此其所以爲異。**自太史公始以儒林題齊、魯諸生,徒以潤色孔氏遺業。**《史記·儒林傳》曰:"孟子、孫卿之列,咸遵夫子之業而潤色之。"**又尚習禮樂弦歌之音,鄉飲大射,事不違藝,故比而次之。及漢有董仲舒、夏侯始昌、京房、翼奉之流,**《漢書·李尋傳》曰:"漢興,推陰陽言災異者,孝武時有董仲舒、夏侯始昌,昭、宣則眭孟、夏侯勝,元、成則京房、翼奉、劉向、谷永,哀、平則李尋、田終術,此其納説時君著明者也。察其所言,仿佛一端。假經設誼,依託象類,或不免乎億則屢中。"師古曰:"言仲舒等億度所言既多,故時有中者耳。非必道術皆通明也。"餘詳各本傳。**多推五勝,**見《原學篇》。**又占天官風角,**《後漢書·劉寬傳注》引謝承《書》:"寬少學《歐陽尚書》、《京氏易》,明星官、風角、算曆。"又:《郎顗傳》:"學《京氏易》,善風角、星算。"《注》云:"風角,謂候四方四隅之風以占吉凶也。"**與鷸冠同流,草竊三科之閒,往往相亂。**草竊者,雜亂之名也。《商書·微子》曰:"好草竊姦宄。"江聲《尚書集注音疏》云:"莠害苗爲草竊。"《疏》引《吕氏春秋·辨士篇》:"凡耕之道,無與三盜任地。夫大甽、小畝爲青魚胠,苗若直獵,地竊之也。既種而無行,耕而不長,則苗相竊也。弗除則蕪,除之則虚,則草竊之也。"按:江引《吕氏》以證草竊之言,其説近是,蓋本以田事爲喻。俞樾《羣經平議》則云:"草竊"讀爲"草蔡"。《莊子·庚桑楚篇》:"竊竊乎又何足以濟世哉。"《釋文》"竊竊"本作"察察"。"竊"之爲"蔡",猶"竊竊"之爲"察察"

也。草竊者,草蔡也。《説文·丰部》:"丰,草蔡也。象草生之散亂也。"是草蔡有散亂之意,古語然也。其本義屬草,引申則凡散亂者,皆得謂之草蔡也。求之音義,此説爲尤通矣。**晚有古文家出,實事求是,**《漢書·河間獻王傳》云:"修學好古,實事求是。"**徵於文不徵於獻。**古文家依準明文,不依準家法,説見《明解故》下篇。此猶佛家依法不依人也。《論語·八佾篇》曰:"文獻不足故也。"鄭《注》:"獻,猶賢也。"獻本宗廟犬名羹獻,其訓賢者,蓋字借爲儀。《釋詁》:"儀,善也。"《大誥》"民獻有十夫",《大傳》作"民儀",是其證。説詳段玉裁《尚書撰異》。**諸在口説,雖游、夏猶黜之。斯蓋史官支流,與儒家益絶矣。冒之達名,**冒,猶蒙也。**道、墨、名、法、陰陽、小説、詩賦、經方、本草、蓍龜、形法,此皆術士,何遽不言儒? 局之類名,**局,猶限也。**蹴鞠、弋道近射,曆譜近數,調律近樂,猶虎門之儒所有事也。**原注:若以類名之儒言,趙爽、劉徽、祖暅之明算,杜夔、阮咸、萬寶常之知樂,悉古之真儒矣。○《地官·師氏》:"居虎門之左,司王朝。"鄭《注》:"虎門,路寢門也。王日視朝於路寢,門外畫虎焉,以明勇猛,於守宜也。"據此,明居虎門者爲師氏,以德行教者也。其六藝之事,則掌於保氏。而此文云云者,惠士奇《禮説》云:"師氏、保氏同居門左,保氏不言者,省文可知。"趙爽,漢人,注《周髀算經》。劉徽,魏人,注《九章算術》,撰《海島算經》。祖暅之,《南史》有傳,撰《漏刻經》,見《隋志》。杜夔見《魏志》。阮咸見《晉書》。萬寶常見《隋書》。今獨以傳經爲儒，以私名則異，以達名、類名則偏。要之題號由古今異，儒猶道矣。儒之名於古通爲術士，於今專爲師氏之守。道之名於古通爲德行道藝，於今專爲老聃之徒。道家之名不以題方技者，嫌與老氏掍也。傳經者復稱儒，即與私名之儒殽亂。原注：《論衡·書解篇》曰："著作者爲文儒，説經者爲世儒。世儒易爲。文儒之業，卓絶不循。彼虚説，此實篇。"按：所謂文儒者，九流、六藝、太史之屬；所謂世儒者，即今文家。以此爲别，似可就部。然世儒之稱，又非可加諸劉歆、許慎也。孔子曰："今世命儒亡常，以儒相詬病。"《儒行》云："今衆人之命儒也妄常，以儒相詬病。"鄭《注》："妄之言無也。言今世名儒無有常，人遭人名爲儒，而以儒靳故相戲。此哀公輕儒之所由也。詬病，猶恥辱也。"謂自師氏之守以外，皆宜去儒名便，非獨經師也。以上言約定俗成，宜以儒名專歸師氏，其他術士、藝人及諸傳經之士，皆宜去之。以三科悉稱儒，名實不足以相檢，則儒常相伐。所學各異，而同居一名。各引所長，而不悟彼我之異事，此學者所以多紛紜之論。故有理情性，陳王道，而不麗保氏，身不跨馬，射不穿札；即與駁者，則以呰窳詬之，《漢書·地理志》："故呰窳媮生而亡積聚。"師古曰："呰，短也。窳，弱也。言短力弱材，不能勤作。"以多藝匡之。是以類名宰私名也。宰者，制割之名。自在材藝，而詆坐而論道者爲無用，是以類名之儒而制割私名之儒也。理情性，陳王道，若朱、陸是已。與之駁者，若顏、李是已。戴望作《顏習齋傳》云："先生痛堯舜之道在六府三事。周公教士以三物，孔子以四教，非主静專誦讀，流爲禪學俗學者所可託。於是著《存學》、《存性》、《存治》、《存人》四編以立教。名其居曰習齋。帥門弟子行孝弟，存忠信，日習禮、樂、射、御、書、數，究兵農、水火諸學，堂上琴竽、弓矢、籌管森列。嘗曰：'必有事焉，學之要也。心有事則存，身有事則修，家之齊、國之治，皆有事也。無事則道與治俱廢。故正德、利用、厚生曰事，不見諸事，非德、非用、非生也。德、行、藝曰物，不徵諸物，非德、非行、非藝也。'先生之學以事物爲歸，而生平未嘗以空言立教。"顏氏《存學編》曰："即如朱、陸兩先生，有一守孔子下學之成法？身習夫禮、樂、射、御、書、數，以及兵農、錢穀、水火、工虞之屬而精之，凡弟子從遊者，則令某也學禮，某也學樂，某也兵農，某也水火，則及門皆通儒，君相必實得其用，天下必實被其澤，是謂明親一致，《大學》之道也。惟其不出於此，以致紙上談性天，而學朱者進支離之譏，誠支離也。心中矜覺悟，而學陸者供近禪之誚，誠近禪也。"又：《朱子語類評》曰："千餘年來，率天下人入故紙堆中，耗盡身心氣力，作弱人、病人、無用人者，皆晦菴爲之也。"《李恕谷年譜》曰："宋儒内外、精粗皆與聖道相反。養心必養爲無用之心，致虚守寂；修身必修爲無用之身，徐言緩步；爲學必爲無用之學，閉門誦讀：不盡去其病，世道不可問矣。"凡顏、李所以詬恧宋儒者，其略如此。章氏《檢論·正顏篇》曰："顏氏譏李顒不能以三事、三物使人習行,顧終身淪于講説。其學者李塨、王源,亦皆懲創空言,以有用爲臬極。周之故言,仕、學爲一訓。何者? 禮不下庶人,非宦于大夫無所師。故學者猶從掾佐而爲小吏,九流所萌蘖,皆疇人之法、王官之契也。然更歲月久,而儒、道、形名侵尋張大以爲空言者,四民生生之具,至爻錯矣。古者更世促淺,不煩爲通論。漸漬二三千歲,不推其終始、審其流衍,則維綱不舉,故學有無已而淒于虚。且御者必辨于駿良、玄黄,遠知馬性,而近人性之不知;射者必謹于往鏃擬的,外知物埻,而内識埻之不知:此其業不火馳乎? 其學術不已憔頓乎? 觀今遠西之有玄學,不齎萬物爲當年效用,和以天倪,上酌其言,而民亦沐浴膏澤。雖清言理學,至於桑門禪人,未其無云補也。用其不能實事求是,而思理紊紾者多,習者彌易,識者彌寡,是故文實顛僨,國以削弱。今即有百人從事於三物,其一二則以名理爲空言,言必求是,人之齊量、學之同律既得矣。雖無用者,方以冥冥膏澤人事,何滯迹之有? 顔氏徒見中國淹於文敝,故一切以地官爲事守,而使人無窈窕曠閒之地,非有佗也,亦無總攬之用則然。"**有審方圓,正書名,**方圓,謂器物度數也。書名,謂文字、音訓也。**而不經品庶,**《説文》:"品,衆庶也。"**不念烝民疾疢;即與駁者,則以他技詬之,**《周書·秦誓篇》:"斷斷猗,無他技。"**以致遠匡之。**《論語·子張篇》:"子夏曰:'雖小道,必有可觀者焉。致遠恐泥,是以君子不爲也。'"**是以私名宰類名也。**審方圓,正書名,若清世漢學諸人是已。與之駁者，若姚鼐、章學誠、魏源、方東樹及諸言通經致用，詆考證殘碎者皆是已。姚氏曰："明末至今日，學者頗厭功令所載爲習聞，又惡陋儒不考古而蔽於近，於是專求古人名物、制度、訓詁、書數，以博爲量，以闚隙攻難爲功。其甚者，欲盡舍程、朱而宗漢之士。枝之獵而去其根，細之蒐而遺其鉅，夫甯非蔽與！"(《贈錢獻之序》)又曰："今世學者以專宗漢學爲至，以攻程、朱爲能，倡於一二專己好名之人，而相率而效者，因大爲學術之害。夫漢人之爲言，非無有善於宋而當從者也。然苟大小之不分，精麤之弗别，是即今之爲學者之陋，且有甚於往者爲詩文之士守一先生之説，而失於隘者矣！"(《復蔣松如書》)章氏曰："道不離器，猶影不離形。舍天下事物、人倫、日用，而守《六籍》以言道，則固不足與言夫道矣！"又曰："訓詁章句，考求名物，皆不足以言道。"(《文史通義・原道》)"王伯厚諸書，謂之纂輯可也，謂之著述則不可也。謂之學者求知之功力可也，謂之成家之學術則未可也。今之博雅諸君子，疲精神於經傳、子史，而終身無得於學者，正坐宗仰王氏而誤執求知之功力，以爲學即在是爾。"(《博約》)"君子苟有志於學，則求當代典章，以切於人倫、日用。必求官司掌故，而通於經術精微，則學爲實事，而文非空言，所謂有體必有用也。而學者昧於知時，動矜博古，譬如考西陵之蠶桑，講神農之樹藝，以謂可禦饑寒而不須衣食也。"(《史釋》)魏氏曰："自乾隆中葉後，海内士大夫興漢學，而大江南北尤盛。蘇州惠氏江氏、常州臧氏孫氏、嘉定錢氏、金壇段氏、高郵王氏、徽州戴氏程氏爭治詁訓音聲，瓜剖釽析，視國初崐山、常熟二顧及四明黄南雷、萬季野、全謝山諸公,即皆擯爲史學非經學,或謂宋學非漢學。錮天下聰明智慧,使盡出於無用之一途。”(《古微堂外集》、《武進李申耆先生傳》)方氏曰:“漢學諸人堅稱義理存乎訓詁、典章、制度,而如車制江氏有考,戴氏有圖,阮氏、金氏、程氏、錢氏皆言車制,同時著述,言人人殊,訖不知誰爲定論。他如蔡氏賦役,沈氏禄田,任氏、江氏、盛氏、張氏宫室,黄氏、江氏、任氏、戴氏衣服冕弁,各自專門,亦互相駁斥,不知誰爲真知定見。《莊子》所謂‘有待而定’者邪?竊以此等明之固佳,即未能明,亦無關於身心性命、國計民生。學術之大,物有本末,是何足臧也?以《荀子》‘法後王’之語推之,則冕服、車制、賦、田役等,雖古聖之制,亦塵飯木胔耳。”(《漢學商兑》卷下)**有綜九流,齏萬物,**《莊子·大宗師篇》:“整萬物而不爲義。”司馬云:“碎也。”《天道篇》:“鳘萬物而不爲戾。”郭云:“變而相雜,故曰鳘。”**而不一孔父,**謂不專崇孔子也。孔子稱孔父,見《後漢書·申屠剛傳》,云:“損益之際,孔父攸歎。”**不蹩薛爲仁義;**《莊子·馬蹄篇》:“蹩薛爲仁,踶跂爲義,而天下始疑矣。”《釋文》:“李云:‘蹩薛、踶跂,皆用心爲仁義之貌。’”**即與駁者,則以左道詬之,**左道見《禮記·王制篇》。**以尊師匡之。**《吕氏春秋》有《尊師篇》。**是以私名宰達名也。**鄧實《古學復興論》曰:“西學之入中國,自明季始。利瑪竇諸人布教之外,旁及歷數象器之學,愛約瑟即以其法、理、醫、文四科傳之中土。清初湯若望、南懷仁輩定曆明時,士大夫多習之。其後譯學日新,時局大變,言西學者又舍工藝而言政法。乾嘉以還，學者稍稍治諸子之書，如鎮洋畢氏之校《墨子》、《吕氏春秋》，陽湖孫氏之校《孫子》、《吴子》、《司馬法》、《尸子》，江都汪氏之序《墨子》、序《賈誼新書》、撰《荀卿子通論年表》，雖僅掇拾叢殘，讎正訛僞，然先秦之書，賴此可讀。道咸至今，學者之愛讀諸子，尊崇諸子，不謀而合。學風所轉，各改其舊日歧視之觀。其解釋諸子之書，亦日多一日，或甄明訓故，或論斷得失，或發揮新理，如孫氏之《墨子閒詁》、俞氏之《諸子平議》、劉氏之《周末學術史》其著也。夫以諸子之學與西來之學，其相因緣而並興者，是蓋有故焉。一則諸子之書，其所含之義理，於西人心理、倫理、名學、社會、歷史、政法、一切聲光化電之學，無所不包。任舉其一端，而皆有冥合之處，互觀參考，而所得良多。故治西學者無不兼治諸子之學。一則我國自漢以來，以儒教定一尊，傳之千餘年。一旦而一新種族挾一新宗教（宗教二字未諦）以入吾國，其始未嘗不大怪之，及久而察其所奉之教、行之其國、未嘗不治，且其治或大過於吾國，於是恍然於儒教之外復有他教，六經之外復有諸子，而一尊之説破矣。此孔、老、墨優劣之比較，孟、荀優劣之比較，及其他九流優劣之比較紛然而並起，而近人且有《訂孔》之篇，排孔之論也。”（《國粹學報》第九期）按：近世九流學術之倡導，鄧氏所言略能明其故矣。其與之駁者，則往往攘臂而起，反脣相稽，懼聖道之將亡，挽狂瀾於既倒。如：張之洞曰：“五倫之要，百行之原，相傳數千年更無異義，聖人所以爲聖人，中國所以爲中國，實在於此。故知君臣之綱，則民權之説不可行也。知父子之綱，則父子同罪、免喪廢祀之説不可行也。知夫婦之綱，則男女平權之説不可行也。"（《勸學内篇》第三）朱一新曰："諸子書多言經濟，亦多畔道之言，老、莊、墨、韓害道尤甚。近人於六經大道置之不講，或穿鑿文字以求勝，或疑六經而表章諸子，生心害政，靡所底止。知者過之，真足慮耳。"（《無邪堂答問》卷四）其餘類此者衆，前有《翼教叢編》之作，後有孔教保存之會，其治學有深淺，其用意有貞僞，要皆自託於聖人之徒，亦不煩廣引爾。**今令術士、藝人閎眇之學，皆棄捐儒名，辟師氏賢者路，名喻則爭自息。不然，儒家稱師，藝人稱儒，其餘各名其家，汎言曰學者，旁及詩賦而汎言曰文學，**原注：文學名見《韓子》，蓋亦七國時汎稱也。**亦可以無相鏖矣。**鏖字本從金麀聲，作鏖者轉寫之訛。《漢書·霍去病傳注》："打擊之甚者曰鏖。"**禮、樂世變易；射、御於今麤粗，無參連、白矢、交衢、和鸞之技；**《地官·保氏注》："鄭司農云：'五射：白矢、參連、剡注、襄尺、井儀也。五馭：鳴和鸞、逐水曲、過君表、舞交衢、逐禽左也。'"賈《疏》云："'五射：白矢'者，矢在侯而貫侯過其鏃白。'參連'者，前放一矢，後三矢連續而去也。'剡注'者，謂羽頭高鏃低而去剡剡然。'襄尺'者，臣與君射，不與君並立，襄君一尺而退。'井儀'者，四矢貫侯，如井之容儀也。'五馭：鳴和鸞'者，和在式、鸞在衡。案：《韓詩》云：'升車則馬動，馬動則鸞鳴，鸞鳴則和應。'先鄭依此而言。'逐水曲'者，謂御車逐水勢之曲而不墜水也。'過君表'者，謂若毛《傳》云：'褐纏旝以爲門,裘纏質以爲槸,間容握,驅而入,轚則不得入。'《穀梁》亦云:'艾蘭以爲防,置旝以爲轅門,以葛覆質以爲槷,流旁握,御轚者不得入。'是其'過君表'即褐纏旝是也。云'舞交衢'者,衢,道也。謂御車在交道,車旋應於舞節。云'逐禽左'者,謂御驅逆之車,逆驅禽獸,使左當人君以射之。人君自左射,故毛《傳》云'故自左膘而射之達於右腢爲上殺',又《禮記》云'佐車止則百姓田獵'是也。"獨書、數仍世益精博,凡爲學者,未有能捨是者也。三科雖殊,要之以書、數爲本。

國故論衡疏證下之三

原道上

孔父受業於徵臧史，孔子稱孔父已見《原學篇》。《莊子·天道篇》："孔子西藏書於周室，子路謀曰：'由聞周之徵藏史有老聃者，免而歸居。夫子欲藏書，則試往因焉。'"《釋文》引司馬云："徵藏，藏名也。"一云："徵，典也。"韓非傳其書，《韓非子》有《解老》、《喻老》二篇。儒家、道家、法家，異也，有其同。莊周述儒、墨、名、法之變，已與老聃分流，見《莊子·天下篇》。盡道家也，有其異。是樊然者，我乃知之矣。《莊子·齊物論篇》："樊然殽亂。"昭十二年《公羊傳》："子曰：'我乃知之矣'。"老聃據人事嬗變，《史記·賈誼傳》："變化而嬗。"《集解》引服虔云："嬗音如嬋，謂變蜕也。"議不踰方。《後漢書·班彪傳論》："班彪以通儒上才，傾側危亂之間，行不踰方。"莊周者，旁羅死生之變、神明之運，《史記·五帝本紀》："旁羅日月、星辰、水波、土石、金玉。"《正義》云："旁羅，猶徧布也。"《莊子·天下篇》："死與生與，天地並與，神明往與！"是以鉅細有校。儒、法者流，削小老氏以爲省，終之，其殊在量非在質也。

然自伊尹、太公有撥亂之材，《公羊·哀十四年傳》："撥亂世反諸正。"何氏《解詁》云："撥，猶治也。"**未嘗不以道家言爲急，**原注：《漢·蓺文志·道家》有《伊尹》五十一篇、《大公》二百三十七篇。**迹其行事，以間諜欺詐取人，**《爾雅·釋言》："間，釋也。"郭《注》云："《左傳》謂之諜，今之細作也。"《史記·李牧傳》："謹烽火，多間諜。"**異於儒、法，今可見者，猶在《逸周書》。**《管子·輕重甲篇》："女華者，桀之所愛也，湯事之以千金。曲逆者，桀之所善也，湯事之以千金。内則有女華之陰，外則有曲逆之陽，陰陽之議合，而得成其天子。此湯之陰謀也。"又《孟子》言葛伯仇餉。龔自珍謂："王者取天下，雖曰天與人歸，要必有陰謀焉。葛伯不祀，湯教之祀，遺以粢盛可矣，何爲遣衆往耕？故知亳衆者，闞國者也，爲内應者也。老弱饋者，往來爲間諜者也。故葛伯懼而殺之。"(《定菴文集·葛伯仇餉解》)章氏亦謂："成湯、伊尹之謀，蓋藉宗教以夷人國。誠知牛羊御米非邦君所難供，放而不祀非比鄰所得問，故陳調諷，待其躛言，爾乃遣衆往耕，使之疑怖。童子已戮，得以復仇爲名。"(章炳麟《齊物論釋》)《吕覽·慎大篇》説湯射伊尹事，亦陰謀也。其太公之謀，見《逸周書·酆謀》、《寤敬》諸篇。《史記·齊太公世家》曰："周西伯昌之脱羑里歸，與吕尚陰謀修德，以傾商政。其事多兵權與奇計，故後世之言兵及周之陰權，皆宗太公爲本謀。"《孫子·用間篇》曰："昔殷之興也，伊摯在夏；周之興也，吕牙在殷。"**故周公詆齊國之政，**太公封於齊尊賢上功(《吕覽·

長見》)。簡其君臣禮,從其俗,五月而報政(《史記·魯世家》)。周公謂齊後非吕氏,必有劫殺之君也(《韓詩外傳》十、《淮南·齊俗訓》、《説苑·政理》、並載有此事)。**而仲尼不稱伊、吕。《管子》者,祖述大公,**《管子·輕重丁篇》:"龍鬭於馬謂之陽、牛山之陰。管子入復於桓公曰:'天使使者臨君之郊,請使大夫初飾、左右玄服,天之使者乎!'天下聞之曰:'神哉!齊桓公,天使使者臨其郊。'不待舉兵而朝者八諸侯。此乘天威而動天下之道也。故智者役使鬼神而愚者信之。"按:此與大公陰謀相類。又:《禮記·中庸篇》:"仲尼祖述堯舜。"**謂之小器,有由也。**原注:《管子》八十六篇亦在《道家》。按:《論語·八佾篇》:"子曰:'管仲之器小哉!'"**老聃爲周徵臧史,多識故事,約《金版》、《六弢》之旨,**《莊子·徐無鬼篇》:"從説之則以《金版》、《六弢》。"《釋文》引司馬崔云:"《金版》、《六弢》,《周書》篇名。"**著五千言以極其情,**《史記·老聃傳》:"老子著書上下篇,言道德之意,五千餘言。"**則伊、吕亡所用,亡所用故歸於樸。**《老子》二十八章:"復歸於樸。"王弼《注》云:"樸,真也。"**若墨翟守城矣,巧過於公輸般,故能壞其攻具矣。**《墨子·公輸篇》:"子墨子解帶爲城,以牒爲械,公輸般之攻械盡,子墨子之守圉有餘。"**談者多以老聃爲任權數,其流爲范蠡、張良。**《朱子語類》云:"老子之學最忍。他閒時似箇虚無卑弱底人,發出來更教你支梧不住,如張子房是也。子房習老氏之學,如嶢關之戰,與秦將連和了,忽乘其懈擊之。鴻溝之役,與項羽和了,忽然回軍殺之。這箇便是他柔弱之發處,可畏,可畏。他計策不須多,只消兩三次如此,高祖之業成矣。”范蠡之事,略見《越語》、《越絶書》及《吴越春秋》。**今以莊周《胠篋》、《馬蹏》相角,**《漢書·賈誼傳》“非親角材而臣之也”,師古曰:“角,校也。”**深黜聖智,爲其助大盜,豈遽與老聃異哉?**義見《莊子·胠篋》、《馬蹏》二篇。**老聃所言以術,將以撢前王之隱慝,**《説文》:“撢,探也。”僖十五年《左傳》:“於是臧氏有隱慝焉。”**取之玉版,**《史記·太史公自序》:“明堂石室、金匱玉版圖籍散亂。”《集解》引如淳曰:“刻玉版以爲文字。”**布之短書,**《論衡·謝短篇》:“漢事未載於經,名爲尺籍短書。”**使人人户知其術則術敗。會前世簡畢重滯,**《爾雅·釋器》:“簡謂之畢。”郭《注》云:“今簡札也。”**力不行遠,故二三姦人得因自利,及今世有赫蹏雕鏤之技,**《漢書·外戚傳》:“武發篋中有裹藥二枚,赫蹏書。”應劭曰:“赫蹏,薄小紙也。”**其書偏行,雖權數亦幾無施矣。老聃稱:“古之善爲道者,非以明民,將以愚之。民之難治,以其智多。”**《老子》六十五章,王弼《注》曰:“明謂多見巧詐,蔽其樸也。愚謂無知守真,順自然也。”**愚之何道哉?以其明之,所以愚之。今是駔儈則欺罔人,**今是,猶今夫也。已見《原學篇》。《漢書·貨殖傳》:“節駔儈。”師古曰:“儈者,合會二家,交易者也。駔者,其首率也。”**然不敢欺罔其類,交知其術也,故耿介甚。**《楚辭·離騷》"彼堯舜之耿介兮",王逸《注》云:"耿,光也。介,大也。"以是知去民之詐,在使民户知詐。故曰:"以智治國國之賊,不以智治國國之福,知此兩者亦稽式。"《老子》六十五章。何謂稽式?謂人有發姦擿伏之具矣。《漢書·趙廣漢傳》:"其發姦擿伏如神。"師古曰:"擿,謂動發之也。"粤無鎛,燕無函,秦無盧,胡無弓車,《周禮·考工記》文。鄭《注》云:"鎛,田器。鄭司農云:'函讀如國君含垢之含。'函,鎧也。盧讀爲纑,謂矛戟柄竹欑柲,或曰摩錮之器。"夫人而能之,《考工記》:"粤之無鎛也,非無鎛也,夫人而能爲鎛也"云云。則工巧廢矣。《考工記》:"材美工巧。"常知稽式,是謂玄德。玄德深遠,而與物反。《老子》六十五章。伊尹、大公、管仲雖知道,其道,盜也。得盜之情以網捕者,李悝《法經》有《網捕》二篇,見《晉書·刑法志》。莫如老聃。故老聃反於王伯之輔,同於莊周,老聃清虚自守,卑弱自持,端居深觀,以究萬物之情。其極深研幾,無爲而無不爲,所謂君人南面之術是已。莊周亦歎内聖外王之道,闇而無明,鬱而不發。則《老》、《莊》同爲經國之言,夫何疑哉?本書《原學篇》謂:"經國莫如《齊物論》。"又云:"《老子》五千言,《莊子·齊物論》,剴切物情,未可以清談忽之,權數擯之也。"嬗及儒家,痟矣。《史記·太史公自序》:"申、吕肖矣。"《集解》引徐廣曰:"肖音痟,猶衰微。"若其開物成務,《易·繫辭》上:"夫《易》開物成務。”韓康伯《注》云：“言《易》通萬物之志，成天下之務。”**以前民用，**《易·繫辭》上：“是興神物，以前民用。”**玄家弗能知，儒者揚雄之徒亦莫識也。**《法言·問道篇》：“老子之言道德，吾有取焉耳。及搥提仁義，絶滅禮學，吾無取焉耳。”**知此者韓非最賢。**原注：凡周秦解故之書，今多亡佚，諸子尤寡。《老子》獨有《解老》、《喻老》二篇，後有説《老子》者，宜據《韓非》爲大傳，而疏通證明之，其賢於王輔嗣遠矣。《韓非》他篇亦多言術，由其所習不純，然《解老》、《喻老》未嘗雜以異説，蓋其所得深矣。**非之言曰：“先物行、先理動之謂前識。**王先謙曰：“與物來順應異。”**前識者，無緣而妄意度也。**王先慎曰：“謂無所因而妄以意忖度之也。”**以詹何之察，苦心傷神，而後與五尺之愚童子同功。故曰：‘前識者，道之華也，而愚之首也。’”**原注：《喻老》。○按：《注》當作《解老》。《韓非·解老篇》曰：“詹何坐，弟子侍，有牛鳴於門外。弟子曰：‘是黑牛也，而白在其題。’詹何曰：‘然，是黑牛也，而白在其角。’使人視之，果黑牛而以布裹其角。嘗試釋詹子之察，而使五尺之愚童子視之，亦知其黑牛而布裹其角也。故以詹子之察，苦心傷神，而後與五尺之愚童子同功，故曰：‘前識者，道之華也，而愚之首也。’”**夫不事前識，則卜筮廢，**《書·洪範篇》：“七、稽疑，擇建立卜筮人。”《白虎通·蓍龜篇》：“龜曰卜蓍曰筮。”**圖讖斷，**《後漢書·光武帝紀》：“李通等以圖讖説光武。”章懷《注》云：“圖，河圖也。讖,符命之言。”**建除、堪輿、相人之道黜矣。**《淮南·天文訓》:“寅爲建,卯爲除。”《史記·日者傳》有建除家。顧炎武云:“建除之名,自斗而起。蓋戰國後語也。”(説詳《日知録》三十)《文選·甘泉賦》:“屬堪輿以壁壘。”李《注》引許注《淮南》“堪輿行雄以起雌。”云:“堪,天道;輿,地道也。”《荀子·非相篇》:“相人,古之人無有也。”楊《注》云:“相,視也。視其骨狀,以知吉凶、貴賤也。”《漢志·形法家》有《相人》二十四卷。**巫守既絶,智術穿鑿,亦因以廢,其事盡於徵表。**《漢書·楚元王交傳》:“徵表爲國。”師古云:“徵,證也。”**此爲道藝之根,政令之原。是故私智不效則問人,**《史記·項羽本紀》:“奮其私智。”**問人不效則求圖書,圖書不效則以身按驗。**《漢書·平帝紀》:“詔諸有臧未發而薦舉者,皆勿案驗。”**故曰:“絶聖棄智”者,**《老子》十九章。**事有未來,物有未覩,不以小慧隱度也。**《論語·衛靈公篇》:“好行小慧。”《集解》引鄭《注》云:“小慧,謂小小之才知。”《爾雅·釋言》:“隱,占也。”郭《注》云:“隱度。”**“絶學無憂”者,**《老子》二十章。**方策足以識梗概,**《禮記·中庸篇》:“布在方策。”鄭《注》云:“方,板也。策,簡也。”《後漢書·杜篤傳》:“略其梗概。”章懷《注》云:“梗概,猶粗略也。”**古今異、方國異、**《詩·大雅·大明篇》:“以受方國。”**詳略異,則方策不獨任也。“不尚賢使民不爭”者,**《老子》三章。**以事觀功,將率必出於介**

胄，宰相必起於州部，《韓非·顯學篇》："宰相必起於州部，猛將必發於卒伍。"**不貴豪傑，不以流譽用人也。**原注：按：不上賢之説，歷世守此者寡，漢世選吏多出掾史，猶合斯義。及魏晉間而專徇虚名矣。其後停年格興，弊亦差少。選曹之官，即古司士，所不得廢也。觀遠西立憲之政，至於朋黨爭權，樹標揭鼓，以求選任。處大官者，悉以苞苴酒食得之。然後知老子、韓非所規深遠矣。顧炎武、黄宗羲皆自謂明習法制，而多揚破格用人之美，攻選曹拘牽之失。夫烏知法！〇按：《荀子·致士篇》："流譽流愬。"楊《注》云："流者，無根源之謂。"《注》言"停年格"者，《通典》卷十四云："崔亮爲吏部尚書，奏爲格制：官不問賢愚，以停解日月爲斷，雖復官須此人。停日後者，終不得取。庸才下品年月久者，則先擢用。時沉滯者皆稱其能。《太炎别録·代議然否論》論遠西選任之失最詳。顧、黄之説見《日知録》卷八、《明夷待訪録·取士篇》。**名其爲簡，繁則如牛毛，**《太平御覽》四百九十六引蔣濟《萬機論》："學如牛毛，成如麟角。"**莊周因之以號《齊物》。齊物者，吹萬不同，使其自已。**《莊子·齊物論》文。**官天下者，以是爲北斗招摇。**《詩·小雅·大東篇》："維北有斗。"《禮記·曲禮》上篇："招摇在上。"鄭《注》云："招摇在北斗杓端主指者。"**不慕往古，不師異域，清問下民，**《書·吕刑篇》："皇帝清問下民。"**以制其中。故相地以衰征，**《國語·齊語》："相地而衰征。"韋《解》云："相，視也。衰，差也。視土地之美惡及所生出，以差征賦之輕重也。”因俗以定契自此始。韓非又重申束之曰：“凡物之有形者，易裁割也。何以論之？有形則有短長，有短長則有小大，有小大則有方圓，有方圓則有堅脆，有堅脆則有輕重，有輕重則有黑白。短長、小大、方圓、堅脆、輕重、黑白之謂理，理定而物易割。故議於大庭而後言，王先謙曰：“後言者，集議而後斷之。”則立權議之士知之矣。王先慎曰：“有權謀者能決議於大庭。”故欲成方圓而隨其規矩，則萬物之功形矣。萬物莫不有規矩，議士之言，計會規矩也。聖人盡隨於萬物之規矩，故曰：‘不敢爲天下先。’”原注：《解老》。推此以觀，其用至孅悉也。《漢書·食貨志》：“古之治天下，至孅、至悉也。”師古曰：“孅，細也。悉，盡其事也。”玄家或佚蕩爲簡，《漢書·揚雄傳》：“雄爲人簡易佚蕩。”猶高山之與深淵，黑漆之與白堊也。《吕覽·察微篇》：“若高山之與深谿，若白堊之與黑柰。”玄家之爲老息廢事服，《詩·關雎篇》《箋》云：“服，事也。”《管子·任法篇》：“百官服事者，離法而治則不祥。”吟嘯以忘治亂。韓非論之曰：“隨時以舉事，因資而立功，用萬物之能，而獲利其上，故曰：‘不爲而成。’”原注：《喻老》。明不爲在於任官，非曠務也。又曰：“法令滋章，盜賊多有。”《老子》五十七章。玄家以爲老聃無所事法。韓非論之曰：“一人之作，日亡半日，十日亡五人功矣。萬人之作，日亡半日，十日亡五萬人功矣。然則數變業者，其人彌衆，其虧彌天。"原注：《解老》。明官府徵令，《周禮·天官·宰夫》："掌百官府之徵令。"不可亟易，非廢法也。《韓非·解老篇》："法令更則利害易，利害易則民務變。"又：《亡徵篇》："法令變易，號令數下者，可亡也。"綜是數者，其要在廢私智，絶縣娖，《説文》："娖，量也。"《廣雅》作"揣"。按："娖"與"揣"同，古音歌、寒對轉。不身質疑事，《禮記·曲禮》上篇："疑事毋質。"鄭《注》云："質，成也。"而因衆以參伍。《説文》："伍，相參伍也。"段《注》云："參，三也。伍，五也。凡言參伍者，皆謂錯綜以求之。《易·繫辭》上云：'參伍以變。'"又：《韓非·孤憤篇》："不以參伍審罪過。"舊注云："參，比驗也。伍，偶會也。"非出史官周於國聞者，《史記·十二諸侯年表序》："爲成學治國聞者要删焉。"誰與領此？然故去古之宥，成今之别，然故，是故也。《禮記·少儀》："然故上無怨而下遠罪也。"（説詳王氏《經傳釋詞》）《莊子·天下篇》："接萬物以别宥爲始。"《吕覽·去宥篇》："凡人必别宥然後知。"畢沅云："疑'宥'與'囿'同。謂有所拘礙，猶言蔽耳。"《太炎文録·與劉光漢黄侃問答記》："有所蔽曰囿，或謂之宥；反宥則謂之别。"此文亦以别、宥對舉，别、宥猶言通、蔽耳。其名當，其辭辯，小家珍説無所容其迂。《荀子·正名篇》："小家珍説之所願皆衰矣。"《詩·鄭風·揚之水篇》："人實迂女。"《傳》云："迂，誑也。"諸以僞抵

讕者，《漢書·文三王傳》："王陽病抵讕置辭。"師古云："抵，拒也。讕，誣諱也。"**無所閲其姦欺。**《詩·邶風·谷風篇》："我躬不閲。"《傳》云："閲，容也。"**老聃之言，則可以保傅人天矣。大匠不斲，大庖不豆，**二句《吕覽·貴公篇》文。**故《春秋》、寶書之文任之孔、左。**《公羊》卷一《疏》。按：閔因《敍》云："昔孔子受端門之命，制《春秋》之義，使子夏等十四人求《周史記》，得百二十國寶書。"《史記·十二諸侯年表序》："孔子西觀周室，論《史記》舊聞，興於魯而次《春秋》。魯君子左邱明因孔子《史記》，具論其語，成《左氏春秋》。"**斷神事而公孟言無鬼，**見《墨子·公孟篇》。**尚裁制而公孫論堅白，**公孫龍《堅白論》云："無堅得白，其舉也二。無白得堅，其舉也二。"又云："視之不得其所堅而得其所白者，無堅也。拊之不得其所白，而得其所堅者，無白也。"**貴期驗而王充作《論衡》，**《論衡·佚文篇》云："《詩》三百，一言以蔽之，曰'思無邪'。《論衡》篇以十數，亦一言也，曰'疾虚妄'。"又：《自紀篇》云："傷僞書俗文多不誠實，故作《論衡》之書。"**明齊物而儒、名、法不道天志。**原注：按：儒家、法家皆出於道，道則非出於儒也。韓愈疑田子方爲莊子師。按：莊子所稱鉅人明哲，非獨一田子方。其題篇者，又有則陽、徐無鬼輩，將悉是莊子師邪？俗儒又云："莊子述《天下篇》，首列六經，明其尊仰儒術。"六經者，周之史籍，道、墨亦誦習之，豈專儒家之業？〇按：《墨子》有《天志》三篇。道家之言齊物，泯得喪、忘是非，與天地並生，通萬物爲一。儒、法者流，廣明庶物人倫之情，亦未嘗以天制人。至墨家之主天志，則必上同於天，動有儀刑，次及小司，莫不上法。此其所以異也。《注》引韓氏之説，見《送王秀才序》。俗説，謂廖平也，見所注《莊子·天下篇》。班氏《蓺文志》云："九家之説，合其要歸，亦六經之支與流裔。"管、墨諸子所述《詩》、《書》，未易枚舉，故知非專爲儒家之業。

老子之道，任于漢文，而太史公《儒林列傳》言孝文帝本好刑名之言。是老氏固與名、法相倚也。然孝文假借便佞，令鄧通鑄錢布天下，見《史記·佞幸列傳》。既誖刑名之術；信任爰盎，淮南之獄，不自責躬，而遷怒縣傳不發封者，見《史記·淮南厲王長傳》。枉殺不辜，戾法已甚，豈老氏所以涖政哉？若其責歲計于平、勃；見《史記·陳丞相世家》，聽處當于釋之；見《史記·張釋之傳》。賈生雖賢，非歷試則不任以卿相；見《史記·賈誼傳》。亞夫雖傑，非勞軍則不屬以吴、楚；見《史記·絳侯世家》。斯中老氏之繩尺矣。蓋公、汲黯以清淨不擾爲治，見《史記·曹相國世家》、《汲黯傳》。特其一端。世人云"漢治本于黄老"，夏曾佑曰："黄老之名，始見《史記·申不害傳》、《韓非傳》、《曹相國世家》、《陳丞相世家》，並言'治黄老術'。《史記》以前，未聞此名。今曹、陳無書，申不害書僅存，韓非書則完然具在，中有《解老》、《喻老》，其學誠深於老者，然絶無所謂黄。然則黄老之名，何從而起？吾意此名必起於文、景之際，其時必有以黄帝、老子之書合而成一學説者。學既盛行，謂之黄老，日久習慣，成爲名辭，乃於古人之單治老子術者，亦舉謂之黄老。《史記·孝武本紀》：'竇太后治黄老言，不好儒術。'《封禪書》同。《儒林傳序》：'竇太后好黄老之術。'《申公傳》：'竇太后好老子言，不説儒術。'《轅固生傳》：'竇太后好老子書。'《漢書·郊祀志》：'竇太后不好儒學。'《轅固傳》：'竇太后好老子書。'《外戚傳》：'竇太后好黄帝、老子言，景帝及諸竇不得不讀老子書，尊其術。'竇太后者，其黄老學之開祖耶?"(《中國歷史》)**然未足盡什一也。**章君作《孫至誠老子政治思想概論序》曰："余嘗謂老子如大醫，徧列方齊，寒熱攻守，雜陳而不相害，用之者則因其材性與其時之所宜，終不能盡取也。其言有甚近民治者，又有傾於君主獨裁者。觀《韓非·揚權篇》，義亦如是，所謂徧列方齊，任人用之者也。漢世傳其術者甚衆，陳平得之爲陰謀，蓋公得之爲清静，汲黯得之爲卓行，司馬遷父子得之爲直筆。數子者，材性不同而各以成其用，與夫墨氏之徒，沾沾守一隅之術者異矣。"**諸葛治蜀，庶有冥符。夫其開誠心，布公道，盡忠益時者，雖讎必賞；犯法怠慢者，雖親必罰；服罪輸情者，雖重必釋；游辭巧飾者，雖輕必戮。庶事精練，物理其本，循名責實，虚僞不齒。**《蜀志·諸葛亮傳評》。**聲教遺言，經事綜物，文采不豔，而過于丁寧周至。公誠之心，形于文墨，**陳壽《表上諸葛氏集》。**老子所經，蓋盡于此。**原注：諸葛之缺，猶在尚賢。劉巴方略未著，而云："運籌帷幄，吾不如子初遠矣。”馬謖言過其實，優于兵謀，非能親涖行陳者也，而違衆用之，以取覆敗。蓋漢末人士，務在崇獎虚名，諸葛亦未能自外爾。**漢世學者，數言救僿以忠，**《史記·高祖本記贊》曰：“夏之政忠，忠之敝，小人以野，故殷人承之以敬。敬之敝，小人以鬼，故周人承之以文。文之敝，小人以僿，故救僿莫若以忠。”《集解》：“鄭玄曰：‘僿，文尊卑之差也。’”**終其所尚，乃在正朔、服色、微識之間，不悟禮爲忠信之薄，外炫儀容，適與忠反。不有諸葛，誰知其所底哉？杜預爲黜陟課云：“使名不越功而獨美，功不後名而獨隱。”**見《通典》卷十五、《晉書·杜預傳》。**亦有不尚賢遺意。韓延壽治郡，**見《漢書·韓延壽傳》。**謝安柄國，**見《晉書·謝安傳》。**並得老氏緒言。而延壽以奢僭致戮，謝安不綜名實，皆非其至。其在下者，談、遷父子其著也。**見《史記·太史公自序》。**道家出於史官，故史官亦貴道家。然太史持論，過在尚賢，不察功實。李廣數敗而見稱，**《史記·李將軍傳》：“太史公曰：‘《傳》曰：其身正，不令而行，其身不正，雖令不從。其李將軍之謂也。余睹李將軍悛悛如鄙人，口不能道辭，及死之日，天下知與不知皆爲盡哀。彼其忠實心誠信於士大夫也。諺曰：桃李不言，下自成蹊。此言雖小，可以喻大也。’”**鼂錯立效而被黜，**《史記·鼂錯傳》：“太史公曰：‘鼂錯爲家令時數言事不用，後擅權多所變更，諸侯發難，不急匡救，欲報私讎，反以亡軀。語曰：變古亂常，不死則亡。豈錯等謂邪?’”多與道家背馳,要其貴忠任質則是也。黄生以湯武弑君,見《史記·轅固傳》。此不明莊子意者。莊子非薄湯武之語,見《讓王》、《盗跖》等篇。七國齊、晉之主,多由强臣盜位,故莊子言之則爲抗。漢世天位已定,君能恣行,故黄生言之則爲諂。要與伊、吕殊旨,則猶老氏意也。楊王孫之流,徒有一節,見《漢書·楊王孫傳》。未足多尚。晉世嵇康憤世之流,近於莊氏;見《晉書·嵇康傳》。李充亦稱老子而好刑名之學,深抑虚浮之士;見《晉書·李充傳》。阮裕謂人不須廣學,應以禮讓爲先:見《晉書·阮裕傳》。皆往往得其微旨。葛洪雖抵拒老莊,《抱朴子·詰鮑篇》皆排拒老莊之言。然持論必與前識上賢相反。故其言曰:“叔向之母、叔向之母知叔虎必禍羊舌氏,事見襄二十一年《左傳》。申氏之子,申無宇知陳、蔡之亂,事見昭十一年《左傳》。非不一得,然不能常也。陶唐稽古而失任,謂任四凶。姬公欽明而謬授,謂使三監。尼父遠得崇替於未兆、近失澹臺於形骸,澹臺滅明字子羽。孔子曰:“吾以言取人,失之宰予;以貌取人,失之子羽。”事見《史記·仲尼弟子傳》。延州審清濁於千載之外季札觀樂,事見襄二十九年《左傳》。而蔽奇士於咫尺之内。謂不知鱄設諸也,事見昭二十七年《左傳》。知人之難,如此其甚。郭泰所論,皆爲此人過上聖乎?但其所得者顯而易識,其失者人不能紀。"原注:《抱朴子·清鑒篇》。是亦可謂崇實者矣。若夫扇虚言以流聞望,借玄辭以文膏粱,適與老子尚樸之義相戾。然則晉之亂端,遠起漢末,林宗、子將郭泰、許劭,並見《後漢書》本傳。實爲國蠹。禍始於前王,而釁彰於叔季。若厲尚賢之戒,知前識之非,浮民夸士,何由至哉?《中論·考僞篇》曰:"今之爲名者巧人之雄、僞夫之傑,然中才之徒咸拜手而贊之,揚聲以和之,被死而後論其遺烈,被害而猶恨己不逮。"趙翼《廿二史劄記》:"後漢黨禍愈酷,而名愈高,天下皆以名入黨人爲榮。范滂初出獄歸汝南,南陽士大夫迎之者車千兩(《滂傳》)。景毅遣子爲李膺門徒,而録牒不及。毅乃慨然曰:'本謂膺賢,遣子師之,豈可因漏名而倖免哉!'遂自表免歸(《李膺傳》)。皇甫規不入黨籍,乃上表言:'臣曾薦張奂,是阿黨也。臣昔坐罪,太學生張鳳等上書救臣,是臣爲黨人所附也。臣宜坐之。'(《規傳》)張儉亡命困迫,望門投止,莫不重其名行,破家相容(《儉傳》)。此亦可見當時風氣矣。"《譴交篇》曰:"世之衰也,取士不由於鄉黨,考行不本於伐閲,多助者爲賢才,寡助者爲不肖。序爵聽無證之論,班禄采方國之誉,漢末人士,共相標榜,作爲謡諺。如《黨錮傳序》"天下模楷李元禮,不畏强禦陳仲舉,天下俊秀王叔茂"之類,范書所載,不下數十事。其略見趙翼《陔餘叢考》卷二十二。民見其如此者,知富貴可以從衆爲也,知名譽可以虚譁獲也。乃離其父兄，去其邑里，不修道義，不治德行，講偶時之説，結比周之黨，汲汲皇皇，無日以處。更相歎揚，迭爲表裏，檮杌生華，文十八年《左傳》："謂之檮杌。"賈《注》云："檮杌，凶頑無匹儔之貌。"憔悴布衣，以欺人主、惑宰相、竊選舉、盜榮寵者，不可勝數。桓、靈之世，其甚者也。自公卿、大夫、州牧、郡守，王事不恤，賓客爲務。冠蓋填門，儒服塞道，饑不暇餐，倦不獲已，殷殷沄沄，俾夜作書。下及小司，列城墨綬，《漢書·百官公卿表》："秩比六百石以上，皆銅印墨綬。"又曰："縣令秩千石至六百石。"莫不相商以得人，自矜以下士。星言夙駕，送往迎來，亭傳常滿。吏卒傳問，炬火夜行，閽寺不閉。把臂捩腕，扣矢矢誓，上矢字誤，《中論》作"扣天"，當據正。推託恩好，不較輕重。文書委於官曹，繫囚積於囹圄，而不皇省也。詳察其爲，非欲憂國恤民，謀道講德也。徒營己治私，求勢逐利而已。有策名於朝，而稱門生於富貴之家者，比屋有之。爲之師而無以教，弟子亦不受業。顧炎武《日知録》卷二十四云："《後漢書·賈逵傳》：'皆拜逵所選弟子及門生爲千乘王國郎。'是弟子與門生爲二。歐陽公《孔宙碑陰題名跋》曰：'漢世公卿多自教授，聚徒常數百人。其親受業者爲弟子，轉相傳授者爲門生。今《宙碑》殘缺，其姓名、邑里僅可見者，纔六十二人。其稱弟子者十人,門生者四十三人,故吏者八人,故民者一人。'愚謂:漢人以受學者爲弟子,其依附名勢者爲門生。《郅壽傳》:'時大將軍竇憲以外戚之寵,威傾天下。憲常使門生齎書詣壽有所請託。'《楊彪傳》:'黄門令王甫使門生於京兆界辜榷官財物七千餘萬。'憲外戚,甫奄人也,安得有傳授之門生乎。"或奉貨行賂,以自固結,求志屬託,規圖仕進,然擲目指掌,高談大語。若此之類,言之獨可羞,而行之者不知恥。"以上《中論》。龔自珍《最録中論》曰:"徐幹《中論》論儒者之蔽,既見要害,擊而中之。七十子没,不數數遇斯言,異哉! 吾乃遇之於漢與魏之交也。"是則林宗、子將之倫,所務可知。儒士爲之,誠不足異,而魏氏中世,道家猝起,不矯其失,彌益增華。莊生所云:上誠好知,"使民接迹諸侯之境,結軌千里之外","矯言僞行,以求富貴"者,上二句見《胠篋篇》,下二句見《盜跖篇》。㝠乎如不聞也。王粹嘗圖莊周於室,欲令嵇含爲贊。含援筆爲弔文曰:"帝壻王弘遠,華池豐屋,廣延賢彦,圖莊生垂綸之象,記先達辭聘之事。畫真人於刻桷之室,載退士於進趣之堂,可謂託非其所,可弔不可贊也。"原注:《晉書·嵇含傳》。斯足以揚搉誠僞,平章黑白也。

原道中

老聃不尚賢,見上篇。墨家以尚賢爲極,《墨子》有

《尚賢》三篇。《莊子·天下篇》:“以自苦爲極。”《爾雅·釋詁》“極,至也。”**何其言之相反也? 循名異,審分同矣。老之言賢者,謂名譽、談説、才氣也;**《史記·李廣傳》:“李廣才氣,天下無雙。”《列子·湯問篇》:“汝志彊而氣弱。”張湛《注》云:“氣謂質性。”**墨之言賢者,謂材力、技能、功伐也。**《韓非子·孤憤篇》:“不以功伐決智行。”舊注云:“積功曰伐。”**不尚名譽故無朋黨,不尊談説故無游士,不貴才氣故無驟官,然則材力、技能、功伐舉矣。墨者曰:“以德就列,**《論語·季氏篇》:“陳力就列。”《集解》引馬融曰:“當陳其才力,度己所任,以就其位。”**以官服事,**《周禮·大司徒》鄭衆《注》云:“服事謂爲公家服事者。”**以勞殿賞。”**原注:《尚賢》上篇。按:俞樾《墨子平議》:“殿者,定也。‘殿’與‘定’一聲之轉。”**世之言賢,侈大而不可斠試,**《説文》:“斠,平斗斛量也。”段《注》云:“俗謂之校。音如教。”**朝市之地、菆井之間,**《文選》潘岳《西征賦》:“感市閭之菆井。”《注》引《説文》云:“菆,麻蒸也。菆井,即渭城賣蒸之市也。”**揚徽題褚,**昭廿一年《左傳》:“揚徽者,公徒也。”《注》云:“徽,識也。”《釋文》云:“《説文》作‘微識’。《廣雅·釋器》:“帾,幡也。”王念孫《疏證》云:“帾之言題署也。《廣韻》:‘帾,記物之處也。’”**以衒其名氏。**《説文》:“衒,行且賣也。”**選者尚曰“任衆”,衆之所與,不繇質情,徒一二人眩之也。**《史記·大宛傳》:“國善眩。”《集解》引應劭云:

"眩,相詐惑。"會在戰國,姦人又因緣外交,自暴其聲,以輿馬、瑞節之間,《韓非·説疑篇》:"彼又使譎詐之士,外假爲諸侯之寵使,假之以輿馬,信之以瑞節,鎮之以辭令,資之以幣帛,使諸侯淫説其主,微挾私而公議。所爲使者,異國之主也;所爲談者,左右之人也。主説其言而辯其辭,以此人者,天下之賢士也。"而得淫名者衆。《國語·吴語》:"以淫名聞於天子。"韋《解》云:"淫,猶僭也。"《爾雅·釋詁》:"淫,大也。"既不校練,功楛未可知。《國語·齊語》:"辨其功苦。"韋《解》云:"功,牢;苦、脆也。"按:"楛"與"苦"同。就有楨材,其能又不與官適。夫茹黄之駿,《吕覽·直諫篇》:"荆文王得茹黄之狗,宛路之矰,以畋於雲夢。"而不可以負重;橐佗之彊,而不可以從獵。不檢其材,猥以賢徧授之官,違分職之道,則管仲、樂毅交困。人之才性,長短有數,既不可以前識而知。苟專以令名受官,用違所宜,使管仲禦外,樂毅治内,夫烏不困。是故古之能官人者,《尚書·皋陶謨篇》:"知人則哲,能官人。"不由令名,問其師學,試之以其事。事就則有勞,不就則無勞,舉措之分以此。故韓非曰:"視鍛錫而察青黄,區冶不能以必劍;《周禮·考工記》鄭《注》云:"凡金多錫則刃白且明也。"水擊鵠鴈,陸斷駒馬,則臧獲不疑鈍利。發齒吻形容,伯樂不能以必馬;授車就駕,而觀其末塗,則臧獲不疑駑良。觀容服、聽辭言,仲尼不能以必士;試之官職,課其功伐,則庸人不疑於愚智。”原注:《顯學篇》。此夫所謂不尚賢者也。尚賢者,非舍功實而用人;不尚賢者,非投鈎而用人。《荀子・君道篇》:“探籌投鈎者,所以爲公也。”按:投鈎即今之拈鬮也。《慎子》曰:“投鈎以分財。”其所謂賢不同,故其名異。不徵其所謂,而徵其名,猶以鼠爲璞矣。《國策・秦策》:“鄭人謂玉未理者璞,周人謂鼠未腊者朴。周人懷朴過鄭賈曰:‘欲買朴乎?’鄭賈曰:‘欲之。’出其朴,視之乃鼠也。”慎子蔽於執,慎子貴執,見《韓非子・難執篇》。《荀子・解蔽篇》曰:“申子蔽於執。”《注》云:“其説但賢得權執以刑法馭下。”此與慎子意同。故曰:“夫塊不失道,無用賢聖。”原注:《莊子・天下篇》。汲黯蔽於世卿,故憤用人如積薪,使後來者居上。《史記・汲黯傳》:“陛下用羣臣,如積薪耳。後來者居上。”誠若二子言,則是名宗大族世爲政也夫!老聃曰:“三十輻共一轂,當其無有車之用。挻埴以爲器,當其無有器之用。鑿户牖以爲室,當其無有室之用。故有之以爲利,無之以爲用。”《老子》十一章。王弼《注》云:“轂所以能統三十輻者,無也。以其無能受物之故,故能以實統衆也。木、埴、壁所以成三者,而皆以無爲用也。言無者,有之所以爲利,皆賴無以爲用也。”今處中者已無能矣,其左右又益罷,是重尪也。《荀子・王霸篇》:“百姓賤之如伛。”楊《注》曰:“字書無伛字,蓋當爲‘尪’,病人也。”重尪者，言處中者與左右皆無能，則病之病也。**重尪者，安賴有君吏。明其所以任使者，皆股肱畢强、技術輻輳，**《漢書·劉向傳》：“衆輻湊於前。”師古曰：“輻湊，言如車輻之歸於轂也。”“湊”與“輳”通。**明刑辟而治官職者也，**《韓非·忠孝篇》：“所謂賢臣者，能明法辟，治官職，以戴其君者也。”**則此言不尚賢者，非慎、汲之所守也。君之不能，孰所蹴矣。**“蹴”與“蹙”同。《詩·小明篇》：“政事愈蹙。”《傳》云：“蹙，促也。”《説文》無蹙字。**何者？辯自己成，蓺自己出，器自己造之謂能，待輩羣而成者非能。往古黔首僻陋侗愚，**《禮記·祭義篇》：“以爲黔首則。”鄭《注》：“黔首，謂民也。”孔《疏》云：“凡人以黑巾覆頭，故謂之黔首。”《史記·秦始皇本紀》：“更名民曰黔首。”**小慧之士，得前民造作。是故庖犧作結繩，**《易·繫辭》下：“包犧氏作結繩而爲罔罟。”**神農嘗百藥，**《淮南·修務訓》：“神農嘗百草之味。”**黄帝制衣裳，**《易·繫辭》下：“黄帝、堯、舜垂衣裳而天下治。”**少康爲秫酒，**《説文》酒下云：“杜康作秫酒。”段《注》：“又見《巾部》曰：‘少康作箕帚、秫酒。’少康者，杜康也。此皆出《世本》。”**皆以其能登用爲長。後世官器既備，凡學道立方者，**《韓非·六反篇》：“學道立方，離法之民也。”**必有微妙之辯，**《老子》十五章：“古之善爲士者，微妙玄通。”**巧竘之技，**《淮南子·人閒訓》“竘然善也”，《吕氏春秋·應言篇》作“蝺然美”，“蝺”與“竘”同也。

《説文》："竘，健也。"《注》云："《方言》：'竘，治也。吴越飾貌爲竘。'或謂之巧。《廣雅》：'竘，治也。'又曰：'竘，巧也。'"非絶人事苦心焦形以就，則不至。人君者，在黄屋羽葆之中，《史記·項羽本記》："紀信乘黄屋車，傅左纛。"《正義》引李斐云："天子車以黄繒爲蓋裹。"《禮記·雜記》下："匠人執羽葆御柩。"《疏》云："葆謂蓋也。"有料民聽事之勞矣。《國語·周語》："宣王既喪南國之師，乃料民於太原。"韋《解》云："料，數也。"心不兩役，欲與疇人百工比巧猶不得，《史記·曆書》："故疇人子弟分散。"《集解》引如淳云："家業世世相傳爲疇。"況其至珏察者？《説文》："珏，極巧視之也。"君之能，盡乎南面之術矣。其道簡易，不名一器，下不比於瓦缶，上又不足當玉卮。又其成事皆待衆人，故雖㡿地萬里，㡿，今斥字。《小爾雅·釋詁》："斥，開也。"破敵鉅億，分之即一人斬一級矣。大施鉤梯，《詩·皇矣》："以爾鉤援。"《傳》云："鉤，鉤梯也。所以鉤引上城者。"鑿山通道，分之即一人治一坺矣。《説文》："坺，坺土也。一臿土謂之坺。"段《注》云："一臿所起之土謂之坺，今人云'坺頭'是也。"其事至微淺，而籌策者猶在將吏。《老子》二十七章："善數不用籌策。"故夫處大官載神器者，《老子》二十九章："天下神器，不可爲也。"佻人之功，《國語·周語》："佻天以爲己力。"韋《解》云："佻，偷也。"則剽劫之類也。已無牛技，則奄尹之倫也。《禮記·月令》:"是月也,命奄尹申宫令,審門閭,謹房室,必重閉。"鄭《注》云:"奄尹,主領奄豎之官也。"《太炎别録·國家論》曰:"凡諸事業,必由一人造成,乃得稱爲出類拔萃。其集合衆力以成者,功雖煊赫,分之當在各各人中,不得以元首居其名譽,亦不得以團體居其名譽。"又曰:"功利者,非必一人所能爲,實集合衆人爲之。縱有提倡其前者,猶行禮之贊相,所擅惟有口號,至於槃辟跪拜,則猶賴人自爲之也。夫其事既由人自爲之,而美名所在,不歸元首,則歸團體,斯則甚於穿窬發匱者矣。"然不竟廢黜者,非謂天命所屬;與其祖宗之功足以垂遠也。老子固曰:"無之以爲用。"《老子》十一章。君人者既不覺悟,以是自庶移,《爾雅·釋言》:"庶,侈也。"《國語·楚語》:"上不陳庶侈。"韋《解》云:"庶,衆也。侈,猶多也。"謂名實皆在己。爲民主者,又彌自憙,是故《齊物》之論作,而達尊之位成。凡有出類拔萃之技能者,無貴賤皆宜尊之。是不定一尊之説,正與莊生《齊物》之論合也。一國之中,有力不辯官府,《説文》:"辯,治也。"而俗以之功,"功"借爲"攻"。《爾雅·釋詁》:"攻,善也。"民以之慧、國以之華者,其行高世,其學鉅子,《莊子·天下篇》:"以巨子爲聖人。"《釋文》云:"向、崔本作'鉅'。向云:'墨家號其道理成者爲鉅子,若儒家之碩儒。'"其蓺大匠,《老子》七十四章:"是爲代大匠斲。"其辭瑰稱,有其一者,權藉雖薄也,《國策·齊策》:"聖人從事,必權於藉。"又曰:"權藉者,萬物之率也。"其尊當比人

主而已矣！高世之士，不降其志，不辱其身。内則勝貪，外之使人知工宰爲世賊禍（本書《辨性》上）。彼其所以憤世離居，亦冀朋友之一悟，風俗之一改（《太炎别録·四惑論》）。如許由、務光、莊周、陳仲之所爲者，其有功於末俗，固甚鉅矣。又深求學術，必避囂塵而就閒曠，然後用意耑精。所學既就，出則膏沐萬方（同上），而民以之慧、國以之華，此其所以至尊。**凡學術分科至博，而治官者多出於習政令。漢嘗黜九流獨任吏，次即賢良文學。**《漢書·董仲舒傳》："仲舒對册，推明孔氏，抑黜百家。立學校之官，州郡舉茂材、孝廉，皆自仲舒發之。"**賢良文學既褊陋，而吏識王度、通故事，又有八體之技，**見許慎《説文敍》。**能窺古始，自優於賢良文學也。今即習政令最易，其他皆刳心。**《莊子·天地篇》："夫道，覆載萬物者也。洋洋乎大哉，君子不可以不刳心焉。"郭《注》云："刳而去之。"按：此文雖出彼而意則殊，此言"刳心"猶云"劌目鉥心"耳。**習易者擅其威，習難者承流以仰欬唾，不平，是故名家有去尊。**原注：見《原名篇》。〇按：《吕覽·愛類篇》："匡章謂惠施曰：'公之學去尊。'"**凡在官者名曰"僕役"，僕役則服囚徒之服，當其在官，不與齊民齒。**《漢書·食貨志》："下亂齊民。"如淳曰："齊，等也。無有貴賤，謂之齊民，若今言平民矣。"《禮記·王制篇》："屏之遠方，終身不齒。"鄭《注》云："齒，猶録也。"《鄘風·蝃蝀序》曰："淫奔之恥，國人不齒也。"《箋》云："不齒者，不與相長稚。"

原道下

人君者，剽劫之類、奄尹之倫。見中篇。老聃明君術，見上篇。是同於剽劫、奄尹也。曰異是：道者，内以尊生，《吕覽·貴生篇》："所謂尊生者，全生之謂。"外以極人事，笢析之以盡學術，《説文》笢下云："竹膚也。"段《注》："膚，皮也。析之謂之箬。箬下云：'析竹笢也。'"非獨君守矣。《吕覽》有《君守篇》。《莊子·讓王篇》曰："道之真以治身，其緒餘以爲國家，其土苴以爲天下。"故韓非曰："道者，萬物之所然，萬理之所稽也。《書·堯典》鄭《注》："稽，同也。"理者，成物之文；道者，萬物之所以成。物有理不可以相薄，王先謙曰："薄，迫也。"而道盡稽萬物之理，故不得不化。王先謙曰："稽合萬物之理，不變則不通。"不得不化，故無常操。王先謙曰："言不執一。"無常操，是以死生氣稟焉，《禮記·中庸篇》："既稟稱事。"鄭《注》云："'既'讀爲'餼'。餼稟，稍食也。"萬智斟酌焉，《國語·周語》："而後王斟酌焉。"《注》云："斟，取也。酌，行也。"萬事廢興焉。天得之以高，地得之以臧，維斗得之以成其威，《莊子·大宗師篇》："維斗得之，終古不忒。"成《疏》云："維斗，北斗也。爲衆星綱維，故謂之維斗。"日月得之以恒其光，五常得之以常其位，《禮記·樂記篇》:“道五常之行。”鄭《注》云:“五常,五行也。”列星得之以端其行,《禮記·祭義篇》:“以端其位。”鄭《注》云:“端,正也。”四時得之以御其變氣,《詩·思齊篇》:“以御於家邦。”鄭《箋》云:“御,治也。”軒轅得之以擅四方,赤松得之與天地統,孫詒讓曰:“‘統’疑當作‘終’。言壽與天地同長也。終、統二字篆文形相近而誤。”聖人得之以成文章。文章,謂立文垂制,見《論語·泰伯篇集解》。道與堯舜俱智,與接輿俱狂,與桀紂俱滅,與湯武俱昌。譬諸飲水,溺者多飲之即死,渴者適飲之即生。譬若劍戟,愚人以行忿則禍生,聖人以誅暴則福成。故得之以死,得之以生,得之以敗,得之以成。”原注:《解老》。此其言道,猶浮屠之言如邪?原注:譯皆作“真如”,然本但一如字。有差别此謂理,無差别此謂道。死生成敗皆道也,雖得之猶無所得,齊物之論,由此作矣。《莊子·齊物論》曰:“夫吹萬不同,而使其自己也,咸其自取,怒者其誰邪?”又云“如求得其情與不得,無益損乎其真”,故曰“得之猶無所得”。韓非雖《解老》,然佗篇娖娖以臨政爲齊,《史記·張丞相傳》:“娖娖廉謹。”《集解》引小顔云:“娖娖,特整之貌。”“齊”讀爲“大齊”之“齊”。齊,猶限也。反於政必黜,故有《六反》之訓、《五蠹》之詬。韓非有《六反》《五蠹》二篇。夫曰“斬敵者受賞,而高慈惠之行。拔城者受爵禄,而信廉愛之説。堅甲厲兵以備難,而

美薦紳之飾。《史記·五帝本紀》:"薦紳先生難言之。"《集解》引徐廣云:"薦紳,即縉紳也。"**富國以農,距敵恃卒,而貴文學之士。廢敬上畏法之民,而養游俠私劍之屬。**《史記·游俠傳集解》引荀悦曰:"立氣齊,作威福,結私交以立彊於世者,謂之游俠。"**舉行如此,治彊不可得也";**原注:《五蠹》。**然不悟政之所行,與俗之所貴,道固相乏。**宣十五年《左傳》:"反正爲乏。"**所賞者當在彼,所貴者當在此。今無慈惠廉愛,則民爲虎狼也。無文學,則士爲牛馬也。有虎狼之民、牛馬之士,國雖治、政雖理,其民不人。世之有人也,固先於國。且建國以爲人乎?將人者爲國之虚名役也?**《太炎别録·國家論》:"國家初設,本以禦外爲期,是故古文國字作或,從戈守一。生民初載,願望不過是耳。軍容國容,漸有分别,則政事因緣而起。若夫法律治民,不如無爲之化。上有司契,則其勢亦互相牽連,不可中止。緜無外患,又安用國家爲?"又《四惑論》:"人者,委蜕遺形,倏然裸胸而出,要爲生氣所流,機械所制,非爲他生。而造物無物,亦不得有其命令者。吾爲他人盡力,利澤及彼,而不求圭撮之報酬,此自本吾隱愛之念以成,非有他律爲之規定。吾與他人戮力,利澤相當,使人皆有餘,而我亦不憂乏匱,此自社會趨勢迫脅以成,非先有自然法律爲之規定。"此言建國本以爲人,而人自獨生,非爲他生,不當爲國之虚名役也。**韓非有見於國,無見於人;有見於羣,無見於孑。**《荀子·天論篇》:"慎子有見於後,無見於先;老子有見於詘,無見於信。”政之弊以衆暴寡,誅巖穴之士。法之弊以愚割智;“無書簡之文,以法爲教;無先王之語,以吏爲師。”原注:《五蠹》。今是“有形之類,大必起於小;行久之物,族必起於少。”原注:《喻老》。韓非之所知也。衆所不類,其終足以立烝民;《列子・仲尼篇》:“立我蒸民,莫匪爾極。”蓬艾之間,有陶鑄堯舜者。《莊子・齊物論》:“夫三子者猶存乎蓬艾之間。”又:《逍遥遊》:“是其塵垢粃糠,將猶陶鑄堯舜者也。”故衆暴寡非也。其有回遹亂常,《詩・小旻篇》:“謀猶回遹。”《傳》云:“回,邪。遹,辟也。”與衆不適者,法令所不能治,治之益甚;民以情僞相攻,即自敗。《易・繫辭》上:“聖人設卦以盡情僞。”故《老子》曰:“常有司殺者殺。夫代司殺者殺,是謂代大匠斲。”七十四章。王《注》云:“爲逆,順者之所惡忿也;不仁者,人之所疾也。故曰:‘常有司殺’也。”韓非雖賢猶不悟。且韓非言大體,固曰:“不引繩之外,不推繩之内。王先慎云:“《用人篇》‘隨繩而斲’是也。”不急法之外,不緩法之内矣。”原注:《大體》。明行法不足具得姦邪?貞廉之行可賤邪?“不逆天理,不傷情性。”原注:《大體》。人之求智慧辯察者情性也,文學之業可絶邪?“榮辱之責,在於己不在於人。”原注:《大體》。匹夫之行可抑邪?莊周明老聃意,而和之以齊物。推萬類之異情,以爲無正味、

正色,以其相伐,使並行而不害。《莊子·齊物論》:"民食芻豢,麋鹿食薦,蝍蛆甘帶,鴟鴉耆鼠,四者孰知正味?猿猵狙以爲雌,麋與鹿交,鰌與魚游。毛嫱、麗姬人之所美也,魚見之深入,鳥見之高飛,麋鹿見之决驟:四者孰知天下之正色哉?"郭《注》云:"利於彼者,或害於此,而天下之彼我無窮,則是非之竟無常。故唯莫之辯而任其自是,然後蕩然俱得。"《禮記·中庸篇》:"道並行而不相害。"**其道在分異政俗,無令干位。故曰"得其環中,以應無窮"者,**《莊子·齊物論》:"樞始得其環中,以應無窮。"郭《注》云:"是非反覆,相尋無窮,故謂之環。環中空矣,今以是非爲環,而得其中者,無是無非也。無是無非,故能應夫是非。是非無窮,故應亦無窮。"**各適其欲以流解說,**《史記·樂書》:"非此和說不通,解澤不流。"**各修其行以爲工宰,**《荀子·正名篇》:"心也者,道之工宰也。"陳奂云:"工,官也。官宰,猶言主宰。"**各致其心以效微妙而已矣。政之所具,不過經令;法之所禁,不過姦害。能説諸心,能研諸慮,以成天下之亹亹者,非政之所與也。**《易·繫辭》下:"能説諸心,能研諸侯之慮,定天下之吉凶,成天下之亹亹者。"《正義》云:"研,精也。亹亹,勉也。"按:"侯之"字衍文,王弼《易略例》無"侯之"字。**采藥以爲食,鑿山以爲宫,身無室家農圃之役,升斗之税不上於王府,**《國語·周語》"關石和鈞,王府則有。"**雖不臣天子,不耦羣衆,**《韓非·外儲説右篇》:"不臣天子,不友諸侯。"**非法之所禁,版法格令,**《管子·

版法解》:"版法者,法天地之位,象四時之行,以治天下。"《禮記·緇衣篇》:"言有物而行有格。"《注》云:"格,舊法也。"**不得剟一字也。**《説文》:"剟,刊也。"《商子·定分篇》:"有敢剟定法令,損益一字以上,罪死不赦。"**操奇説者能非之,**《管子·七法篇》:"一體之治者去奇説。"尹知章《注》云:"奇説,謂譎誑之言。"**不以非之剟其法,不以尊法罪其非。君臣上下六親之際,雅俗所守,**《史記·孟子荀卿列傳》:"然要其歸,必止乎仁義節儉,君臣上下六親之施。"《毛詩敍》曰:"雅者,正也。"《釋名》曰:"俗,欲也,俗人之所欲也。"按:書傳多以雅俗對舉,《荀子》言"雅儒"、"俗儒",史公言"隨俗雅化",王充言"俗父雅子。"蓋正者謂之雅,凡者謂之俗。雅俗所守,猶言賢者與平民所共守爾。**治眇論者所駁也。**《史記·貨殖傳》:"雖户説以眇論,終不能化。"《索隱》云:"眇,音妙。"**守之者不爲變,駁之者無所刑。國有羣職,**《周禮·天官》:"各有所職。"《疏》云:"職,謂主也。"**王公以出治,師以式民,儒以通古今、會文理,**《周禮·大宰》:"儒以道得民。"鄭《注》云:"儒,諸侯保氏,有六蓺以教民者。"《荀子·王制篇》:"綦文理。"綦,即會也。**百工以審曲面埶,**《周禮·考工記》:"國有六職,百工與居一焉。或坐而論道,或作而行之,或審曲面埶,以飭五材。"鄭《注》云:"百工,司空官之屬。審曲面埶,審察五材曲直方面形埶之宜以治之,及陰陽之面背是也。"**立均出度。**《國語·周語》:"律所以立均出度也。"韋《解》云:"均者,均鐘木,長七尺,有弦繫之以均鐘者，度鐘大小清濁也。”**其權異，其尊不異。地有九州，賦不齊上下，**見《尚書·禹貢》。**音不齊清濁，用不齊器械，居不齊宮室，**《禮記·王制篇》：“凡居民材必因天地、寒煖、燥溼、廣谷、大川異制，民生其間者異俗，剛柔、輕重、遲速異齊，五味異和，器械異制，衣服異宜。”**其樞同，**《莊子·齊物論》：“謂之道樞。”《釋文》：“樞，要也。”**其取予不同，皆無使相干也。夫是之謂大清明，**《荀子·解蔽篇》：“虚壹而静，謂之大清明。”楊《注》云：“言無有壅蔽者。”**夫是之謂天下之至柔馳騁天下之至堅。**《老子》四十三章。**法家者，削小老氏以爲省，能令其國稱婔，**《後漢書·中山簡王焉傳》：“今五國官騎百人稱婔前行。”章懷《注》云：“稱婔，猶齊整也。”**而不能與之爲人。黨得莊生緒言，**《漢書·伍被傳》：“黨可以徼幸。”師古曰：“黨，讀曰儻。”《莊子·漁父篇》：“曩者，先生有緒言而去。”俞樾云：“緒言者，餘言也。”**以自飭省，**《史記·秦始皇本紀》：“飾省宣義。”《正義》云：“飾，謂文飾也。”按：《禮記·樂記》“合情飭貌者。”《釋文》：“‘飭’本作‘飾’。”是“飭”、“飾”古字通。**賞罰不厭一，好惡不厭歧。一者以爲羣衆，歧者以優匹士。因道全法，則君子樂而大姦止。**《韓非子·大體篇》：“古之牧天下者，不使匠石極巧以敗太山之體，不使賁育盡威以傷萬民之性。因道全法，君子樂而大姦止。”**其後獨王弼能推莊生意，爲《易略例》，**《隋書·經籍志》有晉王弼《易略例》一卷。今附在相臺本《周易》中。**明一以彖曰：**《易略例·明彖篇》："彖者，何也？統論一卦之體，明其所由之主者也。"又云："六爻相錯，可舉一以明也。"又《略例》下云："凡彖者，通論一卦之體者也。一卦之體，必由一爻爲主，則指明一爻之美，以統一卦之義，☲☰《大有》之類是也。卦體不由乎一爻，則全以二體之義明之，☳☲《豐卦》之類是也。"**"自統而尋之，物雖衆，則知可以執一御也。**隱元年《公羊傳》："大一統也。"《解詁》云："統者，始也。"《孟子·盡心》上："猶執一也。"趙《注》云："猶執一介之人。"唐《邢璹·易略例注》："爲之一者道也，君也（按：《莊子·人間世篇注》云：'千人聚不以一人爲主，不亂則散。故多賢不可以多君，無賢不可以無君，此天人之道，必至之宜'）。統而推尋：萬物雖殊，一之以神道；百姓雖殊，一之以君主也。"**由本以觀之，義雖博，則知可以一名舉也。故處旋機以觀大運，則天地之動未足怪也；**《書·堯典》："璿璣玉衡。"馬融云："璿，美玉也。璣，渾天儀，可轉旋，故曰璣。""璿璣"《漢書·律曆志》作"旋機"。**據會要以觀方來，則六合輻湊未足多也。**《莊子·齊物論》："六合以外。"成《疏》云："六合者，謂天地四方也。""輻湊"已見中篇。**故舉卦之名，義有主矣；觀其彖辭，則思過半矣。**邢云："彖摠卦義，義主中爻。簡易者，道也，君也。道能化物，君能御民。智者觀之，思過其半。"**夫古今雖殊，軍國異容，中之爲用，故未可遠也。**邢云："古今革變，軍國殊别，中正之用，終無疏遠。"

品制萬變，宗主存焉。”原注：《明象》。**明歧以爻曰**：《易略例·明爻變通篇》：“爻者何也，言乎變者也。”又云：“卦以存時，爻以宗變。”**“情僞之動，非數之所求也。故合散屈伸，與體相乖。**邢云：“物之爲體，或性同行乖，情貌相違，同歸殊塗，一致百慮。故《萃卦》六二：‘引吉，旡咎。’《萃》之爲體，貴相從就。六二志在静退，不欲相就。人之多辟，己獨取正，其體雖合，志則不同，故曰‘合散’。《乾》之初九：‘潛龍勿用。’初九身雖潛屈，情無憂悶，其志則伸，故曰‘屈伸’。”**形躁好静，質柔愛剛，體與情反，質與願違。**邢云：“風虎雲龍，嘯吟相感。物之體性，形願相從。此則情體乖違，質願相反。故《歸妹》九四：‘歸妹愆期，遲歸有時。’四體是震，是形躁也。愆期待時，是好静也。《履卦》六三‘武人爲于大君’，志剛也。《兑》體是陰，是質柔也。志懷剛武，爲于大君，是愛剛也。”**巧歷不能定其算數，**《莊子·齊物論》：“巧歷不能得。”郭《注》云：“雖有善數，莫之能紀也。”**聖明不能爲之典要，**《禮記·樂記》：“作者之謂聖，述者之謂明。”《易·繫辭》下：“不可爲典要。”《注》云：“不可立定準也。”**法制所不能齊，度量所不能均也。召雲者龍，命吕者律。**邢云：“雲，水氣也。龍，水畜也。召水氣者水畜，此明有識感無識。命陰吕者陽律，此明無識感有識。”**二女相違，而剛柔合體。**邢云：“二女俱是陰類而相違，剛柔雖異而合體，此明異類相應。”**隆坻永歎，遠壑必盈。**邢云：“隆，高也。坻，水中坻也。永，長也。處高坻而長歎，遠壑之中，盈響而應。

九五尊高，喻於隆墀，六二卑下，同於遠壑，唱和相應也。”**投戈散地，則六親不能相保**；邢云：“投，置也。散，逃也。置兵戈於逃散之地，雖是至親不能相保守也。《遯卦》九四：‘好遯，君子吉。’處身於外，難在於内，處外則超然遠遯。初六至親，不能相保守也。”**同舟而濟，則胡、越何患乎異心？**邢云：“逃在一舟，而俱濟彼岸，胡、越雖殊，其心皆同。若《漸卦》三四異體和好，物莫能間。順而相保，似若同在一舟。上下殊體，猶若胡、越。利用禦寇，何患乎異心？”**故苟識其情，不憂乖遠；苟明其趣，不煩强武。”**原注：《明爻通變》。**推而極之，大象準諸此**，《老子》三十五章：“執大象，天下往。”王弼云：“大象，天象之母也。不寒不溫不涼，故能包統萬物，無所犯傷。”**寧獨人事之云云哉！**《漢書·汲黯傳》：“吾欲云云。”師古曰：“猶言如此如此也。”**道若無歧，宇宙至今如摶炭，大地至今如孰乳已！**摶，與團通。孰，與熟同。韋爾斯《世界史綱》曰：“最古之石，當成於未有海以前。其時地球太熱，今所謂海者，當時當爲空氣混雜之水蒸氣。氣之上部，全是陰雲。熱雨時降，然未到地面，輒復蒸化。在蒸騰界之下，地漸凝結成巖。此最初之石，必爲炎熱流質之上層所凝結，如今之火山石。然其形似殼似皮，旋凝旋化，循歷多次，爾乃固結，所謂原生片麻巖者。蓋地球於此幼熱時代漸漸過去之期間，經多年而結成者也。”

國故論衡疏證下之四

原名

《七略》記名家者流，出於禮官。古者名位不同，禮亦異數。語見《漢書・藝文志》。《隋書・經籍志》有《七略》七卷，漢劉歆撰。其書已佚，《漢志》蓋全本《七略》。孫卿爲《正名篇》，道"後王之成名：楊倞《注》云："後之王者，有素定成就之名，謂舊名可法效者也。"刑名從商，爵名從周，文名從《禮》。楊云："商之刑法未聞。《康誥》曰'殷罰有倫'，是亦言殷刑之允當也。爵名從周，謂五等諸侯及三百六十官也。文名謂節文威儀。《禮》即周之《儀禮》。"郝懿行曰："楊説是也。古無《儀禮》之名，直謂之《禮》，或謂之《禮經》。"散名之加於萬物者，則從諸夏之成俗曲期。"楊云："成俗，舊俗方言也。期，會也。曲期，謂委曲期會物之名者也。"以上《荀子・正名篇》文。楊説"曲期"未諦，"曲"讀"鄉曲"之"曲"，"期"讀"期命"之"期"，"曲期"亦方言也。即禮官所守者，名之一端，所謂爵名也。莊周曰："《春秋》以道名分。"原注：《天下篇》。蓋頗有刑、爵、文，其散名猶不辯。五石、六鷁之盡其辭，已榷略矣。僖十六年《公羊傳》云:"春王正月戊申朔,霣石于宋五。是月六鷁退飛過宋都。曷爲先言霣而後言石?霣石記聞,聞其磌然,視之則石,察之則五。曷爲先言六而後言鷁?六鷁退飛,記見也。視之則六,察之則鷁,徐而察之則退飛。"《穀梁傳》云:"先隕而後石,何也?隕而後石也。於宋四境之内曰宋。後數,散辭也,耳治也。六鶂退飛過宋都,先數,聚辭也,目治也。子曰:'君子之於物,無所苟而已。石、鶂且猶盡其辭,而況於人乎!'"**且古之名家,考伐閲,程爵位,**《漢書·車千秋傳》:"又無伐閲功勞。"周壽昌云:"伐閲,即閥閲,猶門第也。門在左曰閥,門在右曰閲。"《史記·功臣年表》:"人臣功有五品。明其等曰閥,積日曰閲。"《漢書·敍傳注》:"程,正也。"《禮記·王制注》:"爵,秩次也。"《周禮·大宰注》:"位,爵次也。"**至於尹文,作爲華山之冠,表上下平,**原注:《莊子·天下篇》及《注》。〇按:《尹文子》一篇在《漢志·名家》。《莊子·天下篇》:"宋鈃、尹文作爲華山之冠以自表。"《注》云:"華山上下均平。"**而惠施之學去尊。**原注:《吕氏春秋·愛類篇》:"匡章謂惠子曰:'公之學去尊,今又王齊王,何其倒也。'"〇按:《漢志·名家》有《惠子》一篇。**此猶老、莊之爲道,與伊尹、大公相塞。**語見《原道》上篇。**誠守若言,則名號替,徽識絶,朝儀不作,緜蕝不布,**《周禮·大司馬》:"中夏教茇舍,辨號名之用。"《注》云:"號名者,徽識所以相別也。鄉遂之屬謂之名,家之屬謂之號。"《左傳》昭二十一年杜《解》:"徽,識也。"《釋文》云:"'徽',《說文》作

‘徵’。”《史記·叔孫通傳》:“臣願徵魯諸生與臣弟子共起朝儀。”又云:“遂與所徵三十人西,及上左右爲學者與其弟子百餘人爲緜蕞野外。”《索隱》引韋昭云:“引繩爲緜,立表爲蕞。”“蕞”與“蕝”同。**民所以察書契者,獨有萬物之散名而已。**《易·繫辭》下:“上古結繩而治,後世聖人易之以書契,百官以治,萬民以察,蓋取諸《夬》。”韓《注》云:“夬,決也。書契所以决斷萬事也。”**曲學以徇世,欲王齊王以壽黔首之命,免民之死,**《吕氏春秋·愛類篇》:“惠子曰:‘今可以王齊王而壽黔首之命,免民之死,何爲不爲?’”**是施自方其命,豈不悖哉?**《書·堯典篇》:“方命圮族。”孔《疏》云:“鄭、王以‘方’爲‘放’,謂放棄教命。”**自吕氏患刑**原注:當作“形”。**名異充,聲實異謂,既以若術别賢不肖矣。**原注:《吕氏春秋·正名篇》。○按:彼文云:“名正則治,名喪則亂。使名喪者淫説也,説淫則可不可而然不然,是不是而非不非。故君子之説也,足以言賢者之實、不肖者之充而已矣,足以喻治之所悖、亂之所由起而已矣,足以知物之情、人之所獲以生而已矣。凡亂者,刑名不當也。人主雖不肖,猶若用賢,猶若聽善,猶若爲可者,其患在乎所謂賢從不肖也。所爲善而從邪辟,所謂可從悖逆也,是刑名異充而聲實異謂也。夫賢不肖、善邪辟、可悖逆,國不亂、身不危奚待也。”高《注》云:“充亦實也。”王鳴盛《十七史商榷》:“《老莊申韓列傳》:‘申不害學本於黄老而主刑名。韓非喜刑名法術之學。’‘刑’非‘刑罰’之‘刑’,‘刑’與‘形’同,古字通用,猶言名實。《禮記·王制篇》云:'刑者,侀也。侀者,成也,一成而不可變。'《墨子·經上篇》云:'力刑之所以奮也,生刑與知處也。'皆以'刑'爲'形'。"**其次鏐劭次《人物志》,姚信述《士緯》,魏文帝著《士操》,盧毓論九州人士,**原注:皆見《隋書·經籍志·名家》。○按:《隋志·名家》:《士操》一卷,魏文帝撰。《人物志》三卷,劉邵撰。《注》云:"梁有《士緯新書》十卷,姚信撰。《九州人士論》一卷,魏司空盧毓撰,亡。"**皆本文王官人之術,**《大戴禮》有《文王官人篇》。孔廣森《補注》:"《逸周書》曰:'成王訪周公以民事,周公陳六徵以觀察之,作《官人》。'此記題爲《文王官人》,與彼不合。"按:六徵,謂觀誠、考言、視聲、觀色、觀隱、揆德。**又幾反於爵名。**原注:按:《魏志·鄧艾傳注》引荀綽《冀州記》曰:"爰俞清貞貴素,辯於論議,采公孫龍之辭,以談微理。"是魏晉間自有散名之學,而世不傳。蓋所趣在品題人物,不嗜正名辯物之術也。**然自州建中正,而世謂之姦府,**《晉書·劉毅傳》:"雖職名中正,實爲姦府;事名九品,而有八損。"**浸以見薄。刑名有鄧析,**《鄧析》二篇,在《漢志·名家》。《左傳》定公九年:"鄭殺鄧析而用其《竹刑》。"**傳之李悝,以作《具律》。**李悝著《法經》六篇,見《晉書·刑法志》。《具律》爲《法經》之第六篇,即唐之《名例律》也。見《唐律疏義》。**杜預又革爲《晉名例》,**《晉書·刑法志》:"文帝令賈充定法律,與鄭仲、荀覬、荀勗、羊祜、王業、杜友、杜預、裴楷、周權、郭頎、成公綏、柳軌、榮劭等十四人典其事,就漢九章增十一篇,仍其族類,正其體號，改舊律爲《刑名法例》。”又：《杜預傳》：“預與賈充等定律令。既成，預爲之注解，乃奏之於上。”**其言曰：“法者，蓋繩墨之斷例，**《史記·老莊申韓列傳》：“韓子引繩墨，切事情。”**非窮理盡性之書也。**《易·説卦》：“窮理盡性，以至於命。”《正義》云：“窮極萬物深妙之理，究盡生靈所禀之性。”**故文約而例直，聽直而禁簡。例直易見，禁簡難犯。易見則人知所避，難犯則幾於刑厝。**《漢書·刑法志》：“三代之盛，至於刑錯”。《注》云：“刑錯，謂置而弗用也。”**厝刑之本，在於簡直，故必審名分。**《尹文子·大道篇》：“名定則物不競，分明則私不行。物不競非無心，由名定故無所厝其心。私不行非無欲，由分明故無所措其欲。然則心物人人有之，而得同於無心無欲者，制之有道也。”**審名分者，必忍小理。古之刑書，銘之鐘鼎，鑄之金石，所以遠塞異端，使無淫巧。**《論語·爲政篇》：“攻乎異端，斯害也已。”《吕覽·季春紀》：“無或作爲淫巧，以蕩上心。”高《注》云：“淫巧非常詭怪。”**今所注皆網羅法意，**《漢書·司馬遷傳》：“網羅天下放失舊聞。”**格之以名分，使用之者執名例以審趣舍。伸繩墨之直，去析薪之理。”**原注：《晉書·杜預傳》。○按：以上杜預奏文。析薪，謂其破析定法，或如析薪者之越理横斷，故去之也。**其條六百二十，其字二萬七千六百五十七，**見《晉書·刑法志》。**而可以左右百姓，下民稱便。**《書·臯陶謨》：

"予欲左右有民。"馬融《注》:"我欲左右助我民"。《隋書·刑法志》:"晉氏平吴,九州寧一,乃命賈充大明刑憲,内以平章百姓,外以和協萬邦。實曰輕平,稱爲簡易。"**惟其審刑名,**原注:按:累代法律惟《晉律》爲平恕,今竟亡佚,亦民之無禄也。○按:《太炎文録·五朝法律索隱》:"商法既亡,刑名則從晉。"又云:"五朝之法,信美者有數端:一曰重生命,二曰恤無告,三曰平吏民,四曰抑富人。重生命之法有二事:一、父母殺子者同凡論。一、走馬城市殺人者,不得以過失殺人論。恤無告之法有一事:諸子姓復仇者勿論。平吏民之法有二事:一、部民殺長吏者同凡論。一、官吏犯杖刑者論如律。抑富人之法有二事:一、商賈皆殊其服。一、常人有罪不得贖。"又云:"今魏晉南朝之律雖已殘缺,舉其封略,則有損上益下之美。抽其條目,則有抑强輔微之心。後有作者,因而爲之節文,參以今制,復略采他方諸律,温故知新,亦可以弗畔矣夫。"**盡而不汙,**《左傳·成十四年》:"盡而不汙。"杜《解》云:"謂直言其事,盡其事實,無所汙曲。"**過爵名遠矣。然皆名之一隅,不爲綱紀。**《論語·述而篇》:"舉一隅不以三隅反。"《詩·棫樸篇》:"勉勉我王,綱紀四方。"《箋》云:"以罔罟喻爲政,張之爲綱,理之爲紀。"**《老子》曰:"名可名,非常名。"**《老子》一章。王《注》云:"可名之名,指事造形,非其常也。"**名者,莊周以爲化聲,**《莊子·齊物論》:"化聲之相待,若其不相待。"郭《注》云:"是非之辯爲化聲。夫化聲之相待,俱不足以相正,故若不相待也。"**荀卿亦云"名無固**

宜”，見《正名篇》，楊《注》云：“名無固宜，言名本無定也。”故無常也；然約定俗成則不易。《荀子·正名篇》：“名無固宜，約之以命。約定俗成謂之宜，異於約則謂之不宜。”可以期命萬物者，惟散名爲要，其他乃與法制推移。自惠施、公孫龍名家之傑，務在求勝，其言不能無放紛，《公孫龍子》十四篇，《漢志》在《名家》。今存六篇。《莊子·天下篇》：“惠施多方，其書五車，其道舛駁，其言也不中。”又云：“桓團、公孫龍辯者之徒，飾人之心，易人之意，能勝人之口，不能服人之心，辯者之囿也。惠施日以其知與人之辯，特與天下之辯者爲怪，以反人爲實，而欲以勝人爲名，是以與衆不適也。”《左傳·昭十六年》：“獄之放紛。”《注》云：“放，縱也。紛，亂也。”尹文尤短。察之儒墨，墨有《經》上下，儒有孫卿《正名》，皆不爲造次辯論，《論語·里仁篇》：“造次必於是。”《集解》引馬融云：“造次，急遽也。”務窮其柢。《爾雅·釋言》：“柢，本也。”魯勝有言，取辯乎一物，而原極天下之汙隆，《禮記·檀弓篇》：“道隆則從而隆，道汙則從而汙。”鄭《注》云：“汙，猶殺也。”名之至也。魯勝《墨辯注序》，見《論式篇》。墨翟、孫卿近之矣。以上略言名之類别。

凡領録散名者，《莊子·漁父篇》《釋文》引司馬云：“録，領録也”。《後漢書·和帝紀》章懷《注》云：“録，謂總領之也。”論名之所以成，與其所以存長者，與其所以爲

辯者也。此言名家之學,其職在論名之所以成就與名之所以存在,名之所以滋長與其所以爲辯説之道也。名有二類:人心之動,顯之則爲言詞,隱之則爲意識。二者皆謂之名。《成唯識論》卷八云:"名言有二:一、表義名言,即能詮義,音聲差别。二、顯境名言,即能了境,心心所法。隨二名言,所熏成種,作有爲法,各别因緣,此説明矣。"屠孝實《名學綱要》説名學之界義曰:"科學中有專研究思維之體用,推其變化,考其符驗,以明爲學之塗術,示以禁防之常例者,是爲名學。英語謂之邏輯。在心之意,出口之詞,皆以此名。故名學者,研究正當思維者也。詳言之,即名學者,爲求誠之故,研究思維之形式及法則,兼以示爲學之塗徑者也。"**名之成,始於受,中於想,終於思。**天親菩薩《大乘百法明門論》:"心所有法,遍行有五,謂作意、觸、受、想、思。"按:受即感覺,想即知覺,思即考察也。**領納之謂受,受非愛憎不箸。取像之謂想,想非呼召不徵。造作之謂思,思非動變不形。**原注:本《成唯識論》所説。○按:《成唯識論》三:"受謂領納順違俱非境相爲性,起愛爲業,能起合離非二欲故。想謂於境取像爲性,施設種種名言爲業,謂要安立境分齊相,方能隨起種種名言。思謂令心造作爲性,於善品等役心爲業,謂能取境正因等相,驅役自心,令造善等。"**名言者,自取像生,故孫卿曰:"緣天官。凡同類同情者,其天官之意物也同,故比方之疑似而通,是所以共其約名以相期也。"**原注:以上《正名篇》文。○按:楊《注》云"天官,耳、目、口、鼻、心、體也。謂之官，言各有所司主也。緣天官，言天官謂之同則同，謂之異則異也。同類同情，謂若天下之馬，雖白黑、大小不同，天官意想其同類，所以共其省約之名，以相期會而命之名也。”王念孫云：“約非省約之謂。‘約名’猶言‘名約’，上文云‘是謹於守名約之功也’，楊彼《注》云：‘約，要約。’是也。”**此謂想隨於受，名役於想矣。又曰：“心有徵知。徵知則緣耳而知聲可也，緣目而知形可也。然而徵知必將待天官之當簿其類然後可也。”**原注：《正名篇》文。〇按：楊《注》云：“徵，召也。言心能召萬物而知之。緣，因也。以心能召萬物，故可以因耳而知聲，因目而知形，爲之立名。心雖有知，不因耳目亦不可也。天官，耳目也。當，主也。簿，簿書也。當簿，謂如各主當其簿書，不雜亂也。類，謂可聞之物耳之類，可見之物目之類。言心雖能召所知，必將任使耳目，令各主宰其類然後可也。言心亦不能自主之也。”俞樾云：“楊《注》曰：‘天官，耳目也。’疑此文及《注》並有奪誤。上文云‘然則何緣而以同異？曰：緣天官。’《注》云：‘天官，耳、目、鼻、口、心、體也’。是天官本兼此六者而言，此何以獨言耳目乎？疑‘天官’乃‘五官’之誤。上云‘心有徵知’，此當云‘然而徵知必將待五官之當簿其類’，《注》當云‘五官，耳、目、鼻、口、體也。’所以不數心者，徵知即心也。下文云‘五官簿之而不知，心徵之而無説’，即承此文而言。”**接於五官曰受，受者謂之當簿。傳於心曰想，想者謂之徵知。一接焉一傳焉曰緣。凡緣有四。**原

注:識以所對之境爲所緣緣,五識與意識迭相扶助,互稱爲增上緣。凡境像、名言、義理,方在意識,而能引續不斷,是有意根。故前識於後識爲等無間緣,一切心物之因名曰阿賴耶識,爲因緣。○按:《瑜珈師地論》卷三云:"一、因緣,二、等無間緣,三、所緣緣,四、增上緣。因緣者,謂種子。等無間緣者,謂若此識無間諸識決定生,此是彼等無間緣。所緣緣者,謂諸心心所所緣境界。增上緣者,謂除種子餘所依,如眼及助伴法,望眼識所餘識亦爾。又:善不善性、能取愛非愛、果如是等類,名增上緣。又:由種子故,建立因緣。由自性故,立等無間緣。由所緣境故,立所緣緣。由所依及助伴等故,立增上緣。如經言,諸因諸緣能生識者,彼即此四。因緣一種,亦因亦緣;餘唯是緣。"《成唯識論》七:"因緣,謂有爲法親辦自果。等無間緣,謂八現識,及彼心所,前聚於後,自類無間,等而開導,令彼定生。所緣緣,謂若有法,是帶己相,心或相應,所慮所託。增上緣,謂若有法,有勝勢用,能於餘法,或順或違。"**增上緣者,謂之緣耳知聲,緣目知形,此名之所以成也。**以上説名之所以成竟。**名雖成,藏於胸中,久而不渝,**《詩·羔裘篇》:"舍命不渝。"《傳》云:"渝,變也。"**浮屠謂之法。**原注:色、聲、香、味、觸,皆感受者也。感受之境已逝,其相猶在謂之法。○按:《後漢書·襄楷傳》:"又聞宫中立黄老浮屠之祠"。章懷《注》云:"浮屠,即佛陀,但聲轉耳。並謂佛也。"又:《楚王英傳注》云:"袁宏《漢紀》:'浮屠,佛也,西域天竺國有佛道焉。佛者,漢言覺也,將以覺悟

羣生也。其教以修善慈心爲主。’”《大乘百法明門論》曰：“一切法者略有五種：一者心法，二者心所有法，三者色法，四者心不相應行法，五者無爲法。色、聲、香、味、觸，則色法所攝也。”《墨經》曰：“知而不以五路，説在久。”《説》曰：智者“若瘧病之之於瘧也。原注：上“之”字訓“者”。〇按：《墨經》“瘧”本作“瘧”，畢沅《注》云：“‘瘧’即‘瘧’省。”智以目見，而目以火見，而火不見，惟以五路知。原注：句。久，原注：讀。不當以目見。原注：句。若以火。”原注：《經》下及《經説》下。此謂瘧不自知，病瘧者知之。火不自見，用火者見之。是受想之始也。受想不能無五路，及其形謝，識籠其象，而思能造作，將無待於天官，天官之用，亦若火矣。梁啓超《墨經校釋》：“五路者，五官也。官而名以路者，謂感覺所經由之路，若佛典以眼、耳、鼻、舌、身爲五入矣。人之得知識，多恃五路。例如見火，目爲能見，火爲所見，火與目離，火不能獨成見也。此之謂‘惟以五路知’。雖然，亦有不以五路知者，例如久是。吾人之得有時間觀念，全不恃五官之感受，與以目見火不相當。時間觀念，純由時間相續而得來，吾人因時間而知有時間，若以火見火也。”按梁説“五路”亦通。其説久不當以目見，若以火，則不如章説之諦。五路者，若浮屠所謂九緣：一曰空緣、二曰明緣、三曰根緣、四曰境緣、五曰作意緣、六曰分别依、七曰染淨依、八曰根本依、九曰種子依。《成唯識論》七：“緣謂作意、根、境等緣。”窺基《述記》云：“眼識依肉眼具九緣生，謂空、明、根、境、作意、根本第八、染淨第七、分别俱六，能生種子，九依而生。”按：空緣，即根境相離，中間無礙，空隙之空也。明緣，即日月燈等照燭之明也。根緣，即發識之根也。境緣，即諸識所緣之境也。作意緣，即遍行中之作意也。分别依，即第六識也。染淨依，即第七識也。根本依，即第八識也。種子依，即是諸識各有自類親種子也。此中九緣於四緣中三緣所攝，種子即因緣也，境緣即所緣緣也，餘七緣即增上緣也。八識：謂一、眼識，二、耳識，三、鼻識，四、舌識，五、身識，六、意識，七、末那識，八、阿賴耶識。前六從依得名，第七相應立號，第八功能受稱。**自作意而下，諸夏之學者不亟辯，汎號曰智。目之見必有空、明、根、境與智。耳不資明，鼻、舌、身不資空，**《述記》云：“耳識依八除明，鼻、舌等三依七復除空，以至境方取故。”《廣雅·釋詁》四：“資，用也。”**獨目爲具五路。既見物已，雖越百旬，其像在，於是取之，謂之獨影。**獨影境有二種：一、有質獨影。即第六緣五塵落謝影子，以托彼外質變起影相，故名有質。所變相分亦與能緣見分同種生，故名真獨影。亦名似帶質。二、無質獨影。即第六識緣空花兔角及過未等所變相分，其相分唯第六同種生，以本無空華等質，故名無質。唯從識變，故名無質獨影。**獨影者，知聲不緣耳，知形不緣目，故曰不當。不當者，不直也，是故賴名。曩令所受者逝，其想亦逝，即無所仰於名矣。**《廣雅·釋詁》三：“仰，恃也。”**此名之所以存也。**以上説名之所以存竟。**泰始之名，有私名足也。思以綜之，名益多。故《墨經》曰："名：達、類、私。"**原注：《經》上。○按：説見《原儒篇》。**孫卿曰："萬物雖衆，有時而欲徧舉之，故謂之物。物也者，大共名也。有時而欲徧舉之，故謂之鳥獸。鳥獸也者，大别名也。"**原注：《正名》。○按：俞樾云："此徧字乃偏字之誤。上云'徧舉之'，乃普徧之義，故曰'大共名'也。此云'偏舉之'乃一偏之義，故曰'大别名'也：'偏'與'徧'形似，因而致誤。"嚴復譯穆勸《名學》部甲："凡名必有所名之物，顧物物不必皆有專名。物之貴者與别之而後事便者，乃有專名。此於人，約翰、路嘉、毛嬙、西施是已；於地，如倫敦、柏林、泰山、黄河是已；於畜，宋鵲、韓盧、獅子花、玉鼻騂是已。其他雖言語所常道，固無取一一而專名之，而意有所屬，乃加以區别之字，如言此日、如言穀城山下黄石。雖分之其字爲他日他石所同用，而當爲言之頃，固專指一日、一石，而非餘日、餘石所得混也。由是而公名生焉。公名者，類同德無數物之名也。物有公名，非僅以濟言語之窮而已。夫語言固公名之一事，顧公名之用不止此。必公名立而後有通謂之詞，而後可以離合一德於無窮之同物，而民智乃以日充也。是故物有專名、有公名者，自有言語以來，其事已起而爲名物至大之分殊也。"**若則騏、騮、騧、驪爲私，馬爲類，畜爲達，獸爲别，物爲共也。有時而欲攝舉之，**《論語·八佾篇》："官事不攝。"《集解》引包咸云："攝，猶兼也。"**叢馬曰駟，叢人曰師，叢木曰林，叢**

繩曰網。浮屠以爲衆法聚集言論。原注:《瑜伽師地論》十六説,下同。○按:衆法聚集言論,今通謂之集合名詞,或謂之總名。《瑜伽師地論》十六:"衆法聚集言論者,謂於衆多和合,建立自性言論。如於内色、受、想、行、識,建立種種我等言論;於外色、香、味、觸等事,和合差别,建立宅、舍、瓶、衣、車、乘、軍、林、樹等種種言論。"**孫卿曰:"單足以喻則單,單不足以喻則兼。"**原注:《正名》。○按:楊《注》:"喻,曉也。"**人、馬、木、繩,單矣。師、駟、林、網,兼矣。有時而欲辨異舉之:以藥爲丸,其名異,自和合起;**原注:如雀卵、茹藘、烏賊合以爲丸,其藥各殊,其丸是一。**以瓶爲敗瓦,其名異,自碎壞起;以穀爲便利,其名異,自轉變起;以金帶鉤爲指環,俄以指環爲金帶鉤,其名異,自加功起。浮屠以爲非常言論。**《瑜伽師地論》十六:"非常言論者,由四種相應知:一由破壞故,二由不破壞故,三由加行故,四由轉變故。破壞故者,謂瓶等破已,瓶等言捨,瓦等言生。不破壞故者,謂種種物共和合已,或丸或散,種種雜物,差别言捨,丸散言生。加行故者,謂於金段等起諸加行,造環釧等異莊嚴具,金段等言捨,環釧等言生。轉變故者,謂飲食等,於轉變時,飲食等言捨,便穢等言生。如是等類,應知名爲非常言論。"**孫卿曰:"物有同狀而異所者,雖可合,謂之二實。**楊《注》云:"謂兩馬同狀,各在一處,名雖可合,同謂之馬,其實二也。"**有異狀而同所者,謂之化。有化而無别,謂之一實。"**原注:《正名》。○按:楊

《注》云:“謂若老少異狀,同是一身,蠶蛾之類亦是也。狀雖變而實不別爲異所,則謂之化。化者,改舊形之名,如田鼠化爲鴽之類。雖有化而無別異,故謂之一實,言其實一也。”**此名之所以長也。**以上説名之所以長竟。**諸同類同情者,謂之衆同分。其受想同,其思同,是以有辯。**《墨子·經》上:“辯,爭彼也。辯勝,當也。”《説》曰:“辯,或謂之牛,或謂之非牛,是爭彼也。是不俱當。不俱當,必或不當。不當,若犬。”**辯所依隱有三:**揚子《法言·淵騫篇》:“依隱玩世,詭時不逢。”按:此言“依隱”,隱亦依也。“隱”即“㥯”字。《説文》:“㥯,所依據也。”《孟子》:“隱几而卧。”《莊子》:“道惡乎隱而有真僞,言惡乎隱而有是非。”皆㥯字也。**《墨經》曰:“知:聞、説、親。名、實、合、爲。”《説》曰:“知,傳受之,聞也。方不㢓,**原注:即障字。**説也。身觀焉,親也。所以謂,名也。所謂,實也。名實偶,合也。志行,爲也。”**原注:《經》上及《經説》上。○按:張惠言《墨子·經説解》:“知有三,聞一、説二、親三,皆合名、實而成於爲。”孫詒讓云:“名、實、合、爲四者,言異而義相因。張并上爲一條,恐未塙。”按:章意亦以爲一經,謂智識所及,有此名、實、合、爲四者也。**親者,因明以爲現量。**窺基《因明論疏》:“梵云‘醯都費陀’。醯都言因,費陀云明。依此標名,合爲五釋。一云:明者,五明之通名;因者,一明之別稱。因體有二,所謂生、了,今明此因義,故曰因明。二云:因明者,一明之都名。因謂立論者言,建本宗之鴻緒;明謂敵證者智,照義言之嘉由。非言無以顯宗,含智義而標因稱;非智無以洞妙,苞言義而舉明名。三云:因者,言生因;明者,智了因。由言生故,未生之智得生;由智了故,未曉之義今曉。因與明異,俱是因名。四云:因謂智了。照解所宗,或即言生,淨成宗果。明謂明顯。因即是明。五云:因明者,能入所入論之通名。"《因明入正理論》:"現量無分别,若有正智於色等義,離名種等所有分别,現現别轉,故名現量。"**説者,因明以爲比量。**《因明入正理論》:"言比量者,謂藉衆相而觀於義。相有三種,如前已説。由彼爲因,於所比義,有正智生,了知有火。或無常論,是名比量。"**聞者,因明以爲聲量。**原注:案:傳受爲聞,故曰聲量。往古之事,則徵史傳;異域之狀,則察地志。皆非身所親歷,亦無術可以比知,其勢不能無待傳受。然印度諸宗,所甄獨在名理,故聲量唯取聖教,亦名聖教量。諸宗哲學,既非一軌,各持其聖教量以爲辯,則違立敵共許之律,故自陳那以後獨用現量、比量,而聖教量遂廢。若夫史傳地志,天下所公,則不得獨廢也。要之,聖教量者,特聲量之一耑。**赤白者,所謂顯色也。方圓者,所謂形色也。宫徵者,所謂聲也。薰殠者,所謂香也。甘苦者,所謂味也。堅、柔、燥、溼、輕、重者,所謂觸也。**《瑜伽師地論》卷一:"眼所緣者,謂色,有見有對。此復多種,略説有三,謂顯色、形色、表色。顯色者,謂青、黄、赤、白、光、影、明、闇、雲、烟、塵、霧及空一顯色。形色者,謂長、短、方、圓、麤、細、正、不正、高、下色。表色者,謂取、捨、屈、伸、行、住、坐、卧，如是等色。""耳所緣者，謂聲，無見有對。此復多種，如螺貝聲、大小鼓聲、舞聲、歌聲、諸音樂聲、俳戲叫聲、女聲、男聲、風林等聲、明了聲、不明了聲、有義聲、無義聲、下中上聲、江河等聲、鬥諍諠雜聲、受持演説聲、論義決擇聲，如是等類，有衆多聲"。"鼻所緣者，謂香，無見有對。此復多種，謂好香、惡香、平等香、鼻所鼰知根、莖、華、葉、果實之香，如是等類，有衆多香。""舌所緣者，謂味，無見有對。此復多種，謂苦、酢、辛、甘、鹹、淡、可意、不可意，若捨處所舌所嘗。""身所緣者，謂觸，無見有對。此復多種，謂地、水、火、風、輕性、重性、滑性、澀性、冷、飢、渴、飽、力、劣、緩、急、病、老、死、癢、悶、黏、疲、息、軟、怯、勇，如是等類，有衆多觸。"**遇而可知，歷而可識，雖聖狂弗能易也。**如：目能辨色，耳能辨聲等是也。**以爲名種，以身觀爲極。**以上説現量。名謂名言，種謂種子。《爾雅・釋詁》："極，至也。"《莊子・天下》："墨者以自苦爲極。"**阻於方域，蔽於昏冥，縣於今昔，非可以究省也，而以其所省者，善隱度其所未省者。**《廣雅・釋詁》一："隱，度也。"**是故身有五官，官簿之而不諦審，**《説文》："諦，審也。"**則檢之以率。從高山下望冢上，木䆗䆗若箸；**《説文》："䆗，望山谷䆗䆗青也。"**日中視日，財比三寸盂，旦暮乃如徑尺銅盤：**《列子・湯問篇》："日初出大如車蓋，及日中則如盤盂。"**校以句股重差，近得其真也。**《周禮・保氏注》："鄭司農云：'九數：方田、粟米、差分、少廣、商功、均輸、方程、贏不足、旁要。今有重差、夕桀、句股也。'"《九章算術》李籍《音義》云:"句短面,股長面,長短相推,以求其法,故曰句股。重,復也。差,不齊也。重差,句股名也。"又:劉徽《序》云:"凡望極高、測絶深而兼知其遠者,必用重差。句股則必以重差爲率,故曰重差也。"孔廣森曰:"重兩句股,取其影差,異乘同除,以知比例,若劉徽《海島算經》是也。"張文虎云:"重疊測望而知其差也。"官簿之而不徧,則齊之以例。"故審堂下之陰,而知日月之行,陰陽之變。見瓶水之冰,而知天下之寒,魚鼈之臧也。嘗一味肉,而知一鑊之味,一鼎之調"。以上九句,《吕覽·察今篇》文。高《注》云:"調,味也。"又:《淮南·説山注》云:"有足曰鼎,無足曰鑊。"官簿之而不具,則擬之以物。故見角帷牆之耑察其有牛,《吕覽·任數篇》云:"帷牆之外而目不能見。"飄風墮麴塵庭中《周禮·内司服》鄭《注》:"鞠衣,色如鞠塵。"《疏》云:"麴塵不爲麴字者,古通用。"知其里有釀酒者,其形雖隔,其性行不可隔,以方不障爲極。以上説比量。有言蒼頡、隸首者,我以此其有也,彼以此其無也。蒼頡、隸首之形不可見,又無端兆足以擬有無,雖發冢得其骴骨,《周禮·蜡氏》:"掌除骴。"《注》:"故書'骴'作'脊'。鄭司農云:'脊讀爲漬,死人骨也。'"人盡有骨,何遽爲蒼頡、隸首?親與説皆窮,徵之史官故記,以傳受之爲極。以上説聲量。今辯者所持,説爾,違親與聞,其辯亦不立。原注:違於親者,因明謂之現量相違。違於聞者,因明謂之世間相違。如言冰熱、火寒,此現量相違者也。如未至天山而言天山無有,此世間相違者也。此所以爲辯者也。以上説所以爲辯竟。

辯説之道,先見其恉,《廣雅・釋詁》三:“恉,意也。”次明其柢。取譬相成,物故可形,因明所謂宗、因、喻也。窺基《因明論疏》:“《瑜伽論》云:‘問:若一切法自相成就,各自安立己法性中,復何因緣建立二種所成立義耶?答:爲欲令他生信解故,非爲生成諸法性相。問:爲欲成就所成立義,何故先立宗耶?答:爲先顯示自所愛樂宗義故。問:何故次辯因邪?答:爲欲開顯依現見事,決定道理,令他攝受所立宗義故。問:何故次引喻耶?答:爲欲顯示能成道理之所依止現見事故。”印度之辨,初宗、次因、次喻。原注:兼喻體、喻依。〇按:所喻之義理曰喻體,其喻地之所依曰喻依。例如:瓶爲喻依,瓶上所作無常之義曰喻體。大秦之辯,《太炎别録・大秦譯音説》:“漢世稱羅馬爲大秦,至南北朝無改。魚豢、范曄皆云‘其人民長大平正,有類中國,故謂之大秦’,蓋非也。大秦至漢始通,若以其類中國人得名,當云‘大漢’,不云‘大秦’矣。”今按:大秦即剌丁,譯音小異耳。以種類稱其國,非謂狀似漢人也。初喻體、原注:近人譯爲大前提。次因、原注:近人譯爲小前提。次宗。按:宗,近人譯爲判斷或結語。其爲三支比量一矣。因明之三支,即大秦之三段論法,或曰連珠。《墨經》以因爲故,其立量次第，初因、次喻體、次宗，悉異印度、大秦。原注：如印度量：聲是無常，所作性故，凡所作者皆是無常，喻如瓶。如大秦量：凡所作者，皆是無常，聲是所作，故聲無常。如墨子量：聲是所作，凡所作者皆是無常，故聲無常。《經》曰："故，所得而後成也。"《説》曰："故：小故，有之不必然，無之必不然。體也，若有端。大故，有之必無然，原注：按："無"是羨文。若見之成見也。"一見之成，成於見之種種因緣，蓋即浮屠所謂九緣，墨子則謂之故也。夫分於兼之謂體，無序而最前之謂端。特舉爲體，分二爲節之謂見。原注：皆見《經》上及《經説》上。本云"見：體，盡。"《説》曰："見：時者，體也；二者，盡也。""時"讀爲"特"，"盡"讀爲"節"。《管子・弟子職》曰："堲之高下，乃承厭火"。以"堲"爲"燼"，與此以"盡"爲"節"同例。特舉之則爲一體，分二之則爲數節。今設爲量曰：聲是所作。原注：因。凡所作者皆無常，原注：喻體。故聲無常。原注：宗。初以因，因局，《爾雅・譯言》："局，分也。"《後漢書・袁紹傳》章懷《注》："局，部也。"故謂之小故。原注：猶今人譯爲小前提者。〇按：小故係就一事物爲説，如云"聲是所作"，專指聲言。聲僅所作者之一部，故云"因局"也。無序而最前，故擬之以耑。次以喻體。喻體通，故謂之大故。原注：猶今人譯爲大前提者。〇按：大故係就所有之事物爲説，如云"凡所作者皆無常"，指一切所作者而言，故云"喻體通"

也。**此凡所作，體也。彼聲所作，節也。故擬以“見之成見”。**原注：上見爲體，下見爲節。○按：如云“凡所作無常”，“聲所作無常”；“凡人必死”，“某人必死”等是也。**因不與宗相剴切，**《詩·雨無正》《正義》引《書傳注》云：“剴，切也。”**故曰“有之不必然”。**謂有然有不然也。如云“聲是無常所作性”，故此因與宗相剴切，蓋凡所作者皆無常也。如云“顔回短命，以好學故”，此因與宗不相剴切。蓋好學雖爲短命之因，但短命者不皆好學，好學者不必短命。故曰“有之不必然”也。**無因者宗必不立，故曰“無之必不然”。**如云“此山有火”，而無因以說明之，故其宗不能成立。**喻體次因，以相要束，**《漢書·高帝紀》上：“待諸侯至而定要束耳。”《注》云：“要亦約。”按：《史記》正作“約”。**其宗必成，故曰“有之必然”。**喻體爲已成立之理，所以檢因。如上云“顔回好學以短命”，故其喻體當云“凡好學者皆短命”。其說自不能成立，故直無喻體之可言也。若有喻體以相要束，喻體既爲已成立之理，則凡由喻體推校而得者，其宗亦必成。故曰“有之必然”。按：因明喻法有同喻、異喻二種。同喻即合作法，異喻即離作法。如云“聲是無常，所作性故”，同喻凡所作者皆是無常，喻如瓶；異喻凡非無常者皆非所作，喻如太空。蓋無常之中，有非所作者；而所作者，則無一非無常。非無常者必皆非所作，聲是所作，故知其必無常也。**驗墨子之爲量，固有喻體無喻依矣。何者？萬物無慮有同品，**《廣雅·釋訓》：“無慮，都凡也。”王念孫《疏證》云：“都凡，猶今人言大凡、諸凡也。”**而奇觚者或無同品**，《急就篇》曰：“急就奇觚與衆異。”《莊子·大宗師篇》：“與乎其觚而不堅也。”成玄英云：“觚，獨也。”**以無同品則無喻。《墨經》曰：“不可偏去而二，説在見與俱、一與二、廣與脩。”**原注：《經》下。“脩”舊誤“循”。〇按：孫詒讓《閒詁》云：“凡物有二斯有偏，有偏必可去其一；而體性相合者，則雖二而不可偏去，若下所云是也。”“見與俱”：“《説文·人部》云：‘俱，偕也。’《經》上云‘同，異而俱之於一也。’又：《經説》上釋‘俱’爲合同，並與此義合。言所見者爲一，所含而不見者又爲一，此皆名有二而不可偏去者也。即《説》堅白見不見之義。”“一與二”：“即《説》白一堅二，色性同體者也。”“廣與脩”：“‘脩’舊誤作‘循’。俞樾云：‘循乃脩字之誤，蓋以廣、脩相對爲文，隸書脩與循相似。’按：俞校是也，今據正。此言平方之冪，有廣有脩，二者異名而數度相函，則二而仍一也。”**諸有形者，廣必有脩，脩亦必有廣矣。云“線有長無廣”者，形學之亂。**原注：謂《幾何原本》。此語彌爾嘗駁之。〇按：禰爾即穆勒。嚴譯《穆勒名學》部乙：“形數諸學之所言，非真物也。智學家曰：‘幾何之所由推，推於界説。’必其所界者爲真物，而後其理從之。顧界説爲申詞，申詞無是非之可論。則由界説而有所推者，固必以世間爲有是物而後可。然幾何之所界者，世間必無是物也。世間之點必有度，而幾何之點則無度矣。世間之線必有闊陿，而幾何之線則無闊陿矣。且世何嘗有真直之線乎，而幾何有之。世間之員無輻均者，世間之方無隅正者，而幾何獨皆有之。將謂此非云其實效，特言其儲能者乎？則雖千世以往，莫有然者。”又云：“方吾之慮物也，志其一則可以忘其餘。故線可以無廣，面可以無厚。心之爲物，固能析一物以爲數觀，言長則置廣，言形則忘色，而非長之真無廣，形之果無色也。”**墨子知其不偏去，侻也。**“侻也”見《原經篇》。**固有有脩無廣者矣！騁而往，**《説文》：“騁，直馳也。”**不彭亨而及，**《詩·蕩》：“女炰烋于中國。”《傳》云：“炰烋，猶彭亨也。”《易·大有》干《注》：“彭亨驕滿皃。”按：彭亨即旁字之合聲，此言不旁及也，所謂無廣。**招搖無盡，**招摇，即迢遥也。**不以鍼鏠鳥翮之寬據方分，**方分，謂有上下、左右之方位可分者也。《成唯識論》卷一：“若有質礙，便有方分，應可分析，如軍林等。”**此之謂時。今欲成時之有脩無廣也，即無同品。雖然，若是者豈直無喻依，固無喻體。**原注：如云：“凡有直往無旁及者，必有脩無廣。時是直往無旁及者，故時有脩無廣。”然除時以外，更無有直往無旁及者。心量生滅，亦有旁延之境。乃至君統世系，不計旁及之處則可，不得謂無旁及。故初句喻體，即不可説。**喻依者，以檢喻體而制其款言。**《史記·太史公自序》：“實不中其聲者，謂之窾。窾言不聽，姦乃不生。”《索隱》云：“款，空也。《申子》曰：‘款言無成’是也。聲者，名也。以言實不稱名，則謂之空，空有聲也。”**因足以攝喻依，謂之同品定有性；負其喻依者，必無以因爲也，謂之異品徧無性。**原注：並取《因明論》説。○按：“同品定有性”者,言同品喻中,須是定有之性。如瓶等無常,名同品喻,定有所作性義也。“異品徧無性”者,言異品喻中,須是徧無之性。如虛空等非是無常,名異品喻,周徧推求,決無所作性義也。又如云:“時有脩無廣,有直往無旁及故。”然除時以外,更無有直往無旁及者,故時無同品。即不可云“凡有直往無旁及者,必有脩無廣”。若不設喻依,則何以知其有無同品,故不能檢喻體之可說不可說也。**大秦與墨子者,其量皆先喻體後宗。先喻體者,無所容喻依,斯其短於因明。立量者,常則也。有時不及用三支,若《墨經》之駁仁内義外曰**:孫詒讓云:“此見《孟子·告子篇》告子語,《管子·戒篇》亦云‘仁從中出,義由外作’。”**“仁,愛也。義,利也。愛、利,此也**;孫云:“言愛、利心在於己,明其同在内。”**所愛、所利,彼也**。孫云:“言所愛所利,惠在於人,明其俱在外。”**愛、利不相爲外、内**;張惠言云:“俱内。”**所愛、利亦不相爲外、内**。張云:“俱外。”**其爲‘仁、内也,義、外也’**,孫云:“爲,謂字通。”**舉愛與所利,是狂舉也**。孫云:“舉之當者爲正,不當者爲狂。”**若左目出,右目入。”**原注:《經説》下。〇按:仁、義俱有外、内,猶左、右目俱有出、入。愛、利之謂内,所愛、利之謂外。今舉仁之愛與義之所利,云“仁内義外”,是猶謂左目司出,右目司入。此各舉一偏,故知其不當也。**此以三支則不可説也。破人者,有違宗,有同彼,有勝彼**,原注:《大毗婆沙論》二十七所説。〇按:“同彼”又譯“等彼”。《大毗婆沙論二十七》:“佛契經中明破他説，有三路：一、勝彼破，二、等彼破，三、違宗破。勝彼破者，如長爪梵志白佛言：'我一切不忍。'佛告彼曰：'汝亦不忍此自見邪?'彼便自伏。等彼破者，如波吒梨外道白佛言：'喬答摩知幻不？若不知者，非一切智。若知者，應是幻惑。'佛告彼言：'俱荼邑有惡人名藍婆鑄荼，破戒行惡，汝知之不?'彼言：'我知'。佛告彼曰：'汝亦應是破戒惡人。'彼便自伏。違宗破者，如鄔波離長者白佛言：'身業罪大，非意業。'佛告彼曰：'彈宅迦林、羯凌伽林等，誰之所作？豈非仙人惡意所作?'彼答言：'爾。'佛言：'身業能作此邪?'彼言：'不能。'佛告彼曰：'汝今豈不違前所言?'彼便自伏。"亦無所用三支。何謂違宗？彼以物有如種極微也，原注：如種極微，今稱原子。而忌言人有菴摩羅識，菴摩羅識，九識中之第九識也。佛家相宗，以菴摩羅爲阿賴耶之淨分，别無九識。性宗則立九識，譯爲清淨識、無垢識、真如識，又名如來藏識。因言無相者無有。原注：此即近世唯物論説。無相謂色、聲、香、味、觸皆不可得，非徒無形、無色而已。詰之曰："如種極微有相不?"則解矣。《太炎别録·四惑論》："唯物者，自物而外，不得有他。勝論之言阿耨，伊壁鳩盧之言阿屯，黎布尼之言毛柰陀，漢語譯之皆爲原子。然彼實軼出經驗以外，以求本根于無方分者，即于物外許有他矣。"何謂同彼？彼以異域之政可法也，古之政不可法，因言時異俗異，胡可得而法？詰之曰："地異俗異，可得法不?"則解矣。何謂勝彼？彼以世多窕言也,《韓非·難》二:"語言辯聽之説,不度於義,謂之窕言。"孫詒讓云:"昭二十一年《左傳》:'小者不窕。'杜《注》云:'窕細不滿。'蓋窕本爲空虚不充滿之言,引申之凡虚假不實者,通謂之窕。窕言者,虚言不可信以爲實也。"謂言皆妄。詰之曰:"是言妄不?"則解矣。《墨經》曰:"以言爲盡悖。悖,説在其原注:舊誤倒。言。"原注:《經》下。按:此與上云"言皆妄"者同。此謂勝彼破也。

爲説者曰:《荀子·正論篇》:"世俗之爲説者曰。""三支不足以原物。"故曰:"漆淖、水淖,畢沅云:"'水'下舊無'淖'字,今按文義補。"合兩淖則爲蹇,《廣雅·釋詁》一:"淖,溼也"。高誘云:"蹇,彊也。"言水漆相得,則彊而堅也。濕之則爲乾。高曰:"乾燥也。"金柔、錫柔,合兩柔則爲剛,燔之則爲淖。高云:"火熾金流,故爲淖也。"或濕而乾,或燔而淖,類固不必可推知也。"高云:"漆得溼而乾燥,金遇燔而流淖,皆非其類,故云'不必可推知'也。"以上九句《吕氏春秋·别類篇》文。凡以説者,不若以親。原注:按近世主經驗之論理學家多主此説。自智者觀之,親亦有絀。行旅草次之間,隱四年《春秋》杜《解》云:"遇者,草次之期。"孔《疏》云:"草次,猶造次。造次、倉卒,皆迫促不暇之意。"得被髮魌頭而魃服者,《説文》:"䫏,醜也。今逐疫有䫏頭。"《周官·方相氏》鄭《注》云:"冒熊皮者,以驚敺疫癘之鬼,如今魌頭也。"《説文》:"魃,鬼服也。《韓詩傳》曰:'鄭交甫逢二女魅服。'"**此親也。信目之諦，疑目之眩，將在説矣。**《荀子·解蔽篇》："凡人之有鬼也，必以其感忽之間、疑玄之時正之。"**眩人召圜案，**《漢書·西域傳》："以大鳥卵及犂靬眩人獻於漢。"《文選·七命》："圜案星亂，方丈華錯。"《注》云："《鹽鐵論》曰：'垂拱持案食者，不知蹠耒躬耕者之勤也。'"**圜案自垣一方來。**《史記·扁鵲傳》："視見垣一方人。"《索隱》云："方，猶邊也。"**即種瓜瓠，蔭未移，**《淮南·主術訓》："日陰未移。"**其實子母鉤帶。**阮籍《詠懷詩》："昔聞東陵瓜，近在青門外。連畛距阡陌，子母相鉤帶。"**千人見之，且剖食之。親以目、以口則信，説以心意則不信。遠視黄山氣皆青，俛察海波其白皆爲蒼，易位視之而變。**《隋書·天文志》曰："漢祕書郎郗萌記先師相傳云：'天了無質。仰而瞻之，高遠無極，眼瞀精絶，故蒼蒼然也。譬之旁望遠道之黄山而皆青；俯察千仞之深谷而窈黑。夫青非真色，而黑非有體也。'"**今之親者，非昔之親者。**《莊子·齊物論》："今之隱机者，非昔之隱机者也。"**《墨經》曰："法同則觀其同，法異則觀其宜。"**原注：《經》上。**親有同異，將以説觀其宜，是使親詘于説也。原物之質，聞不若説，説不若親。今有聞火浣布者，**《後漢書·西南夷傳》："又其賨幏、火毳、馴禽、封獸之賦，軨積於内府。"《注》云："火毳即火浣布也。《神異經》曰：'南方有火山，火中有鼠，重百斤，毛長二尺餘，細如絲。恒居火中，時時出外而色白，以水逐沃之即死。績其毛，織以作布，用之若汙，以火燒之即清潔也。'《傅子》曰：'長老説漢桓時，梁冀作火浣布單衣，會賓客，行酒公卿朝臣前，佯爭酒失杯而汙之。冀僞怒，解衣而燒之，布得火爗然而熾，如燒凡布。垢盡火滅，粲然潔白，如水澣也。'"目所未覩，體所未御，以説又無類，因謂無火浣布，則人莫不然，謂之蔽錮。《列子·湯問篇》："火浣之布，浣之必投於火，布則火色，垢則布色，出火而振之，皓然疑乎雪。皇子以爲無此物，傳之者妄。蕭叔曰：'皇子果於自信，果於誣理哉？'"《魏志·齊王芳紀》："西域重譯獻火浣布，詔大將軍太尉臨試以示百寮。"裴《注》引《搜神記》曰："漢世西域舊獻此布，中間久絶。至魏初，時人疑其無有。文帝以爲火性酷烈，無含生之氣，著之《典論》，明其不然之事，絶智者之聽。及明帝立，詔三公曰：'先帝昔著《典論》，不朽之格言，其刊石於廟門之外及太學，與《石經》並，以永示來世。'至是西域使至而獻火浣布焉。於是刊滅此論，而天下笑之。"《墨經》曰："知其所以不知，原注："以"字當爲衍文。説在以名取。"原注：《經》下。此乃使親、説交詘於聞也。凡原物者，以聞、説、親相參伍。《易·繫辭》上："參伍以變。"《正義》云："參，三也。伍，五也。或三或五，以相參合，以相改變。略舉三五，諸數皆然也。"段玉裁《説文注》云："凡言參伍者，皆謂錯綜以求之。"參伍不失，故辯説之術奏。未其參伍，未，猶非也。《列子·仲尼篇》曰"此未其妙者"，言此非其妙者也。固無所用辯説。

且辯説者，假以明物，誠督以律令則敗。夫主期驗者任親，亟親之而言成典，《漢書·刑法志注》云："亟，屢也。"《爾雅·釋詁》："典，常也。"持以爲槼。槼者曰："盡，莫不然也。必，不己也。"原注：《墨經》上。而世未有盡驗其然者，則必之説廢。今言火盡熱，非能徧拊天下之火也。拊一方之火，而因言凡火盡熱，此爲踰其所親之域。雖以術得熱之成火，所得火猶不徧。以是言凡火盡熱，誖。《墨經》通之曰："無窮不害兼，説在盈否知。不知其數而知其盡也，説在明者。"原注：《經》下。〇按：孫據《經説》云"盡問人則盡愛其所問"，謂"明"疑當作"問"。《經説》下云："有窮則可盡，無窮則不可盡。有窮、無窮未可知，則可盡、不可盡未可知。人之盈否未可知，而必人之可盡、不可盡未可知，而必人之不可盡愛也，悖(孫云：'言持此論者不可也。蓋謂人不可盡愛，則有害于兼愛之説，故墨子非之。'按：以上文句從孫校，下同)。人若不盈無窮，則人有窮也。盡有窮無難。盈無窮，則無窮盡也。盡有窮無難('有'疑當作'無'。張云：'此釋《經》下，無窮不害兼，説在盈否知。')。不一一知其數，惡知愛民之盡之也。或者遺乎其問也，盡問人則盡愛其所問，若不知其數而知愛之盡之也，無難(孫云：'依張説，此釋《經》下，不知其數而知其盡也，説在明者。按：明疑即問之誤。')。"則此言盡然不可知，比量成而試之，信多合者，則比量不惑也。若是，言凡火盡熱者，以爲宗則不誖，以爲喻體猶誖。

原注:宗者,所以測未來,故雖言凡火盡熱無害。喻體者,據已往之成效言之。已往未嘗徧驗天下之火,則言凡火盡熱,爲踰其所驗之境。**言必有明日者,以昨往有今,以彖昨往盡有今,擬儀之也。**"擬儀",見《論式篇》。**物固有斷,則昨或不斷而今或斷,言必有明日者,是猶言人必有子姓。**《儀禮·特牲饋食禮》:"子姓兄弟如主人之服。"鄭《注》云:"言子姓者,子之所生。"《廣雅·釋親》:"姓,子也。"**以説不比,以親即無徵,**《禮記·中庸篇》:"上焉者雖善無徵,無徵不信,不信民弗從。"《太炎别録·四惑論》:"若嚴密言之,明日有無,必非今日所能逆計。所以者何?未至明日,而言明日之有,即無證驗。雖昨日之視今亦爲明日,所更明日已多,而今日非昨日,即無比例。"**是故主期驗者,越其期驗。《墨經》説推類之難曰:"此然是必然,則俱爲麋。"**原注:"麋"讀爲"靡"。《經》下及《經説》下。**此莊周之所以操齊物夫!**《莊子·齊物論》:"謂吹萬不同而使其自已。"又曰:"無物不然,無物不可。"蓋辯説之術,聞、説、親皆有時而詘。然則,天地萬物之情固不可得而必知,所謂是非之理、因果之律,亦適爲小成榮華之效。此莊周之所以操齊物也。

國故論衡疏證下之五

明見

九流皆言道。道者，一切學術、事理之總名，故九流皆言之。《韓非子·解老篇》云："道者，萬物之所然也，萬理之所稽也。"韓康伯《周易注》云："無不通也，無不由也，况之曰道。"本書《原道篇》云："有差别此謂理，無差别此謂道。"是道爲學術、事理之總名。**道者，彼也；能道者，此也。**所成之道，彼也；能成其道之道，此也。彼，猶言諸家所成之學術；此，猶言諸家所持之見解。**白蘿門書謂之陀爾奢那，**白蘿門即婆蘿門之異譯，印度之僧侶也。説見《原學》。**此則言見，自宋始言道學，**原注：理學、心學，皆分别之名。〇按：道學之名，當起於南宋之世。元修《宋史》，始立《道學傳》。毛奇齡作《道學辨》，謂道學乃道家之學，宋道士陳摶與种放、李溉輩張大其學，而周、邵、二程師之，周、程諸子又倡《道學總傳》於《宋史》中，使道學變作儒學。方東樹《漢學商兑》駁之曰："林栗劾朱子，稱朱爲道學。葉適上疏爭之曰'小人殘害忠良，率有指目，近創爲道學之名'云云，則道學之名，非雒、閩諸賢所自號亦明矣。至於元修《宋史》，非周、程諸子所及逆知，謂周、程諸子倡《道學總傳》於《宋史》

中，非事實也。”**今又通言哲學矣。**哲學之名，本於希臘，音譯爲斐羅索斐（艾儒略《西學凡》作斐録所費亞），義譯爲愛好知識。其初本爲好知之汎語，其後乃爲學術之專名。**道學者，局於一家。**道本通名，自宋人言之則别名也，故曰“局於一家”。《宋史·道學傳》以周、程、張、邵、朱、張爲主，程、朱門人亦以類從。餘如吕祖謙、蔡元定、陸九齡、九淵等，則皆列之儒林，意在專崇程、朱一派。斯實局促之見，其後門户爭執，益多拘制，道學之名，豈能并包衆術？故今不用之也。**哲學者，名不雅故，搢紳先生難言之。**哲學一語，原於東譯，故曰“名不雅故”。《漢書·敍傳》曰：“函雅故，通古今，正文字，惟學林。”《史記·五帝本紀贊》曰：“其文不雅馴，薦紳先生難言之。”**孫卿曰：“慎子有見於後，無見於先。老子有見於詘，無見於信。墨子有見於齊，無見於畸。宋子有見於少，無見於多。”**原注：《天論》。○按：楊倞《注》云：“慎到本黄老之術，明不尚賢不使能之道，故莊子論慎到曰：‘塊不失道。’以其無爭先之意，故曰‘見後不見先’也。老子著《五千言》，其意多以詘爲信，以柔勝剛，故曰‘見詘而不見信’也。墨子著書有《尚同》、《兼愛》，是‘見齊而不見畸’也。宋鈃以人之情爲欲寡，而皆以己之情爲欲多爲過也，據此説，則是‘見少而不見多’也。”**故予之名曰見者，是葱嶺以南之典言也。**葱嶺以南，謂中國與印度也。《漢書·西域傳》師古《注》引《西河舊事》云：“葱嶺，其山高大，上悉生葱，故以名焉。”徐松《西域傳補注》云：“今伊犂西南境善塔斯嶺，即葱嶺之一山，山上悉生野葱也。”**見無符驗，知一而不通類，謂之蔽。**原注：釋氏所謂倒見、見取。○按：倒見，謂顛倒之妄見也。見取，謂於薩迦耶見、邊執見等，隨執其一，以爲最勝，一切鬥諍所依爲業者也。**誠有所見，無所凝滯，謂之智。**原注：釋氏所謂正見、見諦。○按：正見謂離邪倒之正觀也。見諦，謂初地以上之聖者證悟真理也。**自縱横、陰陽以外，**九流之中，縱横家失之詐諼，陰陽家營於禨祥，故不數之。**始徵藏史，至齊稷下，晚及韓子，莫不思凑單微，**《韓非子·有度篇》云：“直凑單微，不敢相踰越。”**斟酌飽滿。**《史記·樂書》曰：“萬民咸蕩滌邪穢，斟酌飽滿，以飾厥性。”**天道恢恢，所見固殊焉。**《老子》曰：“天網恢恢，疏而不失。”《史記·滑稽列傳》曰：“天道恢恢，豈不大哉！”**旨遠而辭文，**《易·繫辭》下曰：“其旨遠，其辭文。”《正義》曰：“其旨遠者，近道此事，遠明彼事，是其旨意深遠。若龍戰於野，近言龍戰，乃遠明陰陽鬥爭、聖人變革，是其旨遠也。其辭文者，不直言所論之事，乃以義理明之，是其辭文飾也。若‘黄裳，元吉’，不直言得中居職，乃云‘黄裳’，是其辭文也。”**言有倫而思循紀，**《詩·小雅·正月》曰：“維號斯言，有倫有脊。”《傳》曰：“倫，道。脊，理也。”《春秋繁露·深察名號篇》曰：“此孟子之言循三綱五紀，通八端之理。”**皆本其因，不以武斷。今之所準，以浮屠爲天樞，**劉勰《文心雕龍》云：“動極神源，其般若之絶境乎。”（見《論説篇》）章君亦言談理則佛是而孔非（《文録·與人論樸學報書》），故此衡論九流以佛理爲天樞也。天樞者，《春秋運斗樞》云："北斗七星，第一天樞。"**往往可比合。然自雒、閩諸師，比物儒書，傅之大乘，**比物者，推校辨察之謂也。《小雅·六月篇》曰："比物四驪。"《漢書·賈誼傳》曰："比物此志也。"宋世佛學大行，士大夫樂與僧接，言心言性，陵虛高行，非釋氏之説，則無以爲也。故其學爲之一變。雒、閩諸師，與釋氏交關蹤迹，日本忽滑谷快天有《禪學思想史》、謝无量著《朱子學派》，論宋代儒學與釋氏之關係，亦具言之。**卒其所擬儀者，如可知、如不可知，如可象、如不可象。**《吕氏春秋·察微篇》曰："且治亂存亡則不然，如可知、如不可知，如可見、如不可見。"**世又愈衰，文儒皆巧詆之曰："是固不可以合。"**近世學者，如顧炎武、黄宗羲、顏元、戴震諸人，皆有詆宋儒墮禪學，雜老、釋之語也。**夫終日之言，必知聖之法；百發之中，必有羿、逢蒙之巧。**《淮南子·説林篇》曰："終日之言，必有聖之事；百發之中，必有羿、逢蒙之巧。"**自馬鳴、無著皆人也，**《三國佛教略史》云："世尊滅後六百年之始，馬鳴菩薩造《起信論》，復興大乘，是大乘中興之祖也。菩薩爲付法藏第十一祖，其著書雖多，今所存者《起信論》、《大宗地玄文》及《大莊嚴論》等數部而已。自此大乘漸盛，小乘稍衰。"又曰："世尊滅後九百年，無著菩薩踵龍樹菩薩而出，於阿輸陀國誦出彌勒菩薩《瑜伽論》、《莊嚴論》等五部大乘論，且述作《攝大乘》、《顯揚》、《金剛般若》諸論，大乘益振。"**而九流亦人也。以人言道，何故不可**

合，荀卿言同類同情，其天官之意物同。宋儒亦謂東海、西海，心同理同。故以人言道，本無必不可合之故。**有盈蝕而已矣。**盈蝕，猶言圓滿、不圓滿。**夫其儳者，**《管子·參患篇》："甲不堅密與儳者同實，將徒人與儳者同實。"尹《注》云："儳，單也。"**印度諸文學，始有地、水、火、風諸師，希臘放焉。**梁漱溟《印度哲學概論》云："古代思想粗淺，每就目前一物舉爲衆象本原。如希臘哲學始祖闥利史說水爲本體之類。在印度則有地、水、火、風諸外道。地論者，《大日經住心品》：三十種外道：地等變化外道，以一切衆生萬物皆依地得生，因計地爲萬有之真因，供養地者當解脱。水論者，《住心品》亦攝在地等變化中。此類外道，計水能生萬物，宜應供養。又：《外道小乘涅槃論》第十七：'服水論師説水是萬物根本，水能生有命無命一切物。水能生物，水能壞物，水是常名涅槃因。'此殆與闥利史之説大同矣。火論者，《住心品》亦攝在地等變化中。此宗計火能生萬物，火爲真實。風論者，《住心品》亦攝在地等變化中。《外道小乘涅槃論》中有風仙論師，其説曰：'風能生長萬物，能壞萬物，故風爲萬物之因。'"又云："希臘闥利史之説，與水論師同。赫拉克來圖説火爲萬物之因、斯多噶派訒那説太初生火，火生風，風生水，水生地，歸世界之本原於火，與火論師略同。安那克西梅納以空氣爲萬物之本，此與風論師略同。"**希臘自闥利史明萬物皆成於水。中夏初著書者即管子，《管子》亦云："水者，萬物之本原，諸生之宗室。集於天地，臧於萬物，產於**

金石，集於諸生，故曰水神。"原注：《水地》。〇按尹《注》云："集於天地，謂雨從天降，而亦有河漢。臧於萬物，動植之物皆含液也。産於金石，揀金於水，山石之穴或有溜泉焉。集於諸生，諸含生類皆得水而長之，莫不有水焉。不知其所以，故謂之神也。"夫其簡者，莫不曰：道不可卷握視聽，不可有，不可言也。《老子》、《文子》、《列子》、《韓非子》、《淮南子》其論道體，略皆同此。浮屠雖至精，其言何擇？《孟子·離婁篇》："則與禽獸奚擇哉？"趙《注》云："與禽獸何擇異也。"《吕氏春秋·簡選篇》高《注》云："擇，别也。"又《離謂篇注》云："擇，猶異也。"僾且簡者即有同，博約淖微之論《荀子·宥坐篇》："淖約微達似察。"楊《注》云："'淖'當爲'綽'。"寧一切異邪？要舉封界，言心莫眇於孫卿，言因莫遠於莊周，言物莫微於惠施。原注：《列子》所言亦往往有合，然其書疑漢末人依附劉向《敍録》爲之，故今不舉。

孫卿曰："人生而有知，知而有志。志也者，臧也。然而有所謂虚。不以已臧害所將受，謂之虚。心生而有知，知而有異。異也者，同時兼知之。同時兼知之，兩也。然而有所謂一，不以夫一害此一，謂之壹。心卧則夢，偷則自行，使之則謀，故心未嘗不動也。然而有所謂静，不以夢劇亂知謂之静。"原注：《解蔽》。臧者，瑜伽師所謂阿羅耶識，原注：此從真諦譯。真諦又譯阿梨耶，玄奘則譯阿賴耶，今審其音，以阿羅耶爲正。本作 ālaya，玄奘譯義爲藏識，校其名相，亦可言處，亦可言臧，當此土區宇之義。如山中希鬘羅邪（hima-laya），希鬘爲雪，阿羅邪爲處，合之爲希鬘羅邪。譯言雪處，亦得譯爲雪臧。又凡人所居室並以阿羅邪名。〇按：《唯識述記》卷七云："言瑜伽者，名爲相應。此有五義，故不别翻。一、與境相應，二、與行相應，三、與理相應，四、與果相應，五、赴機相應。此言瑜伽，法相應稱，取與理相應。多説惟以禪定爲相應。瑜伽之師，即依士釋；師有瑜伽，名瑜伽師，即有財釋。"（依士、有財，六離合釋之二也，詳《大乘法苑義林總料簡章》）。《注》云阿羅耶"從真諦譯"者，真諦譯《唯識論》作阿羅耶也。云"譯阿梨耶"者，《起信論》也。玄奘所譯經論則作阿賴耶。

謂其能臧，所臧，執臧。《唯識三十論頌》曰："初阿賴耶識，異熟一切種。不可知執受，處了常與觸，作意、受、想、思，相應唯捨受。是無覆無記，觸等亦如是。恒轉如瀑流，阿羅漢位捨。"又：《成唯識論》卷一云："初能變識，大小乘教名阿賴耶。此識具有能藏、所藏、執藏義故，謂與雜染互爲緣故，有情執爲自内我故。此即顯示初能變識所有自相，攝持因果爲自相故。此識自相分位雖多，藏識過重，是故偏説。"**持諸種，故爲能臧矣。受諸熏，故爲所藏矣。任諸根，故爲執臧矣。**阿羅耶識，所謂一切種也。持前七識諸法之種，受前七識諸法之薰，任前七識諸法之根，故有此三義。**若圜府然，鑄子母之錢以逮民，民入税，復以其錢效之圜府。圜府握百貨輕重，使無得越，故謂之臧。**臧即寶藏、庫臧之臧，故喻之圜府之法。云"圜府"者，《漢書·食貨志》曰："太公爲周立九府圜法，退又行之於齊。至管仲相桓公，通輕重之權。民有餘則輕之，故人君斂之以輕；民不足則重之，故人君散之以重。凡輕重斂散之以時則準平。"云"子母之錢"者，《周語》云："民患輕則爲作重幣以行之，於是乎有母權子而行，若不堪重，則多作輕而行之，於是乎有子權母而行。"**能臧、所臧，書之所謂志也。**原注：志，即記志之志。**而臧識者無覆，**原注：《成唯識論》。○按：《成唯識論》卷三云："法有四種：謂善、不善、有覆無記、無覆無記。阿賴耶何法攝耶？此識唯是無覆無記，異熟性故。異熟若是善染汙者，流轉還滅，應不得成。又：此識是善染依故，若善染者，互相違故，應不與二俱作所依。又：此識是所熏性故，若善染者，如極香臭，應不受熏，無熏習故。染淨因果俱不成立故。此唯是無覆無記。覆謂染法障聖道故，又能蔽心令不淨故。此識非染故，名無覆。記謂善惡有愛非愛果，及殊勝自體可記別故。此非善惡故，名無記。"**無覆故不以己臧害所將受。異者，瑜伽師所謂異熟。異熟有三：孫卿之言，當異類而熟也。**《相宗綱要》云："問：所謂初能變者何識是耶？答：異熟識是也。問：異熟何義？答：有三義：謂變異而熟，異時而熟，異類而熟。具此三義，故名異熟。問：何謂變異而熟？答：種變異時果方熟故。問：何爲異時而熟？答：造因果熟，定異時故。問：異類而熟？答：因通善惡，果唯無記，因果性異，名異類熟。"**以臧識持諸種，引以生果，名異**

熟識，而六識名異熟生。《成唯識論》卷三云："異熟習氣，感第八識，酬引業力，恒相續故，立異熟名。感前六識，酬滿業者，從異熟起，名異熟生。"**異類而熟，官有五根，物有五塵，**《三藏法數》云："根，即能生之義，根能生識。五根謂眼、耳、鼻、舌、身。塵，即染污之義，謂能染污情識，而使真性不能顯發。五塵謂色、聲、香、味、觸。"**故知而有異。凡人之知，必有五徧行境，謂之觸、作意、受、想、思。**原注：解見《原名》。**五徧行者，與阿羅耶識相應。**《成唯識論》卷三云："此識與幾心所相應，常與觸、作意、受、想、思相應。阿賴耶識，無始時來，乃至未轉於一切位，恒與此五心所相應，以是徧行心所攝故。"**當其觸受，色、聲、香、味，觸可以同時兼知也。驗之燕游飲食者，持觴以手、歠之口、臭之鼻，外接技樂歌兒，物其儀容，**物者，辨其容色，寫其儀形之謂也。詳《文録》卷一《説物》。**聞其奏誦，**《周禮・樂師注》："鄭司農云：'勑爾瞽，率爾衆工，奏爾悲誦。"賈《疏》："奏爾悲誦等似逸《詩》。"**則耳、目兼役之。五者輻凑以至於前，五官同時當簿其物。**當簿，説見《原名篇》。**雖異受，大領録之者意識也。**《後漢書・和帝紀》："録尚書事。"章懷《注》云："録，謂總領之也。"**内即依於阿賴耶識，不忩期會，與之俱轉，故曰："不以夫一害此一。"**原注：《瑜伽師地論》五十一云："云何建立阿賴耶識與轉識等俱轉轉相？謂阿賴耶識，或於一時唯與一種轉識俱轉，所謂末那。何以故？由此末那，我見、慢等恒共相應思量、行相，若有心位，若無心位，常與阿賴耶識一時俱轉，緣阿賴耶識以爲境界。執我起慢、思量、行相或於一時與二俱轉，謂末那及意識。或於一時與三俱轉，謂五識身隨一轉時。或於一時與四俱轉，謂五識身隨二轉時。或時乃至與七俱轉，謂五識身和合轉時，如諸心所法。雖諸心所法，性無有差別，然相異故。於一身中一時俱轉，互不相違，如是阿賴耶識與俱轉識於一身中一時俱轉，當知更互，亦不相違。又如於一瀑流，有多波浪，一時而轉，互不相違。又如於一清淨鏡面，有多影像，一時而轉，互不相違。如是於一阿賴耶識有多轉識一時俱轉，當知更互，亦不相違。又如眼識，於一時間於一事境唯取一類無異色相，或於一時頓取非一種種色相。如眼識於衆色如是，耳識於衆聲、鼻識於衆香、舌識於衆味亦爾。又如身識，或於一時頓取非一種種觸相。如是分別意識於一時間或取一境相，或取非一種種境相，當知道理亦不相違。"按：五徧行境，要至想位，方有時期先後，同時不得容兩想矣。觸、作意同時得容種種諸覺。非特阿羅耶識爲然，即在意識亦爾。今世言心理學者，於此多不能解。不悟五徧行境，前三如面，意識與五識偕行，後二如綫，獨任意識。故前三有同時俱覺，後二無同時俱覺。今人既不知有阿羅耶識，又不知有五識，獨以意識擅識之名。無五識身而意識可以同時俱覺，宜其困於辭説矣。**莊周亦云："心無天游，則六鑿相攘。"**原注：《外物》。**游者，旌旗之流。流雖多，一屬於縿，謂之天游。**《説文》："游，旌旗之流也。""縿，旌旗之游所屬也。"（"所屬”二字依段補）**指縿以擬阿羅耶，指流以擬六識。無阿羅耶，則六根、六識相紛拏，斯執藏之説已。**六識依於六根，六根又依阿羅耶以爲大本，亦如衆流之依於一縿。流雖多，持之者縿也；識雖多，持之者阿羅耶也。故亦謂之執藏，亦曰阿陀那識。《成唯識論》卷三云：“以能執持諸法種子，及能執受色根依處，亦能執取結生相續，故説此識名阿陀那。”《齊物論釋》云：“今欲令心受水穀，胃布血脈，耳視目聽，頭行髮持，終不可得。以是推度，明必有真我在。”此即阿陀那識任持身根者也。**凡意之起，有定中獨頭意識者，有散位獨頭意識者，有夢中獨頭意識者，有明了意識者，有亂意識者。**原注：獨頭意識，謂不與五識俱轉。明了意識、亂意識，即與五識俱轉。按：《相宗綱要》云：“明了意識者，此又名五俱意識。五俱意識，助五識令起，亦令五識明了取境。定中意識、獨散意識、夢中意識，此三又名獨頭意識，以皆不與五識俱起故。”**夢中獨頭意識者，書之所謂夢也。**《大智度論》三十五云：“夢非五情所知，但内心憶想故生。”又六云：“夢有五種：若身中不調，若熱氣多，則多夢見火、見黄、見赤。若冷氣多，則多見水、見白。若風氣多，則多見飛、見黑。又復所聞見事多思惟念故，則夢見。或天與夢欲令知未來事故。是五種夢，皆無實事而妄見。”**散位獨頭意識，書之所謂謀與自行也。**散位者，别於定位言之。《相宗綱要》云：“散簡定心，獨簡五俱。定位意識，唯是現量。散位獨頭，通比、非量。”散位獨頭，必有分别，故非現量。所謂"通比、非量"者,如見烟知火則是比量,見繩謂蛇則是非量也。**心也者,出令而無所受令,故有自禁、自使、自奪、自取、自行、自止。**原注:《解蔽》。**當其自使,則有所慮畫會計,謂之謀。偷而不自使,又不自禁,如縱蝯之在林者,動躁不息,處則思佚蕩,手足蝡蝡無所制,謂之自行。**原注:按:此即近人所謂盲動、直動。按:心之爲物,念念生滅,終無止息,故曰心未嘗不動。於是分别計度以起,故有自禁、自使、自奪、自取。偷而不自使,又不自禁,彼亦任運而起,率爾而動,則謂之自行也。**然而阿羅耶識善了别。**原注:《成唯識論》。〇按:《成唯識論》卷二云:"此識行相,所緣云何?謂不可知執受處了。了,謂了别,即是行相,識以了别爲行相故。"又曰:"此中了者,謂異熟識,於自所緣,有了别用。此了别用,見分所攝。"**意識有以夢劇亂,是則無亂。**原注:按:荀子言心,兼阿羅耶、意識,此則其未析處。〇按:楊倞《注》云:"夢,想象也。劇,囂煩也。言處心有常,不蔽於想象囂煩,而介於胸中,以亂其知,斯爲静也。"**彼以阿羅耶識爲依,足以知道。馬鳴有言:"心真如相,示大乘體。心生滅相,示大乘自體、相、用。"此之謂也。**原注:《大乘起信論》。〇按:《論》云:"摩訶衍者(此云'大乘'),總説有二種:一者法,二者義。所言法者,謂衆生心。是心則攝一切世間、出世間法,依於此心,顯示摩訶衍義。何以故?是心真如相,即示摩訶衍體故;是心生滅因緣相,能示摩訶衍自體、相、用故。"又:賢首《義記》曰:"此心體、相無礙，染淨同依，隨流返流，唯轉此心。是故若隨染成於不覺，則攝世間法；不變之本覺及返流之始覺，攝出世間法。此猶約生滅門辨。若約真如門者，則鎔融含攝，染淨不殊，故通攝也。又問：真如是不起門，但示於體者；生滅是起動門，應唯示相、用？答：真如是不起門，不起不必由起立。由無有起故，所以唯示體。生滅是起動門，起必賴不起。起含不起故，起中具三大。"又德清《直解》曰："《經》云：'如來藏轉三十二相，入一切衆生身中。'是則迷如來藏而爲識藏，乃衆生心也。以此心乃不生不滅與生滅和合而成，名阿賴耶識。而此識體，原是真如，亦名本覺，本無生滅。今因無明動彼淨心，而有生滅，故爲業識。以此心本是真如，故攝出世四聖之法。以依業識，則有生死，故攝六凡之法。故云'是攝一切世間、出世間法'故。今依此心顯示大乘義者，以法界一心，具有體、相、用三大義故。今依此一心，開真如、生滅二門。若約真如門，則離一切相，名言雙絶，但顯其體，不識相、用，故云'即示摩訶衍體'。若約生滅門，則妄依真起，即顯相、用，故於生滅門中，具顯體、相、用三大之義，是故名大。依此真妄二法，有二轉依，是故名乘。故云'依衆生心，顯示大乘義'也。"按：心有真如、生滅二性。絶相則爲真如，隨緣則爲生滅。孫卿言"知而有志"，言"知而有異"，言"未嘗不動"，此即唯是隨緣。言"虚壹而靜"，此即可以絶相。惟其能虚、能壹、能靜，所以能復於如來藏之本也。**故曰："未得道而求道者，謂之虚、壹而靜。作之，則將須道者之虚，虚則入。將事道者之壹，壹則盡。將思道者之靜，靜**

則察。”原注:《解蔽》。舊有誤,從《讀書雜志》校。〇按:“則將須道者之虛”下,原作“則人將事道者之壹則盡盡將思道者靜則察”,王氏校之如此。云:“此承上文‘虛一而靜’言之,‘道者’即上所謂‘道人’也。言心有動作,則將須道者之虛,虛則能入。將事道者之壹,壹則能盡。將思道者之靜,靜則能察也。‘虛則入’者,入納也,猶言虛則能受也,故上文云‘不以所已藏害所將受謂之虛’也。‘壹則盡’者,言壹心於道,則道無不盡也。‘靜則察’者,言靜則事無不察也。今本‘入’誤作‘人’,其餘又有脱文、衍文耳。”作之者,彼意識也。意識有枝、有傾、有貳,《荀子·解蔽篇》云:“心枝則無知,傾則不精,貳則疑惑。”不恒虛、壹、靜。能虛、壹、靜,若則足以體道。原注:按:“道者”即“道”,猶之言道體耳。《雜志》以“道者”爲“道人”,非是。孫卿又曰:“心也者,道之工宰也。道也者,治之經理也。”原注:《正名》。〇按:楊《注》云:“工能成物,宰能主物,心之於道亦然也。”陳奐曰:“工宰者,工官也。官宰,猶言主宰。《解蔽篇》曰‘心者,形之君也,而神明之主也。出令而無所受令’是其義,舊《注》失之。”其能知八識者矣。生之所以然者謂之性。性之和所生,精合感應,不事而自然,謂之生。原注:此句“性”字、“生”字舊誤倒。性之好惡、喜怒、哀樂,謂之情。情然而心爲之擇,謂之慮。心慮而能爲之動,謂之僞。慮積焉,能習焉,謂之僞。原注:《正名》。心者,兼阿羅耶與意識。荀子所謂心,皆兼阿羅耶、意識言之，説見上文。**性者爲末那，末那有覆。**原注：《成唯識論》。〇按：《唯識三十論頌》曰："次第二能變，是識名末那，依彼轉緣彼，思量爲性相。四煩惱常俱，謂我癡我見，并我慢我愛，及餘觸等俱。有覆無記攝，隨所生所繫。阿羅漢滅定，出世道無有。"又：《成唯識論》卷五云："末那心所，何法所攝？有覆無記，所攝非餘。此意相應，四煩惱等，是染法故，障礙聖道，隱蔽自心，説名有覆。"又：《相宗綱要》云："覆有二義：一者覆障爲義，謂染法覆障聖道故。二者覆蔽爲義，謂染法能覆蔽心令不淨故。合此二義，方可名覆。"**執我以起慢，謂之惡之本。故曰："性惡而心非惡。"**《廣益百法明門論纂釋》曰："第七末那識，具足應云訖利瑟吒耶末那，此翻染污意。謂貪、嗔、見、慢四惑常俱，故名染污。恒審思量名之爲意。恒常審察思量，計第八爲我，知是思量唯第七有，餘識所無故，獨得名意。復能了别，名之爲識。問：第六名意識，今此識亦名意，何也？曰：第六識依根得名，此識當體立號。第六識雖能分别好惡，而由此識傳送相續執取。"依根者，根乃第七識也。當體，即分别之體也。**非惡故爲道工宰。**阿羅耶無覆無記，爲道之工宰。**生之所以然者謂之性，斷性則無生。**原注：即釋氏所謂斷四煩惱也。〇按：四根本煩惱，謂我癡、我見、我慢、我愛，見《成唯識論》卷四。又《論》卷五云："金剛喻定現在前時頓斷此種，成阿羅漢，故無學位永不復起。"**不然，則有禮義、法度化性而起僞者，**《荀子・性惡篇》曰："故聖人化性而起僞，僞起而生禮義，禮義生而制法度。然則禮義、法度者，是聖人之所生也。”**使我見伏，弗能使我見斷。**原注：按孫卿言，性指生之所以然者，故謂之惡。世人言性無善無惡者，即以心體爲性。由其所指之性有異，故立説有殊，其實非有異也。言性善者則反矣。〇按：人性善惡之説，詳下《辨性篇》。禮義、法度，但能使我見伏而不現，不能使之斷而永絶也。伏者，制伏現行之義。斷者，斷捨種子之義。**持世之言徼諸此，**徼，猶要也。**陳義則高，經事則庳。此亦孫卿之所短也。**孫卿原心，可謂窮極要眇，而意在持世，不務超越。局促于禮義、法度之間，雖已小成榮華，而不足以上契大道。今以浮屠爲天樞，故曰“陳義高，經事庳”也。

莊周説萬物之聚散，《史記·太史公自序》：“萬物之散聚，皆在《春秋》。”**始于黜帝，**謂無造物者。**中于緣生，**謂物皆待緣而生。**卒於斷時。**謂無時間。**黜帝者先徼諸物，故曰：“言之所盡，知之所止，極物而已。**郭《注》：“言表無所復有，故言知不過極物也。”**覩道之人，不隨其所廢，不原其所起，**郭《注》：“廢、起皆自爾，無所原隨也。”**此議之所止，**郭《注》：“極於自爾，故無所議。”**季真之莫爲，接子之或使。**郭《注》：“季真曰：‘道，莫爲也。’接子曰：‘道，或使。或使者，有使物之功也。’”成《疏》云：“季真、接子並齊之賢者，俱游稷下。莫，無也。使，爲也。季真以無爲爲道，接子謂道有爲使物之功。各執一家，未爲通論。”**在物一曲，夫胡爲於大方？”**原注：《則陽》。〇按：《葑漢微言》云:"或使則有作者,莫爲則純自然。而萬物之生,皆其自化;不覺故動,則非自然。莫爲之論,猶在一曲,況言或使耶?"**莫爲者,萬物皆自生。或使者,本諸造物。萬物,物也。造物者,非物邪?孰指尺之者,無指尺則無驗,是狂舉也。**物也者,人心之影像也。造物者,人心虚妄分别以成之者也。彼造物者,非物耶?非物則無可指斥,苟無指斥,何以驗其必有耶?昔康德謂神之有無,超越認識範圍之外,故不得執神爲有,亦不得撥神爲無。神,即所謂造物者也。章君爲《無神論》駁之曰:"物者,五官所感覺。我者,自内所證知。此其根柢牢固,固難驟破。而神者非由現量,亦非自證,直由比量而知。若物若我,皆俱生執,而神則爲分别執。既以分别而成,則亦可分别而破。"又曰:"凡現量、自證之所無,而比量又不可合於論理者,虚撰其名,是謂無質獨影,不可執之爲有,而不妨撥之爲無者也。"**造物者,物耶?且復有造之者,如是則無窮。**《十二門論》曰:"若自在作衆生者,誰復作是自在?若自在自作,則不然。如物不能自作,若更有作者,則不名自在。復次,若自在作萬物者,爲住何處而作萬物?是住處爲是自在作?爲是他作?若自在作者,爲住何處作?若住餘處作,餘處復誰作?如是則無窮。若他作者,則有二自在,是事不然。是故世間萬物非自在所作。"按:印度外道執自在天作萬物,猶此土言造物者也。此《論》所破至爲明晰。章氏《無神論》亦曰:"若萬物必有作者,則作者亦更有作者,推而極之,至於無窮。然則神造萬物，亦必被造於他，此因明所謂犯無窮過。以此斷之，則無神可知矣。"**故言："有帝者兩不立。"**持造物説者，謂造物者爲物與非物，二説皆不能立。**"鵠不日浴而白，烏不日黔而黑。"**《莊子·天運篇》文。郭《注》云："自然各已足。"**無因之論**，原注：按：印度無因論師亦言孔雀種種繢目，皆自然生。〇按：印度無因論師謂，我及世間皆無因生，見《瑜伽師地論》卷十。又：《首楞嚴經》卷十九有云："是人於生，既見其根，知人生人，悟鳥生鳥。烏從來黑，鵠從來白；人天本竪，畜生本横。白非洗成，黑非染造。當知今日，一切物象，皆本無因。"此即無因論師之所持也。又：《印度哲學概論》云："自然論者，謂自然外道、無因外道、尼犍陀若提子等之説外道，《小乘涅槃論》、《佛本行經》、《瑜伽師地論》等皆有之。"**所以黜帝也。推而極之，無物不然，無物不可。"萬物皆種也，以不同形相禪，始卒若環，莫得其倫"**，原注：《寓言》。**則萬物皆遞化矣。**原注：此即達爾文生物進化之説，亦近數論細身輪轉之説。〇按：《齊物論釋》説萬物與我爲一，云："詳《華嚴經》云'一切即一，一即一切'，法藏説爲諸緣互應。《寓言篇》'萬物皆種也，以不同形相禪'，義謂萬物無不相互爲種。《大乘入楞伽經》云：'應觀一種子，與非種同印，一種一切種，是名心種種。'法藏立無盡緣起之義，與《寓言篇》意趣正同。彼作《法界緣起章》云：'本一有力爲持，多一無力爲依容入既爾；多一有力爲持，本一無力爲依容入亦爾。'其《華嚴經指歸》云：'此一華葉，理無孤起，必攝無量眷屬圍繞。此一華葉，其必舒己徧入一切，復能攝取一切法令人已内。’義皆與《寓言篇》同。”**“生也死之徒，死也生之始”**，原注：《知北游》。**則萬物皆輪轉矣。**原注：此即輪回之説，白蘿門、莊子、柏剌圖皆同，非獨釋氏也。○按：《齊物論釋》説《莊周夢爲胡蝶章》云：“莊生多説輪回之義。《大宗師篇》云：‘若人之形者，萬化而未始有極也。’《養生主篇》云：‘適來，夫子時也；適去，夫子順也。指窮於爲薪，火傳也，不知其盡也。’《知北游篇》云：‘生也死之徒，死也生之始。’《田子方篇》云：‘生有所乎萌，死有所乎歸。始終相反乎無端而莫知其所窮。’《寓言篇》云：‘有以相應也，若之何其無鬼耶？無以相應也，若之何其有鬼耶？’非無鬼，非有鬼，離斷常見，則必議及輪回。而彼梵土積喙相傳，有輪回義，非獨依於比量，亦由借彼重言。此土既無成證，鮌化黄熊，緩作秋柏，唯有一二事狀，而不能覩其必然，質言輪回。既非恒人所見，轉近夸誣，故徒以夢化相擬，未嘗質言實爾。”**然則權説以黜帝也，未能過物，故設有待之對。**《莊子·齊物論篇》曰：“吹萬不同，而使其自已也，咸其自取，怒者其誰耶！”又曰：“若有真宰，而特不得其眹。”《秋水篇》曰：“物之生也，若驟若馳，無動而不變，無時而不移。何爲乎？何不爲乎？夫固將自化。”詳此諸文，謂無怒者，謂不得其眹，謂物固自化，皆黜帝之説也。黜帝者，謂無造物者也。然徒言無造物者，今人共見萬物芸芸，皆有生滅，遞化輪轉，相續不停，斯孰令爲之哉？從是計度，則必議及因果，故復設有待之對也。**仲**

尼曰:"萬物有待也而死,有待也而生。吾一受其成形,而不化以待盡。"原注:《田子方篇》。景之諭罔兩曰:"吾有待而然者邪?吾所待又有待而然者邪?吾待蛇蚹蜩翼邪?"原注:《齊物論》。彼其有待,浮屠謂之十二緣生。《大乘舍黎娑擔摩經》:"慈氏菩薩告舍利子言:十二緣生者,所謂無明緣行,行緣識,識緣名色,名色緣六入,六入緣觸,觸緣受,受緣愛,愛緣取,取緣有,有緣生,生緣老死、憂悲、苦惱。如是生者,即一大苦蘊生。舍利子:彼無明滅即行滅,行滅即識滅,識滅即名色滅,名色滅即六入滅,六入滅即觸滅,觸滅即受滅,受滅即愛滅,愛滅即取滅,取滅即有滅,有滅即生滅,生滅即老死、憂悲、苦惱滅。如是滅,即一大苦蘊滅。"按:十二緣生,或云十二因緣,或云十二緣起。佛書言此者,其文繁廣,姑以方便舉一例耳。餘如《俱舍論》卷九、卷十,《瑜伽師地論》第九、第十、第九十三,《對法》第四,《十地論》第八、又十二,《因緣經》、《十二因緣論》及《成唯識論述記》卷四十七所説尤詳。此之推論,本出小乘。此十二支,試以淺語明之:一、無明,謂過去世無始之煩惱。二、行,謂過去世之煩惱所作善惡行業。三、識,謂現在世方托母胎之一念。四、名色,謂在胎中漸有心身發育之位,名爲心法。心法不能以體示之,但能以名詮之,則爲名。色,即眼等之身。五、六入,謂六根具足,但尚未與外物接觸。六、觸,謂嬰兒墮地以後,初與外物接觸,猶未知自身之苦樂。七、受,謂自五六歲以往,對於事物,漸有識别,生苦樂感受。八、愛,謂從十四五歲後生有種種强盛愛欲。九、取，謂自二十以後，愛欲愈盛，馳逐求取。十、有，謂因愛取煩惱，作種種業，招引未來之果。十一、生，謂依現在之業，受未來之生。十二、老死，謂於來生之生，有老死苦。**緣生始於無明，卒之生死。然無明復由生時覆障，從是尋責始生。以後異熟責前異熟，異熟之初不可盡，所待亦與爲不可盡，待可疑也。故曰："莫知其所終，若之何其無命也；莫知其所始，若之何其有命也。"**原注：《寓言》。〇按："有待"云者，謂甲待於乙，乙待於丙。郭象説《齊物論》云："若責其所待而尋其所由，則尋責無極，卒至於無待。"故曰"待可疑"也。有待之説，即因果之律。印度外道有無因論，佛所遮撥；而佛亦有無因論者。《齊物論釋》云："因、緣及果，此三名者，隨俗説有。依唯心説，即是心上種子，不可執著説有。是故緣生亦是假説。莊生云'惡識所以然，惡識所以不然'正謂此也。説無因者，亦佛法最後了義。《大乘入楞伽經》云：'世論婆羅門問我言：無明、愛業爲因緣故有三有邪？爲無因邪？我言：此二亦是世論。'又曰：'爲除有生執，成立無生義。我説無因論，非愚所能了。一切法無生，亦非是無法。如乾城幻夢，雖有而無因。'此乃以無因論爲究竟。蓋諸法不生，因緣亦假，雖宣説無因，有異常斷二見也。"餘詳下文。**若然，始者果不可知，即萬論如兔角、牛翼矣。是故爲設泰初。**兔角、牛翼，求之世間，終不可得之物也。萬物生滅，若有因果，尋責既竟，其始因終不可得，故推理之言，亦無殊於兔角、牛翼矣。然因果之論，本於前後之念，故復假設泰初之說也。**“泰初有無，無有無名。**郭《注》：“無有故無所名。”**一之所起，有一而未形。**郭《注》：“一者，有之初，至妙者也，至妙故未有物理之形耳。夫一之所起，起於至一，非起於無也。然莊子所以屢稱無於初者，何哉？初者，未生而得生，得生之難，而猶上不至於無，下不待於知，突然而自得此生矣！又何嘗生於已生，以失其自生哉！”**物得以生，謂之德。**郭《注》：“夫無不能生物，而云‘物得以生’，乃所以明物生之自得。任其自得，斯可謂德也。”**未形者有分，且然無間，謂之命。留動而生物，物生成理，謂之形。形體保神，各有儀則，謂之性。**郭《注》：“夫德、形、性、命，因變立名，其於自爾一也。”**性修反德，德至同於初。**郭《注》：“恒以不爲而自得之。”**同乃虛，虛乃大。**郭《注》：“不同於初，而中道有爲，則其懷中故爲有物也。有物而容養之，德小矣。”**合喙鳴，**郭《注》：“無心於言而自言者，合於喙鳴。”**喙鳴合，與天地爲合。**郭《注》：“天地亦無心而自動。”**其合緡緡，若愚若昏。**郭《注》：“坐忘而自合耳，非照察以合之。”**是謂玄德，同乎大順。”**原注：《天地》。○按：莊生此論，章君所釋，具在下文。而子玄舊義，亦多精解。如云“得生之難，上不至無，下不待知”、“中道有爲，懷中有物”諸義，豈非所謂無始無明，妄執我法者耶？是亦深契内典，必非偶中，故具列焉。**則此言德者如也，**如即真如之如。此以如訓德，蓋指物之實相本體，所謂畢竟平等，無有差別者也。餘見“萬物幾幾皆如矣”下。**雖物亦如也。**康德即謂之物如，亦謂之物自身。**如不自生，于如而有無明。**《大乘義章》二曰：“於法不了爲無明。”**自視若兩，**兩，謂我與諸境。**是故有所得而生矣，**《涅槃經》十七曰：“無所得者，則名爲慧。有所得者，名爲無明。”**浮屠謂之共無明。**共無明，又曰相應無明，謂與貪等五大惑共起者也。起惑造業，於是受得此身，此爲衆生所同，故謂之共無明。**有所得，是故有分，浮屠謂之不共無明。**不共無明，又云獨頭無明。妄心孤起，不緣外境，謂之獨頭無明。**有分爲物，是故有理，浮屠謂之界，亦曰種子，依阿羅耶，若惡叉聚。**原注：本《成唯識論》。○按：《楞嚴經》卷二云：“一切衆生從無始來，種種顛倒，業種自然，如惡叉聚。”《成唯識論》卷二亦云：“一切有情，無始時來，有種種界如惡叉聚。法爾而有界，即種子差别名故。”《述記》曰：“惡叉形如無食子，落在地時，多爲聚故。”玄應《音義》曰：“惡叉，樹名。其子形如無食子，彼國多聚以賣之，如此間杏仁，故以爲喻。”**地、水、火、風、空、時、方、我，皆界也。**阿羅耶中一切種子皆具。**然則有德、有分未有時也，物生成理則有時。**種子生現行則有時。**案始有相，**種子生現行則有相。案者，語詞，猶於是也。詳《釋詞》。**相又有名，謂之喙鳴。**名生於形，故有相即有名。**“名者，聲之音均詘曲”，**原注：《成唯識論》。○見《成唯識論》卷二。**以是命相。若終古無名者，即道無由以入。**

名聞而實喻,則可以別同異,明是非。故終古無名,則道無由以入。《瑜伽師地論》卷三十六云:"問:若如是者,何因緣故於一切法離言自性而起言説?答:若不起言説,則不能爲他説一切法離言自性,他亦不能聞如是義。若無所聞,則不能知此一切法離言自性。爲欲令他聞知諸法離言自性,是故於此離言自性而起言説。"《大乘起信論》云"言説之極,因言遣言",亦斯義也。**本其有名,故與天地合。**推其有名之始,則與天地合,蓋認識之始,即宇宙之始也。《老子》曰:"無名天地之始,有名萬物之母也。"**浮屠志之曰:"若知一切法,雖説無有能説可説,雖念亦無能念可念,是名隨順。"**原注:《大乘起信論》。〇按:《義記》云:"言雖説雖念,皆無能所者,明念即無念,非滅於念。非滅念故,名雖念。離於斷見,即無念故。皆無能所,離於常見。於一念間,離此二見,見此無二之法,故能稱順中道,隨順法性也。又亦可雖在於彼言念等中,觀此念等,常無能所,雖未能離念,而順於無念,故名隨順。此釋方便觀也。久觀不已,即能離茲妄念,契彼無念真理,故名正觀。"**而莊周亦謂之"大順"。性修反德,德至同於初,謂之"合喙鳴"。覺者之言,與不覺者之言,非有異也。浮屠有言:"希有陀羅尼者,過諸文字,言不能入,心不能量。此法平等,無高無下,無入無出。無一文字從外而入,無一文字從内而出,無一文字駐此法中,亦無文字共相見者。"**原注:《大般若經》五百七十二。〇按:陀羅尼者,此翻爲總持,持善法不使散，持惡法不使起之力用也。分爲四種：一法、二義、三咒、四忍。《佛地論》五云："陀羅尼者，增上念慧，能總任持無量佛法，令不忘失。"故曰"其合緡緡，若愚若昏。是謂玄德，同乎大順"矣。雖假設泰初者，亦隨順言説矣。彼物不生，彼理不成，烏得有泰初？有物有理，而後有泰初。此謂依於物理成就而後有前後之念。夫未成乎心，無是非。原注：《齊物論》。〇按：《齊物論釋》云："意根我識種子所支分者爲是非。見若無是非之種，是非現識亦無。其在現識，若不忍許何者爲是，何者爲非，事之是非，亦無明證。是非所印，宙合不同，悉由人心順違以成串習，雖一人亦猶爾也。然則係乎他者，曲直與庸衆共之；存乎己者，正謬以當情爲主。近人所云主觀、客觀矣！"未成乎心，亦不得有今故。故曰："天籟者，吹萬不同，而使其自已，且莫得此其所由以生。"原注：《齊物論》。〇按：《齊物論釋》云："此者，即謂能自取識。大抵藏識流轉不駐，意識有時不起，起位亦流轉不駐。是故觸相生心，有觸、作意、受、想、思五位。受、想、思中，復分率爾墮心、尋求心、決定心、染凈心、等流心五位。如是相續，即自位心證自位心覺有現在，以自位心望前位心覺有過去，以自位心望後位心比知未來。是故心起即有時分，心寂即無時分。若睡眠無夢位，雖更五夜，不異刹那。然則時非實有，宛爾可知。但以衆同分心，悉有此相，世遂執著爲實。終之甲乙二人各有時分，所以者何？時由心變，甲乙二心，界有别故。由此可知，時爲人人之私器，非衆人之公器。且又時分總相,有情似同;時分別相,彼我各異。童齔以往,覺時去遲;中年以來,覺時去速。淫樂戲忘者,少選而歲逝;舂輓勤苦者,待限而不盈。復有種種別相,各各不同。雖復晷日望星,挈壺下漏,强爲契約,責其同然。然覺時去遲者,其覺日星壺漏之變亦遲;覺時去速者,其覺日星壺漏之變亦速。亦猶以尺比物,定其長短,然眼識汗漫者視物長而尺亦長,眼識精諦者視物短而尺亦短,竟無畢同之法。由斯以推,朝菌不知晦朔,惠蛄不知春秋,而冥靈大椿壽逾千百,庸知小年者不自覺其長,大年者不自覺其短乎?"又曰:"心不起滅,意識不續,中間恒審思量亦悉伏斷,則時分銷亡,而流注相續之我自喪矣。"知旦莫之所生,起於人心分理,至矣,不可以加矣。爲説者曰:"有一、有德、有命、有物、有形,皆因與果也。有因果者,必有第次。時若未生,何由以施因果?"浮屠小乘通之曰:"諸法於世轉時,由位有異,非體有異。如運一籌,置一位名一,置十位名十,置百位名百,雖歷位有異,而籌體無異。如是諸法,經三世位,雖得三名,而體無別,以依作用,立三世別。"原注:《大毘婆沙論》七十七。此謂以作用故有時,非以時故有作。猶不決,大乘通之曰:"因與果者,如稱兩頭,氐印時等。"原注:《成唯識論》。○按:《成唯識論》卷三云:"前因滅位,後果即生,如稱兩頭,低昂時等。"《學記》曰:"生滅同時,既中無隔,因果不斷。"今物在衡一耑,一耑重故俛,俛故彼一耑仰。以此俛故彼仰，俛者爲因，仰者爲果。然俛仰非異時，故雖無時而有因果，謂之恒轉。恒者不斷，轉者不常。《成唯識論》卷三云："阿賴耶識爲斷爲常，非斷非常，以恒轉故。恒謂此識無始時來，一類相續，常無間斷，是界趣生施設本故，性堅持種令不失故。轉謂此識無始時來，念念生滅，前後變異，因滅果生，非常一故，可爲轉識熏成種故。恒言遮斷，轉表非常。"夫世人亂於喑醷之物、彊陽之氣，不知其反。《莊子·知北游篇》："自本觀之，生者，喑醷物也。"李、郭皆云："喑醷，聚氣貌。"又曰："天地之彊陽氣也，又胡可得而有邪？"郭云："彊陽，猶運動也。"聖人者，兼愛之，故兼覺之。雖然，宇之所際，宙之所極，有窮則可盡，無窮則不可盡。有窮無窮未可知，則可盡不可盡未可知。而必人之可盡愛也，誖。墨子釋之，以爲無窮不害兼。原注：《經説》上、下。〇按：原注上字當衍，已見《原名篇》。其義不究，墨子以爲盡問人則盡愛其所問。如曰："傷人乎？"則凡横目之民，皆在所愛之中，固不必一一知其數也。然此亦所謂用名以亂實，故其義不究。故設"未有天地"之問。《莊子·知北游篇》："冉求問於仲尼曰：'未有天地，可知邪？'仲尼曰：'可，古猶今也。'又曰：'無古無今，無始無終，未有子孫而有子孫，可乎？'"由第一義計之，無古無今，無始無終，三世者，非實有也。由世俗計之，古猶今也。時不盡，故"聖人之愛人終無已者，亦乃取

於是者也。”原注:《知北游》。〇按:《知北游篇》云:“仲尼曰:‘不以生生死,不以死死生。死生有待邪?皆有所一體。有先天地生者物邪?物物者非物。物出不得先物也,猶其有物也。猶其有物也,無已。聖人之愛人終無已者,亦乃取於是者也。”**浮屠所謂“攝化衆生”,“盡於未來”。**原注:《大乘起信論》。〇按:《論》云:“復次真如用者,所謂諸佛如來,本在因地,發大慈悲,修諸波羅蜜,攝化衆生。立大誓願,盡欲度脱等衆生界,亦不限刦數,盡於未來,以取一切衆生如己身故。而亦不取衆生相,此以何義?謂如實知一切衆生,及與己身,真如平等,無别異故。”**雖然,莊周方内之聖哲也。**《莊子·大宗師篇》云:“孔子曰:‘彼遊方之外者也,而丘遊方之内者也。’”**因任自然,**《莊子·養生主篇》云:“依乎天理,因其固然。”**惟恒民是適,不務超越,不求離繫。**《莊子·天下篇》云:“獨與天地精神往來,而不敖倪於萬物,不譴是非,以與世俗處。”此所謂“不務超越,不求離繫”者也。**故曰:“若人之形,萬化而未始有盡,樂不勝計。”**原注:《知北游》。**雖足以庰神仙、輕生死,若流轉無極何?此亦莊周之所短也。**此以任運流轉,不求無上正覺爲莊生之短也。章君後作《齊物論釋》,已自不用此説,《略》謂:“觀莊生義,實無欣羡寂滅之情。《大乘入楞伽經》指目菩薩一闡提云:‘諸菩薩以本願方便,願一切衆生悉入涅槃,若一衆生未涅槃者,我終不入。此亦住一闡提趣,此是無涅槃種性相菩薩一闡提。’知一切法本來涅槃,畢竟不入,此蓋莊生所詣之地。又其特别志願，本在内聖外王，哀生民之無振，念刑政之苛殘，必令世無工宰，見無文野，自非順時利見，示現白衣，何能果此願哉？苟專以滅度衆生爲念，而忘中塗恫怨之情，何翅河清之難俟，陵谷變遷之不可豫期。雖抱大悲，猶未適於民意。夫齊物者，以百姓心爲心，故究極在此，而樂行在彼矣。”餘義廣衍，并見《論釋》中，恐繁且止。

惠施厤物之意，莊周曰：“其道舛駁，其言也不中。”又毁其徒，謂之“飾人之心，易人之意，能勝人之口，不能服人之心。”觀其所述，惠施持十事，辯者與惠施相應持二十一事。原注：《天下》。〇按：《莊子·天下篇》云：“惠施多方，其書五車，其道舛駁，其言也不中。厤物之意，曰：‘至大無外，謂之大一；至小無内，謂之小一。無厚不可積也，其大千里。天與地卑，山與澤平。日方中方睨，物方生方死。大同而與小同異，此之謂小同異；萬物畢同畢異，此之謂大同異。南方無窮而有窮，今日適越而昔來。連環可解也。我知天下之中央，燕之北，越之南是也。氾愛萬物，天地一體也。’惠施以此爲大觀於天下而曉辯者，天下之辯者相與樂之。卵有毛，雞三足，郢有天下，犬可以爲羊，馬有卵，丁子有尾，火不熱，山出口，輪不蹍地，目不見，指不至，至不絶，龜長於蛇，矩不方，規不可以爲圓，鑿不圍枘，飛鳥之景未嘗動也，鏃矢之疾而有不行不止之時，狗非犬，黄馬、驪牛三，白狗黑，孤駒未嘗有母，一尺之棰，日取其半，萬世不竭。辯者以此與惠施相應，終身無窮。桓團、公孫龍辯者之徒，飾人之心，易人之意，能勝人之口，不能服人之心，辯者之囿也。”**辯者之言，獨有飛鳥、鏃矢、尺棰之辯，察明當人意。**辯者所持諸論，古今解者多家，局就三事言之，則司馬彪所説最得其理。説飛鳥之景未嘗動云：“鳥之蔽光，猶魚之蔽水，魚動蔽水而水不動，鳥動影生，影生光亡。亡非往，生非來。墨子曰：‘影不徙也。’”説鏃矢不行不止云：“形分止，勢分行；形分明者行遲，勢分明者行疾。目明無形分，無所止，則其疾無閒。矢疾而有閒者，中有止也，質薄而可離，中有無及者也。”説尺棰不竭云：“若其可析，則常有兩；若不可析，其一常存。故曰‘萬世不竭’。”**目不見，指不至，輪不蹍地，亦幾矣。**成玄英《莊子疏》説目不見云：“目之見物，必待於緣。緣既體空，故知目不能見之者也。”按：緣即佛書所謂九緣，説見《原名篇》。公孫龍子《堅白論》曰：“白以目以火見；而火不見，則火與目不見而神見。神不見而見離。”此義亦足相明。説指不至者古今亦有多解，今謂“指”即《荀子·儒效篇》“宇中六指”之“指”。楊倞曰：“六宇，上下四方。”然則止不至者，謂空間無盡。惠施説南方無窮而有窮，其義故自相通。南方有窮，是之謂指；南方無窮，是之謂不至矣。説輪不蹍地者，成玄英《疏》云：“車之運動，輪轉不停，前迹已過，後途未至，除却前後，更無蹍時也。”**其他多失倫。夫辯説者，務以求真，不以亂俗也。故曰“狗無色”，可；云“白狗黑”，則不可。**劉向《别録》：“鄒子曰：‘辯者别殊類使不相害，序異端使不相亂，抒意通指，明其所謂，不務相迷也。'"故自真諦言之,則物本無色。色者眼識具九緣而變現,依他以起,如幻而有,故謂"狗無色"可也。自世情言之,約定俗成,則白黑之相,觸目而别。亂名改作,徒滋眩惑,故謂"白狗黑"則不可也。**名者,所以召實,非以實爲名也。故曰"析狗至於極微,則無狗",可;云"狗非犬",則不可。**狗云、犬云,皆計生之假名,非狗、犬之實相。諸法實相,性離言説,故狗、犬之名皆虚。自真諦言之,則無狗可也。《大乘入楞伽經》卷二云:"分析牛角乃至微塵,求其體相,終不可得。"此其義也。自世俗言之,則狗、犬者異名而同實,謂狗非犬,是惑於用名以亂實矣。《齊物論釋》曰:"白表白相,黑表黑相,菽表菽事,麥表麥事,俗詮有定,則亦隨順故言。斯爲照之於天,不因己制。是故指鹿爲馬,以素爲玄,義所不許。所以者何? 從俗則無爭論,私意變更,是非即又蠭起,比於向日,嚚訟滋多。是以有德司契,本之約定俗成也。"

觀惠施十事,蓋異於辯者矣。本事有十,約之則四,四又爲三。一事,"至大無外,謂之大一;至小無内,謂之小一"。司馬彪云:"無外不可一,無内不可分,故謂之一也。天下所謂大、小皆非形,所謂一、二皆非至名也。至形無形,至名無名。"**又曰:"無厚不可積也,其大千里。"**《荀子·修身篇》曰:堅白、同異、有厚無厚之察,非不察也。"《吕氏春秋·君守篇》曰:"堅白之察,無厚之辯,外矣。"《韓非子·問辯篇》曰:"堅白、無厚之辭章,而憲令之法息。"依此諸文,知無厚之説,爲當時之名論。"不可積"三字,即明"無厚"

二字，言可積之謂厚，不可積者，則謂之無厚也。**此故爲自悟，以見趣也。大未有不可庌，小未有不可分，雖無利器致之，校以算術可知也。諸在形者，至小爲點，白羅門書謂之頻度 bindu。引點以爲線，謂之彯佉 sūtra。比線以爲面，謂之娑摩角那 saṃmukha。倍面以爲體，謂之濴伽 aṅga。點者非自然生，猶面之積已，故因而小之。點復爲體，謂之小一，可也。點復可析，絫下而點無盡，以爲無內，非也。因而鉅之，體復爲點，謂之大一，可也。體復可倍，絫上而體無盡，以爲無外，非也。**大小者，所以命形也。形雖至大猶有外，雖至小猶有內，校以算術，宛爾可知。**今夫言極微者，順世、勝論以爲無方分。無方分者，謂之因量極微，極微著見爲子微，以爲有方分。有方分者，謂之果色極微。**原注：前者今通言原子，後者今通言分子。〇按：順世、勝論，並印土教宗之名。順世外道，梵云路伽耶，或路迦底伽。勝論宗，梵云吠世史迦，舊云衛世師或鞞世師，皆音訛略也。方分，謂有上下左右之方面可分者也。順世、勝論二派及小乘薩婆多部，並持極微論，建立極微以爲實體。《二十唯識述記》卷三云："其地、水、火、風是極微性。若劫壞時，此等不滅，散在處處，體無生滅，説爲常住，有衆多法，體非是一。後成劫時，兩兩極微，合生一子微。子微之量，等於父母，體惟是一。從他生故，性是無常。如是散極微，皆兩兩合生一子微。子微並本,合有三微。如是復與餘三微合生一子微。第七其子,等於六本微量,如是七微復與餘合生一子微。第十五子微,其量等於本生父母十四微量。如是展轉成三千界。其三千界既從父母二法所生,其量合等於父母量。其子粗微,名爲有分,有細分故。其本細微,但名爲分,不有他故。"《成唯識論》卷一云:"有外道執地、水、火、風極微,實常能生麤色,所生麤色不越因量。雖是無常,而體實有。"《述記》卷六曰:"此即順世外道所計。此唯執有實常四大生一切有情。一切有情,禀此而有,更無餘物。後死滅時,還歸四大。其勝論所計,更許有餘物。執實、執常、執能麤色,此是因也。"又:勝論師及此順世執所生之色,不越因量。量只與所依父母本許大,如第三子微如一父母許大,乃至大地與所依一本父母許大。本極微是常,子等無常,亦是實有。此二派極微論之大略。果色極微,書之所謂小一也。果色可見,故擬之以小一。因量極微,書之所謂無厚也。因量不可見,故擬之以無厚。浮屠難之曰:誠無方分,日光照柱,何故一耑有蔭?承光發影,必有方分明矣。有方分者,則有上下四極,是爲六際。一不爲六,六不爲一,以六爲一,不可。原注:約《瑜伽師地論》、《佛性論》、《成唯識論》説。按:《成唯識論》卷一云:"又諸極微,若有方分,必可分析,便非實有。若無方分,則如非色,云何和合承光發影?日輪纔舉,照柱等時,東西兩邊,光影各現。承光發影處既不同,所執極微,定有方分。"又曰:"又諸極微,隨所住處，必有上下四方差别。不爾便無共和集義，或相涉入，應不成麤。由此極微，定有方分。”又《唯識二十頌》曰：“極微與六合，一應成六分。若與六同處，聚應如極微。”初二句謂有方分者，必可分析；後二句謂無方分者，則不能成麤色也。惠施固知之，言無厚不可積，又稱其大千里。不可積者，尚無杪忽，安得千里哉？要以算術析之，無至小之倪。《莊子·秋水篇》云：“又何以知毫末之足以定至細之倪？”章氏《解故》云：“‘倪’借爲‘儀’，《説文》：‘儀，度也。’”故尺度無所起，於無度立有度，是度爲幻。度爲幻，即至大與至小無擇，而千里與無厚亦無擇。白蘿門書道瓢末 ākāś-dhātu 之空，與特蘿驃 dravyataḥ之實相受。原注：瓢末今此爲空間真空，特蘿驃今此爲實。瓢末分刌節度不可量，《漢書·元帝紀》：“自度曲被歌聲，分刌節度。”韋昭曰：“刌，切也。謂能分切句絶，爲之節制也。”故特蘿驃分刌節度亦不可量。若畫工爲圖矣，分間布白，雜采調之，《考工記》：“凡畫繢之事後素功。”鄭《注》云：“素，白采也。後布之，爲其易漬汙也。”《文選》何晏《景福殿賦》云：“班閒賦白，疎密有章”。善《注》云：“《廣雅》曰：‘班，分也。’毛萇《詩傳》曰：‘賦，布也。’”使無高下者而有高下，使無窐突者視之窐突。《大乘入楞伽經》卷三云：“不了唯心，執著一異有無等見。譬如畫像，無高無下，愚夫妄見作高下想。”故曰“天與地卑，原注：卑，借爲比。○按：孫詒讓《札迻》云:"'卑'與'比'通。《荀子·不苟篇》:'山淵平,天地比。'楊《注》:'比,謂齊等也',亦引此文,是其證也。"《廣雅·釋詁》:"比,近也。"此比亦接近之義。天與地相距絶遠而云相接近,猶山與澤本不平而謂之平,皆名家合異同之論也。**山與澤平",是分齊廢也。"我知天下之中央,燕之北,越之南是也"**,司馬云:"燕之去越有數,而南北之遠無窮。由無窮觀有數,則燕越之間,未始有分也。天下無方,故所在爲中;循環無端,故所在爲始也。"**是方位廢也。"南方無窮而有窮"**,司馬云:"四方無窮也。"**是有際、無際一也。"連環可解"**,司馬云:"夫物盡於形,形盡之外則非物也。連環所貫,貫於無環,非貫於環也。若兩環不相貫,則雖連環可解也。"**是有分、無分均也。二事,日方中方睨,物方生方死。諸言時者,有過去、現在、未來。**《寶積經》九十四曰:"三世,所謂過去、未來、現在。云何過去世?若法生已滅,是名過去世。云何未來世?若法未生未起,是名未來世。云何現在世?若法生已未滅,是名現在世。"**過去已滅,未來未生,其無易知,而現在亦不可駐。**《維摩詰所説經·菩薩品》云:"若過去生,過去生已滅;若未來生,未來生未至;若現在生,現在生無住。"**時短者莫如朅沙那,**舊譯剎那。按:文本作 kṣaṇa,舊譯簡爾。〇按:《西域記》卷二云:"時極短者謂剎那也。百二十剎那爲一呾剎那,六十呾剎那爲一臘縛,三十臘縛爲一牟呼栗多,五牟呼栗多爲一時,六時合成一日一夜。"**而朅沙那非不可析。**《仁王經》

上，説一刹那經九百生滅。《大毗婆沙論》一百三十六，説壯士一彈指頃，經六十四刹那。雖析之，埶無留止，方念是時，則已爲彼時也。析之不可盡，而言有時，則是于無期立有期也。埶無留止，而言是時，則彼是無别也。故雖方中方睨，方生方死可。諸有制割一期，《荀子·解蔽篇》云："制割大理。"命之以今者，以一朅沙那言今可，以一歲言今猶可。方夏言今歲，不遺春秋。方禺中言今日，禺中，謂巳時也。《淮南子·天文訓》云："至於桑野，是謂晏食。至於衡陽，是謂隅中。""禺"與"隅"同。不遺旦莫。去者、來者，皆今也。禺中適越，餔時而至。餔時，謂申時也。《淮南子·天文訓》云："至於鳥次，是謂小還。至於悲谷，是謂餔時。"從人定言之，人定，謂亥時也。《後漢書·來歙傳》："臣夜人定後，爲何人所賊。"《耿弇傳》："人定時，步果引去。"命以一期，則爲今日適越矣。分以數期，則爲昔至越矣。以是見時者惟人所命，非有實也。原注：按："今日適越而昔來"，《齊物論》作"今日適越而昔至"，是"來"訓"至"也。三事，大同而與小同異，此之謂小同異。萬物畢同畢異，此之謂大同異。物固無畢同者，《墨子·經説》上云："二必異。"亦未有畢異者。説見上文"萬物皆遷化"下。浮屠之言曰：從一青計之，以是青爲自相，以凡青爲共相，青同也。以凡青爲自相，以赤、白、黄、紫爲共相，顯色同也。

說見《原名篇》。**以顯色爲自相，以聲、香、味、觸爲共相，色聚同也。**原注：色聚之色，謂諸有對者，皆名爲色。○按：對者，對礙之義。色有二種：一、可見有對色，具對礙之自性而眼可見者，青、黄等色塵是也。二、不可見有對色，具對礙之自性而不可眼見者，聲等四塵、眼等五根是也。**以色聚爲自相，以受、想、行、識爲共相，法同也。**原注：本《成唯識論述記》說。○按：說見《述記》卷十二。**無畢同故有自相，無畢異故有共相。大同而與小同異，此物之所有；萬物畢同畢異，此物之所無。皆大同也，故天地一體，一體故氾愛萬物也。惠施之言，無時、無方、無形、無礙，萬物幾幾皆如矣。**佛書言如有二義：一、謂諸法各各之相，二、謂諸法之實相。《大智度論》三十二曰："諸法如有二種：一者各各相，二者實相。"此言惠施空諸事相，使不能立，其於萬物幾幾得其實相矣。**椎擣異論，使齏粉破碎，己亦不立。唯識之論不出，而曰"萬物無有"哉，人且以爲無歸宿。**《莊子·天下篇》論惠施之道，惜其逐萬物而不反，是言其無所歸宿也。**故天命、五德之論，斬而復孳。**天命、五德之論，陰陽家之所持也。名家高論宇宙，分析萬物，陰陽之說，宜無以立。徒以天下沈濁，人方營於禨祥，而惠施雖辯，其學不能成系統，故僻違之說，得以復孳矣。**己雖正，人以爲奇侅。**《說文》云："奇侅，非常也。"**騶子、南公雖僻違，**《漢志·陰陽家·鄒子》四十九篇、《鄒子終始》五十六篇、《南公》三十一篇。《史記·項羽本紀集解》徐廣曰："南公，楚人，善言陰陽。"**人顧謂之眇道。**原注：按：騶衍深疾公孫龍之論。蓋陰陽家與名家相忌也。○按：騶衍疾公孫龍，説見《史記·平原君傳集解》引劉向《別録》。**延及漢世，是非錯盭矣。**原注：漢世經師，率兼陰陽，名家之傳遂絶。**此亦惠施之所短也。**

尚考諸家之見，旁皇周浹，《荀子·君道篇》："古者，先王審禮以方皇，周浹於天下。"又《禮論篇》："方皇周浹，曲得其次序。"楊《注》云："方皇，讀爲仿偟，猶徘徊也。挾，讀爲浹，帀也。"**足以望先覺，與宋世鞅掌之言異矣。**《小雅·北山篇傳》曰："鞅掌，失容也。"《莊子·庚桑楚篇》郭《注》云："鞅掌，不自得也（宋陳景元校本有'不'字）。"鞅掌，蓋是粗疏不能安詳之狀。**然不能企無生，**無生者，佛法之究竟。《最勝王經》曰："無生是實，生是虚妄。"**而依違不定之聚者，**《瑜伽師地論》六十四曰："聚者有三種：一、邪性定聚，二、正性定聚，三、不定聚。"按：不定者，謂其可正可邪也。《俱舍論》九曰："正邪定餘名不定，彼待二緣可成二故。"《無量壽經》下曰："諸佛國土無諸邪聚及不定聚。"**爲其多愛，不忍天地之美。**《莊子·天下篇》曰："判天地之美，析萬物之理。"**雖自任犀利，桀然見道真，躊躇滿志則未也。**《莊子·養生主篇》曰："爲之躊躇滿志。"郭《注》云："逸足容豫自得之謂。"**印度雖草昧世，《否渴吠陀》主有神，已言其有無明不自識知，從欲以分萬類矣。**原注：案：印度舊教本有神，而與猶太、阿羅比邪言有神絶異。彼以造物歸美於神，此以造物歸過於神。故吠檀多家得起汎神之説，異夫二教之諂曲也。○按：《汲濕吠陀》，即《黎俱吠陀》。印度《四吠陀》，此其最古者（《四吠陀》已見《原經篇》）。梁氏《印度哲學概論》云："《吠陀》讚誦中有曰：'世間爲誰所作？其彼有未現形之一乎？'又有曰：'彼一無生息而自生息，自彼外無一物（按：此即所謂主有神）。'此出《黎俱吠陀》第十卷一百二十九讚誦名《非非有讚誦》者。此讚誦述原始混沌之形，而言其非有非非有。此混沌玄冥之初，由熱意與愛欲而動（按：此即所謂無明不識以分萬類）。諸神之有，後於宇寅之闢。此其自神話宗教而入於哲學思考彰彰見矣。"又：注中言阿羅比邪，即阿剌伯。言吠檀多者，印度學派之一，釋義爲《吠陀》之究竟。梁氏《概論》云："吠檀多者，基於《鄔波尼煞曇》（或名《奥義書》，解釋《吠陀》，中云'玄理'），而釐整發揮以組成之學派也。故吠檀多之徒，亦曰鄔波尼煞曇斯。"**其後明哲閒生，至于浮屠，雖精疏殊會，**《後漢書·儒林傳贊》曰："精疏殊會，通閡並徵。"**其以人世幻化一也。中夏唯有老子明"天地不仁，以萬物爲芻狗"，猶非惡聲。**原注：按：老子本言"失德而後仁"，是不仁非惡名也。**高者獨有隨化，不議化之非，固稍庳下。莊周所録，惟卜梁倚爲大士。**《法華文句記》二云："大士者，《大論》稱菩薩爲大士，亦曰開士。士謂士夫，凡人之通稱。以大開簡别，故曰大等。"**周數稱南郭子綦，**《莊子·齊物論》、《人間世》、《大宗師》、《徐無鬼》諸篇，皆稱子綦。**言"吾喪我"，**見《齊物論》。**則是入空無邊處定也。**原注：《大毗婆沙論》八十四云："法爾初解脱色地，名空無邊處。依等流故，説此定名空無邊處，謂瑜伽從此定出，必起相似空想現前。曾聞苾芻出此定已，便舉兩手，捫摹虚空。有見問言：'汝何所覓？'苾芻答曰：'我覓自身。'彼言：'汝身即在牀上，如何餘處更覓自身？'"此即"吾喪我"之説。**其師女偊自言無聖人才，有才者獨卜梁倚。守而告之，參日外天下，七日外物，九日外生。已外生矣，而後能朝徹。朝徹，而後能見獨。見獨，而後能無古今。無古今，而後能入於不死不生。**原注：《大宗師》。**此其在遠行地哉！**原注：案：外天下至於外生，則生空觀成矣。朝徹，見獨，至於無古今，則前後際斷，法空觀成矣。凡二乘皆有生空觀，無法空觀。大乘有法空觀者，非至七地，猶未能證無生。此既成法空觀，又入於不死不生，故知爲七地爾。又彼下云："其爲物無不將也，無不迎也，無不毁也，無不成也，其名爲攖甯。攖甯者，攖而後成者也。"所謂物者，謂如來藏。隨順法性，故無不將迎。一切染法不相應，故無不毁。究竟顯實，故無不成。依本覺有不覺，依不覺有始覺，故攖而後成。晉、宋古德，喜以莊周傳般若，誠多不諦。隋、唐諸賢，必謂莊氏所言，悉與大小乘異，亦爲不稱。如其所説卜梁倚事，雖欲立異，何可得邪！〇按：佛法説修習位，三乘皆有十地。此所云者，大乘菩薩十地之一，《華嚴》、《仁王》諸經之所説也。《華嚴經》卷三十四云:"何等爲十?一者歡喜地,二者離垢地,三者發光地,四者談慧地,五者難勝地,六者現前地,七者遠行地,八者不動地,九者善慧地,十者法雲地。"《成唯識論》卷九云:"言十地者:一、極喜地:初獲聖性,具證二空,能益自他,生大喜故。二、離垢地:具淨尸羅,遠離能起微細毀犯煩惱垢故。三、發光地:成就勝定大法總持,能發無邊妙慧光故。四、談慧地:安住最勝菩提分法,燒煩惱薪,慧談增故。五、極難勝地:真俗兩智,行相互違,合令相應,極難勝故。七、遠行地:至無相住功用後邊,出過世間二乘道故。八、不動地:無分別智,任運相續,相用煩惱,不能動故。九、善慧地:成就微妙四無礙解,能徧十方善說法故。十、法雲地:大法智雲;含衆德水,蔭蔽一切,如空麤重,充滿法身故。"餘如《十地品》(《華嚴經》卷三十四至四十)、《十住論》等,所說尤詳。**子綦既不逮,莊周亦無以自達,惜夫!** 按:章君後已不用此義,見上"此亦莊周所短"下。**然七國名世之流,其言揮綽,**《莊子·天運篇》云:"其聲揮綽,其名高明。"**下本之形魄,**《晉語》:"其魄兆於民矣。"韋《解》:"魄,形也。"**其上至於無象,**老子曰:"繩繩不可名,復歸於無物,是謂無狀之狀,無物之象。"**卒未有言氣者。**原注:言氣多本之陰陽、神仙、醫經之說,非儒、道、名、法所有。道家書可見者,今尚有《列子》;而《天瑞篇》有"太素"等名,又云"易變而爲一,一變爲七,七變爲九",皆近《易》緯之說。莊周道家,必不爲此沾滯之論,故疑《列子》本書已亡,今本乃漢末人所僞作。又:《淮南》亦依託道家,尤多言氣，此所以異於晚周。《淮南鴻烈》兼説莊子。《文選·入華子岡詩注》引淮南王《莊子略要》云："江海之士、山谷之人，輕天下，細萬物而獨往者也。"司馬彪曰："獨往，任自然不復顧世也。"按：據《經典釋文》，司馬彪所注《莊子》五十二篇，視郭象多十九篇，乃《七略》之舊。蓋淮南爲《莊子略要》，即爲《雜篇》之一，故彪得注之也。今其書已不傳。○按：《易緯·乾鑿度》云："昔者，聖人因陰陽、定消息、立乾坤以統天地也，夫有形生於无形，乾坤安從生？故曰：有太易、有太初、有太始、有太素也。太易者，未見氣也。太初者，氣之始也。太始者，形之始也。太素者，質之始也。炁形質具而未離，故曰渾淪。渾淪者，言萬物相渾成而未相離。視之不見，聽之不聞，循之不得，故曰易也。易无形畔，易變而爲一，一變而爲七，七變而爲九。九者，氣變之究也，乃復變而為一。一者，形變之始。清輕者上爲天，濁重者下爲地"云云。《列子·天瑞篇》與此文全同。**自漢任陰陽之術，治《易》者與之糅**，《漢書·儒林傳》："孟喜得《易》家候陰陽災變書。"《藝文志》有《古五子》、《雜災異》、《古雜》、《神輸》之屬，及納甲、卦氣諸説，皆陰陽之言也。**中閒黄巾祭酒之書，浸以成典**。《魏志·張魯傳》曰："據漢中以鬼道教民。自號師君，其來學道者，初名鬼卒，受本道。已信號祭酒……大都與黄巾相似。"裴《注》引《典略》云："張脩使人爲姦令祭酒，祭酒主以《老子》五千文使都習，號爲姦令。"按：此方士之術，《三國志》所謂米賊，《晉書》謂之五斗米道，亦曰天師道。其始以誘愚民,晉世則士大夫亦多崇信。而漢末魏伯陽著《周易參同契》,又爲言修養者所祖。餘風所衍,奕世不絶。越至唐世,佛老並興,方士傅會二家,亦因不廢。訖宋而有濂溪、百源之術,導道學之先路,本之則方士之説也。陳振孫《書録解題》曰:"邵子之學出於李之才,之才受之穆修,修受之种放,放受之陳摶。"黄宗炎《太極圖辨》曰:"周子《太極圖》,創自河上公。考河上公本圖名《無極圖》,魏伯陽得之以著《參同契》。鍾離權得之以授吕洞賓,洞賓後與陳圖南同隱華山,而以授陳,陳刻之華山石壁。陳又得《先天圖》於麻衣道者,皆以授种放,放以授穆修與僧壽涯。修以《先天圖》授李挺之,挺之以授邵天叟,天叟以授子堯夫。修以《無極圖》授周子。周子又得《先天圖》之偈於壽涯。"此所謂浸以成典者已。**訖于宋世,儒者之書盈篋,而言不能舍理、氣**,如程子謂:"人類、禽獸、草木,莫非乾元一氣所生。"又曰:"有理則有氣。"又曰:"性即理也,所謂理性是也。"又曰:"論性不論氣不備,論氣不論性不明,二之則不是。"張子謂:"游氣紛擾,合而成質者,生人物之萬殊。其陰陽兩端,循環不已者,立天地之大義。"朱子謂:"天即理也。"又曰:"理難見,氣易見。"宋儒類此之説,觸卷多有。章君後撰《菿漢昌言》,復論之曰:"宋明諸儒之辯,困於理氣。所謂理,即道體,而五常屬焉。所謂氣,則以知覺運動當之。理猶佛典所謂法,氣猶佛典所謂生,有生已空而法未空者矣。宋儒謂理在氣先,可也。現見人類有生而後有道義。明儒謂理麗於氣,即氣之秩然不紊者,亦可也。雖然,氣者,人之呼吸所吐内者爾,以知覺運動爲氣名義己乖。黄太冲謂:‘心亦氣也。’(《明儒學案・魏莊渠案》)噫!人心至靈而謂之氣!仁,人心也;謂仁,人氣也可乎?蹶者、趨者,是氣也而反動其心,謂反動其氣可乎(蹶、趨實亦非氣,此古人不了義)?以妄見天地萬物言,唯有知。氣則知之動,理則知所搆也。以本無天地萬物言,唯有知,所謂本覺也(孔子無知,謂離見相,非無本覺)。了此者,奚困於理、氣爲(大氏諸儒所謂氣者,應改稱爲力,義始相應)?”**適得土苴焉!**

《吕氏春秋・貴生篇》高誘《注》云:“土苴,草蒯也。”《莊子・讓王篇》司馬《注》云:“土苴,如糞草也。”

國故論衡疏證下之六

辨性上

萬物皆無自性。原注:自性者,不可變壞之謂。情界之物無不可壞,器界之物無不可變,此謂萬物無自性也。○按:《大乘入楞伽經》卷二曰:"一切法無自性,以刹那不住故,見後變異故,是名無自性。"《攝大乘論》世親《釋》曰:"説一切法無自性意,今當顯示。自然無者,由一切法無離衆緣自然有性,是名一種無自性意。自體無者,由法滅已,不復更生,故無自性,此復一種無自性意。自性不堅住者,由法纔生,一刹那後,無力能住,故無自性。"**黄壚、大海、爟火、飄風,則心之蔭影也。**地、水、火、風,佛書謂之四大。根、身、器、界,無非四大之和合。然此四大本無自性,皆心之蔭影也。《大乘入楞伽經》卷二云:"身及資生器世間等,一切皆是藏識影像。"又《楞嚴經》卷六破四大義,其説至明。**公孫尼子曰:"心者,衆智之要。物皆求於心。"**原注:《意林》及《御覽》三百七十六引。○按:《漢志·儒家》有《公孫尼子》二十八篇。《注》云:"七十子之弟子。"**其言有中。無形而見有形,志與形相有則爲生。**心生則種種相生,而心與無明本無形也。不覺故動,境界妄現,則於無形見有形矣。境界爲緣,因以起惑造業,分别執取,故曰“志與形相有則爲生”也。**生者於此,生之體於彼,説緣生者,假設以爲性。而儒者言性有五家:無善無不善,是告子也。善,是孟子也。**並見《孟子·告子篇》。**惡,是孫卿也。**見《荀子·性惡篇》。**善惡混,是揚子也。**見《法言·修身篇》。**善惡以人異,殊上中下,是漆雕開、世碩、公孫尼、王充也。**原注:此即韓愈三品之説所本。○按:諸説見《論衡·本性篇》。《漢志》儒家有《漆雕子》十二篇,注云:“孔子弟子漆雕啓後。”《世子》二十一篇,《注》云:“名碩,陳人,七十子之弟子。”**五家皆有是,而身不自明其故,又不明人之故,務相斬伐。調之者又兩可。**如程子言善固性也,然惡亦不可不謂之性。是即兩可之説。**獨有控名責實,臨觀其上,以析其辭之所謂,然後兩解。人有八識,其宗曰如來藏。以如來藏無所對,奄忽不自知,視若胡、越,則眩有萬物。**《楞伽經》卷七(十卷本)云:“如來藏名阿賴邪識。”又曰:“如來藏者,爲無始虚僞惡習所熏,名爲識藏。”又曰:“如來藏者,爲善不善因。”是如來藏即藏識之異名。而《起信論》云:“依如來藏故有生滅心。所謂不生不滅與生滅和合,非一非異,名爲阿梨耶識。”審此語趣,則如來藏非即藏識,蓋指藏識中不生不滅者,所謂真如是也。真如不動,故曰“無所對”。無明忽起,故曰“不自知”。《圓覺經》曰:“云何無明?善男子、一切衆生,從無始來,種種顛倒,猶如迷人四方易處,妄認四大爲自身相,六塵緣影爲自心相。譬彼病目,見空中華及第二月。"此所謂"眩有萬物"也。然心本真如,何緣突起無明邪?《葑漢微言》曰:"昔居東時,有人以此問桂伯華。桂舉《起信論》風水之喻答之,然風乃外來,本非水有,而無明真如,是一心法,則斯喻原非極成。余謂此如小兒蒙昧,不解文義,漸次修習,一旦解悟。當其既通,與昔未通之心,非是二物。然未通之時,通性自在,喻如真如。當其未通,喻如無明。由塞而通,喻如始覺同本。苟無通性則終不可通,若無不通之性,何必待學習方知文義邪?雖然,斯例則通達矣,而終不解無明突起之由。余以所謂常樂我淨者,我即指真如心。而此真如心,本唯絶對。既無對待,故不覺有我。即此不覺,謂之無明。證覺以後,亦歸絶對,而不至再迷者,以曾經始覺故。"**物各有其分職,是之謂阿羅耶。**説見《明見篇》。**阿羅耶者,藏萬有,既分即以起末那。末那者,此言意根。**《成唯識論》卷四云:"頌曰:次第二能變,是識名末耶。論曰:是識聖教别名末那,恒審思量勝餘識故。此名何異第六意識?此持業釋,如藏識名,識即意故。彼依主釋,如眼識等,識異意故。"(天竺辨名義之法有六離合釋:一曰持業釋,二曰依主釋,見《大乘法苑義林》)**意根常執阿羅耶以爲我。**《葑漢微言》曰:"第七恒審思量,唯是執我。此最易驗。然常人以爲不遇我對,則我執不見。不知念念不已,即似無念。念念執我,即似無我。必有非我之色,忽然現前,乃覺有我。實則念念相續,俱是我執。即出話撰文,貫串成體,足以自達,亦由我執相續。乃至行生坐卧,未嘗起念想我，而終不疑是誰行、誰住、誰坐、誰卧？此即末那之用也。”**二者如束蘆，相依以立，**《成唯識論》卷二云：“阿賴耶識與雜染法互爲因緣，如炷與燄，展轉生燒。又如束蘆，互相依住。”又卷四云：“藏識染法，互爲因緣，猶如束蘆，俱時而有。”**我愛、我慢由之起。**《成唯識論》卷四云：“此意相應有幾心所，且與四種煩惱常俱。此中俱言，顯相應義，謂從無始至未轉依，此意任運，恒緣藏識，與四根本煩惱相應。其四者何？謂我癡、我見，并我慢、我愛，是名四種。我癡者，謂無明，愚於我相，迷無我理，故名我癡。我見者，謂我執，於非我法，妄計爲我，故名我見。我慢者，謂倨傲，恃所執我，令心高舉，故名我慢。我愛者，謂我貪，於所執我，深生耽著，故名我愛。并表慢、愛，有見、慢俱，遮餘部執，無相應義。此四常起擾濁内心，令外轉識，恒成雜染。有情由此生死輪迴，不能出離，故名煩惱。”**意根之動，謂之意識。物至而知接，謂之眼、耳、鼻、舌、身識。彼六識者，或施或受，復歸於阿羅耶。**一識變爲見、相二分。能緣分名見，所緣分名相。施謂能緣見分，受謂所緣相分。**藏萬有者，謂之初種。六識之所歸者，謂之受熏之種。諸言性者，或以阿羅耶當之，**告子是也。**或以受熏之種當之，**揚子及漆雕諸家是也。**或以意根當之。**孟子、孫卿是也。**公孫龍曰：“謂彼而彼，不唯乎彼，則彼謂不行；謂此而此，不唯乎此，則此謂不行。”**原注：《名實論》。○按：《公孫龍子·名實論》云：“正其所實者，正其名也。其名正，則唯乎其彼此焉。謂彼而彼，不唯乎彼，則彼謂不行；謂此而此，不唯乎此，則此謂不行。其以當，不當也；不當而當(依俞校補)，亂也。故彼彼當乎彼，則唯乎彼，其謂行彼，此此當乎此，則唯乎此，其謂行此。其以當而當也；以當而當，正也。"按:《墨子·經說》上云:"是名也，止於是實也。"名止於實，即所謂"名正，則唯乎其彼此"。名之曰彼、曰此，而其實不止於其名，則彼此之名，將不得行也。**由是相伐。孫卿曰:"生之所以然者謂之性。"夫意根斷，則阿羅耶不自執以我，復如來藏之本，若是即不死不生。**阿羅漢位則意根種子，及現行俱永斷滅，見《成唯識論》卷四。**生之所以然者，是意根也。孟子雖不言，固弗能異。意根當我愛、我慢。有我愛，故貪無厭；有我慢，故求必勝於人。貪即沮善；求必勝於人，是審惡也。**審惡猶言真惡，與僞惡反，説見下文。任運而起，非有所爲，是之謂審。計度而起，有爲爲之，是之謂僞。**孫卿曰:"從人之性，順人之情，必出於爭奪，合於犯分亂理、而歸於暴。"斯之謂惡。**斯孫卿所以言性惡。**我見者，知人人皆有我。知之，故推我愛以愛他人，雖非始志哉，亦不待師法教化。**孫卿謂:"必將有師法之化，禮義之道然後出於辭讓，合於文理。"然此推愛及人，惟是根於我見，故不待於師法教化。**孟子曰:"今人乍見孺子將入井，皆見怵惕惻隱之心。"**見《公孫丑》篇。**是審善也。極我慢者，恥我不自勝，於我而**

分主客，充其我慢，則自視若二，以能勝者爲主，所勝者爲客。**以主我角客我**，原注：我本無自性，故得如是。按：《瑜伽師地論》十二云："勝有五種：一、形奪卑下，故名爲勝。謂如有一以己勝上工巧事形奪他人，置下劣位。二、制伏羸劣，故名爲勝。謂如以己强力摧諸劣者。三、能隱蔽他，故名爲勝。謂瓶、盆等，能有覆障；或諸藥草、呪術、神通，有所隱蔽。四、厭壞所緣，故名爲勝。謂厭壞境界，捨諸煩惱。五、自在回轉，故名爲勝。謂世君王，隨所欲爲，處分臣僕。"按：第一、二、五種勝，皆以我慢慢人。第四種勝，是以我慢自克，厭壞所緣者。五識以五塵爲所緣，意以一切名相爲所緣，意根則以我爲所緣。**自以勝人，亦不自勝也。勝之，則勝人之心解，孫卿謂之禮義**原注："義"即今"儀"字。**辭讓，是無惡也。夫推之極之然後起，弗可謂性。然而因性以爲是，不離其樸。**《荀子》：楊倞《注》云："樸，質也。"**是故愛之量短而似金椎，慢之量缺而似金玦，鎔之引之，不異金而可以爲環。**人有我愛，而不推其愛，則其愛己狹，故曰"短似椎"矣。有我慢而不慢於己，則其慢未周，故曰"缺似玦"矣。性猶此性也，擴而充之，則可以爲善，所謂"不異金而可以爲環"也。**孟子以爲能盡其才，斯之謂善。**斯孟子所以言性善。**大共二家皆以意根爲性。意根一實也，愛、慢悉備。然其用之異形，一以爲善，一以爲惡，皆韙也。**原注：我愛、我慢，可以爲善，可以爲惡。故唯識謂意根爲無記，二家則分言之。**悲孺子者閱人而**

皆是，能自勝者率土而不聞，則孟、孫不相過。悲孺子者多則孟説是，能自勝者少則孫説是，故曰"不相過"。孟子以不善非才之罪，孫卿以性無善距孟子，又以治惡比於烝矯礱厲，悉蔽於一隅矣。原注：方苞舉元凶劭、柳璨臨刑時語，以證人性本善。此不足證也。善與知善有異，人果受學，雖存惡性，亦知善惡之分。劭固好讀史傳，而璨且著《析微》以正《史通》，爲時所稱，寧當不明人倫之義？忠孝之教，即當其弑父負國之時，已自知凶頑無比，覆載不容矣，無待臨刑也。知而爲之，不足證其性善，但足證其智明耳。《論衡·本性篇》云："陸賈曰：'天地生人也，以禮義之性。人能察己所以受命則順，順之爲道。'夫貪者能言廉，亂者能言治，盜跖非人之竊，莊蹻刺人之濫，明能察己，口能論賢，性惡不爲，何益于善？陸賈之言，未能得實。"此則方説早爲昔人所破。〇按：元凶劭見《宋書·二凶傳》，柳璨見《唐書·姦臣傳》。方説見《望溪文集·原性》。告子亦言生之謂性。夫生之所以然者謂之性，是意根也。即生以爲性，是阿羅耶識也。阿羅耶者，未始執我，未始執生。執之者，意根也。不執我，則我愛、我慢無所起，故曰：無善、無不善也。雖牛、犬與人者，愚智有異，則種子之隱顯殊耳，彼阿羅耶何以異？以匏瓜受水，實自匏瓜也，雖其受酒漿，非非匏瓜也。匏瓜喻人與牛、犬之阿賴耶，水及酒漿喻種子不同。孟子不悟己之言性與告子言性者異實，以盛氣與之訟。告子亦無以自

明，知其實，不能舉其名，故辭爲之詘矣！龔自珍《闡告子》曰："善惡皆後起者。夫無善也，則可以爲桀矣；無不善也，則可以爲堯矣。知堯之本不異桀，郇卿氏之言起矣；知桀之本不異堯，孟氏之辯興矣。爲堯矣，性不加菀；爲桀矣，性不加枯。爲堯矣，性之桀不亡走；爲桀矣，性之堯不亡走。不加菀，不加枯，亦不亡且走。是故堯與桀互爲主客，互相伏也，而莫相偏絶。古聖帝明王立五禮，制五刑，敝敝然欲民之背不善而鄉善，攻劘彼爲不善者耳。曾不能攻劘性。崇爲善者耳，曾不能崇性。治人耳，曾不能治人之性。有功於教耳，無功於性。進退卑亢百姓萬邦之醜類，曾不能進退卑亢性。"觀龔氏言性，蓋即以無覆無記之阿賴耶當之也。**揚子以阿羅耶識受熏之種爲性。夫我愛、我慢者，此意根之所有；動而有所愛、有所慢，謂之意識。**我愛、我慢，當其潛伏意根，猶未有用。動而有用，則謂之意識也。**意識與意根應。愛、慢之見，熏其阿羅耶，阿羅耶即受藏其種。**七轉識爲能熏，八識爲所熏。能熏所熏，各具四義，見《成唯識論》卷二。**更迭生死，而種不焦敝。前有之種，爲後有之增性，故曰：善惡混也。**此揚子所以言善惡混。**夫指窮於爲薪，而火不知其盡。**《莊子·養生主篇》："指窮於爲薪，火傳也，不知其盡也。"按：《莊子》此文，薪以喻形也，火以喻生也。"指"當讀爲公孫龍"物莫非指"之"指"。指，猶物色也。火之物色窮於爲薪，不爲薪則火不知其盡。以言人之生窮於爲形，不爲形則生不知其盡。火傳不盡，即所謂萬化而未始有極是矣。**形氣轉續，變化相嬗，故有忽然爲人，**原注：忽然，猶言暫爾，非謂無因而至也。**亦有化爲異物。**賈誼《鵩鳥賦》："形氣轉續兮，變化而嬗。"又曰："忽然爲人兮何足控？摶化爲異物兮又何起患？"**輪轉之説，莊生、賈誼已知之矣。揚子不悟阿羅耶恒轉，徒以此生有善惡混。所以混者何故，又不能自知也。漆雕諸家，亦以受熏之種爲性。我愛、我慢，其在意根分齊均也。**意根任運而轉，非善不善。**而意識用之有偏勝，故受熏之種有强弱。復得後有，即仁者、鄙者殊矣。雖然，人之生，未有一用愛者，亦未有一用慢者。慢者不過欲盡制萬物，物皆盡，則慢無所施。故雖慢，猶不欲盪滅萬物也。**《南史》言蒼梧王立齊高帝於室内，畫腹爲射的，引滿將發，左右諫曰："領軍腹大，是佳射堋，而一箭便死，後無復射，不如以雹箭射之。"乃取雹箭，一發即中帝臍。慢極而返於愛，此亦一例也。**愛者不過，能近取譬。**《論語·雍也篇》："能近取譬，可謂人之方也已。"**人搤我咽，猶奮以解之，故雖愛，猶不欲人之加我也。**《論語·公冶長篇》："我不欲人之加諸我也，吾亦欲無加諸人。"《集解》："馬融曰：'加，陵也。'"**有偏勝則從所勝以爲言，故曰：有上、中、下也。**漆雕諸家所以言三品。**夫塵埃捬覆，則昏不見泰山；**《漢書·中山靖王傳》："塵埃捬覆，昧不見泰山。"師古曰："捬，亦布散也。"**建絳帛萬耑以圍尺素，則**

白者若赤。物固有相奪者,然其質不可奪。漆雕之徒不悟,而偏執其一至,以爲無餘,亦過也。

問曰:善惡之類衆矣,今獨以誠愛人爲審善,我慢爲審惡,何也?答曰:審、諦、真,一實也,與僞反。僞善有數:利人者欲以納交要譽,《孟子·公孫丑篇》:"今人乍見孺子將入於井,皆有怵惕惻隱之心,非所以内交於孺子之父母也,非所以要譽於鄉黨朋友也。"一也。欲以生天,《釋氏要覽》引《正法念處經》曰:"因持戒不殺、不盜、不淫,由此三善得生天。"二也。欲以就賢聖,三也。欲以盡義,四也。原注:盡義之説有二:由乎心所不能已者爲真,以爲道德當然而爲之者爲僞。此指後説。此皆有爲。韓非之《解老》曰:"義者,謂其宜也。宜而爲之,故曰:'上義爲之而有以爲也。'"夫三僞固下矣,雖以盡義,猶選擇爲之,計度而起,不任運而起,故曰僞。誠愛人者無所爲。韓非之《解老》曰:"仁者,謂其中心欣然愛人也。其喜人之有福,而惡人之有禍。生心之所不能已,非求其報。原注:不求報,則異於前三僞;心所不能已,則異於後一僞。故曰:'上仁爲之而無以爲也。'"無以爲者,任運而起,不計度而起,故謂之審。德意志人有簫賓霍爾者,蓋知其耑兆矣。簫賓霍爾通譯作叔本華,普魯士之丹崎人也。曾在柏林大學講學十餘年,既而隱於梅恩河上,端居讀書,年七十二卒於家。其學説淵源於康德，以爲世界萬有，皆出自我之表象。舍表象外，即無可得而認識之世界。世界唯一之根柢，惟存於非理性之意志，命之曰“生活意志”。此意志，惟知努力以求存，其特徵爲奮鬬。意志本係盲目，因奮鬬而生理知。人之身體，即意志納於物質之中。意志即一種慾望，生於不知足。自極下等動物，至最高之人類，同此意志也。惟動物慾望簡單，本能既盡，其慾亦足；而人類慾望複雜，本能之外，又利用理知以濟之。然此慾方滿，他慾又生，故人生終無安寧之一日。叔本華以此斷定意志爲惡劣的。人生既不能離意志而存在，故人生亦爲惡劣的。又謂人生先天之意志，惟在利己，無論用何手段，終不能變化之。設謂品性可漸改善，則老人之道德，必高於少年矣。一既爲惡人者，永失社會之信用，此正見人之力量不能改造品性也。其立說之大指如此。**知有僞善，顧不知有僞惡，其極且以爲惡不可治。夫有爲而爲善，謂之僞善；若則有爲而爲惡者，亦將謂之僞惡矣。**叔本華謂生活意志惟是努力求存，其説是已。然其所以努力，正爲求存，故求存而爭，爭則犯分亂理，斯之謂惡。顧其惡實非任運而起，故謂之僞也。**今人何故爲盜賊姦邪？是饑寒迫之也。何故爲淫亂？是無所施寫迫之也。何故爲殘殺？是以人之墮我聲譽、權實迫之也。雖既足而爲是者，以其志猶不足。志不足，故復自迫。此其爲惡，皆有以爲者，是故予之僞惡之名。**原注：僞者，謂心與行非同事。雖心行皆非善，而意業與方便異，故曰僞。

然而一往勝人之心，不爲聲譽、權實起也。章君作《俱分進化論》有曰："人性好勝有二：一、有目的之好勝，二、無目的之好勝。凡爲追求五欲、財産、權位、名譽而起競爭者，此其求勝，非以勝爲限界，而亦在其事其物之可成，是爲有目的之好勝。若不爲追求五欲、財産、權位、名譽而起競爭者，如鷄、如蟋蟀等，天性喜鬬，乃至人類亦有其性，如好弈棋與角力者，不必爲求博贐，亦不必爲求名譽，惟欲得勝而止，是爲無目的之好勝。此好勝者由於執我而起，名我慢心，則純是惡性矣。"常人之弈棋者，趣以卒日，不求簙進，《漢書·高祖本紀注》："進字本作'賮'，又作'贐'。"又非以求善弈名也。當其舉棋，攻劫、殺捨，《文選·博弈論注》引《尹文子》曰："以智力求者喻如弈。弈，進退、取與、攻劫、殺舍在我者也。"則務於求勝。常人之談説者，非欲以口舌得官，《史記·劉敬傳》："上怒駡劉敬曰：'齊虜以口舌得官。'"及以就辯士之名也。其所談説，又内無繫於己，外不與於學術政教也。説而詘必辯，辯而不勝必爭。人有猝然横逆我者，妄言駡詈，非有豪毛之痛也，又非以是喪聲譽、權實。當其受詈，則忿心隨之，此爲一往勝人之心，無以爲而爲之，故予之審惡之名。審善惡者，浮屠以爲用性作業；僞善惡者，浮屠以爲用欲作業。原注：見《大智度論》八十八。以審善惡徧施於僞善惡，以僞善惡持載審善惡，更爲增上緣，則善惡愈

長，而亦或以相消。積習生常，始於有爲者，或終於自然，久假不歸，則僞且爲真矣，此善惡所以愈長。以審善制審惡，可使之伏；以僞善制僞惡，可使之去，二者又可以相消也。**精之醇之，審善審惡，單微一往而不兩者，於世且以爲無記。**《俱舍論》二曰："不可記爲善不善性，故名無記。"**是故父子相保，言者不當一�之仁。**父子相保，是審善也，世無稱其仁者。一匡之仁，義見《論語·憲問篇》。**局道相斫，見者不擬畧人之惡。**博弈攻劫，是審惡也，世無稱其暴者。《説文》云："斫，擊也。"**及爲羣衆，其分又彌異。大上使民無主客尊卑，"以聏合驩，以調海内"。**二句《莊子·天下篇》文。章氏《解故》曰："'聏'借爲'而'。《釋名》：'餌，而也，相黏而也。'是古語訓而爲黏，其本字則當作'暱'。'暱'或作'昵'。《左傳》'不暱'説文作'不䵒'。䵒，黏也。相親暱本有黏合之義，故此'以而合驩，'亦即'以暱合驩'也。"**其次善爲國者，舒民之慢，無奪民之愛。舒慢，故尊君之義日去，其尊嚴國體亦愈甚；無奪愛，故不苛人之隱曲也。且國者本以慢生，**國家之設本以自衛而禦外，故曰"以慢生"。**故武健勝兵者爲右，而常陵轢弱小。殺敵致果，易之則爲戮。**宣二年《左傳》："戎，昭果毅以聽之之謂禮。殺敵爲果，致果爲毅。易之，戮也。"**故審惡且爲善，而審善又且爲惡。諸自有國以後者，其言善惡，非善惡之數也。**原注：凡善惡之名，因人而起者，分之則有真善惡、僞善惡。因國而起者，其善非善，其惡非惡，或且相背馳矣。有對於其國之所行可稱爲善、爲惡者，則取人爲單位，他不復計。**夫僞善惡易去，而審善惡不易去。人之相望，在其施僞善；羣之苟安，待其去僞惡。彼審惡者，非善所能變也。**原注：善，兼審善、僞善言之。審善或與審惡相調，令審惡不易現行，如朋友相親，則伏我慢也。僞善亦或與審惡相調，令審惡不易現行，如懼有死亡之禍，則不敢犯分陵人也。然審惡亦或能對治僞惡，如自貴其身，則不肯苟取臧私也。審善亦或能現起僞惡，如貧者養親，則盜鄰家之孰麥也。要之，以審善伏審惡，其根不可拔。以審惡對治僞惡，以審善現起僞惡，則其流變無窮矣。**然而僞惡可以僞善去之，僞之與僞，其勢足以相滅。今夫以影蔽形，形不亡；以形蔽形，形猶若不亡；以影蔽影，則影自亡。**原注：如息樹下，以有樹影，故無人影，非人影爲樹影所障，乃其時實無人影也。**僞與真不相盡，雖兩真猶不相盡，而僞與僞相盡。且僞善者，謂其志與行不相應。行之習能變其所志以應於行，又可以爲審善。何者？以人性固可以愛利人，不習則不好，習焉而志或好之。若始學者，志以求衣食，習則自變其志以求真諦，以人性固憙知真諦。**原注：此由我見所推而成。**故得其嗜味者，槁項食淡攻苦而不衰。**《史記·叔孫通傳》："吕后與陛下攻苦食啖。"《集解》："徐廣曰：

"'啖',一作'淡'。"是故持世之言,以僞善羑道人,雖浮屠猶不廢。籥賓霍爾不悟,以爲惡不可治,善不可勉以就,斯過矣。原注:善惡實無自性,故由僞善亦可以致審善,籥賓霍爾未悟斯義,遂局於自然之説。惡之難治者,獨有我慢,雖爲臺隸,擎跽曲拳,《莊子·人間世篇》:"擎跽曲拳,人臣之禮也。"以下長者,長者,謂富貴人也。俞正燮曰:"長者有三義:父兄一也,富貴人二也,德行高三也。"詳《癸巳類稿》卷十一。固暫詘耳。一日衣裘壯麗,則奮矜如故。人有恒言,以爲善佞諛人者,亦善陵人。我慢不亡故。亦有量人窮通,調度高下者,爲之而有以爲,猶僞惡也。《大雅·烝民篇》云:"柔則茹之,剛則吐之。"劉峻《廣絶交論》云:"無不操權衡,秉纖纊。衡所以揣其輕重,纊所以屬其鼻息。謀而後動,豪芒寡忒。"此所謂"量人窮通,調度高下者"也。然其所以如是,皆有以爲,則仍是僞惡矣。爲之而無以爲,横計勝劣,以施毁譽,原注:今遠西多有此病。對於强者、富者、貴者,則譽不容口;對於弱者、貧者、賤者,則一切下視之。而己非必有求於所譽者也,其强、其富、其貴或過於所譽者,故曰"爲之而無以爲"。即其惡與慢準。惟慢为能勝慢。何者?能勝萬物,而不能勝我,猶孟賁舉九鼎,不自拔其身,力士恥之。《韓非子·觀行篇》云:"烏獲不能自舉。"彼憂苦者我也,淫湎者我也,懈惰者我也,矜夸者我也,傲倪者我也,而我弗能挫衄之，則慢未充。是故以我慢還滅我慢，謂之上禮。《葑漢微言》説孔子曉顏回以克己復禮云："凡人皆有我慢，我慢所見，壹意勝人，而終未能勝己。以是自反，則爲自勝，自勝之謂'克己'。慢與慢消，故云'復禮'。我與我盡，平等性智，見前此所以爲仁也。顏回庶幾之才，聞一知十，乍聆勝義，便收坐忘之效。及劣根如楚靈王，復以斯語責備者，靈王欲求九鼎，爲石郭以象帝舜，其慢心時人未有也。充其慢心，才力足以自勝，非若齊景、魯哀闒茸不能自振者矣。綜觀前史，戴淵盜賊之魁，周處惡人之選，及其折節改行，毅烈貞固，風操卓然。乃若張華、王戎之倫，何足以與是邪！觀仲尼之惜靈王，而以慢勝慢之理見矣。克己、由己，其致一也。"韓非之《解老》曰："衆人之爲禮，以尊他人，故時勸時衰。君子爲禮，以尊其身，尊字疑當作"爲"。《韓非》本作"爲"，本篇下文亦云："上禮者，固以自爲。"當據改。故神之爲上禮。上禮神而衆人貳，原注：上禮者，不以尊卑、貴賤異禮也。不可爲國，故衆人貳。故不能相應。衆人雖貳，聖人之復恭敬盡手足之禮也不衰，故曰：'攘臂而仍之。'"《釋文》："仍"作"扔"，云："人證反。又音仍，引也，因也。《字林》云：'就也，數也，原也。'"上禮與諂何異哉？假令平人相遇，無强弱、貧富、貴賤之校者，跪拜以送之，頌説以譽之，芬香以獻之，鞠躬翼戴，比于臣僕，雖似諂，則謂之長德也。諂者計勝劣，上禮者無

勝劣之計。正埶而行謂之諂，正節而行謂之上禮。原注：《韓子・解老》説上禮與禮異。凡君臣之禮，亦諂之類也，故曰“禮者，忠信之薄而亂之首”也。上禮則異是。〇按：《荀子・正名篇》：“正利而爲謂之事，正義而爲謂之行。”**上禮者，固以自爲。唯孔子亦曰“克己復禮”，**《論語・顔淵篇》。**浮屠有忍辱，皆自勝也。**原注：持戒精進，亦由自勝生。持戒以勝淫湎，精進以勝懈惰。禪定亦由自勝生，以勝憂苦。〇按：佛法有六波羅蜜。忍辱即羼提波羅蜜，忍受一切有情、駡辱、擊打等（生忍）及非情、寒熱、飢渴等（法忍）之大行也。注云“持戒”即尸羅波羅蜜，“精進”即毘梨耶波羅蜜，“禪定”即禪波羅蜜（一云静慮波羅蜜），見《法界次第初門》下之上。**卒言其極，非得生空觀慢不滅。**凡夫妄計五蘊爲我，引惑造業。佛説五蘊無我，二乘人悟之以入無我之理，即得生空觀也。**善之不可滅者，獨有誠愛人，雖食肉之獸不絶也。彍而充之，又近僞善矣。知萬物爲一體，其充生於不能已者，善之至也。至於無生，而善復滅矣。**

問者曰：世之高士，“不降其志，不辱其身”。《論語・微子篇》文。**齊有餓人者，聞嗟來則不食；**《禮記・檀弓下篇》：“齊大饑，黔敖爲食於路，以待餓者而食之。有餓者蒙袂輯屨，貿貿然來。黔敖左奉食、右執飲，曰：‘嗟！來食。’揚其目而視之曰：‘予唯不食嗟來之食，以至於斯也。’從而謝焉，終不食而死。曾子聞之曰：‘微與！其嗟也可去，其謝也可食。'"魯有臧堅者,刑人弔之,以杙抉其創死。襄十七年《左傳》:"齊人獲臧堅,齊侯使夙沙衛唁之,且曰:'無死。'堅稽首曰:'拜命之辱。抑君賜不終,姑又使其刑臣禮於士。'以杙抉其傷而死。"此爲以我慢伏我愛,未審善也。而前修以爲卓行,《漢書・古今人表》餓者列在六等,臧堅列在七等。今宜何論?應之曰:高士者亡貴其慢,貴其寡情欲。諸有我見者,即有我所有法,身亦我所有法也。攝受於身者,卒之攝受于我。以愛我故愛我所有,淫聲色,溽滋味,有之不肯去,無之而求給,則賊人所愛。慢又助之,歆色者且欲妻宓妃,見屈原《離騷》及曹植《洛神賦》。歆聲者欲使白虎鼓瑟、蒼龍吹篪,見張衡《西京賦》。雖不可得,猶有欲求也。幾可以得之者,無挹損人可得哉?治以工宰,工宰又愈賊人。原注:如因政府又起賦税諸法,其流無已。〇按:工宰猶言官宰,已見《明見篇》。彼高士者,以我慢伏我愛。我慢量少,伏我愛之量多,短長相覆,是故謂之卓行。世人則多以我愛伏我慢,則謂之諂曲佞諛也。大上有許由、務光之讓王,見《莊子・讓王篇》。其次不臣天子,不友諸侯,内則勝貪,外之使人知工宰爲世賊禍,足以儀法。其德辟惡,德謂體性。其業足以辟增上惡緣。業謂作用。世之言卓行,不惟審善,雖辟惡亦與焉。故阿魏非香也,臭之不可于鼻,用足以辟諸腐臭，故準之香。自由、光而下者，雖有少慢，其辟惡固優矣。精潔如由、光，《韓非子·和氏篇》云："其修士且以精潔固身。"又無慢者，非阿魏之比，而犀角之比。犀角食之無益人，不得與上藥數，以其辟毒，則準之上藥。是故諸辟惡者，不爲審善，以伏審惡，則字之曰：準善。餓人、臧堅，視由、光已末矣。《古今人表》許由列在二等，務光列在三等，文當有誤，蓋皆宜在三等也。其慢猶少，其伏我愛猶多，誠未清浄，若白練有小點者。世無大士，則高士爲其甲。若夫不忍貨財、妃匹之亡，而自貍以爲快者，其愛我所有法甚。其愛我亦愈甚，不遂故自賊，猶以酲醉解憂也，故世亦莫之貴。叔本華謂自裁者之決去生命，正以其未能決去欲念耳。蓋方其捐生，正謂將去有生之苦，獲無生之樂。此正是極强之欲念也。

問者曰：意根有我愛，易知也。何故復有我慢？應之曰：當其有阿羅耶識，即有意根矣，故曰束蘆。束蘆見上文。意根者，生之所以然。有生不能無方分。方分者，不交相涉，以此方分格彼方分，此我慢所以成，非獨生物也。蓬顆、野馬，《莊子·逍遥游篇》："野馬也，塵埃也，生物之以息相吹也。"郭《注》："野馬者，游氣也。"按："馬"借爲"塺"，塵也。《漢書·賈山傳》："使其後世曾不得蓬顆蔽冢而托葬焉。"晉灼曰："東北人名土塊爲蓬顆。”常自以己之方分，距異物使不前，一玉屑、一芥子而不相受。假令無我慢者，則是無厚。無生者不自立，有生者無以爲生，故我慢與我愛交相倚也。若寶劍之有文鐃矣，如浮脂不可脱，如連珠不可掇。《淮南子·本經篇》：“雕琢之飾，鍛錫文鐃，乍晦乍明。”高誘《注》云：“緣錯錫鐃文，如脂膩不可刷，如連珠不可掇，故曰：‘乍晦乍明’也。”以爲一邪？抗下異節。慢則心抗，愛則心下。以爲二邪？其榮滿側。《荀子·解蔽篇》：“處一危之，其榮滿側；養一之微，榮矣而未知。”王念孫曰：“《成相篇》云：‘思乃精，志之榮，好而壹之神以成。’《賦篇》云：‘血氣之精也，志意之榮也。’四榮字並同義。”及其用之，我慢足與他人競，我愛足與他人和，其趣則異。是何也？自執有我，從是以執他人有我。慢之性使諸我相距，愛之性使諸我相調。調與距雖異，其趣則然。昔者項王意烏叱吒，千人皆廢。然見人慈愛嫗嫗，人有疾病，爲之涕泣和藥。見《史記·淮陰侯傳》、《漢書·韓信傳》。今有大俠，遇盜于塗，角力者殺之，乞命者即矜而活之。師子至暴也，一鹿之肉，給其日食有餘，然獨憙殺象者，以其力之多。見人蒲伏其前，則經過不搏。《御覽》八百八十九宋炳《師子擊象圖序》曰：“梁伯玉説沙門釋僧吉云：‘嘗從天竺欲向大秦，其間忽聞數十里外哮㘎之聲，驚天怖地。頃之，但見百獸率走，蹌地至絶，而四巨象朓焉而至，以鼻捲泥自厚塗數尺，數噴鼻隅立。俄有獅子三頭見於山下，直搏四象，崩血若濫巨泉，樹草偃仆。'"《坤輿外紀》："利末亞州多獅，性至傲，遇者亟俯伏，雖至飢不噬。"麒麟爲仁矣，不殺蟲蛾，"蛾"與"蟻"通，説見陸璣《詩疏》。遇師子即引足踶趹，令辟易數十丈死。是故愛慢異流而同其柢，然而愛不足以勝慢矣。惟慢勝慢，故上禮不以爲情貌，以自攻拔其身。原注：此與孫卿矯飾之説不同。極我慢以治我慢，非由矯也。亦與康德所謂絶對之命令不同。彼謂知善，故施此命令；此謂由我慢之念而極之，猶壯士求自舉其身。夫以我勝我，猶有我慢之見也。彼大士者，見我之相勝，以知我之本無。原注：若本有我，則我不爲二。我不爲二，則無以我勝我之理。益爲上禮，使慢與慢相盡，則審惡足以解，浮屠喻之以夢渡河。原注：謂如夢中見有大河横距行徑，即奮躍求越過，正奮躍時，其夢即悟。實無有河，亦無有奮躍事，然非奮躍，則夢亦不能寤。然則孟子、孫卿言性也，而最上者言無我性。親證其無我性，即審善惡猶幻化，而況其僞乎！

辨性下

孔子曰："生而知之者，上也。"《論語·季氏篇》文。"惟上智與下愚不移。"《論語·陽貨篇》文。此亦計阿

羅耶中受熏之種也。熏之者意識，其本即在意根。人心者，如大海，心藏萬有，故以海喻之。《大乘入楞伽經》卷二曰："猶如猛風吹大海水，心海亦爾。"又偈曰："藏識海常住。"又曰："阿賴邪如海。"餘經說心如海者不可勝數。**兩白虹嬰之，我見、我癡是也。兩白蛟嬰之，我愛、我慢是也。**見、癡、愛、慢，謂之四惑，一曰四根本煩惱，已見《明見篇》。**彼四德者，悉依隱意根。由我見，人有好真之性；**原注：亦以我愛爲增上緣，惟我見則無情好。真略分五：一曰實，二曰如，三曰成，四曰常，五曰明了。主觀之念適當客觀，客觀之境適當主觀，謂之如。好奇、好巧，皆好如也。懷舊之念，由好如及好適中、好同和合所成；憙舊相復現者，由好如、好明了和合而成。**由我愛，人有好適之性；**原注：適分爲四：一曰生，二曰安（安復分八：一、亭隱，二、飽，三、潤，四、煖，五、清涼，六、動，七、逸，八、通利。好速之念，由好動、好通利孳乳），三曰美（美復分七：一、淨，二、麗，三、韻，四、旨，五、芳，六、柔，七、法處所攝美），四曰同（此即合羣之念所起，好善之念亦由此孳乳）。**由我慢，人有好勝之性。**原注：好名之念，由好勝及好適中、法處所攝美和合所成。如上三事，攝人生所好盡。昔希臘學者分真、善、美三事，爲人情所同好。此實短拙，故今分別如此，其詳别見。此諸位者，或互爲助伴，亦互相折伏，由此人情好尚，種種不定。**責善惡者于愛慢，責智愚者于見癡。我見者與我癡俱生。何謂我癡？根本無明則是。以無明不自識如來藏，**

執阿羅耶以爲我。義見上篇。執此謂之見，不識彼謂之癡，二者一根，如來藏變爲阿羅耶，體非二也。有所執則謂之見，不自識則謂之癡，故曰"二者一根"。若修廣同體而異其相。《墨子·經》下云："不可偏去而二，説在廣與修。"孫詒讓《閒詁》云："平方之冪，有廣與修，二者異名，而數度相函，則二而仍一也。"意識用之，由見即爲智，由癡即爲愚。愚與智者，非晝夜之校，而苣燭熅火之校。《説文》："苣，束葦燒也。""熅，鬱煙也。"《漢書·蘇武傳》："置熅火。"師古曰："熅，謂聚火無焱者也。"癡與見不相離，故愚與智亦不相離。上智無癡，必無我見也，非生而具之。修道熏習，然後我見可斷，乃成上智。下愚者，世所無有。諸有生者，未有冥頑如瓦礫者矣。原注：浮屠言一闡提者，亦謂其性最惡，非謂其性最愚。〇按：《華嚴經》云"無一衆生而不具有如來智慧"，《涅槃經》亦謂"除牆壁瓦石，餘皆有佛性"，故曰"下愚者世所無有"。又：《注》云"一闡提"，"闡"浙本誤作"聞"，日本及右文本不誤，今據改。一闡提者，《涅槃經》卷五云："無信之人名一闡提。一闡提者名不可治。"又曰："一闡提者，斷滅一切諸善根本心，不攀緣一切善法。"嘗試以都最計之。世方謂文教之國其人智，蝡生之島其人愚。蝡生，謂未開化人，英文作Barbadrous義爲蝡生，其音亦與二字相近也。彼則習也，非性。《羣學肄言·智絯篇》有曰："吾與蠻束教囿習等耳，而特有繁簡之殊。故不獨變蠻爲吾之思而不能，且使吾設蠻之想亦不得也。故欲喻蠻之意、測蠻之行，非處蠻之地、設蠻之身，乃至覩物、言理悉如蠻之覩且言者，則其情不能得。假其能之，則向之所謂怪者，乃將以爲常；向之所謂狂者，乃今以爲聖。蓋心才雖繁簡有不同，而思之用也，則循乎心學之公例。羣化雖有淺深之異候，而變之至也，必出乎天演之自然。二者皆不可以毫釐强也。"按：此即謂文野之人，各從其俗，其行事雖異，其用思則同。然則蠻之所以爲蠻者，習也，非性也。**就計所習，文教國固多智。以其智起愚，又愚於蟆生之人。何者？世之恒言，知相、知名者爲智，獨知相者謂之愚。**相、名字見《大乘入楞伽經》卷六、《瑜伽師地論》七十二。此之所言，"相"謂屬於具體之事物也，"名"謂屬於抽象之事物也。屬於具體者，感官之知覺可以得之；屬於抽象者，必經思慮之作用而後可以得之。蟆生之人，其思慮不徇通，故獨知相而不知名，此社會學者所恒言。**蟆生之人，五識於五塵猶是也。以不具名，故意識鮮通於法。然諸有文教者，則執名以起愚，**《俱舍論》五曰："名謂作想。"蓋緣名則可以起想，故因以起愚。**彼蟆生者猶捨是。**蟆生者，不知執名，故猶愈於文教者之愚。此下以五事爲徵。**一曰：徵神教。蟆生者事牛、耿黽，**《秋官·蟈氏注》："齊魯之間謂鼃爲蟈。黽，耿黽也。"《爾雅·釋魚》："鼃䵶，蟾諸，在水者黽。"郭《注》云："耿黽也。"**以虺易爲靈蛇；而文教者或事上帝。**蟆生之人事諸動物，即所謂圖騰崇拜，今北美印第安及澳洲之土人，猶存其遺風。《社會通詮·蠻夷社會篇》曰:"宗教天演,考之社會,其階級有三:其始崇拜身外之物,木石禽獸,皆可以爲有神。其次迎尸範偶,取其肖於己形者而用之,若祖先、若豪傑是已。終之乃得造物之一神,是所謂神必兼人道、天道而兩有之,勢力、能事、氣質皆與己異,而形貌、情感又與己同。此其大較也。"由慢計之,事上帝則優,事牛、耿黽則劣。人惟自貴,故其所奉之神亦必與己同者。其餘動物,形隔器殊,斯賤之矣。此之分別,實我慢爲之。自見計之,上帝不可驗,而牛、虒、耿黽可驗。其言有神靈,皆過也,一事可驗,一事不可驗,則蝡生者猶少智。何以明之?今有二人,一謂牛角能言,一謂馬角能言,其過則等。牛角雖不能言,固有牛角,其過一;馬角者,非直不能言,又無馬角,其過二。故以馬角爲能言者,視以牛角爲能言者,其愚以倍。蝡生者之計有無,意識鮮通於名,惟以相決定之。其智則少,然不執無相之名,故其愚亦少。二曰:徵學術。蝡生者之察萬物,得其相,無由得其體。雖得之,不橫以無體爲體。有文教者得其體矣,太上有唯識論,其次有唯物論。相猶言現象,體猶言本體。未開化者,其察萬物,盡於感官所能經驗之現象而止,其不可經驗之本體,則無由得之。雖有時偶能得之,終不以無體者爲體。有文教者則異是已。言哲學者,有唯心、唯物二派。"唯"之云者,《唯識述記》卷一曰:"唯言顯其二義:一、簡別義,二、決定義。謂簡別於他法,決定有此法,故言唯也。"唯識即唯心。蔡元培《哲學大綱》曰:“以物質爲實在,而爲心靈所自出者,是唯物論。以心靈爲實在,而爲物質所自出者,謂之實質唯識論。”**識者以自證而知,物者以觸受而知,皆有現量,故可就成也。**原注:凡非自證及直覺感覺所得者,皆是意識織妄所成。故不能真知唯識者,寧持唯物。唯物亦有高下二種:高者如吼模但許感覺所得,不許論其因果,此即唯識家之現量也。其次雖許因果,尚少織妄。而世人不了唯識,有謂任意妄稱,雖無亦可謂之有者。近日本有覓克彦,以此成其法理之學,重紕貤繆,不知其將何底也?〇現量者,現實量知之謂。如眼識之於色、耳識之於聲、定心之於諸境,現實量知,其自相無分別、無籌度,所謂自證及直覺感覺之所得者是也。《因明入正理論》曰:“現量謂無分別。現現別轉,故名現量。”《因明大疏》卷上曰:“能緣行相,不動不摇,自唯照境,不籌不度,離分别心,照符前境,明局自體,故名現量。”注云“吼模”者,一譯休謨,英之哲學家,以主張懷疑論著名者也。休謨謂:“因果之觀念,實乃主觀所自産。其視之如有必然性者,特以吾反覆經驗之故而生,至於現象界有無與此相應必然性,固吾所不能知。本體之觀念亦然。既云‘本體’,即不能憑印象而知,所可知覺者,祇個獨之狀態與作用。其思之如有本體者,以吾知有若干印象,常於空間上共存,而由吾聯想作用,因一印象以思及他印象,其結合既鞏固,遂用主觀投射於客觀而思之,如果有本體者也。”其立説之大指如是。**計唯物者,雖不知圓成實性,猶據依他起性。**佛法有三性義:一、徧計所執性，二、依他起性，三、圓成實性。徧計所執性爲妄有，依他起性爲假有，圓成實性爲實有。《成唯識論》卷八曰："心、心所及所變現，衆緣生故，如幻事等，非有似有，狂惑愚夫，一切皆名。依他起性。愚夫於此，横執我法，有無一異，俱不俱等，如空華等，性相都無，一切皆名，徧計所執。依他起上。彼所妄執，我法俱空，此空所顯，識等真性，名圓成實。"餘如《解深密經》、《攝大乘論》及《唯識述記》所說，文繁不具引。**最下有唯理論師，以無體之名爲實，**唯理論或曰合理論、主理論、純理論、理性論，一作先天論。按：汎言名理，遠西哲學之弊也。章氏後作《菿漢昌言》有曰："近世遠西哲學，綜以名理，故辭無矛盾。精意著撰，故語無棘澀。道物之原，故不與汎言物質者同其繁瑣。然言則不主於躬行，義則不可以親證。夫爲理化諸學者，亦非徒舉其理而已，必事事可驗，而後敢以示人。彼哲學者，竟無有也。陽明嘗非宋儒格物之説，斯于誠意則不涉，于事物猶可徵。言哲學者，竟何徵乎？莊生云：'由天地之道，觀惠施之能，其猶一蝨一蝱之勞者也，其于物也何庸？'夫不省内心，不務質行，而汎言宇宙之原，事物之根，所謂咸其輔頰舌也，絶去名理，遂無可玩弄者。禪家所謂胡孫失樹，全無技兩者矣。淫於此者，不可與入堯舜之道。"**獨據徧計所執性，以爲固然。無體之名，浮屠謂之"不相應行"，**原注：非心非物，故曰"不相應行"。《成唯識》有不相應行二十四種。康德所説十二範疇，亦皆不相應行也。〇唯識宗説心不相應行法略有二十四種：一、得，二、命根，三、衆同分，四、異生性，五、無想定，六、滅盡定，七、無想報，八、名身，九、句身，十、文身，十一、生，十二、住，十三、老，十四、無常，十五、流轉，十六、定異，十七、相應，十八、勢速，十九、次第，二十、時，二十一、方，二十二、數，二十三、和合性，二十四、不和合性。康德所説分四綱、十二目：一、分量範疇。此復爲三：一、單一，二、殊多，三、總合。二、性質範疇。二復爲三：一、實有，二、非有，三、制限。三、關係範疇。三復爲三：一、實體，二、因果，三、交互作用。四、樣態範疇。四復爲三：一、可能及不可能，二、存在及非存在，三、必然及偶然。**意識用之以貫萬物，猶依空以置器，而空不實有。海羯爾以有無成爲萬物本，**海羯爾一譯黑格兒，又譯黑智爾，日耳曼人。海羯爾言一切思考，一切事物，相反者相同。其相同之故，以凡物皆互相連合故，是之謂正面實體。而自物與無物相同言之，則亦無實體。其有實體者，以化成也。化成之原質有二：一曰無物，一曰物。是二原質者，本相反異而常相吸引，因連合故。故二者皆成實體。**笛佉爾以數名爲實體，**笛佉爾一作笛卡兒，法國人。笛氏謂宇宙之本體，惟容積與運動。意謂盈天地間之物質皆屬占有空間之容積，而種種大小、厚薄、長短、輕重之分別，皆空間之不同有以致之。**此皆無體之名。**海氏所謂有無，笛氏所謂容積運動，既非心，亦非物，故皆爲無體之名。**莊周曰："名者，實之賓。"**原注：《逍遥遊》。**尹文曰："有形者必有名，有名者未必有形。"**原注：《大道》上。**今以有名無形者爲實，此蝡生者所不執也。**原注：浮屠言真如者，

《成唯識論》云："真如即是唯識實性。以識之實性，不可言狀，故强名之曰如。若執識外别有真如者，即與計有無爲實物者同過。"又：此土學者或立道，或立太極，或立天理，要之非指物即指心，或爲綜計心物之代語，故亦無害。若謂心物外别有道及太極、天理者，即是妄説。**三曰：徵法論。蝡生者獨以酋長爲神，國皆酋長産也。雖粗有文教者，猶以君爲國家。**中國古代稱天子曰"官家"，法國路易十四謂"朕即國家"，是皆以君爲國家。**文教益盛，謂君長、人民、土地皆非國，而國有其本體。**法國革命後，國之主權在君在民，兩有不可。法人之公理主權，又毫無依附，不切實用。於是德國學者酌察本國國情，創所謂國家主權説，其大意有二：一曰國家爲有機物，二曰國家爲法人。蓋謂國家自有其本體，自有其主權也。海羯爾謂國家爲道德理想之實現，無國家則道德不完全，無國家則人無自由權利。人之有自由權利，非以其爲人而有之，乃以其爲國家之份子而有之也。又謂國家爲有機物，以其爲宇宙間理想發展之結果也。不但爲有機物，抑且爲人。人者，享有權利者也。國家享有權利，故爲人矣。是其立説，以國爲自有本體也。又瑞士政家伯倫知理著《國家論》，亦謂國家爲有機之組織體。以爲徒抹彩色不得謂之圖畫，徒積瓦石不得謂之石偶，徒聚線緯與血球不得謂之人類，國家亦然。國家者，非徒聚人民之謂也，非徒有府庫、制度之謂也，亦有其意志焉，亦有其行動焉，蓋有機體者也。然國家之爲有機體，又非若動植物之出於天造者比，實由屢經沿革而成。其創造出於人爲，而與動植物有相似者四：一曰精神與形體之聯合，二曰肢骸各官（即其體中各部）皆具固有之性情及生活職掌等（即官府及議院），三曰宜聯結此等肢骸以構成一全體（即憲法），四曰其成長始於內部遂及外部（即國家之沿革）。故據此觀之，可知國家之爲物與無機之器械實異。器械有運動而無自由，國家則自有行動，自以意識決之，蓋自有其本體者也。由愛計之，獨主君則民病，以國爲主，而民少紓。夫論物者，宜棄捐善惡、利害之見，和精端容，實事以效是。然則病民與否，非其所宜計也。論事之道，貴得其理，至其事之善惡、利害，固當別論。不可因其有所不利，從而爲之辭，故曰“病民與否，非所宜計”。由見計之，君猶實有，而國家非實有。即鉤校其誠者，國固無繫君，君死而國不死，君易而國不易，即實以言，君固無繫於國也。顧一國人之總業耳。凡事有總業者，有別業者。別業者，以一人之力就之，農耕、裨販是也。總業者，集數人之力就之，家乎，市乎，鄉曲乎，最大則爲國。是故農、賈非實有也，實之謂人，業之謂農、賈。原注：不了此義，故名家有殺盜非殺人之説，是以業爲實也。〇印度勝論師立六句義：一實、二德、三業。實、德、業，猶言體、相、用也。實有九，謂地、水、火、風、空、時、方、我、意也。德有二十四，謂色、味、香、觸、數、量、別體、合、離、彼體、此體、覺、樂、苦、欲、瞋、勤、勇、重體、液體、潤、行法、非法、聲也。業有五，謂取、捨、屈、申、行也。詳《十句義論》諸書。家、市、鄉曲亦然，有土、有器、有法。土者人所依，器與法者人所制，故主之者曰人。今曰"國家有自體，非君長、人民、土地"，若則曰"市非錢布、化居、人民、廛舍也，而自有市之體"，其可乎？原注：近世法家，妄立財團法人、社團法人之名，此皆妄爲增語。然名之曰"法人"，則本非實人也，此與果實名人何以異？家、市、鄉曲之與國，或以字養，或以貿遷，或以保任，或以布政用師，其業不同，校其實即同。所以殊名者，以業起，不以實起。不辯實、業之分，以業爲體，猶舍心與形軀而言人有熒魂。《法言·修身篇》云："熒魂曠枯。"或曰：國者有作用，故謂之有。即海羯爾、伯倫知理諸家之説，已見上。是不然。以君長假國爲號然後作，非國自能作。法蘭西公法學者艾狄格之説曰："社會有人焉，人有意志焉。治玄想者以爲社會之上，除此確切可證明之個人及個人意志以外，又有一公人及公意。公人爲國家之人格，公意爲國家之意志。然自事實觀之，國家不過社會上治者與受治者之簡稱。國家權力悉操於治者個人之手，國家之人格即此個人之人格，國家之意志即此個人之意志，國家之行爲即此個人之行爲。社會之中，僅有個人人格、個人意志，而無公人格、公意志。公人格、公意志，乃玄想家自欺自誤之詞，爲事實上絶不可有者也。"艾氏之言，所謂實在學説，即不以國家爲有作用。若巫師假鬼以爲號，然後有祠堂禜禳，而巫師亦得糈，《離騷》："巫咸將夕降兮，懷椒糈而要之。"王逸《注》曰："糈，精米所以享神。"又：《淮南·説山訓》"巫之用糈"高《注》同。彼鬼者能自作乎？以國家爲有作用，而鬼亦有作用。因是以國家爲實有，是鬼亦實有邪？或曰：凡人默自證，知我爲是國人也，以自證故謂國有。是不然。知爲是國人者，非自證也。人自證有識者，不待告教。自知爲是國人者，待告教然後辨，以其習聞之，遂有勝解，原注：勝解，謂决定不可轉移之念。〇按：勝解爲五别境之一。《百法論》曰："勝解者，謂於决定境印持爲性，不可引轉爲業。謂邪正等，教理證力，於所取境，審决印持，由此異緣不能引轉。故猶豫境，勝解全無。非審决心，亦無勝解，由此勝解，非遍行攝。"而想滑易則若自證。譬若人之有姓者，亦默自知之也，然不告教則不知。以國爲實有者，彼姓亦實有邪？此又蜧生者所不執也。四曰：徵位號。蜧生者，無君臣吏民之號，有之亦亡重輕。有文教者，其位號滋多。今人言名者，或以名有虚實異。聲譽之謂虚名，官位之謂實名。夫名則盡虚也，顧以爲有實者，得官位足以飽煖、且役使人，得聲譽不足以飽煖、役使人。此其業之異矣，于實則奚異？名且言實，則是以影爲形也。今之法家皆曰：君位實有也。某甲南面者，則表彰之。即如是，弑某甲則不爲大逆，與殺凡民均。是何也？則不能弑其君位也，然法律又異等。言法之理，與定法之條相反，豈不誖哉！且位者，萬物盡有之，亡獨人君。以位爲實，即以肥羜食客，《小雅·伐木篇》："既有肥羜。"《傳》曰："羜，未成羊也。"是充犧位也。犧位實有，而羜表彰之，不知客所欲啖者其羜邪？妄其欲啖犧位邪？妄其，轉語詞也（"妄"或作"忘"、或作"亡"，與"毋"、"無"並同），猶言"毋抑"耳。《越語》曰："道固然乎，妄其欺不穀邪？"《莊子·外物篇》曰："抑固窶邪？亡其略弗及邪？"皆其例，餘詳《經傳釋詞》。從是以觀，以甲饗乙，甲非主，乙非客，主位、客位皆實有，而甲乙表彰之。凡夫婦、奴主皆準是。從是以推無生諸行：《書·洪範》："初一曰五行。"鄭《注》云："行者，言順天行氣也。"《白虎通·五行篇》云："言行者，欲言爲天行氣之義也。"水之在壑，則渠位實有，而清水、濁水表彰之。火之在竈，則爨位實有，而桑柘之火、棗杏之火表彰之。《論語·陽貨篇集解》馬融曰："《周書·月令》有更火：春取榆柳之火，夏取棗杏之火，季夏取桑柘之火，秋取柞楢之火，冬取槐檀之火。"《夏官·司爟注》：鄭司農引《鄹子》説，文與此同。然則名實交紐，《荀子·正名篇》曰："異形離心交喻，異物名實互紐（"互"本作"玄"，依王念孫校）。"王念孫曰："名實互紐，即所謂名實亂也。"爲戲諕之論矣。此又螟生者所不執也。五曰：徵禮俗。螟生者祭則就墓無主祏之儀，昭十八年《左傳》："使祝史徙主祏于周廟。"《集解》："祏，廟主石函。"覲則謁君無畫像之容，戰則相識無徽識之辨，微識，與徽幟同。昭二十一年《左傳集解》云："徽，識也。"《説文》云："徽，幟也。"皆就其體。頗有文教，立之主設之像矣，又有旌旗矣。主像者所以繫心，不以君親竟在是也；旌旗者所以分部曲，《續漢書・百官志》云："大將軍營五部，部校尉一人、軍司馬一人。部下有曲，曲有軍候一人。"不以軍府竟在是也。其轉執者，或置其君之畫像於横舍，《後漢書・朱浮傳》："進立横舍。"章懷《注》云："横，學也。或作'黌'，義亦同。"莫夜火發，其師既跣足出，返復翼奉其君之像，若救其君之身，竟以燔死。日本國人尊其天皇，嘗有此事，日人侈之，以爲美談。有兩國相爭者，狀貌素異，雖拔其旗，弗能假以掩襲。然同伍死則不相救，軍旗失則踐積屍、冒彈丸以救之，若救其軍府。此又蝡生者所不執也。六曰：徵書契。蝡生者或無文字，有之曰：足以記姓名、簿籍而已。有文教者，以文字足以識語言，故曰："名者，聖人之符。"原注：《羣書治要》引《申子》。其轉執者，或諱其君親之名，或刻楮印布以爲金幣。夫以名爲君親之實，則是書君親之名裂之，即支解君親也。刻符可以爲幣，則是斷并閭以爲輪，并閭，與栟櫚同。《史記・司馬相如傳》："作并閭。"《説文》云："栟櫚，樱也。”**揭巴蕉以爲旗，杖白茅以爲劍，亦可以爲軍實也。**原注：紙幣者，名之爲幣，其實符券也。以一幣一券，更相往復，本無所害。而今世作紙幣者，必倍其實幣之數，此則徒以欺网其民。久之習爲故常，竟以空券爲幣矣。**今是擲五木者，有盧有雉。**程大昌《演繁露》云：“博之流爲樗蒲、爲握槊、爲呼博、爲酒令，體制雖不同，百行塞勝負，取决於投，其理一也，古惟斲木爲子，一具五子，故名五木。”又：李肇《國史補》云：“其骰五枚，分上爲黑，下爲白。黑者刻二爲犢，白者刻二爲雉。擲之全黑乃爲盧，二雉三黑爲雉，二犢三白爲犢，全白爲白。”**盧不可獎以執留，**《詩・齊風傳》曰：“盧，田犬。”《説文》：“獎，嗾犬厲之也。”《莊子・天地篇》：“執留之狗成思。”《釋文》：“一本‘留’作‘狸’。”按：《應帝王篇》作“執斄”。**雉不可烹以實鼎，即有用之者，人且以爲大戇。**《説文》：“戇，愚也。”**今獨以諱君親、用紙幣爲恒事，則何也？**章氏《檢論》有《懲假幣篇》，極論紙幣之作，實爲詐欺之尤。以爲“言者所以聲物，不以其體爲物也。當其言火而口不熱，當其署山而几案不爲填壓。即名固可以當實者，書馬與人能騎之走乎？尺一璽書至，而人主果分軀以臨之乎？故夫以一幣爲數券，是特政府欲籠天下之利，以姦道誣民也。”又曰：“多欲之主，乾没之吏，中夏所不能絶，其志在罔利，非在于齎輕易行也。故他人爲之而得利，己爲之而得害者。何哉？不權本末，不課有無，其貧過于饕餮，而作僞甚于方士，恣己踊于巫師也。”餘義繁廣，不具引。**夫國有成俗，**

語言不可移，故文字不可移。然而文字不以爲實，以文爲實此又蝡生者所不執也。由是言之，見與癡固相依。根本是一故，説已見前。其見愈長，故其癡亦愈長，而自以爲智者，誠終身不靈哉！《莊子·天地篇》云："大愚者終身不靈。"問者曰：人若無見，即如灰土矣。今見愈長而癡亦從以長，是終無正見之期也。應之曰：人之見自我見始，以見我故謂生物皆有我，亦謂無生者有我。原注：我即自體。由是求真，故問學思慮應之起。其以爲有我者，斥其實，不斥其德、業。實、德、業，猶體、相、用也，已詳上。故有一石焉，拊之即得堅，視之即得白。《公孫龍子·堅白論》云："'堅、白、石三，可乎？'曰：'不可。'曰：'二，可乎？'曰：'可。'曰：'何哉？'曰：'無堅得白，其舉也二；無白得堅，其舉也二。視不得其所堅而得其所白者，無堅也；拊不得其所白而得其所堅者，無白也。'"堅與白其德也，而終不曰"堅白"，必與之石之名者，其念局於有實也。故諸有相可取者，取相不足，必務求其體。從是有學術，而其智日益馳騁。從是不知止，又不知返，其愚亦日益馳騁。何者？名起於想。説見《原名篇》。所想有貞僞，以想如自證、觸受之量爲貞，言唯心者，主自證之量；言唯物者，主觸受之量。以想不如自證、觸受之量爲僞。名之如量者，有若堅白。可觸受而得故。其不如量者有若石，不可觸受而得，又不可自證而得故。**又遠曰“此石彼石”，又遠曰“石聚”**，聚者，處所聚積之名。《涅槃經》四曰：“自觀己身，猶如火聚。”火謂之火聚，即石亦得名之石聚。**又遠則從其聚以爲之號。明和合之爲僞，假以通利慮憲即無害。**原注：所以必假僞名以助思慮者，以既在迷中，不由故道，則不得返。○按：《禮記·學記》云：“發慮憲。”鄭《注》：“憲，法也。言發計慮當擬度於法式也。”俞樾云：“‘發慮憲’與下‘求善良’一律，‘善良二字同義，‘慮憲’二字亦同義。《爾雅·釋詁》“慮，思也”，而原憲字子思，則憲亦思也。”**嘗聞聲論師波膩尼之言矣；諸名言自體爲什匏吒sva-bhāva。什匏吒者，應于青爲青，應于赤爲赤，應于然爲然，應於否爲否。**波膩尼，印度作《聲明論》者。《唯識樞要》卷上、《慈恩傳》卷三並云“波膩尼仙”。《西域記》卷二作“波你尼仙”，説其事云：“烏鐸迦漢荼城西北行二十餘里至婆羅覩邏邑，是製《聲明論》波你尼仙本生處也。人壽百歲之時，有波你尼仙生知博物，愍時澆薄，欲削浮僞，删定繁猥，遊方問道，遇自在天，遂伸述作之志。自在天曰：‘盛矣哉！吾當祐汝。’仙人受教而退，於是研精覃思，捃摭羣言，作爲字書，備有千頌，頌三十二言，究極古今，總括文言云。”**彼特以自心相分爲主，而不執所呼者有體，斯可也。然則，名言之部，分實、德、業，使不相越。以實、德、業爲衆同分，**原注：衆同分者，謂人所同然。實、德、業三，凡人思慧，皆能分別之，故曰“衆同分”。○按《俱舍論》卷五云：“有別實物，名爲同分，謂諸有情，展轉類等。本論説此爲衆同分。”又：卷十五云：“棄捨衆同分。”約定俗成，《荀子·正名篇》文。故不可陵亂。假以實、德、業論萬物，而實不可爲德、業，德、業亦不可爲實。譬如建旗，假設朱雀、螣蛇、北斗、招摇之象，《禮記·曲禮》上篇曰：“行前朱雀而後玄武，招摇在上。”而不可以相貿。知其假設而隨順之，爲正見；不知其假設而堅持之，謂之倒見。誠斯析之，以至無論，《詩·墓門篇》：“斧以斯之。”《傳》曰：“斯，析也。”堅、白可成，石猶不可成。物本無實，妄情計度爲有，若《吠世史迦經》説實者德、業之和合因緣。是謂石爲堅、白之和合因緣，堅、白不能獨存，其得以和合而存者，以石故。此其所以爲佛所遮撥。何者？石不自表，待名以爲表。德者無假于名，故視之而得白，拊之而得堅，雖瘖者猶得其相。瘖者不能名物。雖不名而相自在，以是見物本無實。至于石，非名不起也。執有體，故有石之名，且假以省繁辭。是何故？以有堅、白者不唯石。如是堅，如是白，其分齊不與佗堅、白等。道其分齊，則百言不可盡，故命以石之名者，亦以止辭費。知之，雖言石，固無害；不知者執以爲體。自心以外，萬物固無真，鶩以求真，必與其癡相應，故求真亦彌以獲妄。雖然，唯物之論，于世俗最無妄矣，《易·无妄疏》：“妄，謂虚妄矯詐，不循正理。”執增語以爲實而妄益

踊。《史記·平準書集解》晉灼曰："踊，甚也。"《廣雅·釋詁》："踊，上也。"**是故，老聃有言曰："始制有名。名之既有，夫亦將知止。"**《老子》三十二章文"名之既有"，《老子》各本皆作"名亦既有"，當據改。蓋名者所以爲智，《明見篇》曰"若終古無名者，即道無由以入"，此之謂也。然名亦既有，馳騖不已，則因其智以起愚，故曰"夫亦將知止"。老聃又曰："知止可以不殆。"殆者，疑也，惑也。言知止則可以不惑矣。

中国文库·史学类

（已出书目）

【第一辑】

世界通史（共六卷）　崔连仲等主编……………………人民出版社
中国通史（共十册）　范文澜　蔡美彪等著…………人民出版社
简明清史　戴逸著……………………………………人民出版社
中国近代史（第四版）　李侃等著……………………中华书局
隋唐制度渊源略论稿　唐代政治史述论稿
　陈寅恪著……………………………生活·读书·新知三联书店
万历十五年　黄仁宇著……………生活·读书·新知三联书店
中国疆域沿革史　顾颉刚　史念海著………………商务印书馆
朱元璋传　吴晗著……………………………………人民出版社
雍正传　冯尔康著……………………………………人民出版社

【第二辑】

美国通史（1－6）　刘绪贻　杨生茂主编……………人民出版社
阿拉伯通史（上下册）　纳忠著………………………商务印书馆
中国史纲要（修订本）（上下册）　翦伯赞主编………人民出版社
先秦诸子系年　钱穆著………………………………商务印书馆
毛泽东年谱（1893－1949）（上中下册）
　逄先知主编……………………………………中央文献出版社
从鸦片战争到五四运动（简本）　胡绳著……………人民出版社
中国民族关系史纲要（上下册）　翁独健著……中国社会科学出版社
中国人口史（1－6）　葛剑雄主编…………………复旦大学出版社
中国婚姻史稿陈鹏著…………………………………中华书局
秦始皇传　张分田著…………………………………人民出版社
唐太宗传　赵克尧　许道勋著………………………人民出版社
中国历史研究法　梁启超著…………………………商务印书馆

【第三辑】

毛泽东自述　马连儒　柏裕江编………………………人民出版社

周恩来年谱(1898－1949)(上下卷)
中共中央文献研究室编 ……………………… 中央文献出版社
周恩来年谱(1949－1976)(上中下卷)
中共中央文献研究室编 ……………………… 中央文献出版社
邓小平年谱(1975－1997)(上下卷)
中共中央文献研究室编 ……………………… 中央文献出版社
中国上古史研究讲义　顾颉刚著 …………………… 中华书局
清史讲义　孟森著 ………………………………… 中华书局
中国史学史　金毓黻著 …………………………… 商务印书馆
唐代长安与西域文明　向达著 ……………… 河北教育出版社
中国古代社会　何兹全著 ……………… 北京师范大学出版社
中国回回民族史　白寿彝主编 ……………………… 中华书局
蒙古秘史　余大钧译注 ……………………… 河北人民出版社
中华人民共和国简史(1949－2004)
金春明著 …………………………………… 中共党史出版社
北宋政治改革家王安石
邓广铭著 ……………………… 生活·读书·新知三联书店
武则天传　雷家骥著 ……………………………… 人民出版社
丝绸之路北庭研究　薛宗正著 ……………… 新疆人民出版社

【第四辑】

中国文明的起源　夏　鼐著 ………………………… 中华书局
中国古代文明研究　李学勤著 ………… 华东师范大学出版社
甲骨文字释林　于省吾著 …………………………… 中华书局
西欧封建经济形态研究　马克垚著 ……… 中国大百科全书出版社
魏晋南北朝论丛　唐长孺著 ………………………… 中华书局
东晋门阀政治　田余庆著 …………………… 北京大学出版社
宋代经济史　漆　侠著 ……………………………… 中华书局
西夏史稿　吴天墀著 …………………… 广西师范大学出版社
明代的军屯　王毓铨著 ……………………………… 中华书局
太平天国史　罗尔纲著 ……………………………… 中华书局
第二次鸦片战争　蒋孟引著 ………… 生活·读书·新知三联书店
辛亥革命史　章开沅　林增平主编 …… 中国大百科全书出版社
转折年代——中国的1947年
金冲及著 …………………………… 生活·读书·新知三联书店

现代化新论——世界与中国的现代化进程（增订本）
罗荣渠著 ……………………………………………… 商务印书馆
糖史 季羡林著 ………………………………… 江西教育出版社
长水集 谭其骧著 ……………………………………… 人民出版社
走出中世纪（增订本） 朱维铮著 ………………… 复旦大学出版社